KB271528

한 · 일어 대조분석

한·일어 대조분석

홍 사 만

도서출판 **역락**

저자가 한·일어 대조 분석에 관심을 기울이게
된 것은 1977년부터 2년간 일본 쓰쿠바(筑波)대학
문예·언어학계에 연구차 가 있게 된 데서 비롯된다. 그 당시 문법론과
의미론을 중심으로 두 언어를 대조하여 동질성과 이질성을 추구하고,
그 원리를 구명하는 방향으로 연구를 진행했다. 또한 지도 교수였던 馬
淵和夫 교수에 의해 「古代朝鮮語研究会」가 조직되어 『三國史記 地理誌』
를 중심으로 한 양국의 고대어 공동 연구에 참여하기도 했다. 그러던
10년간의 연구가 결실하여 『韓国語の特殊助詞と日本語の副助詞との対
照研究』로 그 대학에서 문학 박사 학위를 취득했다.

1985년에는 경북대학교 일어일문학과의 개설 책임자로 학과를 창설
한 후, 2년간 학과장직을 맡았다. 그로부터 국어국문학과와 일어일문학
과를 넘나들며 한·일 양 언어의 대조 연구에 착수하여 오늘에 이르렀
다. 그 후 국어국문학과에서 국어 문법론과 국어 의미론을 강론하면서
도 한·일어 대조 분석에 관한 연구 논문 34편을 양국의 논문집에 게
재했다. 그러던 중 학위 논문 형태로 짜여진 『韓·日語比較文法論』(경
북대 출판부, 1988)이 출간되었고, 뒤이어 『한·일어대조어학/논고』
(탑출판사, 1993)가 나왔다. 뒤의 것은 양 언어의 총괄적인 대조 분석
론으로, 음운 체계의 대조, 조사류어의 대조, 관용적 표현 구조의 대조
등을 기술했고, 뒤편에는 지금 쓰쿠바대학 학장으로 재직 중인 北原保
雄 박사의 구문론을 세 갈래로 나누어 해설하기도 했다.

　1998년부터 2년간은 우리 대학의 자매교인 일본 시마네(島根) 현립 대학에 교류 교수로 파견되어 일본 학생들에게 한국어를 가르치게 되었다. 그 대학 교과 과정에 제2외국어로 한국어와 중국어 중 하나를 선택하도록 되어 있는데, 한국어를 선택하는 학생이 중국어보다 훨씬 많아 다행스러웠다. 이들은 한국어의 학습 경험이 전혀 없었던 학생들이었지만, 저자의 편저를 교재로 하여 한글 자모부터 열심히 가르친 결과, 곧 우리 글을 읽을 수 있게 되어 더 없는 기쁨과 보람이 되었다. 이 강좌는 초급 단계인 「한국어Ⅰ」에서 시작하여 「한국어Ⅱ」, 「한국어Ⅲ」 등 3단계의 교과 과정으로 이루어졌다.

　이 책은 앞에서 소개한 『한·일어대조어학/논고』에 이어 그 동안 양국에서 발표한 대조 영역의 논문 일부를 영역별로 나누어 묶은 연구서이다. 앞의 책이 한·일어 대조 분석의 개괄론이라고 한다면, 이 책은 구체론이라 할 수 있다. 형태론적 대비에서 접미 파생법과 접두 파생법을 대조 분석했고, 경어법의 양태를 비교하여 기술했다. 양 언어 문법론에서 부사의 하위에 있는 정도 부사의 통사·의미론적 기능과 하위 분류를 대비하여 동질적 가치를 추구했다. 또한 양 언어에서 두드러진 격조사의 생략 현상에 대해 그 원리를 모색하였고, 이미 일본어로 발표된 학위 논문의 몇 대목을 국역하여 덧붙였다. 한편 淸溪 金思燁 박사의 한·일어 대조 논저 『古代朝鮮語と日本語』의 한 부분을 분석하여 고대 양 언어 속격 조사와 연체 조사의 상관성에 대해 논하기도 했다.

　한국어와 일본어는 계통적인 친연 관계를 고려하지 않아도, 음운, 문법, 의미면에서 서로 현저한 유사성을 나타내는 언어이다. 두 언어를 대조하여 그 동질성과 이질성을 분석·명시하는 것은 양 언어를 외국어로 습득하고자 하는 학습자들에게 효율적인 학습 능률을 제고하는 자료로 활용될 것이다. 뿐만 아니라 두 개별 언어학이 직면하고 있는 난제를 푸는 데 있어, 이는 일반 언어학적 보편성과 대조 언어학적 특수성에 근거한 해법의 실마리로 작용할 것이다.

　재일 당시 알뜰한 지도를 베풀어 준 쓰쿠바대학 馬淵和夫 명예 교수와 北原保雄 학장, 그리고 평소 격려를 아끼지 않으시는 한·일언어문화연구소장 전재호 박사님께 감사를 드린다. 특히 출판을 맡은 「亦樂」의 이대현 대표 이사님과 혹서의 계절에 땀을 흘린 제작 담당자께 깊은 감사의 뜻을 전한다.

2002년 6월

저자 씀

차 례

차 례

차 례

접미 파생법

1

I. 서론

한·일 양 언어가 공통적으로 지닌 구조적인 특징은 접사적 성격과 표지적 성격이 현저하다는 점이다. 접사적 성격은 교착어가 가진 일반적인 특징으로, 양 언어가 후치적 기능이 두드러진 언어라는 점을 여실히 입증해 주는 요체가 된다. 후치적 언어에서 주목되는 사실은 첨가 요소인 조사, 조동사, 접미사의 특징적인 발달이라고 할 수 있다.

양 언어는 수적으로 많은 접미사를 가지고 있고, 그 기능 면에서도 어휘적, 문법적으로 다기 다양한 기능 양태를 현현하고 있어 지금까지 많은 논구의 대상으로 다뤄져 왔다.

한·일 양 언어의 동질성에 관해서는 필자에 의해 통사론적, 형태론적, 어휘론적, 음운론적 관점에서 정리된 바 있는데(홍사만 1993:11), 대조 언어학적인 시각에서 두 언어를 고찰하면 어떤 유사점 속에는 반드시 이질적 요소가 내재해 있다는 사실을 발견하게 된다.

본고는 필자가 지금까지 수행해 온 한·일 양 언어의 대조론에서, 음운, 통사, 의미, 관용적 표현의 대조에 이어 조어론, 단어 구성론에 진입한 일련의 연속 과제 중 하나이다. 이러한 총체적인 논구를 종합하게 되면 양 언어 사이의 대조 언어학적인 전모가 노정되리라 기대된다.

斉藤倫明(1992:11-15)는 형태론을 정의하기를 "주로 단일어가 어떠한 형태에 의해 어떻게 구성되어 있는가 하는 것을 접사, 조사와의 관계에 의해 논하는 것이다."라고 하고 이를 하위 분류하여 굴절 형태론과 파생 형태론으로 나누었는데, 단어 구성론은 후자의 영역에서 다뤄진다고 했다. 이로 보면 일본어의 형태론에서 접사와 조사의 지위가 어느만큼 중요한지를 알 수 있게 된다.

문법론에서 가장 기초되는 언어 단위인 단어에 대해서는 여러 측면에서 그 인정 기준이 나오고 있다. 西尾寅弥(1988:7-9)는 표기, 의미, 형태 음성, 직능을 그 기준으로 삼았고, 단어를 분류하여 실재하는 것, 실재하지 않으나 가능한 것, 실재하지 않으며 원리적으로도 불가능한 것 등으로 3분했다.

한국어에서 지금까지 논의된 접미사에 관한 논구는 김계곤(1996), 고영근(1974), 하치근(1988), 송철의(1990) 등에 의해 접미사 전반에 대한 목록, 분류, 분포, 기능 등이 소상하게 밝혀졌다. 이에 비해 일본어에서 접미사 전반에 대한 종합적인 논구는 지금까지 그다지 큰 실적물을 볼 수 없어 아쉽다. 본고는 양 언어의 접미사를 동일한 시각과 맥락에서 상호 대비하여 그 동질성과 이질성을 분석하려는 것이 그 목적이다. 이는 양 언어의 대비를 통하여 서로 다른 언어가 공유하고 있는 일반적인 조어 원리를 모색하고자 하는 것이며, 나아가서 양 언어의 대조 언어학 체계를 종합적으로 수립하기 위한 자료를 얻고자 함이다. 그러나 실제로 700여 개를 헤아리는 양 언어의 파생 접미사를 빠짐없이 거례하여 대조한다는 것은 짧은 지면에서 전혀 불가능한 일이며, 이는 향후 분포와 기능에서 두드러진 몇몇 접미사류에 대한 개별적인 대조 연구가 심도 있게 이어질 것을 기대하고 있는 터이다.

논구의 진행 방향은 대체로 접미사가 붙을 수 있는 선행 어기의 종류를 森岡健二(1969)가 제시한 일본어의 분류에 따라 소개하면서 국어와 대조하고, 이에 대한 분포와 기능을 분석하는 것으로 하겠다. 분포상의 대비는 양 언어에서 대두되는 범주상의 동요 현상에 대해 논급하고, 접미사와 선행 어기와의 통합 양태에 대해 분석 비교하며, 기능상의 대비에 있어서는 가의적 기능과 문법적 기능으로 나누어 비교 논의할 것이다.

논구의 대상은 양 언어의 접미사 중 고유어(和語)를 중심으로 다루었고, 한어(漢語)계 접미사는 이에서 제외시켰다.

II. 어기 형식의 대비

北原保雄 외(1981:60)에서는 '語基'를 단어의 의미적 기간 성분으로 정의하고, '語根'을 더 이상 분해될 수 없는 최소 의미적 단위로, '語幹'을 활용어 중에서 변화하지 않는 부분으로 각각 구별했다. 그러나 흔히 한국어 형태론에서 語基는 語根과 語幹을 합하여 일컫는 포괄적인 명칭으로 사용되기도 한다(이익섭·임홍빈 1983:117). 엄밀하게 보아 語根은 조어론적, 어원론적 관점에서의 술어이고 語幹은 문법론적 명칭으로, 語幹은 語尾와, 語基는 接辞와 대응되는 요소로 간취되고 있다.

일본의 松下 文法에서는 '原辞'를 분류하여 '完辞'와 '不完辞'로 나누었는데, 다음의 분류는 이를 토대로 하여 森岡健二(1969 連載9:138)가 形態素를 하위 분류하여 語基, 接辞, 助辞 등으로 나눈 것이다.

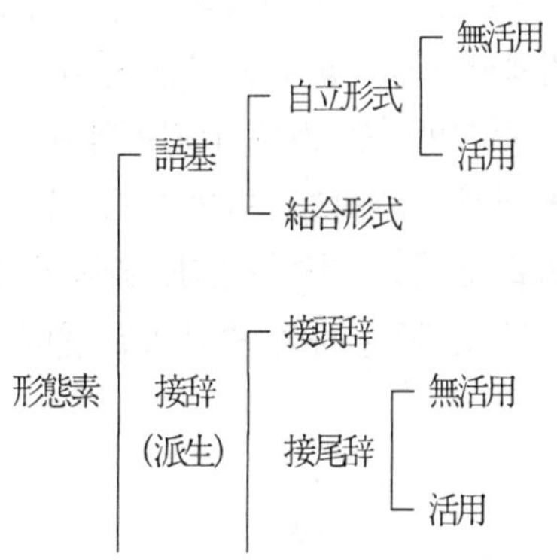

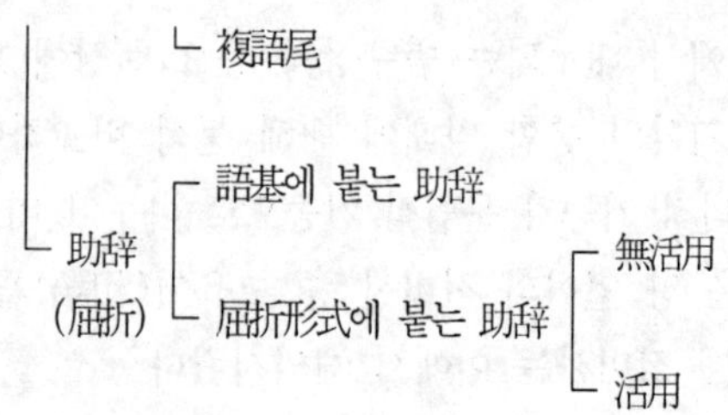

語基는 단어의 기간을 만드는 형태소로, 단독으로 단어를 형성할 수 있는 자립 형식과, 자립할 수 없고 다른 것과 결합하여야만 단어를 만들 수 있는 결합 형식의 두 종류로 분류할 수 있다(阪倉篤義 1986:11).

자립 형식과 결합 형식에 관한 논의는 일본 문법에서 일찍이 '完辞'와 '不完辞'의 대비로 다루기도 했고(松下大三郎 1978:23), 服部四郎(1960:451)에서는 '구체적 단위'와 '추상적 단위', '自由形式'과 '附属形式'의 명칭으로 설명되기도 했다.

接尾辞는 語基나 単語 뒤에 붙어 派生語를 만드는 결합 형식의 형태소로, 이의 분포와 기능에 대한 논의는 그 피접 요소인 어기의 종류에서 다루는 것이 합리적이다. 이는 파생 접사들이 모든 어기에 자유롭게 통합될 수 없고, 어기의 종류에 따라 그 통합에 제약이 수반하기 때문이다(송철의 1988:310).

우선 森岡(1969 連載10:126)의 일본어 어형성론(語形成論)에서 보면, 語基를 최소 자립 형식인 단어의 줄기, 즉 단어의 기간을 만드는 형태소로 정의하고, 그 종류를 a형식에서 1형식까지 12종으로 분류했다. 이러한 분류는 그 상위에서 자립 형식과 결합 형식, 한어 · 외래어계의 어기로 3분한 것이다. 본고에서는 森岡(1969 連載10, 11)가 분류한 일본어 어기의 종류를 거례 소개하고, 이에 대응되는 한국어의 어기 형식을 비교하는 방식으로 논의를 진행하겠다. 森岡의 분류 기준은 어기의 자립성 여부와 断続 관계, 굴절 등을 중심으로 했다.

1. 자립 형식의 어기

A형식 : はる　なつ　あき　ふゆ　そら　ひつき　ほし　やま　かわ　き　くさ
　　　　　は　はな　とり　すずめ　うぐいす　むし　きり　ぎりす　ひと
　　　　　かお　め　くち　てあし　こころ

　A형식 어기의 특징은 ① 스스로는 斷續을 나타내지 않으며, ② 조사
「が, を, へ …」 등이 붙어 굴절하는 것으로 설명되었다.
　'斷續'이란 '斷止'와 '接續(切れ続き)'을 합한 술어로, 특히 橋本 文法에
서는 이를 단어와 단어 사이의 결합에 관계하는 중요한 성질로 보고 품
사를 분류하는 기준으로 삼았다. 예컨대 자립어인 「詞」를 분류함에 있
어서,

　　用言: 여러 가지 斷續의 관계를 스스로의 형에 의해 나타내는 것
　　体言: 스스로 斷續을 나타내지 않는 것
　　副用言: 이어지는(続き) 것
　　独立語: 끊어지는(切れ) 것

으로 구분 지었다.
　위의 A형식은 품사의 문법 범주로 따진다면 이른바 명사류(체언)가
이에 속하는 것으로, 위에서 거례한 보통 명사 외에도 고유 명사와 추
상 명사도 여기에 포함될 수 있다. 뿐만 아니라, 대명사류와 수사류들
도 여기에 들 수 있다. 이러한 체언류는 스스로의 형태로는 '끊음'과 '이
음' 관계를 형성할 수 없고, 다만 여러 가지 助詞가 붙어 곡용하는 경우
에만 이음 관계의 기능을 획득하게 된다. 또 하나의 특징으로, 조사가
붙어 굴절하는 것은 예시한 格助詞뿐만 아니라 副助詞(とりたて: 特殊
助詞, delimiter)가 붙어 첨의적 기능과 화용적 기능을 부가하는 형태
로의 굴절도 가능하다.

B형식: (1) まれ いや あらに あわれ うつろ まばら はで うぶ たい
　　　　　ら いたいけ
　　　　(2) わずか かすか おろか まどか すみやか すこやか

　B형식의 문법 범주는 일본어에서 소위 형용 동사(形容動詞)의 어간
이 해당되는데, 이들은 ① 스스로 斷續을 나타내지 않으며, ② 조사 {-
に}, {-で} 및 활용하는 조동사 {-だ}, {-です}, {-らしい}가 붙어 굴절
하는 것을 특징으로 한다. (1)과 (2)의 구분은 {-か}, {-やか}가 붙을
수 있느냐의 형태상 차이를 나타낸 것이다.

　이들을 자립 형식으로 인정해야 한다는 것은 이미 時枝 文法에서 거
론된 바 있다. 즉 상식적인 언어 의식에서 보아도 「まあ, いや」, 「ちょっ
と, はで?」, 「財産は おろか, 命まで」처럼 단독으로 쓸 수 있고, 「あ
われね」, 「いやか」, 「すごやかんです」, 「おろからしい」 등의 접속 형태
에서도 그 자립성이 인정된다고 했다.

　이런 점에서 A형식의 체언 어기와도 유사하지만, 그 자립의 정도를
감안하면 A형보다는 森岡의 견해처럼 '準体言'이라 할 수 있으며, 의미
면에서는 '情態詞'라는 호칭이 가능하다.

　일본어의 형용 동사는 국어에 있어서는 해당 문법 범주가 따로 설정
되어 있지 않다. 다만 〔+N, +A〕의 문법적 특성을 지님으로 의미상으
로는 형용사에 가깝고, 형태상으로는 명사에 가깝다고 할 수 있다. 이
로 보면 일본어의 형용 동사는 '形容名詞'라고 부르는 것이 더 적합하리
라 본다(影山太郎 1993:25/ Martin, S. 1975/ 寺村秀夫 1982: '명
사적 형용사'). 그러나 형용 동사는 명사화 접미사 {-さ}와 동사화 접미
사 {-がる}의 접속 형태를 따져 보면, 명사 쪽보다는 형용사 쪽에 더
가깝다는 것을 알게 된다.

```
┌─형용사+{-さ} : 美し-さ/ 暑-さ/ 醜-さ/ 怖-さ/ 広-さ/ 力強-さ/ 焦げ
│                臭-さ
└─형용 동사+{-さ} : 穏やか-さ/ 活発-さ/ 醜悪-さ/ 巨大-さ/ 利発-さ/
```

元気-さ/ 丁寧-さ

　　┌─형용사+{-がる} : 寒-がる/ 恐-がる/ 痛-がる/ おもしろ-がる/ うれし-
　　│　　　　　　　　　　がる/ かゆ-がる/ 可愛-がる/ 強-がる
　　└─형용 동사+{-がる} :重宝-がる/ あつくう-がる/ いや-がる/ 哀切-がる/
　　　　　　　　　　　　　退屈-がる/ 面倒-がる/ 大事-がる

위의 예에서 형용 동사에 붙는 접미사 {-さ}와 {-がる}의 분포는 형용사와 맥락을 같이 한다. 그러나 한편으로 이들에 {-な}가 붙을 수 있다는 것은 일반적인 명사나 형용사와는 이질적인 문법 범주라는 것을 암시해 준다. 명사나 형용사의 어간 아래에는 {-な}가 붙을 수 없다(*犯人な 男, *美しな 女).

　　C형식: (1) 書き　継ぎ　押し　打ち　買い　遊び　汲み　廻り
　　　　　　(2) 射(い)　焦(に)　干(ひ)　見(み)　起き　落ち　試み
　　　　　　　　足り
　　　　　　(3) 得(え)　受け　失(う)せ　果て　尋ね　止め　越え　枯れ
　　　　　　(4) 来(き)
　　　　　　(5) 為(し)

C형식의 어기는 동사의 연용형으로, ① 여러 가지 斷續의 관계를 자체의 형에 의해 나타낼 수 있고, ② 소위 5단, 상1단, 하1단, カ행 변격, サ행 변격의 활용에 의해 굴절하는 특징을 지니고 있다.

국어의 문법 체계에서 동사의 어간은 자립할 수 없는 결합 형식이며, 여기에 어미가 붙어야 최소 자립 형식인 단어가 되기 때문에 이에 대비될 성격은 아니다. 다만 동사는 형용사와 더불어 명사형 어미 {-음(ㅁ), -기}를 취하여 체언류에 준하는 형태론적 지위를 얻게 되는 것이 이에 비교된다. 森岡(1969 連載10:133)는 C형식의 기본형을 「書く, 射る, 得る, 来る, 為る」로 설정하지 않고, 「書き, 射, 得, 来, 為」로 한 것은, 이 형식이 {-る}를 필요로 하지 않는다는 점에서 단일 형태소로 인정할 수 있다는 것과, 「書き物/ 煮物/ 受け付け」 등의 합성어를 조어할 때의 구성 요소가 된다는 점을 들었다.

> **D형식**: (1) すぐ まず つい ただ きっと やっと もっと すこぶる
>   もっぱら すこし もう やや もし なお
>   (2) あ あっ ああ えっ おっ おお おい さあ はい やあ

D형식의 어기는 (1)부사, (2)감탄사를 지칭하고 있는데, (1)은 이어지는 형식이고 (2)는 끊어지는 형식이며, 이들은 양자 모두 굴절하지 않는 것을 특징으로 하고 있다. 특히 (1)은 山田 文法에서는 '副用語', 橋本 文法에서는 '副用言'이라 일컬어졌다. (2)는 感動詞에 상당하는 것으로, 결국 D형식 어기의 내부에는 부사, 접속사, 연체사, 감동사 등이 여기에 포함된다. 그러나 일부 부사에 있어 굴절성이 문제가 된다. 森岡(1969 連載10:136)가 제시하고 있는 예를 보면,

> 少し-の/ 少し-も/ 少し-は/ 少し-しか/ 少し-ばかり/ 少し-だけ
> すぐ-に/ つい-に/ ただ-に
> やや-も/ もっと-も
> すぐ-ね/ きっと-か/ もっと-よ
> はっきり-と/ さっぱり-と/ がっちり-と

등의 활용 예가 나타난다. 이 중에서도 副助詞인 {-は}, {-も}, {-しか}, {-ばかり}, {-だけ} 등이 연결될 수 있는 것은 부조사의 부사적 연용 수식 기능에 기인하는 것으로, 부사의 통사·의미론적 기능을 보조 강조하는 역할을 한다(홍사만 1988:71-98). 이를 부사 쪽에서 보면 종류에 따라서는 명사성을 띠고 있는 유들이 많아 마치 앞서 본 A형식을 연상케 해 준다(홍사만 1988:32-33). 국어에서도 '조금', '이제', '모두', '약간', '아까', '지금' 등의 수량·시간 부사들은 명사에 근접된 어휘적 성격을 띤다. 이들은 그 아래 특수조사의 첨가는 말할 것도

없고, 주격·대격·속격 조사를 수반하여 활용 형식을 취하기도 한다.

(1) a. <u>모두</u>가 돌아갔다.
    b. <u>모두</u>를 잃어버렸다.
    c. 우리 <u>모두</u>의 것이다.

(2) a. <u>약간</u>이 모자란다.
    b. <u>약간</u>을 먹었다.
    c. <u>약간</u>의 음료수를 마셨다.

(3) a. <u>아까</u>가 최적기였다.
    b. <u>아까</u>를 기준으로 한다.
    c. <u>아까</u>의 경우는 정말 아쉽다.

(4) a. <u>지금</u>이 문제이다.
    b. <u>지금</u>을 시발로 계산한다.
    c. <u>지금</u>의 상황으로는 어찌할 수 없다.

문 (1)-(4)는 부사 아래 격조사 {-이/가}, {-은/는}, {-의}가 붙어 주어, 목적어, 관형어가 되는 활용 예이다. 또한 일본어의 부사 아래에 격조사 {-に}, {-と}가 붙을 수 있는 다음의 예에서,

(5) a. 夕日が すぐに 沈む。
    b. ひたすらに 思いつめる。
    c. 命が きっと 消える。

森岡(1969 連載10：137)는 이들이 전술한 A, B형식의 어기에 붙는 {-に}, {-と}와는 이질적인 것임을 밝히고 있다. A, B형식은 스스로 斷續을 나타내지 않는 형식에 붙어 이음 형식으로 굴절하는 것임에 반해, D형식은 이미 이음 형식에 조사가 붙는다는 점이 다르다고 했다. 이때 {-に}와 {-と}는 굴절의 기능을 나타내는 것보다는 파생의 역할을

담당하고 있는 것으로 설명되고 있다. 결국 「すぐ-に/ つい-に/ ただ-に/ あっさり-と/ がっちり-と」는 굴절 형식이 아닌 파생 형식으로 다루어야 된다는 것이다. 이는 이들 조사가 이미 접미사로 전성되었다는 것을 뜻한다. 이와 관련하여 (6)a, b와 같이 의성·의태어의 어기가 부사로 전성할 때 붙는 {-に}, {-と}와도 대비시키고 있다.

(6) a. ぐん-と/ とん-と/ ぶらり-と
 b. かんかん-に/ ふらふら-に/ からから-に

 이는 한국어 부사 전성 접미사인 {-로}와 비교된다. 조사 {-로}의 다의적 기능은 주지의 사실이지만, 동일 형태의 접미사 {-로}를 조사로부터 전성한 것으로 보는 것은 타당하다. 어례 (7)에서 {-로}는 굴절 형식이 아닌 파생 형식으로 처리되어야 한다.

(7) 진실-로/ 대체-로/ 고래(古來)-로/ 때때-로/ 억지-로/ 날-로/ 공-으로/
 임시-로/ 바-로/ 실-로/ 참-으로/ 따-로/ 실제-로/ 정말-로/ 단적-으로/
 절대-로/ 대대-로

 이러한 현상은 조사의 기능 확대로 부담량이 증폭되어 범주를 옮긴 것으로 이해된다. 현대 국어 조사 중 그 기능이 접미사 쪽으로 접근하고 있는 것으로 다음 여러 가지를 들 수 있다(-에, -만, -대로, -로, -든지, -나, -나마, -만큼). 이들은 공통적으로 체언 어기에 붙어 부사를 파생하는 전성 기능을 가지고 있다.

(8) a. 요-나마/ 이-나마
 b. 고-만/ 그-만/ 요-만/ 이-만
 c. 고-만큼/ 그-만큼/ 요-만큼/ 이-만큼/ 웬-만큼
 d. 이-에/ 백주-에/ 불시-에/ 세상-에/ 한걸음-에
 e. 얼마-나/ 누구-나/ 언제-나
 f. 얼마-든지/ 누구-든지

g. 마음-대로/ 제-대로/ 이-대로/ 저-대로

부사 아래에 격조사가 붙는 것은 엄밀한 의미에서 곡용이라 할 수 없다(cf. 도대체-가, 도무지-가). 이 때의 격조사는 격표지로서의 구실을 수행하는 것이 아니라 단순한 강조적 첨의(감탄) 기능을 하는 첨사(particle)에 불과한 것이라 단정된다. 따라서 이들의 문법적 기능은 완전히 배제되는데, 이와 더불어 주격, 대격 표지가 동사나 형용사의 부사형 아래에 붙는 경우가 이에 비견될 것이다. 다음의 예 (9),(10)에서 {-가}와 {-를}은 문법 기능어인 격표지가 아니라 단순한 강조를 위한 첨사에 지나지 않는다.

(9) a. 먹지를 않았다.
   b. 먹어를 본다.
   c. 먹게를 한다.
   d. 먹고를 있다.

(10) a. 예쁘지가 않다.
    b. 기쁘지가 않다.

한편 감탄사의 경우는 森岡(1969 連載10:138)의 지적대로 그 기본형을 설정하기조차 쉽지 않다. 앞에서 든 D형식 (2)에서 기본형을 「ま, お, は, や, わ, さ, ま」로 하고, 파생된 여러 가지 어형들은 그 이형태(異形態)로 처리될 수도 있을 것이다.

2. 결합 형식의 어기

E 형식: (1-1) 丸- 高- 広- 薄- 赤- 白- 青- 固- 深- 早-
　　　　 (1-2) 寒- 辛- 重- 痒- 苦- 痛- 恐- 悪- 熱- 冷-
　　　　 (2)　 悲し- 美し- 苦し- 淋し- 嬉し- 貪し- 親し- 賢し-
　　　　　　 等し-

　결합 형식(bound form)은 흔히 구속 형식, 의존 형식 등으로도 불린다. E형식의 형태상의 특징은 ① 접사 {-い}, {-さ}가 어떠한 어기에도 붙는다는 것 외에 어기에 다양한 접사를 요구하여 각종 단어를 파생하고, ② 어기는 형식상으로 말미에 {-し}를 붙이지 않는 유 (1)과 {-し}를 붙이는 유 (2)의 두 종류로 나눌 수 있다는 것이다.

　E형식은 소위 형용사 어간을 지칭하는 것으로, 흔히 {-い} 어미가 붙어 기본형이 되지만, 여기에 여러 가지 파생 접미사가 붙어 여러 형태의 파생어를 생산하는 조어력을 가진 어기이다.

　　(11) a. 명사 형성:　　　丸-み/ 寒-さ　　　　　(a형식)
　　　　 b. 정태사 형성:　　高-らか/ 寒-げ/ 悲し-げ　(b형식)
　　　　 c. 동사 형성:　　　丸-める/ 寒-がる　　　　(c형식)
　　　　 d. 부사(첩어) 형성:　まるまる/ うすうす　　　(d형식)

　특히 위 (1-1)과 (1-2)를 구분한 것은 접미사가 붙는 파생표에 있어 약간의 차이가 인정되기 때문이다.

　　(1-1)　丸-　　-める/ -まる　｜　-い/ -さ
　　(1-2)　寒-　　-がる/ -げ　　｜　-い/ -さ

　(1-1)은 대체로 사물의 객관적인 정태와 성질을 나타내는 것이고, (1-2)는 언어 주체가 느끼는 주관적 감각과 감정을 나타내는 것으로

구별된다. 그러나 이러한 구별은 엄격한 것이 아니며, 이들 부류 중에
는 양자가 함께 이뤄지는 것들도 있다.

> 強:　-める, -まる / -がる, -げ
> 淸:　-める, -まる / -げ

　한편 (2)를 (1)의 부류와 구별하는 것은 마치 B형식에 있어서 (1)
과 (2)를 구별하는 것(まれ, いや, あらに/まどか, すみやか, すごやか)
과 같은 형식상의 차이에 의한 것이다. 국어의 경우 형용사 어간은 결
합 형식의 어기가 된다. 형태상으로 국어 형용사의 어미 활용은 매우
규칙적이므로 일본어처럼 그 결합 형식의 어간을 형태적으로 분류할 수
없다. 다만 이들에 사동 접미사가 붙어 사동사로 전성하는 경우, 그 접
미사를 선택하는 형식의 차이를 보여주고 있을 뿐이다.

　(12)에서 형용사 어간의 종류에 따라 {-이-}, {-히-}, {-리-}, {-기
-}의 접사 선택이 다르다.

> (12) a. 높-이-다 / 눅-이-다 / 부르-이-다(불리다)
> 　　　b. 더럽-히-다
> 　　　c. 비-우-다 / 덥-우-다(데우다) / 바르-우-다(바루다)
> 　　　d. 낮-추-다 / 갖-추-다 / 곧-추-다 / 늦-추-다 / 맞-추-다

> **F형식**: (1) 静-　遥-　ほの-　ひそ-
> 　　　　　(2) いよ-　なか-　くれ-　ほと-　つら-

　F형식의 어기는 공통적으로 ① 첩어가 되고, ② (1)은 {-か}를 붙여
B형식을 파생하는 것 외에 여러 가지의 접사를 요구하여 각종 단어를
파생시키지만, (2)는 첩어 외에는 사용하지 않는 차이를 보여주는 특징
을 지니고 있다. (1)은 橋本 文法에서는 '語根'으로 다루어져 「静静/ 遥
遥/ ほのぼの/ ひそひそ」 등의 첩어가 되는 한편, 접미사 {-か}가 첨가

되어 「静-か/ 遥-か/ ほの-か/ ひそ-か」 등의 B형식을 파생하는 성질을 가지고 있다. 이 밖에도 「静-める(まる)/ はる-けし/ ひそ-やか/ ひそ-める/ ほの-めかす」 등의 조어력을 보이고 있다.

(2)는 첩어만으로 사용되는 점에서 (1)과 구별된다. 특히 (1)의 경우 B형식의 (2)와는 형식상으로 비슷하지만(静-か/ 遥-か/ 僅-か/ 豊-か/ 愚-か/ 幽-か), 접사 {-か}의 분리 가능성에 있어 양자는 차이가 있다.

또한 (2)의 첩어 형식에서 소위 의성·의태어의 어기와 구분이 명확치 않다는 점이 대두된다(いよいよ/ なかなか/ くれぐれ/ ほとほと/ じわじわ/ すらすら/ しとしと/ じりじり/ うかうか). 이들 사이의 구분은, 위 (2)는 첩어만으로 쓰이는 첩어 전용어이지만, 의성·의태어의 어간은 첩어 외에도 다음과 같이 사용된다는 점에서 차이를 보인다.

じわ-り/ すら-り/ しっと-り/ うっか-り/ きりっ-と/ はっき-り/ ぼさっ-と/ むっく-り/ もた-つく

한국어에 있어 첩어는 첩용 부사나 상징을 나타내는 의성·의태어의 어기를 중심으로 형성되는데, 상징어의 어기에 관한 기술은 J형식에서 다룰 것이다.

G형식: ひと- ふた- み- よ- いつ む なな- や ここ
の- はた-(とう もも ち)

G형식의 어기는 일본어의 고유어(和語) 중 수사 어기를 지칭한 것인데, 형태상의 특징은 {-つ}, {-り}, {-か}, {-え}, {-そ} 등의 접사를 요구하여 독특한 파생표를 만든다는 점이다. 여기에서도 문제가 되는 것은 어기의 정형이 무엇이냐 하는 것이다. 즉 그 어기는 「ひ, ふ, み, よ, い, む, な, や, こ」 등으로 설정될 수도 있기 때문이다. 森岡(1969 連載11:130)는 이로부터 각종 접미사가 붙어 파생하는 단어표

의 모형을 다음과 같이 제시하였다.

【표 1】

접사＼어기	ひと-	ふた-	み-	よ-	いつ-	む-	なな-	や-	ここの-
-つ(箇)	○	○	ミツ	ヨツ	○	ムツ	○	ヤツ	○
-(た)り(人)	○	○	○	ヨツ					
-か(日)		フツ	ミツ	ヨツ	○	ムイ	ナヌ	ヨウ	○
-え(重)	○	○	○	○	○	○	○	○	○
-そ(十)			○	○	イ	○	○	○	○
ゼロ接辞	ヒ-	フ-	ミ-	ヨ-	○	ム-	○	ヤ	ココ

　이에 비해 한국어 고유어 수사는 그 어기를 찾기도 쉽지 않을뿐더러, 이들로부터 도출되는 파생어의 기계적인 모형도를 얻기도 어렵다. 다만 아래의 〈표 2〉와 같이 개수와 날(日)의 명칭에서 규칙적인 어기의 잔재가 엿보일 뿐이다.

【표 2】

	一	二	三	四	五	六	七	八	九
개 수	하나	둘	셋	넷	다섯	여섯	일곱	여덟	아홉
날(日)	하루	이틀	사흘	나흘	닷새	엿새	이레	여드레	아흐레

　　　H형식:　こ-　そ-　あ-　ど-　いず-　か-　わ-　(た-)

　　H형식은 지시어계의 어기를 지칭하며, 이들은 {-こ}, {-れ}, {-ち}, {-ちち}, {-なに}, {-いつ}, {-の}, {-んな}, {-ら} 등의 접사를 요구하여 독특한 파생표를 만드는 특징을 지닌다. 아래의 〈표 3〉에서 나타나듯이 이들 어기 중 「こ-, そ-, あ-, ど-」의 모형은 매우 규칙적인데 반해, 「いず-, か-, わ-, た-」 등의 파생 형태는 불완전한 양태를 보여준다.

【표 3】

어기＼접사	こ	そ	あ	ど	いず	か	わ	た
{-こ}	○	○	アソ	○	○	カシ		
{-れ}	○	○	○	○	○	○	○	○
{-ち}	コッ	ソッ	アッ	ドッ	(○)			
{-ちち}	○	○	○	○				
{-なに}	○	○	○	○		○		
{-いつ}	○	○	○	○				
{-の}	○	○	○	○		○		
{-んな}	○	○	○	○				
{-ら}	○	○	○	○				
長音	○	○	○	○				
{-が}	○	○	○	○			○	

　　한국어에 있어서도 지시어의 어기는 매우 규칙적인 파생 모형도를 만들어 낸다. 특히 어기 형태 그 자체가 연체형(관형사)이 됨으로써, 일본어 연체형 {-の}의 첨가와는 이질적이다(이(この), 그(その), 저(あの)).

【표 4】

	이	그	저	어느	아무
-기	여기	거기	저기	어디	아무데
-쪽	이쪽	그쪽	저쪽	어느쪽	아무쪽
-리	이리	그리	저리		
-것	이것	그것	저것	어느것	아무것
-런	이런	그런	저런	어떤	아무런
-분	이분	그분	저분	어느분	아무분
-이	이이	그이	저이		
-렇게	이렇게	그렇게	저렇게	어떻게	아무렇게

I형식:　いか-　　しか-　　さ-　　かく-

　　이는 과거 일본어에 있어서의 관용구나 융합형이 현대어에 남아 어기 부분을 분리 추적할 수 있는 것으로 각각 독자적인 파생표를 만드는데, 주로 D형식(부사, 접속사) 상당의 단어를 파생하는 특징을 지니고 있다. 그러나 이들의 형태는 각각 공통적인 모형을 만들어 내기가 어렵다.

(13) a. いかに / いかん / いかほど / いかばかり / いかなる / いかよう
　　　　(に) / いかが
　　b. しかし / しかも / しかして / しかるに / しからば / しかれども
　　　　/ しかのみならず / しかるべく / しかじか
　　c. さも / さぞ / さる / さして / さしも / さながら / さらば / さ
　　　　ほど / さよう / さり(とは)
　　d. かくて / かくして / かくも / かくの(ごとく) / かかる / かくかく

이에 상응하는 한국어로는 의미상 「이렇게, 그렇게, 저렇게, 어떻게/
이와 같이, 그와 같이, 저와 같이」 등이 해당되겠지만, 이는 그 어기를
「이, 그, 저」 등으로 삼는다면 H형식에서 다뤄져야 할 성격의 것으로
생각된다.

J형식 : (1) どん-　かん-　ぱん-　ぽん-　ごとん-　がたん-　どすん-
　　　　　(2) ぱら-　さら-　きら-　すら-　きり-　ぴり-　ひり-
　　　　　(3) ぽか-　ぱち-　ぽた-　ぱた-　がた-　がく-　ぽき-
　　　　　(4) ぱっ-　さっ-　どっ-　ぐっ-　ざっ-　すっ-　かっ-
　　　　　(5) ふわ-　から-　ざら-　ぐら-　ばら-　ぶら-　くら-

　J형식의 어기는 D, F형식에서 잠시 다룬 바 있는 의성·의태어의 어
기로, 이들의 정형 어기는 설정하기가 쉽지 않다. 특징으로는 ① 대부
분의 어기가 첩어가 될 수 있다는 것과, ② 접사 {-と}, {-に} 및 접사
에 준하는 {-り}, {-ん} 등을 붙여 다양한 파생어를 만든다는 점이다.
위의 (1)-(5)의 분류는 이와 같은 특징에 따라 구분한 것으로, 첩어의
형태가 다르거나 접사 {-と}, {-に}, {-ん} 등의 첨가를 수용하는 파생
과정에 차이가 있는 것이다.

(1) 첩어 :	どんどん(と)	かんかん	ごとんごとん
{-と} →	どん-<u>と</u>	かん-<u>と</u>	ごとん-<u>と</u>
(2) 첩어 :	ぱらぱら(と)	さらさら	きりきり
{-り} →	ぱら-<u>り</u>(と)	さら-<u>り</u>	きり-<u>り</u>
{-と} →	ぱらっ-<u>と</u>	さらっ-<u>と</u>	きりっ-<u>と</u>
(3) 첩어 :	ぽかぽか(と)	ぱちぱち	がくがく
{-り} →	ぽか-<u>り</u>(と)	ぱち-<u>り</u>	がく-<u>り</u>
{-り} →	ぽっか-<u>り</u>(と)	ぱっち-<u>り</u>	がっく-<u>り</u>
{-と} →	ぽかっ-<u>と</u>	ぱちっ-<u>と</u>	がくっ-<u>と</u>
{-ん} →	ぽか-<u>ん</u>(と)	ぱち-<u>ん</u>	がく-<u>ん</u>
(4) 첩어 :	ぱっぱ(と)	さっ-さ	すっす

$\{-\text{と}\} \rightarrow$ ぱっ-<u>と</u>   さっ-<u>と</u>   すっ-<u>と</u>

(5) 첩어 :   ふわふわ(と/に)   からから   ふらふら

$\{-\text{り}\} \rightarrow$ ふわ-<u>り</u>(と)   から-<u>り</u>   ふら-<u>り</u>

$\{-\text{と}\} \rightarrow$ ふわっ-<u>と</u>   からっ-<u>と</u>   ふらっ-<u>と</u>

한국어에서 의성·의태어는 그 자체가 첩어 형태가 되면 아무런 접미 사의 도움 없이도 상징 부사의 기능을 획득하게 되며, 여기에 각종 접 미사가 첨미되어 여러 가지 품사로 전성하는 다양성을 가지고 있다. 예 컨대,

(14) a. 명사화: {-이}   개굴-이(개구리)/ 오뚝-이/ 까불-이/ 얼 룩-이/ 털털-이/ 소쩍-이/ 뻐꾹-이(뻐꾸기)

　　　　　　　 {-질}   딸꾹-질

　　b. 부사화: {-이}   살금-이/ 살멋-이(살며시)

　　c. 형용사화: {-궂다}   새살-궂다

　　　　　　　 {-스럽다} 능청-스럽다/ 불퉁-스럽다

　　　　　　　 {-압(업)다} 간질-업다/ 근질-업다/ 시끌-업다/ 어질 -업다/ 징글-업다/ 보들-업다/ 미끌-업다

　　d. 동사화: {-거리다} 바스락-거리다/ 기웃-거리다/ 달랑-거리다

　　　　　　　 {-하다}   가물가물-하다/ 반짝반짝-하다/ 중얼중 얼-하다/ 흔들흔들-하다

　　　　　　　 {-이다}   일렁-이다/ 글썽-이다/ 반짝-이다/ 끄덕 -이다/ 출렁-이다

　　　　　　　 {-대다}   칭얼-대다/ 덜렁-대다/ 쑤군-대다/ 빈둥 -대다/ 꾸물-대다

특히 동사화 접미사는 비교적 생산성이 높은 것으로 나타나는데, 일 부 접미사끼리는 상호 호용도 가능하다(출렁-이다/출렁-대다/출렁-거리 다, 쑤군-대다/쑤군-거리다, 끄덕-이다/끄덕-거리다, 가물가물-하다/가 물가물-거리다). 이 중에서도 {-거리다}, {-대다}, {-이다}는 피접 어기 가 대체로 단독형이나 첩용형을 함께 취할 수 있는데 반해, {-하다}는

첩용형의 어기만을 취하는 경향을 보여준다.

(15) a. {-거리다}: 속닥-/속닥속닥-   출렁-/출렁출렁-   달랑-/달랑달랑-
                     중얼-/중얼중얼-   굽신-/굽신굽신-   반짝-/반짝반짝-
                     비틀-/비틀비틀-   아른-/아른아른-   팔랑-/팔랑팔랑-
                     출렁-/출렁출렁-

   b. {-대다}:   웅성-/웅성웅성-   쑤군-/쑤군쑤군-   빈둥-/빈둥빈둥-
                     꾸물-/꾸물꾸물-   칭얼-/칭얼칭얼-   추근-/추근추근-
                     덜렁-/덜렁덜렁-

   c. {-이다}:   일렁-/일렁일렁-   글썽-/글썽글썽-   반짝-/반짝반짝-
                     끄덕-/끄덕끄덕-   울먹-/울먹울먹-   출렁-/출렁출렁-

   d. {-하다}:   *꼬불-/꼬불꼬불-   *나근-/나근나근-   *와글-/와글와글-
                     *바글-/바글바글-   *하늘-/하늘하늘-

3. 한어·외래어계의 어기

본고에서는 일본어의 어기 중 한어(漢語)나 외래어계는 논외로 하고 있기 때문에, 여기에서는 森岡(1969 連載11:34)의 분석의 일단과 예시를 소개하는 데 그칠까 한다.

K형식: (1-1)   山(さん)-   川(せん)-   日(にち)-   月(げつ)-   人(じん)-
                     牛(ぎゅう)-   虫(ちゅう)-   魚(ぎょ)-   読(どく)-   書
                     (しょ)-
           (1-2)   語(ご)   情(じょう)   門(もん)   美(び)   寒(かん)
                     心(しん)   音(おん)   行(きょう)   体(たい)   香(こう)
           (2)   詩   句   式   僧   堂   封   恩   脈   徳   億
           (3)   嬢-   坊-   俗-   雑-   了-   察-   排-   制-   模-   撤-
           (4)   哲-   磁-   般-   婚-   俠-   憲-   慢-   査-   枢-   裁-
           (5)   挨-   拶-   醒-   榜-   縹-   掉-   石(シツ)-   灰(クイ)-

(1)-(5)는 한자 형태소의 파생상의 특징을 지표로 하여 구분한 것으로, 하위 구분은 각각 다음의 성격을 지니고 있다.

(1) 和語 異形態(音訓流通)의 성격을 가진 어기
(2) 자립 형식으로 쓸 수 있는 字音 專用의 어기
(3) 파생어로 쓸 수 있는 字音 專用의 어기
(4) 복합 어기의 구성 요소로서의 字音 專用의 어기
(5) 어기로서의 자격을 가질 수 없는 한자

L형식: (1-1) ペン　ナイフ　シャツ　ラジオ　ボックス　スタンド　カラ- サラダ

(1-2) ハイカラ　テレビ　マスコミ　ストマイ　アフレコ　ゼネスト アナ　スト

(2) フレッユ　シャープ　クール　モダーン　リアール　ロマンチック ウエット

(3) アタック　ランク　スリップ　ゲーム　ミス　キス　シヨート サボ

(4) キロ-　センチ-　デシ-　ミリ-　ニユ-　アンデイ-

위의 외래어계의 어기는 ① 압도적으로 자립 형식이 많고, 그 기능은 和語의 A,B형식과 아울러 「する」와 합성하여 C형식에 상당하는 것과, ② 단어의 형태소에 관계없이 일본어 독자의 형태를 취하고 있는 것 등 형태상의 특징을 나타낸다. 그 하위 구분인 (1)-(4)의 특징은 다음과 같다(森岡 1969 連載11:139).

(1-1) 외래어 중 가장 다수이며, 和語, 漢語계의 A형식에 상당한다.
(1-2) 원어의 복합 형태소를 하나의 형태소로 하거나, 원어에서는 허용되지 않는 생략법을 취하고 있다.
(2) 和語, 漢語계의 B형식에 상당하고, {-な}, {-だ}, {-に}로 쓰인다.
(3) 和語, 漢語계의 A,C 겸용 형식에 상당하고, A형식으로 쓰일 수 있는 동시에 {する}와의 합성에 의해 C형식 상당의 역할을 한다.

> (4) 일부(デシ-, ミリ-, ニコ)는 본래 결합 형식으로 파생 또는 합성어를
> 만들 때 접사 또는 어기의 역할을 하고, 일부(キロ, センチ)는 이미
> 자립 형식의 자격을 가진다.

III. 접미사의 분포 대비

II장에서 살펴본 일본어 어기의 종류와 이에 대한 한국어의 비교는 어기에 후접하는 접미사의 분포와 기능의 대비와도 긴밀한 상관 관계를 가진다. 본고에서 접미사의 분포에 대한 양 언어의 대비는 한어계와 외래어계 어기인 K형식과 L형식을 제외한 A-J형식의 일본어 어기와 접미사와의 결합형을 분석하고, 이에 상응하는 한국어 형태를 비교하는 방향으로 논하겠다. 자립 형식이거나 결합 형식이거나 어기가 될 수 있는 요건은 반드시 어휘적인 실질 형태소이라야 한다. 본 장에서는 어기에 후접될 수 있는 접미사의 양태와 그 제약 관계를 중심으로 살펴보겠다.

1. 범주상의 동요

접미사에 대해 고영근(1974:27-28)은 ① 의존성을 띨 것, ② 특수성을 띨 것, ③ 어휘성을 띨 것, ④ 후행 조사나 어미의 통합에 제약이 없을 것 등 형태론적, 의미론적 설정 기준을 마련했다. 이는 접미사가 파생성, 생산성으로 지향한다 하더라도 무한한 파생을 전제하고 있지 않기 때문이다. 그러나 실제로 이러한 설정 기준에 의거하여 검증한다 해도 접미사로서의 인정 여부는 그 성격의 정도에 따라 난맥상을 보이는 예가 허다하다.

일반적으로 접미사가 다른 문법 형식과 동요를 야기하는 대상으로 조사, 어미, 명사(의존 명사) 등을 들 수 있으며, 특히 일본어에서는 조동

사와의 동요가 현저하다.

무엇보다 접미사의 과대한 보편성은 굴절 어미와의 혼란을 초래한다. 일본어 문법 체계에 있어서도, 松下大三郎(1979:71)는 접사를 '特殊助辭'라 하여 '助辭'의 범주에 넣고 있기 때문에 인접된 다른 助辭와의 범주상의 동요는 필연적으로 예견될 수밖에 없는 것이다.

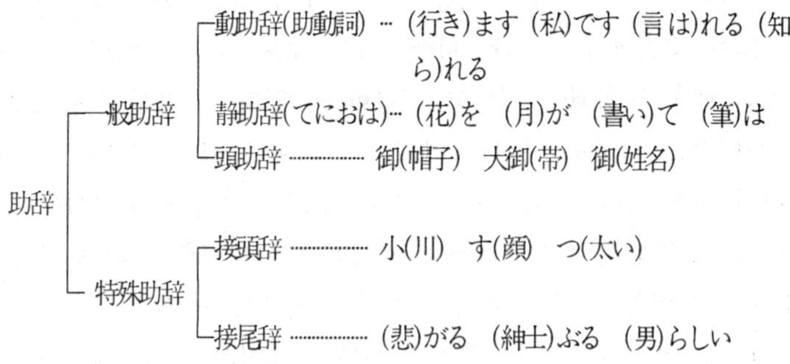

위의 구분에서 '特殊助辭'의 하위에 있는 접미사는 '一般助辭'의 하위에 있는 動助辭, 즉 助動詞와 靜助辭, 즉 格助辭와의 문법 범주상 동요가 야기될 수 있다. 따라서 일본어의 문법 형식에서 접미사와 조동사, 접미사와 조사 사이의 동요는 늘 인접되어 나타나는 현상이다. 이들은 접속되는 위치가 語基(根)의 아랫부분이라는 것과, 어휘적 또는 문법적 가의성을 지니고 있다는 공통점 때문에 기능적 유사성을 배제할 수 없다. 여기에다 통시적으로 조사가 접사화하는 추이 관계가 존립하고 있어 더욱 그러하다. 일본어에서 어휘사적으로 「る, うる, す, さす, しむ」류가 접사성을 띠고 있다는 사실은 주지의 것이다.

접미사와 조동사 사이의 문법 범주상의 동요는 山田 文法에서도 그 인접성을 감지할 수 있다. 山田는 조동사라는 술어 대신에 '複語尾'라는 명칭을 사용했는데, 그 하위에서 접사를 3구분하여 다음과 같은 분류표를 만들었다. 복어미인 조동사가 접미사와 함께 접사의 하위 범주에 분류되고 있는 이상, 그 인접적 유사성은 노출될 수밖에 없는 것이다.

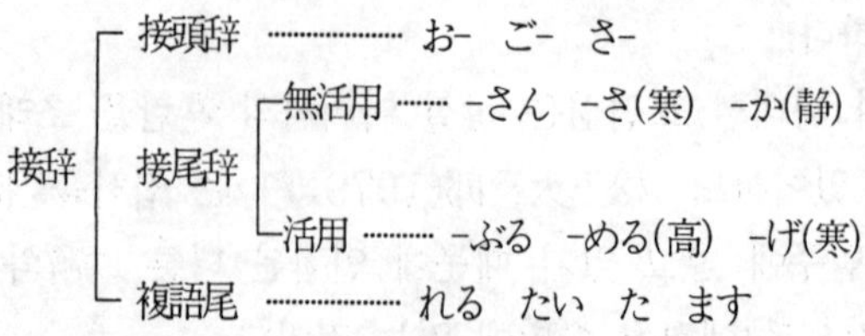

　일본 문법에서 접미사와 조동사 사이의 동요는 매우 빈번한 양상을 띤다. 橋本 文法에서도 受身, 可能, 自発, 希望 등을 나타내는 조동사는 접미사와 매우 밀착되어 있다고 논급한 바 있다. 따라서 한편으로는 양자를 판별하는 기준도 여러 측면에서 논의되어 왔다. 時枝 文法에서는 개념화의 유무 관점에서, 조동사는 「辞」로 처리하고 접미사는 「詞」로 인정하여 그 어휘적 위상의 차이를 두었는데, 이러한 견해는 時枝 특유의 심리적 문법을 표방한 언어 과정설에 기초를 두고 있다. 즉 「詞」는 개념 과정을 포함하고 있는 객관적 사태를 표현하는 것이고, 「辞」는 개념 과정을 포함하지 않는 형식으로 주관적 판단을 표현하는 것으로 구분하고 있다. 이 밖에도 조동사는 문절의 구성 단위이며 접미사는 단어를 형성하는 형태소로, 양자 사이의 통사적 지위가 상이함을 언급하기도 했다. 또한 접미사는 한정적이므로 독립성이 조동사보다 낮다는 견해가 나오기도 했다.

　실제로 조사나 조동사는 굴절 형식이요, 접미사는 파생 형식이고 보면 그것의 범주는 '굴절'과 '파생'의 기능 차원에서 이미 노정되는 것이다. 이에 관한 국어학계의 논구로 고영근(1974:74-76), 허웅(1966:8-12), 김석득(1971:15), 홍사만(1985:98-100), 하치근(1989:96-104) 등에서 상론되었으므로 재론하지 않겠지만, 그 중에서도 주된 기준은 어기와의 통합 관계가 될 것이다. 파생 접미사는 파생어의 형성 과정에서 필수적으로 제약성을 수반하고 있다는 것이다. 이에 대해 송철의(1988)는 파생 접미법의 형태론적, 음운론적, 통사론적, 의미론적 제반 제약을 밝히고 있다.

　국어 문법 체계에 있어서도 접미사는 자립성의 정도에 따라 의존 명사와 동요하는 유가 있고(-바람(속치마-), -서방(金-), -자락(옷-), -투성이-(피-), -티(양반-) 등), 보편성 때문에 굴절 형식인 조사나 어미와의 동요 상황을 형성하는 부류들도 있다(-깨(나이-), -께(동대문-), -들(사람-), -씩(둘-), -쯤(두 개-), -끼리(친구-) 등)(홍사만 1994: 203-205).

+ 자립성   + 보편성

의존 명사 ◀━━ 접미사 ━━▶ 조사 · 어미

특히 사적으로 조사의 접미사화 현상은 그들의 범주를 판정하는 데 큰 난점이 되기도 한다. 이 밖에도 어떤 접미사는 파생력에 있어 과도한 폐쇄성, 비생산성을 가짐으로써 파생 형식으로 인정하기가 어려운 유들도 있다(-깡(수수-), -갖(살-), -꼽(배-), -괄량이(말-), -빽(손-), -썹(눈-), -지거리(욕-) 등, 홍사만 1994:204). 이들은 단 하나의 파생어를 생산하기 위해 하나의 접미사가 존립하는 꼴이 된다.

어쨌든 한·일 양 언어의 접미사가 공통적으로 안고 있는 범주상의 동요 현상은 급기야 국어 문법에서 선어말 접미사로 다뤄지고 있는 사동·피동 접미사가 일본어 문법에서는 굴절 형식인 조동사의 범주에 편입되기에 이르렀다. 이는 일본어 조동사의 보편성과 개방성으로 한국어와는 이질성을 현시하고 있기 때문인 것으로 파악된다.

> (16) a. 꽃을 꺾었다. → 꽃이 꺾-이-었다.
>   b. 손을 잡았다. → 손이 잡-히-었다.
>   c. 집을 팔았다. → 집이 팔-리-었다.
>   d. 종이를 찢었다. → 종이가 찢-기-었다.

예문 (16)은 타동사들이 피동 접미사 {-이-, -히-, -리-, -기-}에 의해 피동사가 된 것이다. 그러나 국어 피동 접미사에 의한 피동사 파생에는 어기의 성격에 따라 많은 제약이 따른다. 대체로 어기가 '-하다'계

동사(*공부하-{이, 히, 리, 기}-다), 수여 동사(*주-{이, 히, 리, 기}-다), 수혜 동사(*얻-{이, 히, 리, 기}-다), 경험 동사(*알-(이, 히, 리, 기}-다), 대칭 동사(*만나-{이, 히, 리, 기}-다)류는 어떠한 피동 접미사도 여기에 붙어 피동사를 파생할 수 없다(이익섭·임홍빈 1983: 201-202).

(16)에 대비되는 일본어의 피동형(受身形)은 다음과 같다.

    (17) a. 花を 折った。→ 花が 折られた。
         b. 手を 握った。→ 手が 握ぎられた。
         c. 家を 売った。→ 家が 売られた。
         d. 紙を 裂いた。→ 紙が 裂かれた。

(16)에 대응되는 일본어의 피동화소 {-られ-}는 그 분포가 매우 자유로우며 규칙적이다. 이 때문에 일본어 피동화소는 사동화소 {-させ-}와 더불어 파생 접사의 범주에 두지 않고 굴절 형식인 조동사의 영역에 들게 된 것이다.

다음 한국어 사동화 접미사에 대해 살펴보자.

    (18) a. 밥을 먹-이-다.
         b. 옷을 입-히-다.
         c. 아기를 울-리-다.
         d. 학생을 웃-기-다.

국어의 사동사 구성에 있어서도 어기인 용언의 성격에 따라 파생의 제약은 수반된다. 자동사 중 다음과 같은 동사들은 사동 접미사의 통합에 의해 사동사가 될 수 없다.

    (19) *가-{이, 히, 리, 기}-다 / *달리-{이, 히, 리, 기}-다 / *말하-{이,
        히, 리, 기}-다

이들이 사동형을 취하기 위해서는 통합에 있어 비제약적이고 보편적인 소위 장형 사동형(20)을 취할 수밖에 없는 것이다.

  (20) 가게 하다/ 달리게 하다/ 말하게 하다

이에 따른 일본어의 대응 예는 피동형과 같이 조동사 {-させ-}의 결합으로 매우 규칙적이며 보편적인 양상을 보여준다.

  (21) a. ご飯を 食べさせる。
       b. 服を 着させる。
       c. 子供を 泣かせる。
       d. 学生を 笑わせる。

이 밖에도 접미사의 문법 범주 문제에 있어서는 체언의 접사화에 따른 파생법과 합성법 사이의 동요 상황도 대두된다. 일본어 문법에서 특히 복합 동사는 높은 생산성을 가지고 있는데, 후항 동사의 접미사화 경향은 복합법에서 파생법으로 이행하는 면모를 보여주고 있다.

2. 어기와의 통합 양태

접미사가 어떤 종류의 어기에 붙어 어떤 파생어를 조어하느냐 하는 것은 접미사의 어휘, 문법적 기능이 어떠하냐에 직결된다. 대체로 한·일 양 언어의 접미사는 체언과 준체언, 용언과 부용언에 붙어 새로운 단어를 파생해 내는데, 여기서는 II장에서 다룬 森岡의 일본어 어기의 종류별로 그것에 결합하는 접미사의 일단을 기술·분석하겠다. 우선 자립 형식의 어기와 결합 형식의 어기를 나누어 접미사의 통합 양태를 기술하겠는데, 한어계와 외래어계의 어기를 제외한 A-K형식이 그 대상이 된다.

가. 자립 형식의 어기

森岡의 어기 분류법에 의하면 자립 형식은 A–D형식에 해당된다. 체언 어기, 형용 동사의 어간, 동사의 연용형, 그리고 부사와 감탄사가 이에 속한다. 이 가운데 접미사의 기본적인 통합 방식인 A형식 체언(명사, 대명사류)에 붙는 것이 가장 보편적이다. 그 대표적인 접미사의 결합 형태와 파생된 어례를 보이면 다음과 같다. 이들은 체언 어기에 실질적 의미 또는 형식적 의미를 더해 줄 뿐 어기의 문법 범주를 바꾸는 기능은 하지 않는다.

{-さん}:　a. おじ-/ 木村-/ お上-/ おば-/ お月-/ 皆-
　　　　　b. 駅長-/ 郵便屋-/ お菓子屋-/ お医師-/ 魚屋-/ 八百屋-/ 肉屋 -/ 酒屋-
　　　　　c. 象-/ おかいこ-/ おいも-
{-さま}:　神-/ 田中-/ 上-/ お月-/ 奥-/ 三人-/ お医師-/ 王-/ お客-/ お手伝い-/ おさる-
{-ちゃん}:　花子-/ お姉-/ お父-/ 兄-/ 赤-/ 熊-/ 小鳥-
{-どの}:　会長-/ 学長-/ 部長-/ 課長-/ 市長-/ 大佐-/ 吉田-/ 太郎-
{-か(が)た}:　あなた-/ みなさん-/ 先生-/ 殿-/ 御婦人-/ 宮-
{-め}:　犬-/ ねこ-/ ばか-/ こいつ-/ 弱虫-/ 奴-/ 不孝子-/ 狐-

위에서 거례한 접미사들은 체언류 동심 구조 접미사(한정적 접미사)로, 이들은 공통적으로 대우 의식의 의미를 더하는 유들이다. 대체로 존칭을 나타내지만 {-め}는 비하, 경멸을 표시하고 있다. 이들 접미사는 대체로 사람을 나타내는 명사에 붙어 존칭이나 비칭의 화용적 의미를 가의하는데, {-さん}과 {-さま}의 분포는 때로 자립성이 없는 「とう-」, 「かあ-」, 「にい-」, 「ねねえ-」, 「貴-」, 「嬢-」에 붙어 파생어를 조어하기도 하고, 체언 외에 「はばかり-」, 「お疲れ-」, 「おあいにく-」, 「お気の毒-」, 「お世話-」, 「ご馳走-」, 「お待ちどう-」, 「お互い-」, 「ご苦労-」

등에 통합됨으로써, 이 경우에도 접사로 인정할 수 있는지는 의문이다.

먼저 {-さん}과 {-さま}를 비교하면, {-さん}은 {-さま}의 구어적 표현으로 양자는 흔히 이형태로 다뤄지나, {-さま}에 비해 {-さん}이 경의의 정도가 낮다. 특히 {-さん}이 b의 경우인 「郵便屋」, 「お菓子屋」, 「八百屋」, 「肉屋」 등과 같이 특정 직업에 붙어 그 종사자에 존칭의 의미를 더하는 것은 특이하다. 이를 한국어와 비교하면, 「우체국-님(씨)」나 「과자점-님(씨)」는 쓰지 않으며, 오히려 「집배원-님(아저씨)」, 「과자점-아저씨」라 호칭하고 있다.

{-ちゃん}은 {-さん}이 무너진 형으로 친애의 정도 차이를 나타내고 있는데, 유아어에 있어서는 동물 이름에 붙어 친숙의 상황을 나타내기도 한다.

{-どの}는 타인의 이름이나 신분이나 관직명에 붙어 경의를 나타내며, {-さま}보다 공식적인 색깔을 띠는 특징이 있다. 이와 같이 일본어의 존칭 접미사는 대우 상대와 친분 정도의 화용적 입장에 따라 선택하는 접미사가 다르다.

{-がた}는 사람을 표시하는 명사에 붙어 경의를 포함한 복수의 의미를 더한다. 따라서 복수형에서 「あなた-がた」는 「あなた-たち」보다 정중한 표현으로 쓰인다.

이들은 국어에서 {-님}, {-씨} 등과 대비되겠는데, 생산성의 정도에 있어서는 양 언어가 비슷한 양태를 띠고 있다. 그러나 {-씨}는 이름 명사에만 붙는 한정성을 보이며, 근자에 와서는 그 존대의 의미도 점차 가치 격하의 추이상을 보이고 있는 반면, {-님}은 파생성이 높아 여러 가지 체언에 붙는다.

    (22) a. 아버지, 어머니, 형, 누나, 아들, 딸 + {-님}
         b. 선생, 의사, 목사, 기사 + {-님}
         c. 국장, 과장, 회장, 반장 + {-님}
         d. 별, 달, 해, 비 + {-님}

위의 예 (22)에서 피접 어기들은 각각 a. 가족 관계의 호칭 어기, b. 직업 명칭의 어기, c. 직책, 직위명의 어기, d. 유칭적 자연 어기 등이다. 이러한 {-님}의 보편성은 굴절 형식과의 동요를 야기하기도 하고, 때로는 자립적 성격을 띰으로써 체언류에 접근하는 인상을 주기도 한다.

한편 {-め}는 상대방을 낮추어 비하하는 화용적 기능을 가지고 있는데, 이에 상응하는 국어의 대응어는 찾아보기 어렵지만, 국어 접미사 중 [+HUMAN]에 관계하는 대부분의 접미사가 비칭 또는 비하의 기능을 가지고 있는 것이 이에 비교된다. 예컨대, {-꾼}, {-질}, {-보}, {-내기}, {-숭이}, {-뜨기}, {-바가지}, {-쟁이}, {-아치}, {-충이), {-퉁이}, {-꾸러기}, {-다리} 등은 [+HIGH]과 [-EXALT]의 두 가지 의미 특성을 지닌다(홍사만 1994:215-216). 이는 어떤 성질에 대해 정도가 지나침을 나타내면서 비하의 의미를 내포하는 것으로 설명된다. 이에 대해 하치근(1989:36)은 지소, 비하, 강조, 정도 등 감정적 요소를 더하는 보조적 뜻 바탕을 가진 접사는 뜻의 분화는 없고 어기와 꾸밈 관계만을 이룬다고 했고, 인칭 접미사 중 비칭의 접미사를 내용별로 분석했다(하치근 1989:184-196).

(23) a. 습관적 비칭: {-꾸러기}/{-바리}/{-뱅이}/{-보}/{-쇠}/{-이}/{-퉁이}
    b. 신체적 비칭: {-다리}
    c. 전문적 비칭: {-꾼}/{-아치}/{-장이}/{-지기}
    d. 지역적 비칭: {-나기}/{-내기}/{-뜨기}

송철의(1985:208)도 有情 名詞(人性 名詞)들이 비하의 의미를 갖는 것은 언어 외적 요인에 의한 의미상의 영향을 받는 결과로 설명하고 있다. 이에 관해서는 사회 언어학적 탐색이 필요한 것으로 여겨진다.

다음 일본어의 체언류 동심 구조 접미사 중 복수를 나타내는 접미사를 살펴보겠다.

{-ら}:　　少女-/ 我-/ 奴-/ 君-/ 生徒-/ 僕-/ 子供-/ 野-/ これ-/ それ-/ われ-/ あいつ-

{-ども}:　　私-/ 鬼-/ 悪人-/ 子-/ 親-/ 家来-/ 男-/ 女-/ み-/ きさま-/ てまえ-

{-たち}:　　君-/ お前-/ 仲間-/ 女房-/ 子供-/ 親-/ 学生-/ 自分-/ あの人-/ 彼女-/ 僕-/ わたし-/ あなた-/ 少年-

{-ばら}:　　殿-/ 奴-/ 法師-/ 役人-

　이들은 공통적으로 어기에 '복수'(plural)의 의미를 가의하는 어휘적 기능을 수행한다. 또한 복수의 의미뿐만 아니라, 화용적 대우 관계에도 다소의 변별력을 가지고 사용된다. 즉, {-ども}는 {-たち}에 비해 경의가 낮고, {-ら}는 주로 청자가 하위자일 때 사용한다. 그러나 이들의 분포는 확연한 배타적 차이를 보이는 것은 아니다. {-たち}는 본래 사람에 대해서만 쓰이던 것이 근자에는 용법상 외연이 넓어져 동물과 식물, 광물 등의 복수 표현에도 사용되는 경향을 보이고 있다.

　이들과 의미적으로 대비되는 국어의 복수 접미사 {-들}은 어기와의 통합 관계에서 제약이 적은 보편성을 띠고 있어 때로는 굴절 형식의 범주에서 다뤄지는 예가 있다. 게다가 그 기능적 분포가 특이하여 부용어(副用語)에 접속되는 첨사적 성격도 가지는 것으로, 일본어 복수 접미사와는 확연한 이질성을 드러낸다(홍사만 1983:56-58).

(24) a. 먹어-들 보아라.
　　　 b. 먹게-들 해 줘라.
　　　 c. 먹지-들 말아라.
　　　 d. 먹고-들 있다.

(25) a. 빨리-들 먹어라.
　　　 b. 조용히-들 해.

　(24)a-d의 분포에서는 {-들}이 소위 동사의 부사형 아래에 붙는 예이고, (25)a,b는 부사에 직접 연결된 것이다. 이 때 접미사 {-들}은 피접어에 직접적으로 복수의 의미를 더하는 것이 아니라, 발화 상황에서 청자가 복수임을 나타내는 화용적 장면 제시의 기능을 수행할 뿐이다. 이 밖에도 국어 접미사 중 복수의 의미 기능을 가진 것으로는 매우 한정된 분포를 보이고 있지만 {-희}, {-네}가 있다.

　　　(26) a. {-희}:　너-희/ 저-희
　　　　　　 b. {-네}:　노인-네/ 어르신-네/ 여편-네

　다음 일본어에서 체언 어기에 붙는 동심 구조의 접미사로 {-め}, {-だらけ}를 들 수 있다.

　　　(27) a. {-め}:　一つ-/ 二度-/ 五年-/ 十回-
　　　　　　 b. {-だらけ}:　血-/ 傷-/ 欠点-/ 泥-/ 汗-/ 虫歯-/ ほこり-/ しわ-/
　　　　　　　　　　　　　紙くず-/ 間違い-/ 離間-/ 借金-/ 難間-

　a.{-め}의 분포는 수량사에 한정적으로 붙어 '순서'의 의미를 가의한다. 이에 비교될 수 있는 국어 접미사로는 서수 접미사 {-째}가 있다 (첫-째, 둘-째, 열흘-째, 다섯 번-째).
　b.{-だらけ}는 명사 어기에 붙어 그것이 많음을 나타내는데, 그 감정 가치는 낮아 불쾌감을 수반하는 것이 일반적이다. 이는 피접어의 선택에서 여실히 드러난다. 예에서 피접어로 선택된 명사는 한결같이 '피', '땀', '결점', '상처', '진흙' 등으로 격하 가치를 가진 것들이다. 이에 대당되는 국어 접미사로는 {-투성이}가 있으며, 그 대응 예도 동질적인 양상을 띤다(흙-투성이, 땀-투성이, 상처-투성이, 문제-투성이, 먼지-투성이, 기름-투성이, 빚-투성이).
　한편 체언 아래에 통합되는 접사 가운데 활용하는 것으로는 다음과 같은 것들이 있다. 이들은 그 대부분이 체언 어기의 문법 범주를 바꾸어 주는 이심 구조(지배적) 접미사류이다.

    (28) a. {-ばむ}:　黄-/ 汗-/ 気色-/ 油-/ 枯れ-
         b. {-びる}:　鄙-/ 大人-/ 幼子-/ 田舍-/ 古-/ ひね-
         c. {-やぐ}:　花-/ 若-
         d. {-さびる}:　神-/ 娘-
         e. {-じみる}:　気偉い-/ 年寄-/ 田舍-/ 子供-/ 所帶-
         f. {-ばい}:　塩っ-/ 酸っ-
         g. {-めく}:　春-/ 時-/ 色-/ 人-/ 唐-/ 上手-/ 田舍-/ 今-/ 古-/
                 わざと-

이들은 접미사 형태 내부에 어간과 어미 구분이 되는 활용 형식을 가진 유이다. 대체로 명사 어기에 붙어 어떤 상태를 나타내는 상태 동사화의 문법적 전성 기능을 수행한다.

{-ばむ}는 '어떤 상태가 되다'의 의미 기능을 가지는데, 예컨대 「汗-ばむ」는 '땀이 스며 나오다', 「黄-ばむ」는 '노란빛을 띠다, 노래지다'가 된다. {-びる}, {-やぐ}, {-さびる}는 명사나 형용사 어간에 붙어 상1단 활용 동사를 만들며, 그 의미는 '-답게 되다', '-처럼 되다'이다. 「大人-びる」는 '어른처럼 되다', 「花-やぐ」는 '꽃처럼 아름답게 되다', 「娘-さびる」는 '처녀다워지다'로 풀이된다. {-じみる}와 {-めく}도 명사나 형용(동)사의 어간에 붙어 5단 활용 자동사를 만드는데, 그 의미는 '-같아 보이다', '-처럼 보이다'로, 「気偉い-じみる」는 '미친 사람 같아 보이다', 「春-めく」는 '봄다워지다'로 풀이된다.

森岡의 지적대로 이들은 고어의 접미사의 잔재이거나 속어적인 것으로 판단되며, 적용 범위가 좁아 생산성이 낮다. 이 가운데 {-めく}는 「ほお-めく」, 「きら-めく」의 {-めく}와도 같은 형태와 의미를 지니고 있지만, 동일한 문법 범주에서 다뤄질지가 의심된다.

이들의 문법 기능이나 의미 기능에 직접적으로 상응하는 국어 접미사는 눈에 띄지 않는다. 그저 의미 기능에 접근하는 국어의 표현 형태로

‘-같은’, ‘-다운 상태가 되다’, ‘-다워지다’ 등을 들 수 있겠다.

다음 準体言인 B형식의 어기에 붙는 접미사들을 살펴보면, 이에 속하는 어기는 주로 형용 동사의 어간이 된다. 준체언이란 자립성이 있으나 그 자체로 断続의 관계를 나타내지 못하는 점에서 체언과는 다른 성격을 지닌다. 형용 동사의 어간에 붙어 문법 범주를 전환하는 접미사로 {-み}, {-さ}, {-げ}(명사화), {-がる}(동사화) 등이 있는데, 이러한 B형식은 형용사 어간을 어기로 하는 E형식과 조어 방식이 동일하다. 이런 점에서 형용사 어간과 형용 동사 어간은 서로 평행선을 이룬다.

(29) a. 형용 동사: あわれ-み/ いや-さ/ いや-がる/ うれし-げ
　　 b. 형용사: 　　重-み/ 高-さ/ 寒-がる/ 迷惑-げ

또한 형용 동사의 파생형 「りこう-ぶる」(영리한 체하다)나 「上品-ぶる」(고상한 체하다)에서 접미사 {-ぶる}의 결합은 마치 「学者-ぶる」, 「穏当-ぶる」 등과 같은 체언에 붙는 접미사와 평행선을 이루며, 「いや-らしい」, 「穏当-らしい」 등은 「男-らしい」, 「子供-らしい」, 「わざと-らしい」, 「ほんと-らしい」 등의 체언과 부용언의 접미사와도 평행선을 이룬다. 또한 「がって-がましい」 는 「人-がましい」, 「晴れ-がましい」, 「わざと-がましい」 등의 체언과 용언, 부용언의 접미사와도 평행선을 이룬다. 이러한 현상은 형용 동사가 가지고 있는 명사성과 형용사성에 기인하며, 접미사의 파생적 생산성의 확장으로 해석하여야 할 것이다.

국어에서도 접미사가 어느 특정 품사의 어기에만 붙는 것이 아니라, 여러 종류의 어기에 붙어 어휘적·문법적 기능을 수행하고 있는 것을 흔히 볼 수 있다. 예컨대 ‘어떤 사실에 대해 잘하거나, 어떤 성질이 지나치게 많은 사람’을 나타내는 접미사 {-보}의 분포는,

(30) a. 떡/털/겁/꾀/밥/코 + {-보}
　　 b. 울/먹 + {-보}
　　 c. 느림 + {-보}

　　　　d. 째/짬/곰/갈 + {-보}

처럼 a.명사 어기에 붙어 동심 구조의 어휘적 가의 기능을 발휘하는가
하면, b.동사나 c.형용사의 어기에 붙어 명사로 전환하는 이심 구조의
기능을 나타내기도 하고, d.불규칙 어근(물론 예시한 것은 어원적으로
'짜다', '째다', '곪다' 등과 상관됨)에 붙어 파생어를 조어하는 경우도 있다.
　일본어 접미사 {-ぽい}는 '-하는 경향이 있다'의 뜻으로 쓰이는 형용
사화 접미사인데, 분포가 넓어 여러 가지 종류의 어기에 통합될 수 있다.

　　(31) a. 체언 어기 + {-ぽい}:　　色っ-/ 艶っ-/ 子供っ-/ 田舎っ-/ 熱っ-
　　　　　b. 준체언 어기 + {-ぽい}:　あわれっ-/ きぎっ-/ あだっ-/ 幼稚っ-
　　　　　c. 용언 + {-ぽい}:　　　　飽きっ-/ 忘れっ-/ 汚れっ-/ 湿めっ-

　　(31)의 a,b,c는 각각 전술한 A형식, B형식, C형식의 어기에 {-ぽ
い}가 붙은 것이다. {-ぽい}는 이 밖에도　E형식에 붙는 다음과 같은
예들도 있다.

　　(32) 白-/黒-/ 青-/ 丸-/ 荒-(長-)

　일본어에서 준체언인 형용 동사 어간에 통합되는 접미사의 양태는 국
어에서는 형용 동사라는 문법 범주가 설정되어 있지 않기 때문에 그 대
응 예와의 비교는 불가능하다. 다만 이들은 형태적으로는 명사에, 의미
적으로는 형용사에 상응하는 문법 형식이므로, 이들의 접미 파생법에
대응시켜 볼 수 있을 것이다.
　다음 동사 연용형인 C형식의 어기에 통합하는 접미사의 양태를 살펴
보겠다.
　森岡(1969 連載13:140)의 지적대로 동사의 연용형에는 굴절＝활용
이 내부 변화(internal change)와 접사화(affixation)에 의해 이루어
진다. 즉 접미사의 도움을 받아 활용을 완성하고 있는 것이다. C형식의

어기에 있어서 접미사 {-る}, {-れ}, {-い, -よ, -ろ}는 가장 기본적인 형태가 되며, 이들은 어기와의 밀착이 강하기 때문에 접사 의식이 퇴색되고 있다. 森岡는 활용 형태에 따른 동사 유형을 다음과 같이 분석하고 있다.

(33) a. 5단 활용: 書き: か<u>か</u>　かき　か<u>く</u>　か<u>け</u>　か<u>こ</u>
　　 b. 상1단 활용: 起き: おき　おき　おきる　おきれ　おき
　　 c. 하1단 활용: 受け: うけ　うけ　うける　うけれ　うけ
　　 d. カ 변격: 来 : <u>こ</u>　き　<u>く</u>る　<u>く</u>れ　<u>こ</u>い
　　 e. サ 변격: し : <u>し</u>/<u>さ</u>/<u>せ</u>　し　<u>す</u>る　<u>す</u>れ　<u>せ</u>よ(しろ)

　5단 활용 동사에 있어서는 {-き}가 {-か, -く, -け, -こ}로 바뀌는 내부 변화만 있고, 상하1단 활용 동사는 내부 변화가 없는 대신 {-る}와 {-れ}의 접사화에 의한 활용이 이뤄진다. カ, サ변격 활용 동사에 있어서는 내부 변화와 접사화가 함께 이루어지는데, {き}가 {-こ, -く}로, {し}가 {-さ, -せ, -す}로 내부 변화와 접사화가 함께 접미사 {-る, -れ, -い, -ろ} 등의 도움으로 활용을 완성하고 있다.

　이에 대비되는 국어의 동사 어간은 불규칙 활용을 하는 것 외에는 어간과 어미의 활용이 매우 규칙적이며 기계적이다. 또한 활용형 내부에는 접미사의 도입이 예상되지 않으며, 활용은 전적으로 어미에 의해 이뤄지는 점이 일본어와는 다르다.

(34) a. {쓰-}:　쓰-지/ 쓰-ㅂ니다/ 쓰-는/ 쓰-면/ 쓰-어라(써라)
　　 b. {듣-}:　듣-지/ 듣-습니다/ 듣-는/ 들-으면/ 들-어라
　　 c. {살-}:　살-지/ 살-ㅂ니다(삽니다)/ 살-는(사는)/ 살-면/ 살-아라

　(34)a는 규칙 동사이고, b는 「ㄷ」 불규칙 동사로 「ㄷ」이 「ㄹ」로 교체된 것이며, c는 「ㄹ」 탈락의 형태 음소론적 변이가 적용된 예이다.
　특히 일본어에서 타동사화 및 자동사화의 접미 파생법은 비교적 규칙

적인 양상을 띤다. 다음은 森岡(1969 連載13:140-141)가 제시한 어
례들이다.

    (35) 자동사의 타동사화:
       a. 鳴る→ 鳴らす/ 吹く→ 吹かす/ 飛ぶ→ 飛ばす/ 及ぶ→ 及ぼす/ 立
        つ→ 立たす
       b. 起きる→ 起こす/ 伸びる→ 伸ばす/ 覚める→ 覚ます/ 負ける→ 負
        かす/ 溶ける→ 溶かす

    (36) 타동사의 자동사화:
       a.. 上げる→ 上がる/ 下げる→ 下がる/ 曲げる→ 曲がる/ 溜める→ 溜
        まる/ 加える→ 加わる
       b. 塞ぐ→ 塞がる/ 聞く→ 聞こえる

(35)a는 5단 활용 동사이며 b는 1단 활용 동사인데, 자동사의 타동
사화에 접미사 {-す}가 쓰였다. 반대로 타동사의 자동사화에 있어
(36)a는 1단 활용 동사이고 b는 5단 활용 동사인데, 이 때는 {-る}가
파생 접미사 구실을 했다. 그러나 森岡는 아래와 같은 예 (37)a에서
자동사와 타동사가 대응되는 {-る}와 {-す}는 굴절법인 어미의 전환으
로 보고 접미사로 인정하지 않았다. 그런가 하면 b의 경우 보통 동사와
가능 동사의 대응에 있어서도 이를 굴절법에 의한 전환으로 보고 접미
사에 의한 파생으로 생각하지 않았다.

    (37) a. なる(自)/ なす(他)　移る/ 移す　廻る/ 廻す　通る/ 通す
        浸る/ 浸す
       b. 書く/ 書ける　話す/ 話せる　遊ぶ/ 遊べる　行く/ 行ける
        取る/ 取れる

한편 접미사가 D형식인 부사, 감탄사 아래에 붙는 경우를 검토해 보
겠다.

형용사 파생 접미사 {-らしい}는 부사 「わざと」에 붙어 「わざと-らし
い」를 조어해 내지만, 「わざと」 자체가 「わざ＋と」로 된 파생어이므로
결국 제2차 파생 (secondary derivation)이 된다(cf. 다듬-{이}-{질}).
그런가 하면, 때때로 부사에는 {-に}와 {-と}와 같은 격조사가 붙는 경
우가 있으나, 이들의 문법 범주를 상정함에 있어서도 격조사에서 이미
접미사화한 형태인지를 판단하기가 쉽지 않다.

> (38) a. {-に};　　ついー/ すぐー/ さらー/ ひたすらー
> 　　　 b. {-と}:　　きっー/ やっー/ もっー/ さっぱらー

국어에서도 격조사 {-에}와 {-로}는 부사 접미사의 형태로 전성되는
것으로 보이는데, 이들은 체언이나 용언 어기에 붙어 부사를 파생시키
는 것이므로 대응 예로는 적합하지 않다.

마찬가지로 일본어 감탄사에 붙은 형태도 이들을 감탄사 어기로부터
분리시켜 접미사로 취급할 수 있을지는 의문이다.

> (39) a. (あ)　　あっ/ ああ/ あら/ あれ
> 　　　 b. (お)　　おっ/ おお/ おい/ おや
> 　　　 c. (は)　　はっ/ はあ/ やい/ あて
> 　　　 d. (や)　　やっ/ やあ/ やい/ あれ

위에서 네 가지 감탄사의 공유 부분을 어기의 정형으로 보고, 그 아
래 붙은 {-ら, -れ, -い, -や}를 접미사로 규정하는 것은 무리이다. 이
들이 형태소가 되기 위해서는 의미적 변별력이 있어야 한다. 이미 하나
로 응고된 단어를 분해하여 문법 범주를 설정하는 것은 언어 본질에서
일탈되는 위험성을 안고 있다. 억지로 분해한다면, 이들은 문법 형태와
는 거리가 먼 첨미소(添尾素), 또는 첨사(particles)적 파편의 성격을
띤 것이 되고 만다. 따라서 한·일 양 언어에서 부용어에 붙는 접미사
의 분포는 그 범위가 매우 좁고 한정적이어서 파생성을 인정하기가 어

렵다.

나. 결합 형식의 어기

결합 형식의 어기는 E-H형식을 일컫는데, 여기에는 형용사 어간과 첩어 형식, 그리고 일본 和語의 어기가 해당된다.

森岡(1969 連載12:125)의 분석처럼 이들의 어기 형태는 각각 다른 접미사를 취하여 파생어를 생산하고 있는 것이다.

E형식:	高−	−い	−まる	−める	−らか	−さ
	寒−	−い	−がる	−げ	−け	−さ
F형식:	静−	−か	−まる	−める		
	ほの−	−か	−めく	−めかす		
G형식:	ひと−	−つ	−り(人)	−え(重)		
	ふた−	−つ	−り	−え		
H형식:	こ−	−こ	−れ	−っち	−の	
	そ−	−こ	−れ	−っち	−の	

이들 접미사 중에서도 {−い}, {−まる}, {−める}, {−あか}, {−か}, {−つ}, {−り}, {−こ}, {−れ}, {−っち}, {−の}는 결합 형식에만 붙는 유로서, 자립 형식에 붙어 가의적 기능을 발휘할 수 없는 것들이다.

먼저 일본어에서 형용사 어간에 붙어 파생어를 만드는 접미사류로는 명사화 접미사 {−み}와 {−さ}가 현저하다.

(40) a. {−み}:　深−/ 高−/ 甘−/ 重−/ 赤−/ 新し−/ 厚−/ 強−
　　　b. {−さ}:　遠−/ 善−/ 悲し−/ 書−/ 嬉し−/ 長−/ 重−/ つら−

이들은 동일 어간에 병용되는 경우도 있으나, 일반적으로 {-み} 명사화는 '그러한 성질이 있다는 점, 또는 그 정도'를 가리키는 적극적인 지시 기능이 있고, {-さ} 명사화는 중립적인 정도인 '그러한 상태'를 나타내는 추상 명사로 주지되고 있다. 따라서 「高み-」는 '높은 곳', '언덕', '고지'를 구체적으로 가리킨다. 또한 {-み}가 {-さ}보다는 분포상의 제약이 심하다는 차이를 보여준다. 影山太郎(1993:20)는, {-み}는 형용사의 어근에 붙고 {-さ}는 어간에 붙는 분포상의 차이가 있다고 밝혔다 (*甘酸っぱ-み/甘酸っぱ-さ, *奧深-み/奧深-さ).

이 밖에도 일본어에서 추상 성질을 표시하는 명사화 접미사로는 {-け}(水-, 寒-, 食い-, おじ-), {-げ}(心細-, おもしろ-, 迷惑-), {-く}(思わ-, 言わ-, 老いら-)가 있다.

이와 같은 명사화 접미사들은 국어의 접미사 {-이}, {-음}, {-기}와 대비되는데, 대체로 이들 사이의 상호 교체는 허용되지 않는다.

(41) a. {-이}: 길-/ 넓-/ 높-/ 깊-/ 덥-(더위)/ 춥-(추위)
    b. {-기}: 굵-/ 밝-/ 세-/ 크-/ 굳-
    c. {-(음)ㅁ}: 가물-/ 게으르-/ 괴롭-/ 기쁘-/ 귀엽-/ 슬프-/ 어둡-/
            즐겁-

접미사 {-이}는 그것이 파생하는 단어가 이미 명사로 굳어진 것이고, {-기}와 {-(으)ㅁ}은 아직 용언적 속성이 남아 있는 것으로, 양자 사이의 의미와 기능적 차이는 여러 각도에서 논의된 바 있다(이익섭 · 임홍빈 1983:290-293).

또한 일본어에서 형용사 어간에 붙는 접미사로 어기를 동사화하는 접미사 {-がる}, {-がましい}가 있다. 이는 '-인 체하다', '-라고 생각하다'의 의미 기능을 가지는데, 예컨대 「うれし-がる」(기뻐하다), 「強-がる」(강한 체하다) 등의 어례를 들 수 있다. 이들은 국어에서는 사람의 감정이나 상태를 표시하는 '-어 하다', '-ㄴ 체하다' 등에 비교된다.

(42) a. 기쁘-/ 기뻐하다   슬프-/ 슬퍼하다   즐겁-/ 즐거워하다
     b. 예쁘-/ 예쁜 체하다   크-/ 큰 체하다

    다음 G형식인 和語 数詞의 어기에 붙는 접미사의 분포 양상을 보면 이들은 다소 규칙적인 파생형을 구축하고 있는데, 다음 예에서 그 형태소를 추출해 볼 수 있다.

(43) a. {-ち} (단위 10의 개수): はた-/ 三十-/ 七十-
     b. {-り} (사람수): ひと-/ ふた-
     c. {-たり} (3인-9인): み-/ よ-
     d. {-か} (날수): ふつ-/ いつ-/ ここお-/ みそ-
     e. {-め} (차례): 二日-/ 七人-/ 五年-
     f. {-つつ} (배분): 一人-/ 五日-

    이를 국어에 대비 적용한다면 날수에서 「이-틀, 사-흘, 나-흘, 열-흘」 과 「닷-새, 엿-새」와 「이레, 여드레, 아흐레」 등에서 공통적인 어소 {-흘}, {-새}, {-레}를 추출할 수 있지만, 이들을 별개의 형태소로 분리시켜 접미사로 다루기는 어렵고, 숫자인 「셋, 넷, 다섯, 여섯」에서 {-ㅅ}을, 「일곱, 여덟, 아홉」에서 {-ㅂ}을 「둘, 열」에서 {-ㄹ}을 추출하는 것은 더욱 무리가 뒤따른다. 단어 내부의 형태소 분석에 있어서는 의미와 기능에 걸맞은 합리성이 뒷받침되어야 하며, 그것이 불가능하다면 더 이상 분석될 수 없는 단일어로 처리하는 것이 타당할 것이다.

    한편 지시어계의 어기인 H형식은 그 기계적인 파생 모형이 양 언어에서 서로 유사한 양상을 띠고 있다. 이에 관해서는 전술한 바 있어 기술을 생략하기로 한다.

    지금까지 다뤄 온 일본어의 몇몇 대표되는 접미사의 분포 환경을 피접어인 어기의 종류에 따라 나누면 대체로 다음 〈표 5〉와 같다.

【표 5】

	명사 대명사	동사 (연용형)	형용사 (어간)	형용동사 (어간)	부사 (상징어)
{-たち}	○				
{-ら}	○				
{-ども}	○				
{-さま}	○				
{-さん}	○				
{-ちゃん}	○				
{-どの}	○				
{-かた}	○	○			
{-がた}	○		○		
{-め}	○	○	○	○	
{-け}	○	○	○	○	
{-だらけ}	○				
{-めく}	○		○	○	○
{-ぽい}	○	○	○	○	
{-がる}			○	○	
{-たがる}		○			
{-らしい}	○		○	○	○
{-やすい}		○			
{-にくい}		○			
{-よい}		○			
{-がたい}		○			
{-さ}			○	○	
{-み}			○	○	
{-ぶる}	○		○	○	
{-だつ}	○				
{-びる}	○		○		
{-つく}					○
{-じみる}	○				

IV. 접미사의 기능 대비

접미사는 어기의 개념 내용에 수식과 한정을 더하는 것으로(阪倉篤義 1986:7), 어휘적 기능과 문법적 기능을 가지고 있다. 어휘적 기능은 어기에 의미를 첨가하는 역할을 수행하고, 문법적 기능은 어기의 핵 구조에 문법적 변화를 야기시키는 것이다. 전자의 기능을 담당하는 접미사를 두고 동심 구조 접미사, 어류 유지 파생 접미사, 또는 한정적 접미사라고 일컫고, 후자의 접미사는 이심 구조 접미사, 어류 변화 파생 접미사, 또는 지배적 접미사라고 부른다.

의미를 첨가하는 가의적 기능은 실질적 의미와 형식적 의미의 두 가지 가의 기능으로 대별된다. 어휘적인 가의 기능을 중심으로 하는 접미사는 대체로 그 생산성이 낮아 조어력이 약하고, 문법적인 전성 기능이 강한 접미사는 상대적으로 생산성이 높은 것으로 일반화되어 있다. 접미사의 기능에 의한 하위 분류는 어휘적 기능만을 갖는 부류와 문법적 기능만을 갖는 부류, 그리고 어휘적 기능과 문법적 기능을 공유하는 부류로 유별된다. 예컨대 형용사 파생 접미사인 {-다랗-}은 어휘적 기능만을 가진 것이고, 명사 파생 접미사인 {-이, -게}는 양자를 다 가진 것이다. 또한 부사 파생의 {-이}와 사동·피동 접미사들은 문법적 기능만을 가진 것으로 여겨진다.

접미사가 가의적 기능을 가지거나 문법적 기능을 수행하거나 양 기능을 겸유하거나에 관계없이 파생어의 의미와 문법은 어기보다는 접미사 쪽이 주도하게 된다. 이는 Williams, E.(1981)의 형태적으로 복잡한 단어의 주요부는 그 단어의 오른쪽 요소라고 한 '우측 주요부 규칙'의 유효성을 입증하는 것이다. 따라서 접미사는 품사 결정 능력과 아울러 어기의 의미에 고유한 의미 자질을 제공하는 의미 결정 능력을 가지고 있는 것이다. 이를 그림으로 나타내면,

$$\text{어기} \quad + \quad \text{접미사} \quad \rightarrow \quad \text{파생어}$$

어휘적 가의: 의미 자질 $\begin{bmatrix} [-] \\ [+] \end{bmatrix}$ + $\begin{bmatrix} [+] \\ [-] \end{bmatrix}$ → $\begin{bmatrix} [+] \\ [-] \end{bmatrix}$

문법적 가의: 문법 범주 $\quad$ X $\quad$ + $\quad$ (Y) $\quad$ → $\quad$ 문법 범주 Y

으로, 어휘적 가의에 있어서는 결과적으로 접미사의 자질대로 파생어의 어휘적 자질이 결정되며, 문법적 가의에 있어서도 마찬가지다. 예컨대 파생어 '일-꾼'은 사람이 아닌 어기 '일'에 사람 표시의 접미사 {-꾼}이 붙어 사람을 나타내는 파생어를 도출하는 것이다. '학생-답-다'는 명사 어기인 '학생'에 형용사 전성 접미사 {-답-}의 첨가로 형용사의 문법성 을 획득하게 되는 것이다.

(44) a. 일〔-HUNAN〕 + {-꾼}〔+HUNAN〕 → 일-꾼〔+HUMAN〕
　　　b. 학생〔+NOUN〕 + {-답-}〔+ADJ.〕 → 학생-답-〔+ADJ.〕

이런 점에서 기능적 특성으로 파생 접미사를 4분류한 하치근(1989: 131-134)의 유형 분석은 의미있는 것이다. 그는 접미사의 기능적 특 성으로 〔±어휘성〕, 〔±문법성〕, 〔±대치성〕을 설정하여, 이러한 자질의 소유를 따져 접미사를 4분했다. 〔어휘성〕은 실질적이든 형식적이든 어 휘적 의미의 소유 여부 특성이며, 〔문법성〕은 어기의 문법적 범주를 바 꾸어 주는지 어떤지에 상관된 것이다. 그런데 〔어휘성〕과 〔문법성〕의 자질은 이치적인 상보적 역할을 담당하는 것은 아니다. 〔대치성〕은 파 생 전 어기(단어)와 파생 후 파생어가 서로 교체될 수 있는지에 관한 것으로, 형태와 의미의 변이를 추적하는 하나의 방편이 된다. 이로부터 나눈 네 가지 접미사의 유형과 파생 어례를 인용하면 다음과 같다.

I 유형: 〔+어휘성, −문법성, −대치성〕   말-괄량이,   잠-꾸러기
II 유형: 〔+어휘성, +문법성, −대치성〕   복-스럽-,   향기-롭-
III 유형: 〔+어휘성, ±문법성, −대치성〕   가난-뱅이,   코-보
IV 유형: 〔−어휘성, −문법성, +대치성〕   딸-따니,   높-다랗-

〔+어휘성〕은 실질적 형태소(full morpheme)의 구체적 개념 관계를 가진 접미사이고, 〔−어휘성〕은 형식적(empty), 화용적(pragmatical) 의미 내용을 가진 것으로 풀이된다. 〔+문법성〕은 품사의 전성을 야기시키는 이른바 이심 구조 접미사를 지칭하고, 〔−문법성〕은 동심 구조 접미사를 가리킨다. 〔+대치성〕은 어기가 접미사에 의해 어휘적, 문법적으로 별다른 변화를 가져오지 않는 것을 뜻하고, 〔−대치성〕은 어기가 접미사에 의해 많은 변화를 입는 것을 의미한다. 하치근은 이와 같은 접미사와 어기와의 관계에서 I유형을 바꿈 관계, II유형을 지배 관계, III유형을 지배 관계와 바꿈 관계, IV유형을 꾸밈 관계로 구분하고 있다.

결국 I유형은 어휘적 의미를 가진 동심 구조 접미사가 이에 해당되고, II유형에는 그와 같은 이심 구조 접미사가 이에 속한다. III유형은 분류상으로 보면 I, II유형을 합친 형태로 여겨지며, IV유형의 〔+대치성〕은 〔−어휘성〕과 〔−문법성〕의 잉여적 자질로 설정될 성격을 띠고 있음을 지적할 수 있다.

1. 가의적 기능

하치근(1988:30-31)은 국어 접미사를 내용적 역할에 따라 인칭 접미사, 사물 접미사, 행위 접미사, 상태 접미사 등으로 나누었다. 인칭 접미사는 어기에 '유정성'을 가의하는 것으로, 사람을 지칭하는 존비 관계에 따라 다시 습관, 신체, 직업, 지역, 인격, 애칭, 상황 등으로 세분했다. 사물 접미사는 어기에 '실체성'을 가의하는 것으로 물건, 도구, 조각 등으로 나뉘었다. 행위 접미사는 어기에 '동작성'을 가의하는 것으로,

동작성의 대상화, 실체성의 동작화, 상태성의 동작화, 동작성의 정밀화라는 명칭으로 하위 분류되고 있는데, 소위 피동·사동 접미사가 여기에 포함된다. 상태 접미사는 어기에 '상태성'을 더하는 것으로, 상태 표현과 정의 표현의 두 부류로 나뉘었다. 이러한 4개 유형이 국어 700여 개의 접미사를 온전하게 수용할 수 있는지는 의문이지만, 동일 문법 범주의 분류화·체계화는 그 성격과 기능을 구명하는 데 큰 도움이 된다.

지금까지 일본어 접미사를 체계적으로 유형 분석한 논구는 찾아볼 수 없다. 이들을 하치근의 논지에 따라 대표적인 것들을 분류한다면 대체로 다음과 같이 될 것이다. 이들 분포의 일반적인 경향은 일본어에서는 사람에 대한 존비 관계와 복수 개념을 나타내는 인칭 접미사가 세분화되어 있다는 것과 동사화, 형용사화의 문법적인 기능을 더하는 행위, 상태 접미사가 수적으로 많다는 점이다. 이와는 반대로 어기에 실체성을 가의하는 사물 접미사는 일부 한어계 접미사를 제외하고는 그 수가 극소하다는 사실이 노정된다.

(45) a. 인칭 접미사: {-さん}/ {-さま}/ {-どの}/ {-め}/ {-ども}/ {-ら}/
        {-たち}/ {-がた}
     b. 사물 접미사: {-だらけ}/ {-い}
     c. 행위 접미사: {-ぶる}/ {-がる}/ {-じみる}/ {-める}/ {-まる}/ {-
        つぎ}
     d. 상태 접미사: {-み}/ {-さ}/ {-げ}/ {-け}/ {-く}/ {-めく}/ {-め
        かす}/ {-ばむ}/ {-やぐ}/ {-らしい}/ {-めしい}/ {-
        がましい}/ {-こい}/ {-ぽい}/ {-ばい}/ {-たい}/ {-
        やか}/ {-らか}/ {-うす}/ {-びる}

또한 국어 접미사에는 한자 어근의 접미사(예: -가량(假量), -경(頃), -공(公), -군(君), -도(度), -씨(氏), -양(孃), -여(餘), -원(元), 적(的), -차(次) 등)를 제외하고는 어원적으로 한자 기원의 접미사가 극소한데 반해(-꾼(軍), -쭝(重) 등), 일본어에서는 한자 어원의 접미

사가 많고 그에 따라 실사로부터 접미사로 허사화한 것들이 많다. 예를 들면, {-ども(共)}, {-さま(様)}, {-どの(殿)}, {-がた(方)}, {-め (目)}, {-け(気)}, {-み(味)} 등이 그렇고, {-ぶる(振る)}, {-だつ(立 つ, 発つ)}, {-じみる(染みる)} 등은 어원적으로 동사로부터 온 것으로, 실사로서의 어원적 의미의 잔재를 볼 수 있는 유들이다. 특히 {-やす い(易い)}, {-にくい(憎い)}, {-よい(良い)}, {-がたい(難い)} 등은 자 립어인 형용사로 쓰이고 있어, 실사화의 정도를 측정하기가 쉽지 않다. 이들의 자립성을 인정하게 되면 이로부터 형성되는 합성어는 파생어가 아닌 복합어로 처리되어야 할 것이다.

　접미사의 가의 기능은 어기에 대해 우선적, 절대적으로 작용하는데, 이는 접미사 본래의 임무이기 때문이다. 대체로 접미사는 자체의 고유한 의미 자질과 상반되는 어기를 선택하여 결합한다(홍사만 1994: 211). 접미사의 가의적 본무는 상반되는 의미 자질의 어기를 선택하여 접미사 쪽의 의미 자질로 바꾸는 역할을 수행한다. 예컨대 존칭을 나타내는 일본어 접미사 {-さま}, {-さん}, {-どの}, {-がた} 등은 〔-EXALTED〕이거나 존대에 대해서는 중립적인 어기에 붙어 〔+EXALTED〕의 자질을 부여한다. 아래의 그림은 접미사의 의미 자질 변이 기능을 나타낸 것이다.

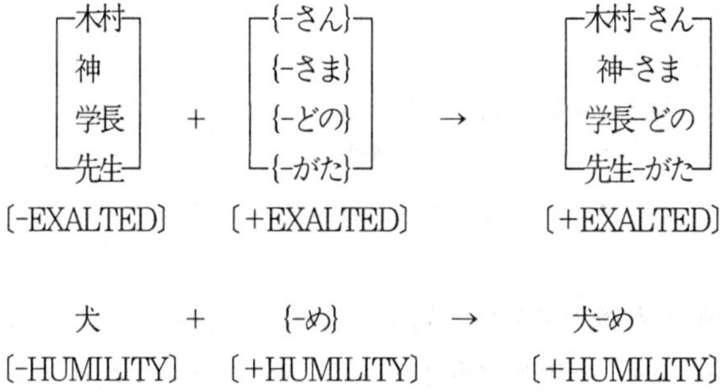

이러한 원칙 속에서 일본어에서 두드러진 특이 사실은 이미 존칭된 어기에 다시 존칭 접미사가 붙을 수 있다는 사실이다.

$$
\begin{bmatrix} お医師 \\ お月 \\ 御婦人 \end{bmatrix} + \begin{bmatrix} \{-さん\} \\ \{-さま\} \\ \{-がた\} \end{bmatrix} \rightarrow \begin{bmatrix} お医師-さん \\ お月-さま \\ 御婦人-がた \end{bmatrix}
$$

〔+EXALTED〕　〔+EXALTED〕　　〔+EXALTED〕

위에서 접두사 {お(御)-}에 의해 이미 존대화된 어기에 {-さん}, {-さま}, {-がた}가 붙었다. 이와 같은 현상은 명사 앞에 붙는 존칭어 {お(御)-}의 보편화에 근거한 존칭 의미의 퇴화로 설명될 수 있고, 또한 존칭의 의미가 있다 하더라도 일종의 잉여성(redundancy)으로 다루어질 수도 있다. 흔히 국어의 겹말에서 나타나는 동어 반복(tautology)은 강조적 첨의 효과를 나타내는 것으로 생각된다(cf. 先生-님 귀하).

가의성에는 실질적 의미의 가의와 형식적 의미의 가의로 나뉜다. 실질적 의미는 구체적 개념성이 있는 것이고, 형식적 의미는 전술한 존칭, 비하, 강조, 평가 등 화자의 주관적 발화 상황을 나타내는 것이다. 예컨대 국어에서 접미사 {-질}은 '어떤 도구를 가지고 하는 행동', '종사하고 있는 어떤 직업' 등을 나타내는 구체적 의미를 가지고 있다(홍사만 1994: 216-217).

    (46) a. 칼-질:　칼로 하는 행동
        b. 뜨게-질 :　뜨게를 하는 행위
        c. 선생-질:　선생을 전문적으로 하는 직업(비하)

이에 반해 「코-빼기」나 「높-다랗-다」에서 접미사 {-빼기}와 {-다랗-}은 구체적인 실질 의미를 어기에 제공하는 것이 아니라, 화자와 청자 사이의 화용적인 입장과 화자의 주관적 판단을 나타내는 데 불과하다. 아래의 어례 (47)a에서 「높다」와 「높-다랗-다」는 화자의 주관적 판단의 차이가 포함되어 있고(하치근 1989:283 '매우 -한 상태'), b.「코」
와 「코-빼기」는 비하의 상황적 의미가 내재되어 있다. 이런 경우에 어
기와 파생어 사이에는 어휘적 변이가 일어나지 않기 때문에 교체될 수
있다. 하치근의 IV유형이 이와 같은 것인데, 〔어휘성〕, 〔문법성〕이 희
박한 대신 〔대치성〕이 두드러진 것으로, 접미사로서의 온전한 어휘적
기능을 인정하기 어려운 유들이다.

    (47) a. 높-다란 빌딩/ 높은 빌딩
         b. 코-빼기가 비뚤어졌다/ 코가 비뚤어졌다.

한편 접미사의 다의성에 대해 논급해 둘 필요가 있다. 하나의 접미사
가 여러 가지 의미를 다의적으로 공유하고 있다는 것은 언어 경제적 추
이 면에서 긍정적인 현상으로 볼 수 있을 것이다. 예컨대 일본어 존칭
을 나타내는 접미사 {-かた/-がた(方)}를 살펴보면(日本語敎育学会(編)
1982:429-430),

  {-かた} a. 동사의 연용형에 붙어 그 동작 작용의 방법과 양상을 나타냄.
         예: 作り-/ 話し-/ 見-/ 步い-/ 笑い-
      b. 동사의 연용형이나 명사에 붙어 대립하는 사항의 한 쪽의 의미
         를 나타냄.
         예: 売-/ 貸-/ 相手-/ 母-
      c. 수사에 붙어 사람을 경의를 가지고 헤아림.
         예: ひと-/ お二-/ お三-
      d. 다른 집 또는 다른 사람의 이름에 붙여 그 집에 기숙하고 있음
         을 나타냄.
         예: 吉田-/ 山本-/ 一郎-
      e. 동작성 명사에 붙어 의뢰하는 사항을 나타냄.
         예: 周知-/ 調査-
      f. 명사에 붙어 담당계임을 나타냄.
         예: 狂言-/ 衣装-/ 賄-

{-がた} a. 명사, 대명사에 붙어 두 개 이상으로 나누는 것, 한쪽의 방향,
　　　　중간, 소속임을 나타냄.
　　　　예: 西-/ 東-/ 敵-/ 幕府-/ こちら-
　　　b. 대체적인 시간, 시각을 나타냄.
　　　　예: 朝-/ 日-/ 明-
　　　c. 사람을 표시하는 명사에 붙어 경의를 가진 복수임을 나타냄.
　　　　예: 皆様-/ あなた-/ 先生-/ 奥様-
　　　d. 대체적인 비율, 정도를 나타냄.
　　　　예: 二割-
　　　e. 형용사 어간에 붙어 그러한 성격, 성질을 가진 사람의 의미를
　　　　나타냄.
　　　　예: うるさ-/ お偉-

등으로, 접미사 {-かだ}와 {-がた}는 피접어의 형태에 따라 다양한 의
미로 쓰이는, 소위 다의적 구조를 보여주고 있다. 그러나 이들의 의미
용법 사이에는 하나의 범주로 묶을 수 있는 유연성이 내재하므로, 하나
의 접미사의 다의성으로 처리해야 할 것이다. 그러나 다음 {-め}의 경
우는 이와는 다른 양상을 띤다.

{-め} I. a. 사람이나 동물 등의 이름 또는 사람이나 동물 등을 나타내는
　　　　　명사에 붙어 상대방이나 제3자를 경멸하여 꾸짖는 의미를 나
　　　　　타냄.
　　　　　예: ねこ-/ 奴-
　　　b. 드물게 하위자에 대한 친분을 표시함.
　　　　예: 馬鹿-/ こいつ-
　　　c. 자신의 이름 또는 자신을 나타태는 말에 붙어 비하의 의미를
　　　　나타냄.
　　　　예: 私-
　　II. 양, 정도와 관계되는 형용사(드물게는 형용 동사)의 어간이나 동
　　　　작성 동사의 연용형에 붙어 명사, 형용 동사의 어간을 만들어,
　　　　보통 정도보다도 전항 성분의 성질, 경향, 비율을 많이 가짐을

나타냄.

　　예: 長-/ 派手-/ 落ち-

III. 동사의 연용형에 붙어 두 개의 것이 나누어져 있는 장소나 만나는 곳 등을 나타냄.

　　예: 割り-/ 境-/ 縫い-/ つなぎ-/ あわせ-/ 分かれ-

IV. 수사에 붙어 순서, 순번에 맞는 물건, 때를 나타냄.

　　예: 二つ-/ 3軒-/ 4丁-/ 10日-/ 1時間-/ 二枚-/ 3台-/ 5人
　　　　-/ 二度-

{-め}가 보인 I-IV의 의미 기능 사이에는 어떠한 유연성이 인식되지 않기 때문에, 이들을 묶어 하나의 형태의 다의로 취급하기에는 무리가 있다. 따라서 이들은 동음어적인 별개 접사로 처리할 수밖에 없을 것 같다. 특히 음절의 종류가 극히 제한적인 일본어에서 이와 같은 동음어의 범람은 언어 특질상 부득이한 현상이라 여겨진다.

국어에서도 아래 (48)과 같은 접미사들은 형태는 서로 같지만 동일 접사로 다루기 어려운 부류이다. 그러나 이들을 다의적 접사로 보느냐 동음어적 접사로 보느냐 하는 것은 보다 심도 있는 검토가 있어야 할 것으로 안다.

(48)　송-아지/목-아지(모가지)　변-두리/넋-두리　몸-매/열-매/팔-매　마음-보/꾀-보 모양-새/나무-새/짜임-새 골-치/눈-치 고집-퉁이/귀-퉁이/눈-퉁이

2. 문법적 기능

어기의 핵 구조를 변환시키는 이른바 이심 구조, 어류 변화 파생 접사가 여기에서 다뤄진다. 동일 語基(根)가 접사에 의해 문법 범주를 바꿀 수 있다는 것은 언어 운용에 있어 매우 경제적인 측면을 보여주는 한 단면이 된다.

품사 면에서 보면 명사, 동사, 형용사(형용 동사), 부사 등이 전성 접미사의 첨가로 상호 그 범주를 바꾸는 결과로 나타난다.

일본어에서 명사화 접미사는 대체로 {-さ}, {-み}, {-け}, {-げ} 등 단음절의 비활용어가 많은데 비해, 동사화 접미사는 {-ぶる}, {-ばむ}, {-やぐ}, {-だつ}, {-めく}, {-めかす}, {-がる}, {-びる}, {-つく}, {-じみる}, {-める}, {-まる} 등 2음절어이면서 활용하는 유가 많다. 이들로 조어된 파생어는 이미 전성된 것이기 때문에 어기와의 교체성이 희박한 하치근의 I-III 유형에 들어가게 된다. 형용사화 접미사는 {-い}(黄色-), {-しい}(なつか-), {-がましい}(晴れ-), {-らしい}(男-), {-ぽい}(塩っ-), {-たい}(ねむ-) 등이 주축을 이루고 있는데, 특히 {-やすい}(書き-), {-にくい}(読み-), {-よい}(住み-), {-がたい}(信じ-) 등은 동사의 연용형에 붙어 형용사화하는 전성 접미사로 그 생산성이 매우 높다. 이들에 의미적으로 대응하는 국어 형태는 '-기 쉽다, 어렵다, 좋다' 등으로 동일 문법 범주인 접미사로서의 대응이 어렵다. 그러나 {-らしい}류의 접미사에 대비될 수 있는 것으로는 국어 접미사 {-답-}, {-롭-}, {-스럽-}을 들 수 있다.

 (49) a. {-답-}: 꽃/ 사람/ 신사/ 학생/ 정-/ 참-/ 예/ 사나이-/ 대
       장부-

   b. {-롭-}: 수고-/ 슬기-/ 향기-/ 사고-/ 보배-/ 감미-/ 영예-/ 경
       사/ 해-/ 이-/ 위태-

   c. {-스럽-}: 복/ 변덕-/ 사랑/ 폐-/ 짐-/ 자연-/ 촌-/ 흉물/ 자
       랑-/ 탐-/ 걱정-/ 창피-

위의 어례 (49)는 명사 아래에 붙는 예만을 들었지만, 실제로 이들은 보다 넓은 분포를 보이며 형용사를 파생한다.

 (50) a. {-답-}: 불구 어근 아래 아름-/ 아리-
   b. {-롭-}: 관형사 아래 새-/ 외-

불구 어근 아래	괴-/ 까다-/ 날카-/ 따사-/ 번거-/	
	애처-	
c. {-스럽-}: 관형사 아래	별-/ 잡-	
부사 아래	갑작-	
의태 어근 아래	게걸-/ 곱상-/ 능청-/ 도담-/ 불퉁-	
불구 어근 아래	거북-/ 새삼-/ 시원-/ 공고-/ 악착-/	
	괴팍-/ 야박-/ 간사	

위의 3자 간의 분포상 차이에 대해 선행 어기의 음운적 조건을 제시한 논의도 있으나(민현식 1984:96), 대체로 선행 어기의 어휘적 성격에 따라 통합의 제약 여부가 결정된다. 다음의 예 (51)의 상호 교체 관계에 있어 a에서는 {-답-}과 {-스럽-}이, b에서는 {-롭-}과 {-스럽-}이 평행선을 이루며, c에서는 {-스럽-}과 {-하-}가 평행선을 이룬다. 이런 점에서 {-답-}과 {-롭-} 사이의 평행 관계는 다소 소원한 감을 준다. 민현식(1984:110-115)은 {-롭-}과 {-스럽-}의 공통되는 의미 특성으로 〔+미흡성〕과 〔+성상성〕을 들었다.

(51) a. 어른-답-다/어른-스럽-다/ *어른-롭-다

　　　대장부-답-다/대장부-스럽-다/ *대장부-롭-다

　　b. 평화-롭-다/평화-스럽-다/*평화-답-다

　　　수고-롭-다/수고-스럽-다/*수고-답-다

　　c. 악착-스럽-다/악착-하-다　수다-스럽-다/수다-하-다

　　　간사-스럽-다/간사-하-다　괴팍-스럽-다/괴팍-하-다

이들 사이의 상관 관계를 도시하면 다음과 같다.

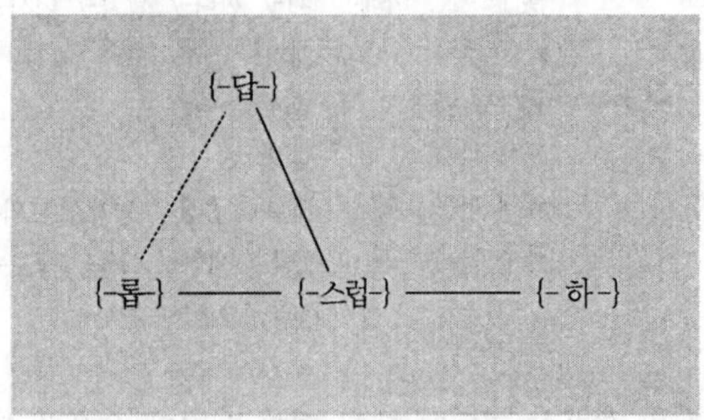

이 밖에도 품사의 범주를 바꾸어 주는 접미사로는 형용 동사화 접미사 {-な}(結構-), {-やか}(にぎ-), {-よか}(すく-), {-らか}(高-) 등이 있고, 부사화 접미사 {-と}(二度-), {-に}(如実-) 등이 있다.

일본어에서 품사의 범주를 바꾸어 주는 전성 접미사와, 그 전성된 문법 범주와 어례를 정리하면 대체로 다음과 같다.

명사 → ┌ 동사: ─ぶる(聖人-)/ ─びる(大人-)/ ─やぐ(花-)/ ─がる(親-)/ ─めかす(学者)/─がかる(青み-)/ ─ぐむ(涙-)/ ─ばる(形式-)/ ─じみる(子ども-)/ ─だつ(殺気-)/ ─めく(旗-)/ ─ばむ(汗-)/ ─じみる(子ども-)/

├ 형용사: ─くさい(酒-)/ ─らしい(男-)/ ─がましい(人-)/ ─めかしい(春-)/ ─たらしい(嫌味-)/ ─ぽい(子ども-)/ ─い(四角-)/ ─ぶかい(興味-)/ ─こい(粘っ-)/ ─ぱい(塩っ-)

├ 형용동사: ─ぎみ(かぜ-)/ ─やか(まめ-)

└ 부사: ─あたり(一日-)/ ─あたり(邊り)(日曜日-)/ ─あまり(一年-)/ ─ら(粒-)/ ─かぎり(今日-)/ ─おき(三時間-)/ ─ごと(人-)/ ─がてら(勉強-)/ ─しだい(決心-)/ ─ぞい(海岸-)/ ─づれ(子供-)/ ─かたがた(散歩-)

동사 → ┬ 명사: -かた(使い)/ -め(落ち-)/ -け(飾り-)/ -げ(行きた-)/ -すぎ(のみ-)/ -く(言わ-)
　　　 ├ 형용사: -ぼい(忘っ-)/ -めく(時-)/ -やすい(取り-)/ -にくい(書き-)/ -よい(住み-)/ -づらい(読み-)/ -たい(ねむ-)/ -がたい(信じ-)/ -ぼい(怒っ-)
　　　 ├ 형용 동사: -がち(考え-)/ -らか(誇-)
　　　 └ 부사: -とおり(言う-)

형용사→ ┬ 명사: -さ(長-)/ -み(おもしろ-)/ -け(寒-)/ -め(長-)/ -ぶる(賢-)/ -びる(古-)/ -めく(古-)
　　　 ├ 동사: -がる(おもしろ-)/ -める(高-)/ -まる(広-)
　　　 ├ 형용 동사: -げ(たのし-)/ -らか(高-)/ -やか(若-)/ -よか(にこ-)
　　　 └ 부사: -げ(悲し-)/ -ぶる(深刻-)

형용동사 ┬ 명사: -さ(親切-)/ -み(新鮮-)/ -め(派手-)
　　→ 　├ 동사: -がる(いや-)/ -ぶる(上品-)
　　　 ├ 형용사: -ぼい(気障っ-)/ -らしい(仔細-)
　　　 └ 형용 동사: -げ(惜し-)

부사(상징) → 동사: -めく(わざと-)/ -らしい(わざと-)/ -つく(まご-)

이에 대응되는 국어의 경우도 일본어와 대체로 유사한 형태를 취하고 다음과 같이 정리된다.

명사 → ┬ 동사: 알-차다/ 합(合)-뜨리다/ 가탈-거리다/ 겹-치다/ 걱정-되다/
　　　 ├ 형용사: 심술-궂다/ 사내-답다/ 향기-롭다/ 궁상-맞다/ 촌스럽다/열-쩍다/ 멋-적다/ 값-지다/ 찰-되다/ 쥐뿔-같다/ 애-닯다/ 맥-없다/ 가난-하다
　　　 └ 부사: 제각-금/ 나날-이/ 끝-내/ 무심ㅎ-고/ 공손-히/ 날-로/ 마음-껏/ 세상-에/ 얼마-나/ 몸-소/ 손수/ 행-

여/ 무궁-토록

대명사 → 부사: 이-리/ 아무-쪼록

수사 → 부사: 둘-씩

동사 →
- 명사: 먹-보/ 앉은-뱅이/ 깔-개/ 집-게/ 놀-에(노래)/ 보-기/ 걸-음/ 먹-이/ 달음박-질/ 모르-쇠/ 뜨-내기/ 앉을-깨/ 닦-달/ 잡-도리/ 매-듭/ 낚-시/ 남-어지/ 넘-어(너머)/ 만들ㅁ-새/ 막-암/ 묻-엄(무덤)/ 열-매/ 막-바지
- 부사: 가다-금/ 모르(몰)-래/ 저물-도록/ 담-북/ 따르-아서(따라서)/ 넘-우(너무)
- 형용사: 웃-읍다(우습다)/ 믿-브다(미쁘다)/ 믿-업다(미덥다)

형용사 →
- 명사: 늘-보/ 굵-기/ 게으르-ㅁ/ 길-이/ 늙-다리/ 귀염-둥이/ 검-댕
- 동사: 세-차다/ 낮-추다/ 높-이-다/ 없-애-다/ 비-우-다
- 부사: 멀-리/ 많-이/ 바르-오(바로)/ 쉽-사리/ 이르-찍이(일찍이)

관형사 →
- 명사: 생-짜/ 풋-나기/ 이-즈막
- 형용사: 새-롭다/ 암-띠다/ 외-지다
- 부사: 새-로/ 전(全)-혀/ 그-만/ 이-만큼

부사(상징) →
- 명사: 촐랑-이/ 합죽-이/ 뚱뚱-보/ 딸꾹-질/ 절름-발이/ 덜렁-쇠/ 콜록-장이/ 여간-내기/ 마르-깽이/ 꽹-과리/ 귀뚤-아미(귀뚜라미)
- 동사: 기웃-거리다/ 꿈틀-대다/ 가늠가늠-하다/ 더-하다
- 형용사: 새살-궂다/ 능청-스럽다/ 간질-업다(간지럽다)

```
불구어근 →┌ 명사:   데퉁-바지/ 곰보/ 언청-이/ 여미라-꾼/ 뚜장이/ 수월-
          │        내기/ 쫄래-둥이/ 거멀접-이/ 사래-질
          ├ 형용사:  감쪽-같다
          └ 부사:   함부-로/ 걸핏-하면
```

V. 결 론

이상 조략적이나마 총괄적으로 한·일 양 언어 접미사의 분포와 기능에 대해 분석 비교했다. 지금까지의 논지를 요약 정리하여 결론으로 삼을까 한다.

1. 양 언어 접미사의 형태론적 지위는 일반 언어학의 보편적 이론의 바탕 위에서 동일한 양태를 구축하고 있으며, 특히 파생 형태론의 영역에서 중요한 자리 매김을 하는 형태소로 인식되고 있다.

2. 양 언어는 교착어로서의 공통 특질을 지니고 있기 때문에, 교착 요소인 접미사의 기능적 발달은 조사와 조동사와 더불어 요긴한 문법, 어휘 단위로 부각되고 있다.

3. 양 언어 접미사의 분포와 기능을 대비하기 위한 선행 요건으로 이들이 결합하는 선행 어기의 종류를 森岡健二의 입론에 따라 분석 대조했다. 그 결과 자립 형식의 어기인 A-D형식에서는 B형식의 일본어 형용 동사 어간과 C형식의 동사의 연용형이 국어와는 이질성을 현현하고 있으며, 결합 형식 어기인 E-J형식에서는 E형식의 형용사 어간과 G형식의 和語 수사 어기 및 I형식에서 형태적 차이를 보였다. 한어와 외래어계의 어기는 본고에서 논외로 했다.

4. 양 언어 접미사의 분포에서 공통적으로 야기되는 문제는 범주상의 동요 상황이다. 접미사와 굴절 형식인 조사, 조동사, 어미, 그리고 의존 명사와의 동요는 양 언어에서 같은 양상을 띤다. 특히

국어의 피동·사동화 접미사는 국어 문법 체계에서는 파생 접사의 범주에 들어 있는데 반해, 일본어에서는 이들이 굴절 접사인 조동사로 다뤄지고 있는 점이 특이하다. 이는 일본어의 경우 어기와의 통합에 있어 규칙적이고 보편적인 분포상의 특성에 기인된 것이다.

5. 체언 어기에 붙는 접미사 중 사람에 관한 존비 관계를 나타내는 인칭 접미사는 국어에서보다 일본어에서 더 세분되어 있는데, 이는 계층의 상하 관계와 친밀도에 따라 변별적인 용법으로 쓰인다. 국어에서 특히 인칭 접미사가 비칭의 화용적 기능을 가지는 것은 일본어에서도 일부 접미사에서 나타나는 동일한 현상으로 여겨진다.

6. 일본어의 동사화·형용사화 접미사는 국어보다 수적으로도 많고 분포 기능적으로도 다기 다양한 양태를 보인다.

7. 일본어 동사에서 자동사화·피동사화 접미사는 매우 규칙적이며, 기계적으로 활용되고 있다. 국어에서는 자·타동사 사이에 전성을 유도하는 접미사는 존립하지 않고, 사동·피동화를 통한 변이가 있을 뿐이다.

8. 양 언어에서 용언의 명사화 접미사는 유형별로 추상화하는 의미 기능을 내포하고 있어 실체적인 변별 기능의 기술은 난삽하다.

9. 접미사의 전체적 분포를 조감하기 위해 피접 어기가 되는 품사를 따져 보면 대체로 명사, 대명사, 동사의 연용형, 형용(동)사 어간, 부사 등으로 양 언어는 유사성을 띤다.

10. 양 언어의 접미사는 공통적으로 어휘적 가의 기능과 문법적 가의 기능을 가진다. 따라서 접미사는 의미 결정 능력과 품사 결정 능력을 가지고 있다고 할 수 있다. 접미사의 종류에 따라서는 어휘적 기능만을 가진 유가 있고, 문법적 기능만을 가진 유가 있으며, 양자의 기능을 공유하고 있는 유도 있다.

11. 접미사의 어휘적 가의 기능은 어기의 의미 자질을 접미사 고유의 의미 자질로 변이시키는 역할을 수행한다. 이런 점에서 '우측

주요부 규칙'이 양 언어에 공통적으로 적용된다.

12. 가의 기능은 다시 어휘적·실질적 가의와 형식적·상황적 가의로 나누어 기술할 수 있다.

13. 접미사의 하위 분류 중 어기에 '실체성'을 가의하는 사물 접미사는 일본어에서는 한어 계열을 제외하고는 극소하다. 반면 인칭, 행위, 상태를 나타내는 접미사는 수적으로 매우 많다.

14. 원칙적으로 접미사의 가의성은 스스로의 고유한 의미 특성과 상반되는 어기를 선택하여 고유의 의미를 첨가하는데, 일본어 존칭 접미사의 경우는 이미 접두사 {御–}에 의해 존칭화된 어기에 다시 존칭 접미사가 붙어 동어 반복(tautology)의 형태를 도출하는 것을 허용하는 특징을 지닌다.

15. 접미사의 다의성은 일반적인 어휘가 가진 발달적 추이와 언어 경제상 긍정적인 의미로 인식된다. 그러나 하나의 접미사 형태가 여러 가지 의미 기능을 가질 때, 이들 의미 사이에 유연성이 상실됨으로 인한 동음어화는 신중한 검토와 판단이 수반되어야 할 것으로 여겨진다.

16. 접미사의 문법적 기능은 어기의 핵 구조에 품사 변화를 유도하는 것으로 일반화되어 있다. 품사 전성의 범위는 양 언어에서 주로 명사, 동사, 형용(동)사, 부사 사이에서 쌍방간 이루어지는 특징이 있다. 그러나 불구 어근이 접미사를 하접함으로써 품사적, 어휘적 지위를 획득하는 경우도 적지 않다.

17. 한·일 양 언어의 접미사 대조 연구는 개개 형태의 개별적인 대비가 면밀하게 이루어진 연후에 이를 종합 귀납해야 하는 과제를 안고 있으며, 향후 보다 심도 있는 논구가 기대된다.

참 고 문 헌

고영근(1974), 國語 接尾辭의 硏究, 서울: 光文社.

金公七(1982), 日本語學槪論, 平和出版社.

김계곤(1996), 현대국어의 조어법 연구, 박이정.

김석득(1971), 국어구조론, 서울: 연세대 출판부.

김창섭(1984), "形容詞 派生接尾辭들의 機能과 意味,- '-답-, -스럽-, -롭-, -하-'와 '-的의 경우-", 「진단학보」 58.

김홍범(1994), "한국어 상징어의문법적 특성", 「우리말글연구」1, 우리말연구회.

민현식(1984), "「-스럽다, -롭다」 接尾辭에 대하여, 「국어학」13.

서정수(1996), 수정증보판 국어문법, 한양대학교 출판원.

송철의(1977), "派生語 形成과 音韻現象", 「국어연구」 38.

______(1985), "派生語 形成에 있어서의 語基의 意味와 派生語의 意味", 「진단학보」 60.

______(1988), "派生語 形成에 있어서의 制約現象에 대하여", 「국어국문학」 99, 국어국문학회.

______(1990), 국어의 파생어 형성 연구, 서울대 대학원 박사학위 논문.

심재기(1982), 國語語彙論, 集文堂.

이상길(1989), 일본어 접미사의 첨가의미에 대한 연구, 중앙대 교육대학원 석사학위 논문.

이은적(1981), "파생어 규정에 관한 조건 원칙 시안, -현대 국어의 접사 처리 검토-", 「한글」173·174.

이익섭(1975), "國語 造語法의 몇 問題", 「東洋學」 5집, 단국대 출판부.

이익섭·임홍빈(1983), 국어문법론, 학연사.

정영민(1988), 日本語 活用形 接尾辭 硏究, -韓國語와의 對照를 通하여-, 경상대 교육대학원 석사 학위논문.

하치근(1988), "국어 파생접미사의 유형 분류", 「한글」 199.

______(1989), 국어파생형태론, 남명문화사.

허 웅(1966), "서기 15세기 국어를 대상으로 한 造語法의 敍述 方法과 몇 가지 문제점", 「東亞文化」 6.

洪思満(1983), 国語特殊助詞論, 学文社.

______(1985), 国語語彙意味研究, 学文社

＿＿＿＿외(1987), 新言語学概論, 学文社

＿＿＿＿(1988), 韓·日語比較文法論, －特殊助詞と副助詞－, 慶北大学校 出版部

＿＿＿＿(1993), 한일어대조어학/논고, 탑출판사.

＿＿＿＿(1994), 国語意味論研究, 蛍雪出版社

影山太郎(1993), 文法と語形成, ひすじ書房.

菅野宏(1964), "接頭語·接尾語", 「講座現代語 6, 口語文法の問題点」, 明治書院

北原保雄 外(編)(1981), 日本文法事典, 有精堂

教科研東京国語部会(1983), 語彙教育, むぎ書房.

国立国語研究所(1985), 語彙の研究と教育(下), 「日本語教育指導参考書」 13.

斉騰倫明(1992), 現代日本語の語構成論的研究, －語における形と意味－, ひすじ書房.

阪倉篤儀(1946), "接尾辞の一考察", 「国語国文」 11月号.

＿＿＿＿＿(1966), 語構成の研究, 角川書店.

＿＿＿＿＿(1986), "接辞とば", 「日本語学」 3月号, 明治書院

寺村秀夫(1982), 日本語のシンタクスと意味1, くろしお出版

時枝誠記(1950), 日本文法 口語篇, 岩波書店.

西尾寅弥(1988), 現代語彙の研究, 明治書院

日本語教育学会(編)(1982), 日本語教育事典, 大修館書店.

島村禮子(1990), 英語の語形成とその生産性, リーベル出版

橋本進吉(1948), 国語法研究, 岩波書店.

服部四郎(1960), 言語学の方法, 岩波書店.

松下大三郎(1978), 改饌標準日本文法, 勉誠社

＿＿＿＿＿＿(1979), 増補校訂 標準日本口語法, 勉誠社

森岡健二(1986), "接辞と助辞", 「日本語学」 3月号, 明治書院

＿＿＿＿＿(1969), "日本文法体系論 形態論", 「月刊文法」 4月－, 明治書院

森山卓郎(1986), "接辞と構文", 「日本語学」 3月号, 明治書院

山田孝雄(1936), 日本文法学概論, 宝文館.

山崎末彦(1943), 国語の造語法, 「コトバ」 8月号

由本陽子(1996), "接辞の意味と機能", 「言語」 11月号, 大修館書店.

渡邊実(編)(1983), 副用語の研究, 明治書院

Aronoff, M.(1976), Word Formation in Generative Grammar, *Linguistic Inquiry Monograph* 1, MIT Press.

Bauer, L.(1983), *English word-formation*, Cambridge Univ. Press.

Cruse, D. A.(1982), *Lexical Semantics*, Cambridge Univ. Press.

Martin, S.(1975), *A Reference Grammar of Japanese*, Yale Univ. Press.

Matthews, P. M.(1974), *Morphology*, Cambridge Univ. Press.

Williams, E.(1981), "On the Notions 'Lexically Related' and Head of a Word", *LI* 12.

「어문론총」 31, 1997

2   # 접두 파생법

I. 서 론

  본고는 필자가 1997년에 분석한 한·일 양 언어의 접미 파생법 비교에 이어 접두 파생법을 다룬 관련 논고이다.

  종래 한·일 양 언어의 접두사에 관한 연구는, 접미사를 다룬 것에 비하면 양적으로 매우 적다. 이는 양 언어에서 접두사는 접미사에 비해 수효도 적고, 파생 생산력이나 분포에 있어서도 열세하며, 기능도 다양하지 못하여 별로 논의거리가 되지 않았기 때문이라 여겨진다. 주지하다시피 양 언어는 공통적으로 첨가어 구조를 가진 언어로서, 첨가 요소인 조사, 어미, 조동사, 접미사의 발달을 주요 특징으로 하기 때문에, 접미사에 비해 접두사는 상대적으로 논의에서 등한시되지 않았나 싶다.

  실제로 국어에서 접미사의 목록에 오른 형태는 730여 개에 달하고 있지만, 접두사의 수는 김계곤(1968)에 의하면 모두 161개 정도에 불과하다. 이 중에서도 논자나 사전의 종류에 따라 그 인정 여부가 엇갈리기 때문에 그 수는 더 줄어든다. 161개 중 한글학회의 『한글소사전』과 이희승의 『국어대사전』에서 공통으로 접두사로 인정한 것은 겨우 고유어 접두사 66개, 한자어 접두사 44개, 그리고 외래어계 접두사 1개로, 이들을 합하면 101개밖에 되지 않는다. 이 중에서도 46개는 접두사로 설정하는 데 문제가 있는 것으로 분리하여, 이들을 빼면 55개가 남을 뿐이다.

김계곤(1981)은 그 후 새로 설정되어야 할 접두사 279개를 추가하여 총 383개의 접두사 목록을 만들었고, 이로부터 파생되는 파생어 수를 829개로 명시하기도 했다. 그러나 이들 중에는 형태가 같은 동일 접두사가 그 의미 기능에 따라 동음어시되어 별개로 처리된 것이 많아 재고의 여지를 남기고 있다.

일찍이 성환갑(1972)과 김종운(1973)도 국어 접두사의 목록을 정리한 바 있다. 『큰사전』을 중심으로 뽑고 여기에다 누락된 것을 추가했다. 그 결과 고유어 접두사 76개에 32개가 추가되었고, 한자어 접두사 45개에 53개가 더해져 총 203개의 목록표가 만들어졌다.

'접사'(affix)란 어기에 붙어 융합 또는 활용의 변화를 통해 품사성, 문법성을 더하기도 하고, 감정적인 의미 내용을 첨가하기도 하며, 때로는 논리적인 개념 내용을 분화시키기도 하는 결합 형식이다. 접사 중에도 접두사는 접미사와는 달리 어기에 의미를 첨가하는 기능만을 가질 뿐, 어기의 문법적인 변화를 일으키지 않는 것이 양 언어의 공통된 특징이다. 따라서 접두사는 대개가 어기의 품사를 전성시키지 않는 동심구조(한정적) 파생 접사류에 상당한다. 또한 일부 접미사처럼 스스로 활용하는 어형 변화도 없다.

일본어 문법론에서, '接頭語'라는 명칭은 大槻文彦의 『言海』 권두에 쓴 「語法指南」(明治15년)에서 처음으로 'prefix'의 역어로 사용되었는데, 그 후 山田 문법에서 '語'를 '辭'로 개칭하여 '接頭辭'라 부르게 되어 오늘에 이르고 있다. 그러나 현대 일본어 문법에서는 아직도 접두어라고 부르는 경우가 많다. 현대 일본어에서 접두사는 그 종류와 그로부터 파생된 파생어의 수효에 있어 퇴조 현상을 보이고 있다. 역사적으로 奈良, 平安 시대에는 고유어(和語) 접두사가 매우 생산적인 조어 형식이었으나, 현대어에 와서 수적인 외연도 좁아지고, {お(御)-}, {おお

《大》-}, {はつ(初)-} 등을 제외하고는 생산성도 낮아졌다. 이에 반해 한어계의 접두사는 그 종류도 많고 풍부한 파생형을 조어해 내는 것으로 발달했다. 그리하여 1자로 된 한자 파생 접두사의 수는 무려 250개를 헤아린다. 이들을 순수한 접두사로 인정할 수 있을지에 대해서는 후술할 터이다.

본고는 한·일 양 언어의 접두사를 분포와 기능 면에서 상호 비교하여 그 동질성과 이질성을 분석 기술하려는 것이 목적이다. 분포에서는 주로 접두사의 설정 기준과 범주상의 동요 상황에 대해 논급하고, 파생 접사로서의 생산성을 점검하는 방향으로 논의하겠다. 기능에서는 의미 기능을 중심으로 그 가의적 특징을 고찰하고, 몇몇 특수한 접두사가 보여주는 이례성에 대해서도 기술하겠다.

전술한 대로, 지금까지 양 언어의 접두사에 대해 논구된 연구 업적은 극히 희소한 실정이다. 국내에서는 김계곤(1968, 1981), 김종운(1973), 김창섭(1992), 성환갑(1972), 조현숙(1989) 등의 논의가 있고, 일본에서는 菅野宏(1964), 阪倉篤義(1966, 1986), 野村雅昭(1977), 森岡健二(1969, 1986), 森山卓郎(1986), 由本陽子(1996) 등이 눈에 띈다.

II. 접두사의 분포 대비

1. 범주상의 동요

접두사는 접미사와 함께 접사라는 동일 문법 범주에 있기 때문에, 그 설정 기준에 있어서도 접미사와 다를 바 없다. 고영근(1974:27-28)의 접미사 설정 기준인 ① 의존성을 띨 것, ② 특수성을 띨 것, ③ 어휘성을 띨 것, ④ 후행 조사나 어미의 통합에 제약이 없을 것 등이 접두사에도 그대로 적용될 수 있다. 그러나 이들 조건 중 ④는 접두사의 통합 위치가 어기의 뒤가 아닌 앞이기 때문에 설정 조건에 부합하지 않는다.

기준 중 ①에서 만약 접사가 자립성을 띤다면, 그것은 명사나 관형사, 형용사, 부사 등의 실사로 인정되어야 할 것이다. ②의 특수성이란 통합상의 제약을 가리키는 것으로, 이러한 제약이 없다면 이는 굴절 형식이 될 것이며, 어휘 사전은 파생어 투성이가 될 것이다. ③은 파생 접사의 본유의 임무가 의미를 첨가(加意)하는 것으로 자리 매김되는 것을 의미한다.

이러한 세 가지의 설정 기준이 정해졌지만, 접두사 중에는 그 성질의 정도 차에 의해 타 문법 범주로 이행하는, 이른바 동요 상황을 유발하는 유들이 많이 있다. 이는 접미사의 경우에서도 마찬가지로, 어떤 접미사는 보편성을 띰으로써 조사나 어미인 굴절 형식에 접근하는가 하면, 어떤 접미사는 자립성을 지님으로써 체언 쪽으로 이행하는 유들이 있는 것과도 통한다(홍사만 1997:290-292).

접두사의 범주상의 동요는 대체로 세 가지 문법 범주와의 혼효에서 발생한다. 체언류와의 동요, 용언류와의 동요, 수식언류와의 동요가 그 것이다.

체언류(명사) ← **접두사** → 용언류(동사·형용사)

↓

수식언류(관형사·부사)

양 언어의 접두사는 어원적으로 체언류나 용언류, 또는 수식언류의 실사가 허사화 과정을 거쳐 형성된 것이 많고, 또 그것이 현대어에서 양용되는 경우가 흔하기 때문에 양자를 구분하는 확연한 획을 긋기가 용이하지 않다. 이처럼 실사와 접사 사이에서 부유하는 형태소에 관해서는 일본어에 있어 阪倉篤義(1966)의 준접두사 설정이 주목된다. 이들 부류는 순수한 접두사와 구별되어, 어기에 본적을 두고 접사적 기능으로 추이하는 것으로 처리되고 있다. 예컨대, {平(ひら)-}라는 접두사

는 "보통의, 평평한" 등의 의미를 어기에 더해 주는 접두사로, 그 생산
성도 높아 제법 많은 파생어를 조어해 낸다.

{平-} :　-謝り/-泳ぎ/-お召し/-仮名/-蜘蛛/-侍/-社員/-城/-長屋/-椀/-屋

　　그러나 이들의 범주상의 동요는 {平-}이 「平-たい」, 「平の社員」, 「平
にご容赦」, 「手の平が」에서처럼 체언으로 쓰이는 예가 있기 때문에 발
생하는 것이다. 접두사 중에는 이와 같이 어기의 성질을 가짐으로 동요
상황이 나타나는 예들이 많다. 한자어 접두사의 경우에도 단어 내부의
환경에 따라 그 문법적 범주가 추이되는 동요 상황을 연출한다. 「前-近
代」, 「前-会長」에서의 {前-}은 접두사처럼 쓰이고, 「前-半」, 「前-揭」에
서는 복합어 구성으로, 「前-者」, 「前-回」에서는 접미사의 피접 어기 역
할을 담당하고 있다. 이들의 접두사적 기능과 체언적 기능을 모두 인정
하여 각각 다른 범주로 나누어 이원적으로 분류한다면, 문법 기술이나
어휘 체계상 많은 혼란을 초래할 우려가 있다. 동일 의미를 가진 동일
형태가 각각 기능적 차이에 따라 별개의 동음어처럼 처리된다면, 어휘
체계는 매우 복잡해질 것이다. 따라서 阪倉는 이러한 접두사가 비록 소
수의 체언으로 쓰인다 하더라도, 일단 그 형태소의 소속은 체언에다 두
고 그 접사적 용법을 준접사로 칭하여 순접사와 구별하자는 것이다. 체
언 쪽에 우위를 두는 것은 본원적인 어원의 추이 방향을 중시한 것이
다. {平-}은 본래 체언이던 것이 접두사 쪽으로 이행하여 허사화한 것
으로 인정되기 때문이다. 어휘사적으로 보아 실사가 허사화한 것은 많
으나, 허사가 실사화하는 경우는 흔치 않은 것이 통례이다.
　　阪倉는 이러한 논조로써 일본어의 준접두사를 고유어(和語)계, 한어
계, 외래어계로 나누어 예시하고 있는데, 이를 보완하여 소개하면서 이
들이 파생한 파생어의 예를 덧붙이면 다음과 같다.

고유어(和語)계 준접두사

　　{さか(逆)-}　：　　-波/-はぎ/-ご/-のぼる
　　{かた(片)-}　：　　—方/-手/-言/-時
　　{うい(初)-}　：　　-孫/-陣/-産/-学び/-子
　　{き(生)-}　：　　-糸/-醤油/-麻/-紙/-蜜/-そば/-まじめ/-息子/-むすめ/-綿
　　{さら(新)-}　：　　-湯/-世帯/-袴/-ギセル
　　{す(素)-}　：　　-焼き/-町人/-浪人/-分/-本/-早やい/-足/-顔/-手
　　{はつ(初)-}　：　　-恋/-登庁/-売り/-買い/-鴬/-風/-子/-氷/-霜/-産/-絶句/-夏
　　　　　　　　　　　/-花/-春/-雪/-参り/-鰹
　　{ま(真)-}　：　　-心/-人間/-四角/-白/-玉水/-夏/-昼/-冬/-向/-横/-夜中/-新
　　　　　　　　　　　しい/-南/-丸い

　이들 고유어는 모두 접두사처럼 쓰이고 있지만, 다른 한편으로는 「逆さ」, 「片や」, 「初々しい」, 「生で飲む」, 「さらの浴衣」, 「素のまま」, 「真に受ける」 등에서처럼 엄연히 체언적 용법으로도 쓰이고 있으므로 순수한 접두사로 보기는 어렵다는 것이다. 따라서 그 소속은 체언에다 두고 준접두사로 취급한 것이다.

　　{そよ-}　：　　-風/-との風/-吹く
　　{かっ-}　：　　-飛ばす
　　{ちら-}　：　　-付く
　　{ちょん-}　：　　-切る
　　{ぶら-}　：　　-下がる/-付く
　　{ふて-}　：　　-腐る/-寝
　　{ほろ-}　：　　-苦い/-酔い

　위의 예는 이른바 의태어인 상징언이 접두사 형태로 쓰인 것인데, 체언 어기 또는 용언 어기에 결합되어 파생어 조성에 참여하고 있는 부류이다. 이들도 그 문법 범주는 상징언으로 보고, 준접두사의 기능을 아울러 가진 것으로 처리했다.

{うっ(打)-} : -かたぐ/-かたぬぐ/-ちゃる/-くう/-すう/-たつ/-たまげる
            /-つらくにい/-とる/-ぱる/-ぴらく/-ぼれる

{おっ(追)-} : -掛ける/-立てる/-付く/-詰める/-払う

{おん(追)-} : -出す

{おっ(押)-} : -かぶせる/-立てる/-たまげる/-付ける/-取る/-はえす/-ぱ
            じめる/-伏せる
            -ぴらく/-べす

{さっ(差)-} : -かける/-くべる/-引く

{つっ(突)-} : -返す/-かかる/-かける/-込む/-立つ/-つく/-放す/-ばしる
            /-張る

{つん(突)-} : -出る/-のめる/-もえる

{とっ(取)-} : -組む/-ちめる/-つかまえる/-つかまる/-付く/-払う

{ひっ(引)-} : -替える/-かく/-かまえる/-返す/-掛かる/-かき回す/-くる
            める/-担ぐ/-提げる

{ひん(引)-} : -だく/-のむ/-抜く/-まげる

{ふち(打)-} : -明ける/-上げる/-当たる/-売る/-かます/-こわす/-直る/-
            抜く/-のめす/-まける

{ぶっ(打)-} : -かえる/-殺す/-裂く/-倒す/-倒れる/-叩く/-たまげる/-潰
            す/-ちぎる/-つける/-通す/-飛ばす/-放す

{ぶん(打)-} : -投げる/-殴る/-回す/-流す

{ふっ(吹)-} : -かける/-きれる/-こむ/-とばす/-とぶ

{ふん(踏)-} : -縛る/-ぞりかえる/-だくる/-つかまえる/-づける/-張る

　위에서 접두사처럼 쓰인 유들은 「打ち」, 「追い」, 「押し」, 「突き」 등 동사의 연용형이 促音便, 撥音便化한 이형태로, 그 용언의 의미 기능이 어느 정도 남아 있는가의 농담에 따라 접두사의 지위를 매김하게 된다. 이 때 용언의 의미가 다소 퇴화하긴 했지만 그 의미의 잔재가 남아 있으므로, 이들을 용언으로 두고 준접두사로 취급하자는 것이다. 이들이 접두된 단어들은 결국 동사의 전항과 후항을 가진 복합어의 양상을 띠

고 있는데, 전항 동사의 허사화 정도에 따라 준접두사로 다루게 된 것
이다. 그러나 전항 동사의 퇴화 정도가 심하여 단순한 강조적 뉘앙스를
더하는 기능을 발휘하는 경우에는 온전한 접두사로 보아야 할 것이다.
예컨대, 「うち-よせる」의 경우, 「彼が岸を<u>打ってよせて</u>くる」에서는 복
합어의 전항 동사로, 「敵が<u>うちよせる</u>」에서는 접두사로 볼 수밖에 없다.
「うち-語らう」나 「うち-見る」에서도 {うち-}는 접두사의 성격이 농후한
것으로 인식된다.

한어계 준접두사

阪倉는, 한어계에는 원칙적으로 접두사가 존재하지 않는다고 전제하
면서, 한어의 어기에 접속하는 1자 한어 접두사를 준접두사로 다루었
다. 그 종류는 압도적으로 많으며, 그것이 파생하는 생산성 또한 매우
높다.

<pre>
{亜-} :   -熱帯/-硫酸/-砒酸
{過-} :   -保護/-飽和/-硫酸/-消費/-熱/-払い/-不足/-量
{閑-} :   -日月/-事業/-文字/
{擬-} :   -古/-国会
{貴-} :   -会社/-兄/-公/-国/-札/-婦人
{急-} :   -傾斜/-回轉/-停車
{旧-} :   -暦/-正月/-株/-悪/-縁/-家/-館/-記/-居/-訓/-劇/-主/-人/-宅/-法/-
           地主/-街道
{希-} :   -硫酸/-ガス類
{軽-} :   -工業/-演劇/
{新-} :   -発売/-大陸/-家庭/-方法
{正-} :   -三角形/-級長/-反対/-比例/-本
{全-} :   -世界/-能力/-財産/-国民/-市民
{総-} :   -目録/-選挙/-支配人/-監督/-評/-論/-量
{第-} :   一回/
</pre>

{大-} :　　-動脈/-会社/-人物/-革命
{超-} :　　-能力/-特急/-高層/-高速
{反-} :　　-作用/-透明/-体制
{不-} :　　-愉快/-自由/-勉強/-確か
{無-} :　　-意味/-関係/-関心
{未-} :　　-解決/-知数/-開拓/-完成
{有-} :　　-意義/-資格者/-罪/-経験

　이 중에서도 부정을 나타내는 {無-}, {不-}, {未-}는「無-届け」,「不-まじめ」,「未-払い」처럼 고유어의 어기와도 결합함으로써 접사적 성격을 더욱 농후케 한다. {反-}, {過-}, {超-}, {脱-}, {省-}, {対-}, {被-} 등의 한어 접두사는 동사성이 강한 부류이다.

외래어계 준접두사

　일본어에 있어서는 원어에 관한 형태소가 접사인지 어기인지에 관계없이 일단 일본어 외래어가 되어 버리면 접사처럼 의식하게 되는 경향이 있다(阪倉 1966:252). 즉,

{ノ-} :　　-カット/-フラッチ/-コメント/-ンキュウ-/-スモーキング/-タッチ
{ノン-} :　-キャリア/-ヤクション/-セクト/-フィクション/-フリージング/-ポリ

에서 {ノ(no)-}, {ノン(non)-}은 결합 형식으로 어기에 붙어 쓰이므로 접두사로 인정하고 있지만, 이들은 대부분 외래어끼리 어울려 쓰이고 한어나 고유어(和語)와는 혼용되지 않기 때문에, 순수한 접두사로 인정하기 어렵다고 했다. 阪倉가 제시한 준접두사 외래어는 다음과 같다.

{アウト(out)-} :　　-ドア/-プット
{イン(in)-} :　　　　-コース/-プット
{オーバ(over)-} :　　-サイズ/-ワーク

{オフ(off)-} :　　　-シーズン/-リミット
{コア(core)-} :　　　-カリキュラム/-システム
{サブ(sub-)-} :　　　-タイトル/-リーダー
{シュール(sur-)-} :　-レアリズム
{スーパー(super-)-} :　-マン/-コンピュータ
{バック(back)-} :　　-アップ/-グラウンド
{ニア(near)-} :　　　-イースト/-ミス
{ニュ(new)-} :　　　-フュース/-ルック
{ネオ(neo-)-} :　　　-クラシック/-ナチズム
{ハイ(hi-)-} :　　　-クラス/-テクノロジー
{マイ(my)-} :　　　　-ペース/ホーム
{マス(mass)-} :　　　-ゲーム/コミュニケーション
{セミ(semi-)-} :　　-ドキュメンタリ/-オフュシャル

'준접두사'란 접두사에 준하는 기능을 구유하고 있다는 용어로, 궁극적으로는 이를 접두사의 일종으로 인정하려는 것이다. 그러나 체언이나 용언과 같은 실사의 범주에 소속시켜 놓고 준접두사라고 하는 과도적 문법 범주를 설정하여 이를 편입시킨다는 것은 범주상의 지위가 애매해질 우려가 있다.

또한 접두사들이 체언이나 용언으로부터 허사화하여 형성된 것이 많기 때문에 준접두사화는 피치 못할 현상으로 여겨진다. 그렇다면 다수의 접두사들이 실사에 소속된 채 준접두사적 기능을 가진 것으로 처리되어야 하는데, 여기에서 문제될 수 있는 것은 파생된 단어의 성격이다. 준접두사가 붙은 단어를 파생어로 인정하느냐, 그 원적에 따라 복합어로 인정하느냐의 문제이다. 이러한 난점 때문에 준접두사가 실사로부터 온 것은 이미 그 문법화의 과정을 경험한 것이므로 분리시켜 별개로 처리할 수밖에 없지 않을까 싶다. 차라리 모호한 준접두사란 술어를 피하고, 실사와 접사의 이원적인 부류가 불가피한 것이 아닌가 한다. 한국어의 예에서 접두사 {돌-}은 명사 {돌(石)}에서 온 것이 사실인데, 그 어원이 어떻든 이미 접사화로 기능 변화를 겪음으로써 의미가 형식화,

추상화되고 자립성이 약화되었으므로 각각 다른 문법 범주에서 다루는 것이 온당할 것으로 본다. 사전에도 양자는 분리되어 표제어로 오르고 있다.

    a. 돌: (명사)　토질이 화학 작용으로 굳어서 된 덩어리
    b. 돌-(접두사)　동식물의 품질이 낮거나 저절로 난 야생물임을 나타내는 말

　a로부터 b가 이루어졌지만, 접사화하는 과정에서 많은 의미 변화를 경험한 것이 사실이다. 예컨대 「돌-감」, 「돌-배」, 「돌-능금」, 「돌-통」, 「돌-고래」, 「돌-팥」, 「돌-피」, 「돌-미역」, 「돌-조개」 등에서 접두사 {돌-}은 품질이 좋지 않거나, 딱딱하거나, 크기가 작거나, 야생이거나 한 등의 의미가 추출되고, 「돌-계집」, 「돌-무당」, 「돌-중」 등에서도 제 구실을 못하거나 거짓 가짜이거나의 의미가 감지되는 변화를 겪은 것이다. 따라서 「돌-결」, 「돌-경」, 「돌-고드름」, 「돌-공이」, 「돌-구멍」, 「돌-기둥」, 「돌-기와」, 「돌-길」, 「돌-난대」, 「돌-다리」, 「돌-담」, 「돌-대가리」, 「돌-덩이」, 「돌-도끼」, 「돌-무더기」, 「돌-부리」, 「돌-부처」, 「돌-사닥다리」, 「돌-산」, 「돌-소금」, 「돌-솜」, 「돌-탑」, 「돌-팔매」, 「돌-탑」 등은 복합 명사로 보고, 위에서 거례한 「돌-감」 등은 파생어로 다뤄져야 한다는 것이다.

　이는 한국어의 이른바 명사화소(nominalizers)인 {-음(ㅁ)}과 {-기}가 동일한 형태론적·통사론적 문법 기능을 수행하는 형태소이지만, 「믿-음」, 「보-기」에서는 명사 파생 접미사로, 「먹-음」, 「가-기」에서는 동사의 명사형 어미로 구분되어 다뤄지는 것과도 맥락을 같이 한다. 즉, 동일 어형이 그 기능에 따라 파생 접사의 범주와 굴절 접사의 범주로 양분되고 있는 것이다.

　한편 한국어의 경우, 김계곤(1968:20-45)도 접두사 중에서 독립적인 품사와 양용되는 유들은 독립된 품사 쪽을 우선시함으로써 阪倉와 같은 태도를 보이고 있다. 이는 형태와 의미가 동일한 형태소를 이원적으로 분류하는 것을 피하려는 것인데, 접두사를 실사가 허사한 것으로

보되 실사 형태의 본원적인 위치를 중시하려는 것이다. 그러나 일본어에서처럼 준접두사로 처리하는 것이 아니므로, 결과적으로는 이들을 접사류로 인정하지 않으려는 것이다. 예를 들면, 한국어의 고유어 접두사 중, {갓-}, {내리-}는 부사로 처리했고,

    {갓-} :　　-나다/-스물
    {내리-} :　-긋다/-치다

  {곁-}, {좀-}, {홑-}, {꼬마-}, {수-}, {암-}, {꾀-}, {참-}, {알-}, {깃-}, {말-} 등은 명사로서의 용법이 있어 명사로 다루었다. 그런데 『표준국어대사전』(국립국어연구원:2000)에서는 이 중 {홑-}, {수-}, {암-}, {참-}, {알-}, {말-}을 접두사로 처리했다. 이러한 판단은 실질 개념이 약화되어 허사화한 정도를 측정하는 직관에 의존된 것이다.

    {홑-} :　-바지/-옷/-이불/-몸/-적삼/-꽃/-닿소리/-세포/-조끼/-열매
    {수-} :　-꿩/-소/-캐/-컷/-닭/-탕나귀/-평아리/-나사/-단추/-무지개/-키와
            /-돌쩌귀
    {암-} :　-꽃/-놈/-사자/-캐/-컷/-닭/-탕나귀/-돼지/-평아리/-나사/-단추/-
            무지개/-키와/-돌쩌귀
    {참-} :　-기름/-외/-사랑/-뜻/-먹/-숯
    {알-} :　-감/-몸/-바늘/-밤/-토란/-바가지/-요강/-항아리/-가난/-건달 /-
            거지/-부자
    {말-} :　-벌/-개미/-버짐/-매미/-거머리/-거미/-승냥이/-잠자리

  또한 용언과의 동요에 있어서도, 용언의 어기 앞에 오는 {나-}, {내-}, {늦-}, {맞-}, {옥-}, {줄-}, {들이-}, {선-}, {설-}, {간-}은 어원적으로 용언에서 온 것이므로 동사 또는 형용사로 취급했다. 그러나 이 중에서도 {나-}, {내-}, {맞-}, {들이-}, {설-}은 접두사 쪽으로 문법화한 경향이 농후한 것으로 볼 수 있다.

{나-} :   -가다/-굴다/-대다/-돌다/-뒹굴다/-붙다/-비치다/-서다/-오다/-
오르다

{내-} :   -걸다/-놓다/-차다

{맞-} :   -들다/-물다/-바꾸다/-부딪치다/-서다/-겨루다/-놓다/-닥치다/-
대다/-닿다/-붙다

{들이-} :   -갈기다/-꽂다/-닥치다/-덮치다/-퍼붓다/-굽다/-긋다/-대다/-덤
비다/-뛰다/-마시다/-몰다/-밀다/-박다/-받다/-부수다/-붓다/
-비치다/-빨다/-빼다/-삼키다/-세우다/-쌓다/-쑤시다/-울다/-
조르다/-지르다/-찌르다/-찧다/-차다/-키다/-파다/-퍼붓다

{설-} :   -익다/-깨다/-듣다/-마르다/-보다/-때리다/-죽다/-차다/-취하다

어기가 체언인 경우, 그 앞에 오는 관형 수식적 접두사는 그러한 문
법적 기능에 유추되어 관형사와 동요되는데, 이 때문에 {알-}, {외-},
{홀-}, {풋-} 등은 관형사로 다뤄졌다. 그러나 이 중에도 {외-}, {홀-},
{풋-}은 이미 접두사화한 것으로 인식된다.

{외-} :   -갈래/-고집/-골수/-기러기/-길/-마디/-아들

{홀-} :   -아비/-몸/-시아버지/-시어머니/-어미

{풋-} :   -과일/-사랑/-감/-고추/-김치/-나물/-콩/-잠

한편 한자어 접두사도 명사와 양용되는 것은 명사로 다루었다. 예컨
대 {半-}, {王-}, {外-}, {有-}, {男-}, {大-}, {無-}, {初-}, {右-},
{左-}, {前-}, {眞-}, {客-}, {聖-}, {假-}, {小-} 등을 이 속에 편입시
켰다. 이 중에도 {王-}, {外-}, {有-}, {男-}, {大-}, {無-}, {聖-},
{假-}, {小-} 등은 실질적 개념이 어느 정도 퇴색되고, 또한 의존성을
소유하게 됨으로써 접두사의 범주에 들어온 것으로 판단된다.

{왕(王)-} :   -거미/-개미/-잠자리/-게/-느릅나무/-겨/-모래/-소금/-자갈/-
가뭄/-고집/-고모

{외(外)-} :   -삼촌/-손녀/-할머니/-숙모

{유(有)-} :　-분수/-의미/-지각/-기한/-기음

{남(男)-} :　-동생/-형제/-학생/-상여/-학교/-종/-배우

{대(大)-} :　-가족/-기자/-보름/-선배/-성공/-강령/-과거/-도시/-낮/-동맥
　　　　　　/-도시/-바구니/-법정/-수술/-부분/-규모

{무(無)-} :　-감각/-자비/-감동/-경쟁/-경험/-계급/-계획/-관심/-규칙/-기
　　　　　　한/-능력/-득점/-면허/-방비/-방어/-보수/-수입/-의식/-작
　　　　　　정/-조건/-질서/-차별/-책임/-표정/-혐의/-가치/-소식

{진(眞)-} :　-면모/-면목/-범인/-분수/-실상

{성(聖)-} :　-만찬/-가정/-목요일/-금요일/-시간/-주간/-교회

{가(假)-} :　-건물/-계약/-매장/-등기/-문서/-교사/-석방/-지불/-집행/-처
　　　　　　분/-체포/-호적/-조인

{소(小)-} :　-강당/-규모/-극장/-사전/-가족/-구분/-기업/-도시/-도구/-법
　　　　　　정/-부락/-상인/-시민/-전제

　　체언 어기 앞에서 관형적 수식 기능을 담당하는 한자어 접두사는 그
문법적 기능과 가의적 기능으로 보아 관형사에 영역에 접근하고 있다.
이에 따라 {第-}, {純-}, {舊-}, {全-}, {乾-}, {貴-}, {別-}, {生-},
{準-}, {親-}, {過-}, {冷-}, {獨-}, {反-}, {連-}, {重-}, {每-}, {本
-}, {新-}, {正-}, {各-}, {副-}, {起-}, {總-} 등을 관형사로 취급했
다. 여기에서도 {生-}, {準-}, {親-}, {過-}, {冷-}, {獨-}, {反-}, {連
-}, {本-}, {新-}, {副-}, {總-} 등은 접두사로 인정되어야 할 것이다.

{생(生)-} :　-김치/-나물/-쌈/-가지/-나무/-장작/-가죽/-맥주/-모시/-부모
　　　　　　/-어머니/-아버지/-고생/-과부/-이별/-죽음/-떼/-트집/-지옥

{준(準)-} :　-결승/-교사/-우승/-회원/-금치산/-급행/-사기/-조세/-평원

{친(親)-} :　-부모/-아들/-형제/-삼촌/-손녀/-할머니/-정부

{과(過)-} :　-소비/-보호/-전압/-부하/-부족/-산화/-냉각/-전류/-포화/-형성

{냉(冷)-} :　-가슴/-커피/-국/-골/-온대/-찜질/-사이다

{독(獨)-} :　-발/-산진/-무대/-상/-차지/-살림

{반(反)-} :　-사회/-국가/-비례/-우주/-인력/-작용/-독재/-체제

{연(連)-} :　-단수/-분수/-비례/-장군/-이틀/-사흘

{본(本)-} ： -계약/-줄기/-회의/-뜻/-고장/-서방/-고사/-고향/-그림/-남편
  /-모습/-밑/-바닥/-부인/-이름/-채/-회담
{신(新)-} ： -세대/-경제/-기록/-세계/-기원/-내각/-도시/-발견/-발명/-비
  평/-생활/-소재/-여성/-학기/-학문/-교육
{부(副)-} ： -반장/-사장/-회장/-사수/-산물/-수입/-감독/-교재/-작용/-주제
{총(總)-} ： -감독/-결산/-결집/-공격/-공세/-궐기/-집합/-출동/-동원/-망
  라/-반격/-본부/-본산/-사령관/-사직/-사퇴/-선거/-연습/-
  예산/-지휘/-책임/-파업

결과적으로 이들이 접두사의 범주를 벗어나 실사 쪽으로 오면, 어기
와 분리되어 독립 품사가 되거나 어기와 합성되어 파생어가 아닌 복합
어의 기능을 가지게 된다. 이처럼 어기 의미의 농담에 따라 문법 범주
를 구별하는 것은, 자칫하면 논자의 주관적 판단에 의존됨으로써 그만
큼 위험성을 수반하는 것으로 여겨진다.

2. 어기와의 통합 양태

어기(語基, base)란 접사에 대비되는 형태소로, 대체로 자립 어기와
결합 어기로 나뉜다. 일본어 어기의 종류를 세분한 논의로는 森岡健二
(1969)의 분류가 있는데, 이를 한·일어 대비론적으로 소개한 홍사만
(1997)이 참조된다.

분류에 따르면, 자립 형식의 어기로는 A-D 형태가 있고, 결합 형식
의 어기로는 E-J 형태가 있으며, 이 밖에도 한어와 외래어의 어기를
K, L로 따로 설정하고 있다. 이들을 품사론적으로 살펴보면 다음과 같다.

자립 형식의 어기 :　A　체언류(はる, なつ, あき, ふゆ)

　　　　　　　　　　B　형용 동사 어간(まれ, いや/あずか, おろか)

　　　　　　　　　　C　동사의 연용형(書き, 継ぎ/射(い), 焦(に)/得(え),
　　　　　　　　　　　　受(き)/為(し)

　　　　　　　　　　D　부사, 감탄사(すぐ, まず/あ, あっ)

결합 형식의 어기 :　E　형용사 어간(丸-, 高-/寒-, 辛-/悲し-, 美し-)

　　　　　　　　　　F　첩어 어근(静-, 遥-/いよ-, なか-)

　　　　　　　　　　G　고유 수사 어근(ひと-, ふた-, み-, よ-)

　　　　　　　　　　H　지시어 어근(こ-, そ-, あ-, ど-)

　　　　　　　　　　I　부사 파생 어근(いか-, しか-, さ-, かく-)

　　　　　　　　　　J　의성어, 의태어 어근(どん-/ぱら-/ぽか-/ばっ-/
　　　　　　　　　　　　ふわ-)

한어·외래어 어기 :　K　한어 어근(山(さん)-/語(ご)/詩/嬢/哲/挨)

　　　　　　　　　　L　외래어 어근(ペン/ハイカラ/シャープ/ラング/キロ-)

　일본어 접두사는 접미사와는 달리 그것이 붙는 어기의 대부분이 자립 형식이기 때문에, 어기가 무엇인지에 대해서는 그다지 문제시되지 않는다. 이들의 분포는 그것이 붙는 어기가 어떤 품사이며, 그것이 얼마만한 파생력을 발휘하느냐 하는 생산성에 초점이 있다. 이러한 점은 영어에 있어서 결합 형식의 어기에 붙어서 자립어를 조어해 내는 일차적 파생 접두사와는 근원적으로 다르다(예: 伊-ceive, 伊-ceive, 伊-ceive). 물론 일본어에서도 접두사를 취해도 자립하지 못하는 어례가 있다. {お-母}와 {お-嬢}는 그 아래에 다시 접미사 {さん-}이 붙어야만 자립할 수 있다(「お-母-さん}, 「お-嬢-さん」).

　阪倉篤義(1966:242-244)는 접사를 '파생사'라고 불렀는데, 그 중 접두사의 분포를 어기의 품사성에 따라 분류 정리했다. 아래의 예들은 阪倉의 분류에다 필자가 해당 접두사의 종류와 파생 어례를 추가하여 보완한 것이다.

1. 체언에 붙는 것

{あら(新)-} :　　-木/-手/-仏/-巻き
{えせ(似非)-} :　　-学者/-紳士
{にせ(偽)-} :　　-金/-もの
{から(空, 虚)-} :　-せき/-いばり
{おん(御)-} :　　-殿/-曹司/-身/-許
{ご(御)-} :　　-恩/-馳走/-用/-陵/-先祖/-本/-心配
{さ-} :　　-枝/-乙女/-苗/-蝿/-百合
{にい-} :　　-妻/-盆/-枕/-嘗祭
{み(御)-} :　　-国/-心/-輿/-籤/-代/-言/-台/-台所/-靈/-手洗/-
　　　　　　帳/-堂/-仏/-空/-姿/-法/-階/-幸/-前
{お-み(御御)-} :　-帯/-足/-酒/-おつけ
{す(素)-} :　　-足/-焼き

2. 용언에 붙는 것

{た-} :　　-ばかる/-ばさむ/-ばしる/-やすい

3. 형용언에 붙는 것

{うら-} :　　-悲しい/-恥ずかしい/-若い
{か-} :　　-弱い/-細い
{ひ-} :　　-弱い/-黒い
{け-} :　　-ざやか/-ぢかい

4. 体言, 用言, 形容言, 情態言, 副用言에 붙는 것

{お(御)-} :　-花/-顔/-菓子/-弁当(체언)
　　　　　　-帰り/-休み/-上がり(용언)
　　　　　　-早い/-さびしい/-美しい(형용언)
　　　　　　-静か/-きれい/-上手(정태언)

{お(小)-} :　　-川/-舟/-笹(체언)

　　　　　　　-暗い(형용언)

{いけ-} :　　-ずうずうしい/-すかない(형용언)

　　　　　　　-ぞんざい(정태언)

　　　　　　　-しゃあしゃあと(부용언)

{こ(小)-} :　　-石/-山/-人数(체언)

　　　　　　　-むずかしい/-汚ない/-賢しい(형용언)

　　　　　　　-きれい/-粋(정태언)

{まっ(真)-} :　-最中/-先/-四角(체언)

　　　　　　　-白い/-黒い/-暗い(형용언)

　　　　　　　-すぐ(부용언)

{き(生)-} :　　-薬/-まじめ(체언)

　　　　　　　-すい(형용언)

이 밖에 한어계의 접두사는 대부분 한자어의 체언 앞에 붙는다.

한국어에서 접두사가 통합되는 어기는 일부 품사에 한정되어 있다. 그 대표되는 유들을 들어보면, 먼저 명사 앞에 붙어 파생 명사를 조어하는 것으로 {개-}, {군-}, {날-}, {돌-}, {맨-}, {민-}, {숫-}, {시(媤)-}, {양(洋)-}, {올-}, {웃-}, {참-}, {풋-}, {한-}, {핫-}, {햇-} 등이 있고, 동사나 형용사 어기에 붙는 것으로는 {내-}, {되-}, {뒤-}, {드-}, {들-}, {들이-}, {빗-}, {엿-}, {짓-}, {처-}, {치-} 등이 있다. 전자의 유들은 명사 어기에 관형적으로 첨의하는 기능을 가졌고, 후자는 용언 어기의 동작이나 상태를 한정적으로 강조하는 의미 기능을 가진 것이 특징이다. 이 밖에도 체언과 용언의 어기에 두루 통합되는 유들도 있다.

{덧-} :　　-버선/-저고리/-문/-신/-니　　　(체언)

　　　　　　-나다/-붙다　　　　　　　　　　(용언)

{엇-} :　　-결/-각/-그루/-셈　　　　　　　(체언)

　　　　　　-바꾸다/-붙다/-서다/-먹다　　　(용언)

{헛-} :   -소문/-수고/-일/-기침/-장   (체언)
          -듣다/-디디다/-보다/-잡다   (용언)

　파생 접두사는 어기가 어떤 품사이든 그 문법적인 범주를 바꾸는 기능을 수행하지 않는 것이 일반적이다. 김종운(1973:52)에서 접두사를 순어휘적 어사라고 한 것도 이에 통한다. 따라서 접두사는 동심 구조 파생 접사, 어류 유지 파생 접사의 한정적인 성격을 띠고 있다.

Ⅲ. 접두사의 의미 기능 대비

　접사의 기능은 의미 기능과 문법 기능으로 양분된다. 전자는 어기에다 고유한 의미를 첨가하는 가의적 기능이고, 후자는 어기의 핵 구조를 문법적으로 변화시키는 전성 기능이다. 전술한 바대로 접두사는 접미사와는 달리 후자의 기능은 없다.

　그런데 동일 형태의 접두사가 가의적 의미 기능의 양태에 따라 별개의 동음어로 처리되는 것은 어휘의 분포와 문법 기술상 지양되어야 할 점이다. 각각의 하위 의미 기능간에 가능한 한 유연성을 부여함으로써, 이를 다의적으로 묶어 동일어로 취급하는 것이 옳을 것이다. 이와 같은 예는 국어의 접두사에서 많이 볼 수 있다.

{강-}　1. 다른 것이 섞이지 않은:　-굴/ -된장/ -술/ -참술/ -풀
　　　 2. 마른, 물기가 없는:　　 -기침/ -모/ -서리
　　　 3. 억지스러운:　　　　　 -울음/ -호령
　　　 4. 호된, 심한:　　　　　 -더위/ -추위/ -바람/ -새암/ -주정/
　　　　　　　　　　　　　　　 -마르다/ -받다

위에서 보인 접두사 {강-}은 어원적으로 한자어인 "强"에서 온 것으로 추정되는데, 1-4의 의미는 "정도가 심하고, 무리하고, 억지스러운 것"으로 공통적인 유연성을 찾을 수 있다. 하나의 접두사가 여러 가지 의미 기능으로 분화하는 것은 단어의 다의화 현상과 같이 피접 어기의 어휘적 특징 때문이며, 이를 환경 동화 현상으로도 볼 수 있다. 佐藤喜代治(編)(1983:108)에서 파생어를 "分出語", "由生語", "由成語"라고 부른 것도 이에 관련된다. 실제로 접두사의 의미 기술은 접두사가 붙어 파생된 파생어로부터 의미를 추출하여 귀납하는 방법을 취하는 것이 일반적이다. 이러한 의미 귀납의 방법은 접두사가 붙지 않은 어기의 의미와 접두사가 붙은 파생어의 의미 사이의 차이로부터 그 접두사의 의미를 음미 도출해 내는 것이다. 따라서 어떤 접두사의 생산성이 너무 낮아 몇 개 되지 않는 파생어를 조어하게 될 때, 이로부터 접두사의 의미를 기술해 내는 것은 위험 부담이 뒤따른다. 파생 접사의 용례항은 같은 성격의 많은 예의 존재를 유추적으로 대표하는 전형성을 띠기 때문이다 (김창섭 1992:82). 접두사가 다의적으로 기술되는 몇 가지 어례를 국어에서 더 찾아보겠다.

{날-} 1. 익지 않은:　　　-감/-것/-고기/-김치/-두부/-밤/-실
　　　 2. 마르지 않은:　　-고추/-목(木)/-벼/-보리/-장작/-콩
　　　 3. 가공되지 않은:　-가루/-기와/-반죽/-실/-장판/-종이
　　　 4. 지독한, 악랄한: -강도/-도둑/-불한당
　　　 5. 상례나 장례를 다 치르지 않은: -상가(喪家)/-상제(喪制)/-송장
　　　 6. 허탕, 부질없는: -밤/-장구
　　　 7. 주책없는:　　　-바람
　　　 8. 뜻밖의:　　　　-벼락

접두사 {날-}의 다양한 의미(1-8)는 상호 유사 지각이나 인접 지각, 그리고 추상화, 인과 관계에 따른 유연성을 소유하고 있다. 따라서 이들은 한 울타리에 있는 한 형태가 가진 다의로 보아야 할 것이다. 이들

의 의미 분화는 어기의 어휘적 성격에 따라 유기적으로 추이된 것에 지나지 않는다. 아래의 {돌-}의 경우도 마찬가지다. 1-3의 의미는 별개의 것이 아닌 유연성에 의해 묶여지는 동일 의미소의 파생 의미이다. 그 아래 {찰-}의 경우도 "곡식의 차진 것(粘性)"에서부터 의미의 추상화를 거쳐 다른 사물에까지 적용됨으로써, 1-4의 의미를 유연적으로 파생시키고 있는 것이다.

{돌} 1. 품질이 낮은, 야생의, 비슷한: -감/-고래/-미역/-배/-조개/-콩/-팥/-피

　　 2. 제 구실을 못하거나 거짓의: -계집/-무당/-중

　　 3. 다른 것이 없는: -바늘/-소일/-장구

{찰} 1. 끈기가 있고 차진: -것/-기(氣)/-기장/-떡/-밥/-부꾸미/-옥수수/-흙

　　 2. 몹시 심한, 지독한(부정적): -가난/-거머리/-깍쟁이/-원수/-통

　　 3. 제대로 된, 충실한(긍정적): -교인/-개화

　　 4. 품질이 좋은: -가자미/-복숭아

다음은 접두사 {뒤-}, {휘-}가 용언 앞에 붙어 마치 부사와 같은 한정 기능을 수행하는 예인데, 이 경우에도 의미간의 다의적 추이는 마찬가지다.

{뒤} 1. 몹시, 마구, 온통, 함부로: -까불다/-끓다/-놀다/-떠들다/-떨다/-덮다/-바르다/-버무리다/-보다/-섞다/-흔들다/-얽다/-엉키다

　　 2. 반대로, 뒤집어 다시: -놓다/-덮다/-뜨다/-바꾸다/-받다/-엎다/-집다/-틀다

{휘} 1. 물건을 두르거나 돌려서: -감다/-말다

　　 2. 마구, 매우 심하게, 함부로: -갈기다/-날리다/-늘어지다/-두들기다/-두르다/-몰다/-몰아치다/-젓다/-주무르다/-

지르다

그러나 의미 사이의 유연성을 찾기 어려운 것은 부득이 별개 접두사로 분리 처리하여 동음어시할 수밖에 없다. 아래의 접두사 {막-}에서 보면 1-3의 의미는 우리의 직관적 인지로도 그 유연성을 감지할 수 있으나, 4의 의미는 별개이다. 이는 접두사가 형성된 어원의 차이에서도 이해되는데, 1-3의 {막-}은 부사 「마구」와, 4의 {막-}은 명사 「마지막」과 동원으로, 상호 어원을 달리하는 것이다.

> {막-} 1. 거친, 품질이 낮은: -고무신/-과자/-국수/-담배/-소주
> 　　　 2. 닥치는 대로 하는: -대패/-노동/-말/-벌이/-일
> 　　　 3. 주저없이 함부로: -가다/-거르다/-벌다/-보다/-살다
> 　　　 4. 마지막: -사리/-장/-차/-판

접두사 {한-}에 있어서는 최소한 세 개의 형태로 나누어야 할 것이다. 1과 2의 의미는 관형사 「한」(大, 多)으로부터 온 것이고, 3은 이와는 별개인 「한」(一)에서 온 것이다. 그리고 4와 5는 "밖"의 의미를 가진 것으로, 이와 같은 탈유연적 의미의 무관성은 부득이 동음어에서처럼 별도의 표제어로 사전에 등재될 수밖에 없다. 일반적으로 사전의 단락은 하나의 표제항과 문법 분류항, 정의항, 용례항, 관계어항 등의 풀이항으로 구성되는데(김창섭 1992:74), 다의적으로 분화된 정의항의 기술과 그에 따른 용례항의 거례는 합리적인 타당성이 요구된다.

> {한-} 1. 큰: -가위/-걱정/-고비/-근심/-글/-길/-사리/-시름/-아버지/-얼/-울
> 　　　 2. 정확한, 한창의: -가을/-겨울/-낮/-물/-여름/-잠/-가운데/-밤중/-
> 　　　　　　　　　　　　　복판
> 　　　 3. 같은: -패/-마을/-집안
> 　　　 4. 하늘을 가리지 아니한(바깥): -데
> 　　　 5. 끼니 때 밖(테두리 밖의): -눈/-데/-동자/-밥/-음식/-저녁/-점심

 의미 사이의 유연성은 어기의 품사를 달리하는 경우에도 그대로 적용된다. 아래의 {헛-}이 명사 앞에 온 1-4의 예에서나 동사 앞에 쓰인 5의 예에서, 그 다의간의 유연성은 그대로 지속된다. 이하 {빗-}, {엇-}도 마찬가지다.

{헛} 1. 쓸데없는, 보람이나 실속이 없는, 이유 없는 빈: 걱정/-걸음/-고생/-공부/-구역/-구호/-글/-기운/-기침/-끌/-노릇/-농사/-돈/-방귀/-부엌/-불소리/-소문/-소리/-손질/-솥/-수/-수고/-심/-이궁이/-웃음/-잠/-일/-장

　　　2. 허드레 세간을 두는: -간/-방/-청
　　　3. 때에 따라 여는:　 -가게
　　　4. 딴 데로 세는 :　 -김
　　　5. 보람없이, 잘못: -디디다/-살다/-보다/-먹다/-기르다/-놓다/-늙다/-돌다/-듣다/-되다/ -잡다

{빗} 1. 비뚜로, 기울어지게: -가다/-먹다/-뚫다/-대다/-물다
　　　2. 기울어 진:　 -금/-면/-이음/-천장
　　　3. 잘못:　 -디디다/-나가다/-듣다/-맞다

{엇} 1. 어긋나게, 비뚜로, 어그러지게 :　 -가다/-갈리다/-걸다/-견다/-나가다/-뜨다/-막다/-먹다/-메다/-바꾸다/-베다/-붙다/-서다/-섞다/-서다

　　　2. 엇비슷하게 만든, 서로 마주 대하는, 엇나간: -가게/-가리/-각/-결/-그루/-보(保)
　　　3. 서로, 마주:　 -서다/-걸다/-바꾸다
　　　4. 어지간한 정도로, 대충: -구수하다/-비슷하다
　　　5. 어긋난:　 -각/-결/-길/-시침

 접사의 가의적 기능은 그 의미의 양태에 따라 실질적 의미의 가의와 형식적 의미의 가의로 양분된다(홍사만 1997:205-210). 실질적 의미

는 구체적·실체적 의미이고, 형식적 의미는 추상적·상황적 의미를 가리킨다. 국어 접두사는 접미사와는 달리 후자의 형식적·상황적 의미의 가의가 의미 기능의 중심이 된다. 강조적 첨의나 추상적으로 미세한 뉘앙스를 변별하는 의미를 가의하는 경우는 후자에 속하는데, 양 언어에서 발달된 용언 어기에 붙는 강세 접두사는 이를 대표하고 있다. 성환갑(1992:93-94)은 국어 접두사의 의미 기능에 대해 어기의 어의(語義) 소실, 어의 희박화, 가의, 전의적 기능을 가지는 것으로 밝혔는데, 이러한 기능은 결국 위의 형식적 의미의 가의성으로 포괄된다.

　일본어 접두사의 가의 내용은 대체로 "경의", "미칭", "강약", "대소"의 의미가 주류를 이룬다. 이는 일본어 접두사가 실질적 의미의 가의보다는 상황적인 형식 의미의 가의성이 농후하다는 것을 뜻한다. 일본어 접두사를 의미 기능에 따라 나눈 菅野宏(1964)는 ① 発語, ② 대우, ③ 본체, 현상, 관계, ④ 위치, 발동, ⑤ 정도, 수량 등의 기능으로 5분류했다.

　이 가운데 ①의 '発語'란 어떤 구체적인 의미를 가진 것이 아닌, 단지 어조를 고루는 기능만을 가리키는 것으로, 그 예로는 형용사 어기와 동사 어기 앞에 붙는 {か-}, {た-}, {け-}, {ひ-}, {さ-}, {み-} 등이 있다.

> {か-} ：　-細い/-黒い
> {た-} ：　-やすい/-弱い
> {け-} ：　-ざやか/-ちかい/-おされる
> {ひ-} ：　-弱な
> {さ-} ：　-夜
> {み-} ：　-雪/-空

　이 접두사류들은 일견 화자의 정의적 표현 가치를 더하는 것으로, 한국어 접두사에는 이와 같은 부류를 찾아볼 수 없다.

　②의 대우 표시 접두사는 "존칭"과 "정녕"과 "미화"의 의미를 더하는 것으로, {お-}, {ご-}, {み-} 등이 중심이 된다. 이 중 {お-}와 {ご-}는

현대 일본어에서도 그 생산성이 높아 여러 가지 어기에 붙어 많은 파생어를 조어한다. 이와 같은 분포상의 보편성은 접사가 가진 제약성에 반하여 이를 접사의 영역에 둘 수 있을지의 의문을 갖게 한다. 이들이 명백한 접두사라면 그것이 붙어 형성하는 단어는 파생어로 사전에 등재되어야 하는데, 실제로 사전에는 그렇게 반영되고 있지 않기 때문이다. 松下 문법에서 이들을 "頭助辞"라 불러 접사와 구별하려 했던 것도 이에 유관된다. 그저 주체나 청자를 존칭하는 상황적 의미만을 더할 뿐, 문법적 기능이 없는 첨사의 구실을 할 따름이다. 또한 {お-}, {ご-}, {み-}는 「お-なか」, 「ご-はん」, 「み-くじ」 등의 어례에서는 어기와 밀착 응고되어 접두사로 분리 의식되지 않는 경우도 있다.

　{お-}는 주로 고유어계의 어기에, {ご-}는 한자어계의 어기에 붙는 것이 일반적이다. 이 외에도 문어적으로 {おん-}이 쓰이고, 역사적 잔재이긴 하지만 {おみ-}, {おみお-}, {おお-}, {おおみ-} {おおん-} 등의 중복 형태도 나타난다. 이는 잉여적인 것이지만 존칭의 의미를 반복적으로 강화하려는 의도가 내재된 것으로 해석된다. 일본어에서 대우 표시 접두사 중에 비하를 나타내는 것은 별무하다. 일본어 존칭 접두사를 국어와 비교할 때, 한국어에는 존칭 표시의 접두사가 존립하지 않는 것으로 대비된다.

　③의 본체, 현상, 관계를 나타내는 형용사성의 접두사는 한자어 접두사를 중심으로 넓은 분포를 보인다. 이들을 다시 하위 분류하면, "진정", "순수"의 의미를 나타내는 것과 이와는 반대되는 "거짓", "가짜"의 의미를 나타내는 것, "부정"의 의미를 나타내는 것과 화자의 감정적 정의를 나타내는 것, 화자의 판단을 나타내는 것 등으로 분석된다. "진정", "순수"의 의미를 나타내는 일본어 고유 접두사로는 {ま-}, {き-}, {す-}가 대표적이다. 이들이 파생하는 「ま-夜なか」, 「まん-なか」, 「まっ-すぐ」, 「まっ-白」 등은 한국어에서도 「한-밤중」, 「한-가운데」, 「똑-바로」, 「새-하얗다」의 접두사 {한-}, {새-}에 대응된다. 특히 색채 표시 형용사 앞에 오는 {まっ-}은 한국어에서도 {새(샛)-}, {시(싯)-}로, 강세의 의미가

농후하다. 「き-薬」는 한국어에서 한자어 「生-薬」으로 대응되고, 「す-足」, 「す-顔」에서는 「맨-발」, 「맨-얼굴」의 접두사 {맨-}에 상응한다. 이와 같은 의미를 가진 부류의 한자어 접두사로는 {真-}, {純-}, {正-}, {実-} 등이 있는데, 모두가 한자어 어기에 통합된다. 또한 "가짜"의 의미를 더하는 「にせ-金」, 「にせ-物」 등은 한국어에서 「가짜-돈」, 「가짜-물건」으로 대응되고, {えせ-}는 한자 그대로 「似而非」에 해당되어 「えせ-医師」(사이비 의사), 「えせ-学者」(사이비 학자), 「えせ-笑」(냉소, 조소)로 새겨짐으로써, 접두사의 범주에서는 벗어난다. {から-}는 국어의 {헛-}에 대응됨으로써, 「から-せき」(헛-기침), 「から-いばり」(허세 부리기)로 풀이된다. 의미상 이와 통하는 접두사로는 「つくり-笑」(억지 웃음), 「くせ-者」(나쁜 놈), 「ひが-目」(사시), 「仮-死」(가사)의 {つくり-}, {くせ-}, {ひが-}, {仮-} 등이 있다

한편 부정을 나타내는 접두사는 한자어인 {不-}, {非-}, {無-}를 중심으로 그 분포가 매우 광범하며, 한자 파생어를 형성하는 양태와 그 분포상은 국어와 대동소이하다. 이 밖에도 부정을 나타내는 접두사로는 {逆-}, {異-}, {没-}을 들 수 있다.

특히 일본어 접두사 중 화자의 정의를 표현하는 "어딘지 모르게, 왠지"(何となく)의 의미를 가의하는 {もの-}는 한국어에서는 대응 예를 찾을 수 없는 특이한 것이다. 이들은 주로 형용사나 형용 동사의 어기에 붙어 "의혹"(어쩐지, 공연히)의 심적 상태를 나타낸다.

{もの-} ：　-あわれ/-おそろしい/-すざましい/-たりない/-めずらしい/-むつ
かしい/-さびしい/-かなしい

④의 위치, 발동 표시 접두사는 시간이나 공간 작용의 경과에 관한 의미를 가의한다. 이에 속하는 일본어 고유어 접두사로는 {なま-}, {はつ-}, {うい-}, {にい-} 등이 있는데, 이들은 「なま-あくび」(선-하품), 「はつ-雪」(첫 눈), 「うい-孫」(첫 손자), 「にい-月」(새 달) 등의 파생어를 낳는다. 이러한 의미 부류에 속하는 한자어 접두사로는 여러 가지가

있다. {未-}, {既-}, {急-}, {初-}, {旧-}, {前-}, {古-}, {新-}, {現-}, {今-}, {後-}, {再-}, {次-}, {翌-} 등이 시간적 경과에 상관되고, {上-}, {中-}, {下-}가 공간 작용의 경과에 해당된다.

한편 복합 동사의 전항과 같은 성격을 띠는 접두사는 대체로 후항 동사의 동작이나 작용을 강조하고 양태적으로 분화하는 역할을 한다. 이러한 부류는 대개가 동사의 연용형을 취하는데, {おし-}, {うち-}, {きり-}, {さし-}, {とり-}, {つき-}, {とび-}, {たち-}, {たで-}, {ひき-}, {ぶん-}, {まい-} 등이 있다. 이들은 국어의 동사 어간 앞에 붙는 이른바 강세 접두사 {내리-}, {치-}, {짓-}, {내-}, {들이-} 등에 비견된다.

⑤의 정도, 수량 표시 접두사는 "대소", "다소", "강약" 등의 계량적인 정도를 표시해 주는 것으로, {こ(小)-}, {ず(ば)-}, {いち-}, {おお(大)-}, {うす-} 등의 고유어가 있다. 이들은 마치 「조금」, 「현저히」, 「아주」, 「매우」 등의 정도 부사에 상응하는 어휘적 기능을 구유한다. 또한 한자어 접두사로는 {大-}, {多-}, {小-}, {少-}, {軽-}, {重-}, {最-} 등 형용사나 양태 부사의 성격을 띠는 것과 {単-}, {兩-}, {複-}, {半-}, {片-}, {全-}, {総-}, {超-} 등 총합의 전체와 부분을 나타내는 유들이 있다. 이 중에서 한국어와 대비되는 것은 축소 접미사 {-아지}에 대당하는 일본어는 접두사 {こ(小)-}이다. 이들은 「송-아지」(こ-牛), 「망-아지」(こ-馬), 「강-아지」(こ-犬)와 같이 국어의 접미사가 의미 기능상 일본어의 접두사로 대응되는 예이다.

양 언어의 접두사 외연을 종합적으로 살펴보면, 단어 내부의 어순이 비슷한 양 언어에서 접두사에 대응하는 양태는 대체로 동질성을 띠고 있다. 특히 한자어 접두사에 있어서는 양 언어가 거의 같은 기능을 수행하고 있어 어휘 구조의 공통성을 시현해 준다. 그 중에서도 일본어의 고유어 접두사가 국어에서도 반드시 접두사라는 문법 범주로 대응되지 않는다는 점이 이질성으로 부각된다. 어떤 유들은 접두사가 접미사로 대응되는 예도 있고, 여타의 부류는 관형사, 형용사, 부사로 대응되는 예도 있다.

접사의 가의 기능은 어기의 의미적 자질을 변이시키는 것으로 규정되고 있는데, 접사 고유의 의미 자질이 없는 어기를 선택하여 그 의미 자질을 부여하는 기능을 가진다. 이는 접두사나 접미사나 마찬가지다(홍사만 1994:210-217).

접두사　　　　　어기　　　　파생어

〈+〉　＋　　〈-〉　→　　〈+〉

예컨대, 강세 접두사는 강세되지 않은 어기 앞에 붙어 강세의 의미를 가진 파생어를 조어하고, 존칭 접두사는 존칭되지 않은 어기에 붙어 존칭 의미의 파생어를 도출해 내는 것이다. 그러나 일본어에서 이와 같은 원칙이 지켜지지 않는 예외가 있다. 아래의 예에서처럼, 접두사 {お(御)-}에 의해 존칭화된 어기에 다시 존칭 접미사가 붙어 이중 존칭의 파생어를 형성해 내는 경우가 그것이다(홍사만 1977:39).

어기(+존칭접두사)　　　　존칭접미사　　　　　파생어

$$\begin{bmatrix} \text{お-医師} \\ \text{お-月} \\ \text{御-婦人} \end{bmatrix} + \begin{bmatrix} \text{-さん} \\ \text{-さま} \\ \text{-がた} \end{bmatrix} \rightarrow \begin{bmatrix} \text{お-医師-さん} \\ \text{お-月-さま} \\ \text{御-婦人-がた} \end{bmatrix}$$

〈+EXALTED〉　　　〈+EXALTED〉　　　〈+EXALTED〉

이를 접두사 쪽에서 본다면, 어기에 존칭 접미사가 붙어 존칭화된 어기 앞에 다시 존칭 접두사가 붙는다는 설명도 가능하다.

존칭 접두사		어기(+존칭 접미사)		파생어
お- お- 御	+	医師-さん 月-さま 婦人-がた	→	お-医師-さん お-月-さま 御-婦人-がた
〈+EXALTED〉		〈+EXALTED〉		〈+EXALTED〉

이는 이미 논급한 대로, 단어 내의 잉여적(redundancy)인 오류로 돌릴 수도 있고, 동어 반복(tautology)의 형태인 의미적 강화 현상으로 볼 수도 있다.

특히 일본어에서 존칭 접두사가 두 개, 또는 세 개 겹쳐 출현하는 경우는 매우 특이한 현상이다. 이는 역사적인 잔재로 보이는데, 고대 일본어에서 특정 대상에 대해 {お-}와 {み-}가 중복하여 쓰는 어례가 등장했다. 이러한 현상은 平安 시대 당시 존칭의 대상이 천황이나 신에 한정된 것으로, 특정어에 한하여 접두사의 중복에 의해 극존칭을 나타낸 것이다.

{お(御)-} + み(御)-
み(御)-
おん(御)- + ∅
お(御)-
∅ + -足
-汁
-世 → お-み-足
お-み-お-汁
お-おん-世

{おお(大)-} + ∅
み(御)- + -君
-位 → おお-君
おお-み-位

〈+EXALTED〉〈+EXALTED〉〈+EXALTED〉 〈-EXALTED〉 〈+EXALTED〉

이와 같이 신이나 천황에게 한정되어 쓰인 극존칭의 표현은 아래의 특수 파생어를 조어해 냈다. 이들은 모두가 천황과 신의 의식주에 관계된 파생어이다.

{おおみ(大御)-} : -餐/-燈/-遊/-稜威/-歌/-祖/-門/-神/-酒/-食/-心/-言/-衣
　　　　　　　　 /-田/-宝/-手/-床/-執/-船/-身

Ⅳ. 결 론

　이상 조략적이긴 하지만 한·일 양 언어 접두사의 분포와 의미 기능
에 대해 비교 분석했다. 논점이 된 요지를 정리하여 결론으로 삼겠다.

1. 양 언어 접두사의 형태론적 지위는 일반 언어학의 보편적 이론의
   바탕 위에서 동질적인 양태를 구축하고 있고, 접미사와 더불어 파
   생 형태론을 구성하고 있다. 접두사는 접미사에 비해 수적으로나
   기능 면에서 열세한 위치에 놓여 있다는 점에서 양 언어는 공통점
   을 찾을 수 있다.
2. 종전 접두사에 관한 양국에서의 연구는 접미사에 비해 상대적으로
   경시된 경향을 보여주고 있다. 이는 양 언어가 첨가어의 구조를
   가진 언어로서, 그 첨가 요소인 접미사의 발달을 특징으로 하고
   있기 때문이라 여겨진다.
3. 접미사와 마찬가지로 접두사에 있어서도 범주상의 동요 현상이
   야기된다. 이는 확연한 접사의 설정 기준에도 불구하고, 어떤 부
   류들은 다른 품사와 접사 사이에서 부유하는 형태들이 있기 때문
   이다. 대체로 접두사와의 동요를 일으키는 문법 범주로는 체언류
   의 명사를 중심으로 하여, 용언류의 동사·형용사, 그리고 수식언
   류의 관형사·부사 등의 품사 영역에서 일어난다.
4. 이러한 동요는 대부분의 접두사가 실사(명사, 동사, 형용사, 관형
   사, 부사 어기)로부터 허사화한 것이 많아, 그 기능적 잔재를 보
   이고 있기 때문이다. 또한 현대어에서 동일 형태가 접사와 어기로
   양용되는 경우가 허다하기에 더욱 그러하다. 따라서 실사의 추상

화 정도와 의존성 정도만 가지고 접두사를 판정하는 데는 난점이 뒤따른다.

5. 일본어 문법의 경우, 이와 같은 동요 형식을 준접두사로 다루는 경우가 있는데, 이는 원적은 일단 명사나 동사, 형용사 어간과 같은 어기에 두고, 접두사적 용법을 겸용하는 것으로 처리하는 태도이다.

6. 양 언어에서 공통적으로 고유어 접두사보다는 한자어 접두사의 수가 많고, 이로써 조어하는 파생어의 수도 많다. 또한 그것이 한자 어기에 붙어 형성하는 한자 파생어는 형태 면이나 의미 면에서 거의 동일한 어휘적 기능 양태를 띤다.

7. 양 언어에서 실사가 허사화한 정도에 따라 양쪽의 범주를 인정하고, 동일 형태가 이원적으로 분류되는 것은 불가피한 언어 현실이라 여겨진다. 이에 따라 어떤 합성어는 접두사의 인정 여부에 따라 파생어와 복합어의 경계를 넘나드는 국면이 발생한다.

8. 실사가 가진 실질 개념이 어느 정도 약화되었으며, 그 의존성이 어느 만큼 상승되었느냐의 판단은 우리의 문법적 직관에 의한 것이다.

9. 접두사의 분포는 종류에 따라 어기가 체언, 용언, 형용언, 또는 이들을 망라한 것에 통용되는 것이 있는데, 이러한 분포상의 특징은 양 언어에서 동일하다. 어기가 체언인 경우 접두사는 관형적 수식성을 띠고, 용언일 경우에는 부사적 한정성을 띠는 지배 관계에 있어서도 양 언어는 동일하다.

10. 접두사의 의미가 다의화하는 것은 그 아래에 있는 어기의 어휘적 성격에 따라 추이하는 일종의 환경 동화 현상으로 말미암는다. 접두사가 가진 다의성은 일반적인 다의어에서와 마찬가지로 의미 간의 유연성에서 비롯된다. 따라서 한 접두사가 가진 여러 가지의 의미가 서로 유연적으로 인식될 때, 이들은 한 형태로 묶어 처리해야 할 것이다.

11. 그 유연성이 상실되었거나, 어원적으로 다른 어사로부터 온 것이면, 이들은 각각 분리되어 별개 형태소로 처리해야 한다.

12. 접두사의 의미 기능은 어기의 품사가 달라져도 동일한 의미로 존속된다. 그러므로 어기의 문법성이 달라진다 해도 그 의미가 유연적일 때는 하나의 접두사로 인정해야 한다.

13. 어기에 대한 접사의 가의 기능은 실질적·구체적 의미의 가의와 형식적·상황적 가의가 있는데, 양 언어 접두사의 경우는 후자의 가의성이 강한 경향을 보인다. 일본어에 있어 가의 내용은 대체로 "발어(発語)", "대우", "본체·현상·관계", "위치·발동", "정도·수량" 등으로 분류되는데, 이 중 "발어"의 기능은 한국어에서 그 대응 예를 찾을 수 없는 특이한 것이다.

14. 한국어에서는 존칭을 나타내는 접두사가 별무한데 반해, 일본어에서는 존칭 접두사가 매우 발달된 양태를 보여준다. 그 대표적인 어형은 "존칭", "정녕", "미화"의 의미를 가진 {お(御)-}, {ご(御)-}이다. 이들은 현대 일본어에서 생산성이 지나치게 높아 많은 파생어를 조어하는데, 이러한 과도한 생산성은 이들을 접두사의 범주로부터 벗어나게 하는 인상을 준다.

15. 고대 일본어에서 천황과 신을 숭배하여 특정어를 극존칭하던 시대적 특수성이 반영됨으로써, 일본어에는 존칭 접두사가 중복되는 현상이 나타난다. 이는 잉여성이나 동어 반복의 의미 강화 현상으로 설명되지만, 한국어에는 이와 같은 현상이 없다. 일반적으로 접사의 의미적 기능은 그 고유한 의미 자질이 없는 어기에 붙어 그 고유 자질을 부여함으로써 어기의 자질 변이를 유도하는 데 있다. 따라서 존칭 접사는 존칭의 의미가 없는 어기에 붙어 존칭화하는 기능을 가지는데, 일본어에서는 이미 존칭화된 어기에 다시 존칭 접사가 붙어 그 존칭을 강화하는 것을 볼 수 있다.

16. 양 언어의 접두사는 형태론적·의미론적으로 반드시 동일 문법 형식으로 대응되지 않는다. 접두사가 접두사로 상호 대응되는 경

우도 다수 있지만, 때로는 접두사가 상대 언어의 접미사에 대응되
는 경우도 있고, 여타 관형사나 명사 등의 품사 영역과 상응하는
예도 많다.

참고 문헌

고영근(1974), 國語 接尾辭의 硏究, 서울: 光文社.

국립국어연구원(2000), 표준국어대사전, 두산동아.

김계곤(1996), 현대국어의 조어법 연구, 박이정.

김석득(1971), 국어구조론, 서울: 연세대 출판부.

金鍾垻(1973), "接辭硏究, -接頭辭를 중심으로-", 「어문론집」 8, 중앙대.

김창섭(1992), "파생접사의 뜻 풀이", 「새국어생활」 2-1.

서정수(1996), 수정증보판 국어문법, 한양대학교 출판원.

成煥甲(1972), "接頭辭 硏究", 中央大學校 大學院.

송철의(1985), "派生語 形成에 있어서의 語基의 意味와 派生語의 意味", 「진단학보」 60.

______(1988), "派生語 形成에 있어서의 制約現象에 대하여", 「국어국문학」 99,
　　　　　　국어국문학회.

______(1990), 국어의 파생어 형성 연구, 서울대 대학원 박사학위 논문.

심재기(1982), 國語語彙論, 集文堂.

이상길(1989), 일본어 접미사의 첨가의미에 대한 연구, 중앙대 교육대학원 석사학위
　　　　　　논문.

이은정(1981), "파생어 규정에 관한 조건 원칙 시안, -현대 국어의 접사 처리 검토-",
　　　　　　「한글」 173·174.

이익섭(1975), "國語 造語法의 몇 問題", 「東洋學」 5집, 단국대 출판부.

이익섭·임홍빈(1983), 국어문법론, 학연사.

이희승(1972), 국어대사전, 민중서관.

조일규(1997), 파생법의 변천 1, 도서출판 박이정.

조현숙(1989), "부정 접두어 '無, 不, 未, 非의 성격과 용법", 「관악어문연구」 14, 서울대.

하치근(1989), 국어파생형태론, 남명문화사.

허　웅(1966), "서기 15세기 국어를 대상으로 한 造語法의 敍述 方法과 몇 가지 문제점", 「東亞文化」 6.

洪思滿(1983), 國語特殊助詞論, 學文社.

＿＿＿외(1987), 新言語學槪論, 學文社.

＿＿＿(1988), 韓日語比較文法論, -特殊助詞と副助詞-, 慶北大學校 出版部.

＿＿＿(1993), 한일어대조어학/논고, 탑출판사.

＿＿＿(1994), 國語意味論研究, 螢雪出版社.

＿＿＿(1997), "한·일어 파생어 형성에 관한 비교 연구, -접미파생법을 중심으로-", 「어문론총」 8, 경북어문학회.

影山太郎(1993), 文法と語形成, ひすじ書房.

菅野宏(1964), "接頭語·接尾語", 「講座現代語 6, 口語文法の問題点」, 明治書院

北原保雄 外(編)(1983), 日本文法事典, 有精堂

教科研東京国語部会(1983), 語彙教育, むぎ書房.

国語学会(編)(1982), 国語学大辞典, 東京堂出版

国立国語研究所(1985), 語彙の研究と教育(下), 「日本語教育指導参考書」 13.

斉騰倫明(1992), 現代日本語の語構成論的研究, -語における形と意味-, ひすじ書房.

阪倉篤儀(1966), 語構成の研究, 角川書店.

＿＿＿＿＿(1986), "接辞とば", 「日本語学」 3月号, 明治書院

佐藤喜大治(編)(1983), 国語学研究事典, 明治書院

時枝誠記(1950), 日本文法 口語篇, 岩波書店.

西尾寅弥(1988), 現代語彙の研究, 明治書院

日本語教育学会(編)(1982), 日本語教育事典, 大修館書店.

野村雅昭(1977), "造語法", 「岩波講座 日本語9, 語彙と意味」, 岩波書店.

島村禮子(1990), 英語の語形成とその生産性, リーベル出版

橋本進吉(1948), 国語法研究, 岩波書店.

服部四郎(1960), 言語学の方法, 岩波書店.

松下大三郎(1978), 改撰標準日本文法, 勉誠社

＿＿＿＿＿＿(1979), 増補校訂 標準日本口語法, 勉誠社

松村明(編)(), 日本文法辞典,

森岡健二(1986), "接辞と助辞", 「日本語学」 3月号, 明治書院

______(1969), "日本文法体系論 形態論", 「月刊文法」 4月-, 明治書院

森山卓郎(1986), "接辞と構文", 「日本語学」 3月号, 明治書院

山田孝雄(1936), 日本文法学概論, 宝文館.

山崎末彦(1943), 国語の造語法, 「コトバ」 8月号

由本陽子(1996), "接辞の意味と機能", 「言語」 11月号, 大修館書店.

渡邊実(編)(1983), 副用語の研究, 明治書院

Aronoff, M.(1976), Word Formation in Generative Grammar, *Linguistic Inquiry Monograph* 1, MIT Press.

Bauer, L.(1983), *English word-formation*, Cambridge Univ. Press.

Cruse, D. A.(1982), *Lexical Semantics*, Cambridge Univ. Press.

Martin, S.(1975), *A Reference Grammar of Japanese*, Yale Univ. Press.

Matthews, P. M.(1974), *Morphology*, Cambridge Univ. Press.

Williams, E.(1981), "On the Notions 'Lexically Related' and Head of a Word", *LI* 12.

3 격조사의 생략

Ⅰ. 생략과 비실현

이 논문은 격표지의 생략에 관한 대조 연구로, 동일한 격 범주와 격 표지를 가지고 있는 현대 한국어와 일본어를 비교한 것이다. 특히 조사의 생략의 특징과 그 원인을 언어 보편성에 입각하여 구명하려고 한 것으로, 지금까지 논란거리였던 이를 조사의 생략으로 취급할 것인지 비실현 현상으로 다룰 것인지의 문제에 접근하려고 한 것이다.

한국어의 문법 기술에 있어서, 격표지가 실현되지 않는 현상은 두 가지 방향으로 논구되고 있다. 그 하나는 격표지를 단어로 인정하는 문법관에서 이를 생략의 현상으로 보는 것이고, 또 하나는 단순한 생략이 아니라 이를 곡용표 속에 포함시켜 그 고유한 가치를 인정하려고 하는 태도이다. 일반적으로 생략이란 단어 이상의 문법 단위에 통용되는 현상이기 때문에, 조사를 단어로 인정하지 않고 단순한 격어미로 취급하는 문법관에서는, 이를 생략이 아닌 비실현으로 간주하는 것이다. 이러한 견해는 생략된 조사의 표지로 영표지(ϕ)를 따로 설정하게 됨으로써, 한국어의 주격 조사에는 {이/가}와 {ϕ}의 두 개가 있게 되고, 대격 조사에도 {을/를}과 {ϕ}의 두 개가 있게 되는 결과를 낳는다. 이것은 격표지문과 영표지문 사이에 엄연한 의미의 차이가 있기 때문이다. 대체로 한국어에서 유표격은 주(객)체의 명시 및 강조 지시의 상황을 나타내고, 무표격은 주(객)체의 단순 지시 상황을 나타내는 것으로 알려지고 있다.

80년대에 이르러 한국에서는 격조사의 생략에 관한 많은 논고가 나왔다. 金光海(1981), 李基東(1981), 신현숙(1982), 閔賢植(1982), 유동석(1984), 李南淳(1988, 1998), 洪思滿(1989) 등이 그것으로, 격표지 비실현형의 분포와 그 화용론적 의미가 탐색되었다. 이들의 논조는 대개가 생략보다는 비실현을 따르는 경향을 보여주었다. 그것은 전술한 대로 격조사의 실현문과 비실현문 사이에는 문의의 차이가 있기 때문이다. 특히 李南淳(1998)은 安秉禧(1966)가 제안한 부정격의 개념을 도입하여 생략 현상을 설명했는데, 격의 범주에 의해 부정격의 범주에 들어가는 주격, 대격, 속격 조사의 생략을 비실현 현상으로, 처격, 조격, 공동격 조사의 생략은 생략 현상으로 구분했다.

필자(1989)는 한·일어 특수(副)조사를 대조한 학위 논문에서, 양자를 구별하지 않고 포괄적인 입장으로부터 생략과 비실현(ϕ)을 겸용하는 태도을 취했다. 이것은 영표지(ϕ)를 곡용표 속에 설정하지 않고 격표지의 생략 과정에서 발생하는 산물로 보려는 것으로, 그 생략의 흔적인 {ϕ}에도 격 표시 기능이 있다고 인정하는 것이다. 결국 영표지는 격조사가 생략된 흔적이므로, 별도의 격표지로 설정할 필요가 없다는 생각이다. 생략과 비실현의 견해에 따른 격표지의 외연을 표시하면 다음과 같이 된다.

생략:　　주격 조사 : {이/가}

　　　　대격 조사 : {을/를}

비실현:　주격 조사 : {이/가}, {ϕ}

　　　　대격 조사 : {을/를}, {ϕ}

  많은 격표지 중에서도 주격과 대격과 속격을 중심으로 비실현의 논의가 나오는 것은, 이들의 격이 가진 특수성 때문이라 할 수 있다. 이들 격의 특징은 통사적인 통합 관계만으로 격 표시가 가능하다는 것이다. 다시 말하면, 구문적인 논리 관계에 의해 격 의미가 노출되는 형태로, 어휘성의 결여를 그 특징으로 들 수 있다. 따라서 이들은 가장 순수하게 문법적(통사적) 기능을 수행하는 조사라고 할 수 있다.

  격표지의 실현형과 비실현형과의 의미가 동일한지 어떤지의 문제는 생략의 문제와는 별개의 것이다. 두 문의 의미가 서로 다르다고 한다면, 실현형으로부터 비실현형으로 생략되었다는 가정은 성립되지 않기 때문이다. 예컨대,

>   (1) a. 술∅ 마십니까?　　　　　お酒∅ 飲みますか。
>   b. 술을 마십니까?　　　　　お酒を 飲みますか。

문 (1)a와 b는 지시적 의미는 동일하지만 그 상황적 의미는 같지 않다고 판단된다. 閔賢植(1982)이 한국어의 조사류를 상황 지시 표지로 본 것은 이 까닭이다. 문 a는 단순히 음주 여부를 묻는 것이지만, 문 b는 다음 여러 가지의 화자와 청자 사이의 입장과 화용론적 상황이 내재되어 있다.

>   (2) a. 화자는 상대방이 술을 마신다는 사실을 모르고 있었다.
>   b. 그 음주 사실이 의외의 것으로 생각된다.
>   c. 술이 강조되어 있다.

  만일 문 (1)b가 a로 되었다면 이것은 생략이고, 문 a가 b로 되었다면 이것은 부가이다. 비실현의 견해는, 조사의 비실현문은 조사의 생략문이 아니며, 실현문과 비실현문은 각각 다른 의미 기능을 수행하고 있다는 주장이다.

  한국어 격조사의 생략을 역사적으로 고찰해 보면, 이러한 현상은 중

세·근대 국어보다는 현대어에 와서 활발해졌다. 당초 주격 조사와 대격 조사는 명백히 주격과 대격을 표시하는 격표지였다. 그 후 양 표지는 주격과 대격이 가진 격으로서의 특수성(强展敍性)에 의해 생략되기 시작했다. 언어에 있어서 '생략'이란 노력 경제의 원리에 관련되며, 어떤 단어나 문법 요소가 생략되어도 문의 의미에 어떠한 변화도 발생하지 않는다면, 어느 경우에서도 일어날 수 있다. 이것은 화자와 청자에게 공지된 구정보가 생략되는 현상과도 같은 것이다. 화제어의 생략이 그러하며, 동일 명사구와 동일 서술구의 생략 역시 정보 전달 기능(communicative dynamism, CD)이 낮은 기지(旣知)의 사실로부터 발생하는 현상이다. 더욱이 관용이라는 것이 그 생략을 조장하는 작용을 한다. 그 결과, 실현형과 비실현형(생략형)은 함께 쓰여 오다가 점차 양쪽에 변별적인 의미 기능이 파생된 것으로 여겨진다. 그 변별적 기능은 실현형에 상황 지시의 의미가 부가된 것이다. 또한 상황 지시의 기능과 함께 강조의 기능이 첨가된 것이다.

현대 한국어에서 주격 조사 {이/가}와 대격 조사 {을/를}이 강조적 첨의 기능을 가지고 있다는 사실은, 이들이 격표지로부터 떠나 단순한 첨사의 범주에 들어가고 있는 느낌을 준다. 다음 예문에 분포된 한국어의 {이/가}와 {을/를}은 격과는 아무런 관계도 없는 것이다.

(3) a. 예쁘지가 않다.　　　　きれいでない。
　　 b. 도대체가 알 수 없다.　どうしても わからない。

(4) a. 약속을 믿어를 보겠다.　約束を 信じてみる。
　　 b. 도무지 먹지를 않는다.　何にも 食べない。
　　 c. 잘을 모른다.　　　　　よく 知らない。

조사 {이/가}, {을/를}이 용언과 부사 아래에도 붙을 수 있는 분포상의 특수성을 감안하면, 이들의 문법 범주는 격조사가 아닌, 오히려 특수조사에 접근하는 인상을 짙게 하고 있다(洪思滿 1995:97-98). 이러한 분포상의 추이 현상은 현대 한국어의 대화체에서 잘 나타난다. 이에 대한 일본어에서의 해당 예는 전혀 없다.

특히, 주격 조사 {이/가}가 신정보를 나타내는 경우, 그 피접어는 초점(focus)이 된다. 초점이란 문의의 핵이 되므로 정보 전달력이 높고, 여기에 강세가 놓인다. 조사 {이/가}의 피접어가 초점이 되는 경우, 그 표지는 생략할 수 없다.

(5) a. 한국에서는 쌀이 주산물이다.　韓国では お米が 主産物である。
　　b. 서울은 철수가 태어난 곳이다.　ソウルは 太郎が 生まれた ところ
　　　　　　　　　　　　　　　　　　である。

위의 예문 (5)에서 주격 조사 {이/가}의 생략은 불가하다. 그것이 붙어 있는 피접어가 초점이 되기 때문이다. 문 (5)가 나올 수 있는 원인문을 상정하면 아래의 문이 된다.

(6) a. 한국에서는 <u>무엇</u>이 주산물이냐?　韓国では 何が 主産物なのか。
　　b. 서울은 <u>누구</u>가 태어난 곳이냐?　ソウルは 誰が 生まれた ところ
　　　　　　　　　　　　　　　　　　　なのか。

원인문에서 의문사가 놓여진 곳이 초점이 되고, 그것은 신정보의 소재와 일치한다. 더욱이 {이/가}가 총기(総記, exaustive listing)의 기능을 가지는 경우에도 그 생략은 불가하다.

(7) a. 오빠가 학교에 갔니?　お兄ちゃんが 学校に 行ったのか。
　　b. 이 사과가 더 맛있어.　この りんごが より おいしいよ。

문 (7)에서 조사 {가}의 피접어인 '오빠'는 "다른 사람이 아닌 오빠"이고, b의 '사과'는 "다른 사과가 아닌 이 사과"라는 총기(総記)의 의미가 있기 때문에 {이/가}의 생략은 불가하다. 만일 생략한다면 총기의 의미가 사라지고 만다. 이 때 총기의 피접어에 강세가 놓여진다.

격조사의 실현문과 비실현문과는 다소 문의의 차이가 있긴 하지만, 그 실현으로부터 비실현의 과정을 생각해 보면 역시 생략이라고 인정할 수밖에 없다. 그 이유는 다음 몇 가지의 사실로부터 해석된다.

1. 통시적으로 보면, 조사의 생략이 현대어에 와서 활발해졌고, 그것도 대화체를 중심으로 실현된다.

2. 이러한 현상이 강전서성(強展叙性)의 조사에 한정된다. 전서성에 의한 생략의 정도가 있다는 것은 생략의 과정을 암시하는 것이다.

3. 상황 지시 기능의 유무가 한국어에서 인정되지만, 일본어에서는 실현형과 비실현형과의 의미가 온전히 같은 경우가 많다.

4. 특히 대격 조사에 있어서는, 한국어의 경우 마치 특수조사와 같은 분포를 보여주고 있는데, 이와 같은 특수 용법으로 추이하는 현상이 일본어 {を}에는 전혀 나타나지 않는다.

5. 양국 언중의 문법적인 직관에 의해 그 생략이 감지된다.

Ⅱ. 전서성(展叙性)과 격표지의 생략

渡辺実(1971:67)는 문에 대한 구문적 직능을 다음과 같이 분류했다.

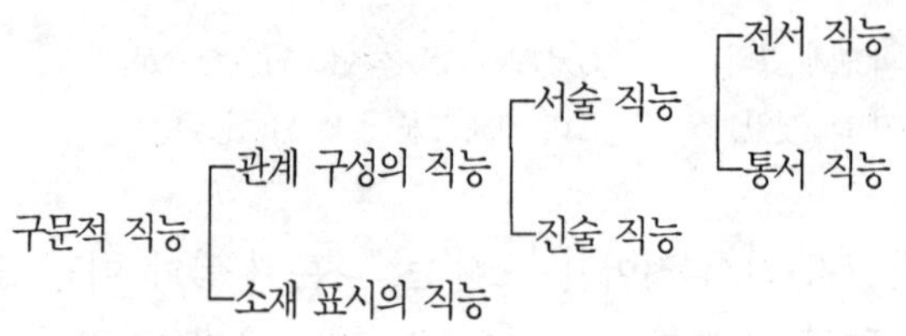

'서술'이란 하나의 사상이나 사항의 내용을 외형화하여 정리하고자 하는 언어 주체의 표현 활동으로, 그 내용을 정리·통괄하기 위해 작용하는 여러 가지 관계 구성의 직능을 말한다(渡辺実 1971:67 인용).

서술의 직능은 다시 전서(展叙)의 직능과 통서(統叙)의 직능으로 나누어진다.「展叙」란 서술을 전개한다는 의미이고, 「統叙」란 서술을 통일·완료한다는 의미로 쓰여졌다. 이러한 술어는 종전 橋本 문법 등의 문절 문법에서 보인「걸림(係る)·이음(続く)」과 「이어받음(承ける)」과 그다지 다를 바 없다.

따라서, 전서의 직능을 수행하는 내면적 의의는 소재와 소재 사이에 인정된 관계 개념이며, 통서의 직능을 수행하는 내면적 의의는 언어 주체의 정신의 통합 작용이다(渡辺実 1971:67 인용). 이러한 관계 개념을 北原 문법에서는 보충 기능(補充機能)과 통괄 기능(統括機能)으로 발전시켰다.

어쨌든 渡辺実는 연용 조사를 이분하여 강전서의 {が}, {を}, {に}와 약전서의 {と}, {へ}, {から}, {で}로 나누었다.

'강전서'(強展叙)란 전서가 통서 성분이 구유한 통서를 향해 서술을 전개해 나가는 힘이 강한 것을 말한다. 이것은 연용 전서 소재가 통서 소재로부터 분석·추출한 것이 자명하다고 의식되는, 즉 논리적으로 통서 소재와 밀접하기 때문에 보충과 통괄 관계가 확연히 보증되는 것을 의미한다. 보충=통괄의 결합이 강하다는 것은 상대적으로 격조사가 구유하는 표지적인 기능이 약하고 임의적이라고 하는 것과 통한다. 따라서 강전서의 조사 {が}, {を}, {に}가 생략되기 쉽다는 것은 이들이 강전서성과 아울러 약표지성을 띠는 조사임을 뜻한다.

실제로 {が}, {を}는 어휘적 의미가 약한 구문적 조사에 지나지 않는데, 이는 영어 등에 그 대응어가 없다는 사실로부터도 이해될 수 있다.

강전서란 문의 성분 사이에 구문적인 통합 관계만으로 격 표시가 확연해지는 것을 말한다. 즉 격조사가 없어도 그 성분의 격이 명확해지는 경우이다. 주격과 대격은 통사적인 격으로, 이러한 관계로부터 격이 자동적으로 노출된다. 그러나 연용 수식격 중 소위 부사격은 어휘적 기능을 가진 어휘격으로, 이들의 표지가 유표적으로 나타나지 않으면 통사적으로 격의 판단이 어렵다. 그 중에서도 처격은 어사 환경에 따라 다소 강전서적 성격을 띤다.

> (8) a. 여기ϕ　비가 온다.　　?ここϕ 雨が 降る。
> 　　 b. 여기에 비가 온다.　　ここに 雨が 降る。

　문 (8)에서, 비가 오는 장소가 「여기(ここ)」라는 사실은 처격 조사가 붙어 있지 않아도 엄연히 나타난다. 이것은 피접어 자체가 장소를 명시해 주는 단어이기 때문이다. 이러한 문맥 현현으로 「여기(ここ)」는 비가 오는 장소일 뿐, 다른 격 의미를 가질 여지가 전혀 없다. 결국 격의 판단이 곤란한 격의 경우에 격표지는 용이하게 생략되지 않는 것이다. 격의 판단이 곤란하다는 것은 격표지가 없을 때, 두 개 이상의 격 의미의 해석이 가능하다는 것을 말한다. 이러한 애매성을 극복하기 위해 격표지가 실현되는 것이다. 이것은 언어 자체가 자율적인 안전 장치를 갖추고 있다고 하는 것으로도 해석될 수 있다. 이러한 유의 조사들이 바로 약전서성의 조사류이다. 약전서성의 조사류(부사격 조사) 중에서는, 처격 조사가 가장 생략되기 쉽다. 이남순(1998:243-244)은 이를 격 성분의 위치와 서술 동사와의 근접도로 설명하려고 했다. 격 성분이 서술 동사로부터 가까우면 가까울수록 격조사의 생략은 자유롭다고 할 수 있다. 결과적으로, 격표지의 생략 정도는 처격→조격→공동격의 순서가 된다고 밝혔다.

　또한 문의 길이에 의해 격조사의 생략의 가부가 결정되는 경우가 있다. 이것은 격 성분이 서술어로부터 멀어지면 격 의미의 안정성이 약해지므로, 격조사가 반드시 실현되어야 하는 것이다. 격 성분과 서술어 사이에 끼어 있는 여러 가지의 성분이 격의 판단을 흐리게 함으로써 강전서성을 방해하기 때문이다. 따라서 하나의 문이 길어져 많은 성분이 문중에 들어 있는 경우, 격조사는 반드시 실현되어야 하고, 격조사의 격 표시의 기능 부담량을 줄이는 안전 장치를 가동하게 되는 것이다.

　보충 성분과 통괄 성분과의 관계 구성의 보증이 강한 문형으로는 소위 동족 목적어(cognate object)의 형식과 형식 동사「する」를 동반하는 목적어의 형식이 있다.

　　(9) a. 踊りを 踉る。　춤을 춘다.
　　　　b. 絵を えがく。　그림을 그린다.
　　　　c. 歌を 唄う。　노래를 부른다.

　　(10) a. 勉強を する。　공부를 한다.
　　　　b. 実験を する。　실험을 한다.
　　　　c. 運動を する。　운동을 한다.

　예문 (9)는 통괄 성분의 통괄 기능이 보충 성분의 보충 기능보다 강한 경우이다. 통괄 성분 속에 보충 성분의 소재 개념이 내장되어 있다. 엄밀하게 말하면, 이것은 보충=통괄의 대등한 관계라고 할 수 없고, 통괄 성분에 보충 성분이 포함되어 있는 것이다. (9)a-c에서, 문의 두 가지 성분은 하나로 통합되어「踊りを 踉る」→「踉る」,「絵を えがく」→「えがく」,「歌を 唄う」→「唄う」가 될 수 있다.

　한국어에서는 후행하는 동사 속에 선행하는 목적어의 소재 개념이 온전히 포함되어 있지 않지만, 역시 두 개의 성분이 통합되어 하나의 단어를 만들 수 있다(춤∅ 춘다, 그림∅ 그린다, 노래∅ 부른다). 이 때, 합성의 형태는 대격 조사 {을/를}의 생략에 의한 것이다.

　예문 (10)은 형식 동사「する」의 실질 개념이 희박함에 따라 정상적인 보충=통괄 관계가 형성되지 않는 예이다. 이것은 역으로 보충 성분의 보충 기능이 통괄 성분의 통괄 기능보다 강하기 때문에,「する」는 마치 접미사처럼 보충 성분에 연결된 것이다. 예문 (10)a-c의 두 성분도 하나로 통합되어「勉強を する」→「勉強する」,「実験を する」→「実験する」,「運動を する」→「運動する」가 될 수 있다.

한국어의 경우도 이와 마찬가지다. 두 개의 성분이 하나의 동사로 통합되는 데는 역시 조사 {을/를}이 생략되는 과정을 거친다. 「-하다」는 실질 동사로서의 기능을 상실하고, 접사처럼 명사의 어기에 붙게 된다.

모든 체언(보충 성분)은 본원적으로 격을 가지고 있다. 따라서 어느 특정의 격표지에 의해 격이 현시되느냐 무형화되느냐에 상관없이, 그 격 기능은 그대로 잠재되어 있다고 보는 것이 옳다. 결국 강전서성을 띠는 조사 {が}, {を}, {に}는 그 표지가 무형화되어도 그 격 표시의 직능은 그대로 남아 있는 것이다. 그러므로 강전서성의 조사는 표지로서는 수의적인 성격을 띠는 반면, 약전서성의 조사는 필수적인 성격을 띠는 결과가 된다. 통사 구조의 유기적인 결속 관계가 약하면 약할수록 표지에 의해 명시화되어야 하는 것은 당연한 사실이다. 약전서성의 조사 {へ}, {と}, {から}, {で}가 영어의 「to」, 「with」, 「from」, 「in, at」 등의 구체적인 전치사에 어휘적으로 대응하는 것은 흥미 있는 일이다.

III. 자발적 생략

자발적인 생략이란 격조사 자체의 생략성(deletability)에 의해 생략되는 것을 말한다. 자발적이라고 하지만, 엄밀히 말하면 전 장에서 논한 통사적인 통합 관계, 즉 강전서성이라고 하는 외재적인 환경이 수반되어 있는 것이다. 그러나 이것은 주격 조사와 대격 조사가 스스로 어휘적 요건을 구비하지 못하여, 구문적 조사의 성격을 띠고 있기 때문에 야기되는 생략이므로 자발적 생략으로 다루는 것이다.

이러한 생략은 대체로 수의적이지만, 때로는 그 생략이 불가한 경우도 있다. 또한 생략되지 않으면 오히려 어색한 경우도 있다. 그뿐만 아니라, 생략되어 쓰이지만 생략형과 실현형과의 문의에는 차이가 있어 생략이라는 의의가 없어지는 경우도 있다. 이 경우는 상황 지시적인 기능이 첨가됨으로써, 화자와 청자 사이의 담화적 환경과 화용론적 입장이 전제되는 것이 보통이다.

　격조사의 생략은 전형적인 문이 아닌 대화체의 짧은 문에서 많이 발생한다. 이는 주격 조사와 대격 조사가 어휘적 기능보다 상황 지시적 기능이 현저한 것이기 때문이라 여겨진다.

> (11) a. 너ϕ, 어디 아프니?　　君ϕ、どこか痛いの。
> 　　 b. 아니, 괜찮아.　　　　　いや、大丈夫。
>
> (12) a. 너ϕ, 춥니?　　　　　君ϕ、寒いの。
> 　　 b. 그래, 추워.　　　　　　うん、寒い。

　이 때 주격 조사의 실현문인 「너가 어디 아프니?(君がどこか痛いの。)」라든가 「너가 춥니?(君が寒いの。)」와 같은 의문문은 전혀 예상되지 않는다. 그 대답에 있어서도 마찬가지다.

> (13) a. 아니, 내가 괜찮아.　　いや、僕が 大丈夫。
> 　　 b. 아니, 나는 괜찮아.　　いや、僕は 大丈夫。
> 　　 c. 아니, 나ϕ 괜찮아　　いや、僕ϕ 大丈夫。
> 　　 d. 아니, 괜찮아.　　　　 いや、大丈夫。

　어떠한 경우에도, 문 (13)a와 같은 대답은 나오지 않는다. 문 b는 조사 {는}의 대조(contrast)와 구정보(old information)의 기능과 관련되기 때문에 가능하다. 일반적으로 정확한 대답은 c와 같은 주격 조사의 비실현형과 d와 같은 문의 주어 전체가 생략된 문이다.

　격조사 생략의 통사적 환경과 그 조건은 양 언어에서 대동소이하다. 影山太郎(1997:56-57)는 구어체에서 동사의 직전에 있는 명사구의 조사는 탈락하기 쉽고, 비대칭 자동사의 주어 {が}가 자연스럽게 생략될 수 있다고 기술하면서, 다음의 예문을 들었다.

(14) a. 子供達が 本ϕ 読むのを見たことない。

    b. この女性ϕ 知ってるのは 誰ですか?

(15) a. 交通事故ϕ 起こるところ 見たことある?

    b. 田中さんϕ 亡くなったの 知らなかった。

　예문 (14)는 타동사문이고, (15)는 자동사문으로, 동사 앞에 있는 조사 {を}와 {が}가 각각 생략되었다.

(16) a. 기분ϕ 좋은 소식이다.

    b. 달ϕ 밝은 밤에는 산보라도 한다.

    c. 말ϕ 많은 사람과는 사귀지 말라.

(17) a. 기분이 좋은 소식이다.	気分の いい 便りだ。
b. 달이 밝은 밤에는 산보라도 한다.	月が(の) 明るい 夜には 散歩でも する。
c. 말이 많은 사람과는 사귀지 말라.	口数が(の) 多い 人とは 付き合うな。

　문 (16),(17)은 관형화(連体化)한 문으로, 주격 조사 {이}의 실현형 (17)도 쓰이지만 비실현형 (16)이 더욱 자연스럽게 느껴진다. 이것은 관용화에 의해 입에 익은 정도에 의존된다는 느낌도 든다. 아래 한국어 대격 조사 {을}의 문 (18),(19)에서도, 이와 같은 경향은 동일하게 나타난다.

(18) a. 꽃에 물ϕ 주는 사람은 내다.

    b. 값ϕ 올린 물건이 어느것이냐?

    c. 손ϕ 씻고 밥 먹어라.

(19) a. 꽃에 물을 주는 사람은 내다.	花に 水を やる 人は 私だ。
b. 값을 올린 물건은 어느것이냐?	値段を 上げた 品物は どれなのか。

    c. 손을 씻고 밥을 먹어라.   手を 洗って ご飯を 食べろ。

전술한 대로, 주격 표지와 대격 표지의 생략은 주로 대화체에서 많이 나타난다. 이것은 대화체 자체가 화자와 청자 사이에 화용론적인 공유 인지의 장을 설정하고 있기 때문이다. 이러한 점에서, 대화체의 문은 문어체의 전형적인 문형과는 그 성격이 다르다. 이러한 현상은 일본어의 경우에도 동일하다.

(20) a.＊今日 雨φ 降る。
      b. あ、今日 雨φ 降ってるね。
      c. あ、今日 雨φ 降るらしいね。

(21) a. ＊バスφ 来た。
      b. あ、バスφ 来たよ。
      c. あ、バスφ 来ました?

(22) a. ＊雪子は 髪φ 長い。
      b. 雪子は 髪φ 長いね。
      c. 雪子は 髪φ 長いよね。

(23) a. ＊本φ 読む。
      b. 本φ 読んでるよ。
      c. 本φ 読みなさい。
      d. 本φ 読んでください。

(24) a. ＊太郎は ご飯φ 食べる。
      b. 太郎は ご飯φ 食べる?
      c. 太郎は ご飯φ 食べた?
      d. 太郎は ご飯φ 食べたい。

(25) a. ＊次郎は 海で 魚φ 釣る。

   b. 次郎は 海で 魚φ 釣ったよ。

   c. 次郎は 海で 魚φ 釣った?

예문 (20)-(22)는 주격 조사 {が}의 생략문이고, (23)-(25)는 대격 조사 {を}의 생략문이다. 각 문 a는 전형적인 문으로, 주격 조사 {が}와 대격 조사 {を}가 생략되면 매우 어색한 비문이 되고 만다. 그러나 b-d의 대화체의 문에서는 조사가 생략되어도 자연스러운 문이 된다.

양 언어를 비교할 때, 각 문 a의 어색함의 정도는 한국어에 있어서는 매우 가볍게 느껴진다. 이로써 보면, 한국어의 주격 조사와 대격 조사의 생략성은 일본어보다 높다는 결론이 나온다. 각각의 일어문 a에 대당하는 다음 한국어 문 (26)은 대체로 수용적인 문이다.

(26) a. 비φ 온다

   b. 버스φ 왔다.

   c. ?유끼고는 머리φ 길다.

   d. 책φ 읽는다.

   e. 철수는 밥φ 먹는다.

   f. 영수는 바다에서 고기φ 잡는다.

IV. 타율적 생략

渡辺実(1971:187)는 다음의 예문을 들어 강전서성을 가진 격조사 {が}, {を}, {に}의 전서 정도를 체크했다.

(27) a. 桜の花がばかりさいている。

   b. フランス語の本をばかり読んでいる。

   c. 富士山にばかり登りたがる。

강전서성의 정도는 {が}, {を}, {に}의 순으로, 이것이 무형화하는 정도의 순과 일치한다. 주격 {が}에 부조사가 후접할 수 없는 것은 {が}의 강전서성 때문이고, {に}는 {が}보다 약전서성을 띠고 있으므로 부조사의 후접이 가능하며, {を}는 {が}과 {に}의 중간자라고 했다.

결과적으로, 격조사 뒤에 부조사가 연결될 수 있는지 어떤지는 선행하는 격조사의 생략성 여하에 관계되는 동시에 전서의 강약에 의존되는 것이라고 할 수 있다.

그러나 부조사 앞에서의 격조사 생략에서, 주격 조사의 경우는 필수적이므로 {を}, {に}처럼 수의적인 경우와는 다르다. 격조사의 자발적인 생략은 실현과 비실현이 수의적이지만, {が}처럼 필수적인 경우는 자체의 자발적 생략과는 달리 후행하는 부조사의 영향이라고 하는 타율적 생략으로 생각하는 것이 타당하다. 한국어의 경우는 주격 조사뿐 아니라 대격 조사에 있어서도 특수조사 앞에서의 생략은 필수적이다. 즉, 한국어 조사의 승접 관계를 살펴보면, 대격 조사 {을/를}의 뒤에는 어떠한 특수조사도 연결될 수 없다는 것이 특이하다. 조사 {을/를}의 강전서성의 정도는 일본어처럼 주격 조사 {이/가}와 처격 조사 {에}의 중간자가 아니라, {이/가}와 대등한 레벨이 된다. 일·한 양 언어에서 강전서성의 대응 조사를 渡辺의 입론에 따라 대비·분류하면 다음과 같이 된다.

【표 1】

연용전서 / 현상	강 전 서					
	일 본 어			한 국 어		
	が	を	に	이/가	을/를	에
무형화	○	○	○	○	○	○
유형 무실화	×	×	×	×	×	×
계조사하위승접	×	×	○	○	×	○
부조사하위승접	×	○	○	×	×	○

위의 표에서 확연히 드러난 것처럼, 강전서성 격조사들의 무형화·유형 무실화·계조사(A류 부조사) 하위 승접의 양태는 양 언어의 대응어가 대체로 같은 양태를 보여주고 있지만, 부조사(B류 부조사) 하위 승접의 양태는 이질적이다.

이는, 일본어의 강전서성 조사끼리의 근친성은 「(が)/(を, に)」가 되지만, 한국어에서는 「(이, 을)/(에)」가 된다는 것을 보여주고 있다. 즉 일본어의 대격 조사 {を}는 다른 연용 수식격 조사 {に}, {と}, {から}, {へ}, {で}와 같은 범주에 속하는 성격을 띠고 있는 데 반해, 한국어의 대격 조사 {을/를}은 {에}, {에게}, {로}, {와/과} 등의 조사와는 이질적 성격을 띰으로서, 별종으로 처리되어야 하는 것을 보여주고 있다.

실제로 한국어 전통 문법의 틀에서 보면, 문을 형성하는 성분 중에 주어와 서술어, 그리고 서술어가 타동사인 경우에는 목적어, 서술어가 불완전 동사일 경우에는 보어가 기간이 되는 주성분이고, 관형어(연체어)와 부사어(연용어)는 수식 성분인 부속 성분이 된다. 이와 같은 틀에 따라, 격 형태도 주격 조사와 대격 조사와 보격 조사는 주요 격조사가 되고, 관형격(연체격)과 부사격(연용격)조사는 보조 격조사로 취급된다. 따라서, 대격 조사와 부사격 조사와는 동일한 범주에 속하지 않는다. 통상적으로 대격 조사는 주격 조사와 동등한 레벨에 두어야 하는 격표지로 인식되고 있다.

연용 수식격이란 연체 수식격에 대립되는 술어로, 주격이나 대격도 결국은 서술어의 통괄 기능에 관여하는 보충 수식격이지만, 서술어에 대하여 필수적인 골격이 된다는 점에서 다른 연용 수식격과는 등거리에 있다고 생각된다.

결국, 격조사 {을/를}은 다른 연용 수식격(부사격)조사와는 판이한 기능어로, 주격 조사와 같은 울타리에 있는 것이다. 대격 조사는 어휘적인 격조사가 아니라는 것과 구문적인 논리성만을 나타내는 격조사라는 점에서 다른 부사격 조사와는 다르다.

(28) a. 새가 날아간다.
    b. *새가만 날아간다.
    c. 새만 날아간다.
    d. 새만이 날아간다.

(29) a. 빵을 먹는다.
    b. *빵을만 먹는다.
    c. 빵만 먹는다.
    d. 빵만을 먹는다.

예문 (29)에서, 대격 조사 {을/를}은 분포상으로 보면 문 (28)의 주격 조사 {이/가}와 온전히 같다. 각 문 a는 격조사의 실행문이지만, b는 그 뒤에 특수조사가 올 경우 필수적으로 생략되어야 하기 때문에 비문이 된다. b에서 격조사가 삭제되면 문 c가 되고, d는 특수조사 {만}의 준체언적 전접 기능에 의해 격조사와 위치 전환한 정문이다.

만약 후행하는 특수조사가 전접 기능이 낮은 A류라고 하면 그 양태는 다르다. A류 특수조사 {도}({も})의 경우를 보겠다.

(30) a. 새가 날아간다.
    b. *새가도 날아간다.
    c. 새도 날아간다.
    d. *새도가 날아간다.

(31) a. 빵을 먹는다.
    b. *빵을도 먹는다.
    c. 빵도 먹는다.
    d. *빵도를 먹는다.

문 (30)과 (31)에서 d가 성립되지 않는 것은 특수조사 {도}가 전접 기능을 가지고 있지 않기 때문이다. 일본어에 있어서, 주격 조사 {が}가 대격 조사 {を}와 차별성을 띠는 것은 상기 한국어 문 (28), (29)

의 일어문이 보여주는 다음의 예에서도 나타난다.

    (32) a. 鳥が飛んで行く。
        b. *鳥が<u>だけ</u>飛んで行く。
        c. 鳥<u>だけ</u>飛んで行く。
        d. 鳥<u>だけ</u>が飛んで行く。

    (33) a. パンを食べる。
        b. ?パンを<u>だけ</u>食べる。
        c. パン<u>だけ</u>食べる。
        d. パン<u>だけ</u>を食べる。

    문 (33)의 {を}의 경우는 b에서 {が}와는 다른 분포를 보여준다. 즉 부조사 앞에 {を}가 실현될 수 있는 것이다. 그러나 b와 c에서 보듯이 그 생략은 수의적이다. 또한 준체적 기능이 강한 {だけ}와 위치 전환한 d도 성립한다. 문 b와 문 d가 완전 동의문인지의 문제가 제기될 수 있지만, 형태적인 면에서 문 d가 성립하는 것은 명백히 {だけ}의 준체언적 기능 때문이라고 믿어진다. 준체적 기능이 없는 계조사(A류 부조사) {は}와 {でも}의 뒤에서는 {を}가 실현되지 않기 때문이다. 다음의 예문 c는 불가하다.

    (34) a. *パン<u>を</u>は(でも)食べる。
        b. パン<u>は</u>(でも)食べる。
        c. *パン<u>は</u>(でも)を食べる。

    일반적으로, 한국어의 부사격 조사는 어떠한 특수조사가 후행해도 생략되지 않는 경향이 있다. 이것은, 그것이 가지고 있는 어휘성으로, 만약 생략된다고 하면 그 격 의미에 애매성을 초래할 우려가 있기 때문이다. 다만 문맥이나 어사 환경에 의해 그 격 의미가 명확히 노출되는 경우에는, 일부의 부사격 조사에 한해 수의적인 삭제가 가능하다. 처격

조사 {에}의 예가 그것이다.

> (35) a. 여기에 비가 온다.　　　　　ここに 雨が 降る。
> 　　　b. 여기에{는, 도, 만} 비가 온다.　ここに{は、も、だけ} 雨が 降る。
> 　　　c. 여기∅{는, 도, 만} 비가 온다.　?ここ∅{は、も、だけ} 雨が 降る。
> 　　　d.*여기{는, 도, 만}에 비가 온다.　ここ{*は、*も、だけ}に 雨が 降る。

　예문 (35)b는 특수조사 앞에 격조사가 실현된 문이고, c는 비실현문이다. 문 c가 가능한 것은 그 피접어인 {여기(ここ)}가 명확한 장소를 나타내는 단어이기 때문이다. 그러나, 격조사가 후행하는 문 d는 불가하다. 이로써 보면, 처격 조사 {에}와 주격 조사 {이/가} 또는 대격 조사 {을/를}과의 차별성이 확연해진다.

　본원적으로 체언의 격표지화는 의미 한정화보다 우선시되는 요소이기 때문에, 격조사가 특수조사에 전치하는 것이 정순이다(洪思滿 1989: 258). 다만 전접성이 높은 B류 부조사가 격조사에 전치할 수 있는, 그 부조사의 특수한 기능으로 인정해야 할 것이다.

　다음의 예문에서, 수단을 나타내는 격조사 {で}는, 부조사 {だけ}의 앞뒤 양쪽에 분포된다.

> (36) a. 注射で*だけ* なおせる。
> 　　　b. 注射*だけ*で なおせる。

　앞뒤 양방이 가능하면, 양자를 변별하기 위한 기능의 상이점이 파생되기 마련이다. 문 a의 의미는 "주사 이외로는 낫게 할 수 없다"로 해의되지만, 문 b는 그러한 의미와 함께 "주사 이외의 수단을 써도 낫게 할 수 있지만, 주사로 충분히 낫게 할 수 있다"라고 하는 의미가 함축되어 있다. 기본적으로 격조사의 전치문인 a가 정상이지만, {だけ}의 전접 기능에 의한 도치 형태인 b가 파생됨으로써, 그 의미도 미세한 화용론적 의미가 부가된 것으로 여겨진다. 왜냐하면, 이와 같은 동일 예가 전

접 기능이 없는 A류 부조사(계조사)에서는 예상할 수 없기 때문이다.
다음과 같은 격조사 후치문 b는 성립되지 않는다.

     (37) a. 注射で{は、も、でも} なおせる。

         b. *注射{は、も、でも}で なおせる。

전출 예문 (35)에서 격조사 {에}의 비실현형인 문 c가 통용되기는
하지만, 어디까지나 격조사의 실현문인 b가 정상적이며, 보다 명확한
격 의미를 노정하는 것이다.

     (38) a. 학교로만 간다   学校へだけ 行く。

         b. ?학교만 간다.   ?学校だけ 行く。

         c. *학교만으로 간다.   学校だけへ 行く。

     (39) a. 나에게만 말한다.   私にだけ 話す。

         b. *나만 말한다.   *私だけ 話す。

         c. *나만에게 말한다.   私だけに 話す。

     (40) a. 집에서만 논다.   家でだけ 遊ぶ。

         b. *집만 논다.   *家だけ 遊ぶ。

         c. *집만에서 논다.   家だけで 遊ぶ。

문 (38)-(40)에서 부사격(연용 수식격) 조사를 생략한 문 b는, 대체
로 비문법적인 문이 되거나 문의에 있어 애매성이 나타난다. 각 문
(39),(40)의 b가 양 언어에서 비문이 되는 것은, 후행하는 동사만으로
판단한다면, 앞의 성분이 주어가 되어 여격과 처격의 격 의미가 사라지
기 때문이다. 결국 부사격 표지는 그 실현에 의해 문의 격 의미를 명확
하게 해 주는 역할을 담당하고 있다고 할 수 있다.

문 (38)-(40)에서 양 언어의 차이점은 각 문 c의 성립 가부에서 드
러난다. 한국어의 경우, {만}의 준체적인 전접 기능에 의해 그것이 격

조사에 전치하기도 하지만 정문으로 통용되지 않는 데 반해, 일본어에
서는 자연스럽게 통용되는 차이점을 보이고 있다. 이로부터 보건댄, 한
국어에서 주격과 대격은 부사격(연용 수식격)과는 다소 먼 거리에 존립
하는 격 형태이라는 것이 판명된다.

　결과적으로 부사격 조사의 수의적 생략이 의미하고 있는 것은, 그것
이 생략되어도 문의 성분에 있어서는 어떠한 변화도 발생하지 않는 경
우에만 그 생략이 가능하다는 것이다.

　약전서성의 조사 {로}와 {와/과}에 있어 격조사의 비실현은 상상할
수 없다.

(41) a. 나무로 책상 만든다.　　　　　　木で 机を 作る。

　　 b. *나무∅ 책상 만든다.　　　　　　*木∅ 机を 作る。

　　 c. 나무로{는, 도, 만} 책상 만든다.　木で{は、も、だけ} 机を 作る。

　　 d. *나무{는, 도, 만} 책상 만든다.　*木{は、も、だけ} 机を 作る。

　　 e. 나무{*는, *도, 만}(으)로 책상 만든다.　木{*は、*も、だけ}で 机
　　　　　　　　　　　　　　　　　　　　　　を 作る。

(42) a. 개가 고양이와 싸운다.　　　　　　犬が 猫と 争う。

　　 b. *개가 고양이∅ 싸운다.　　　　　*犬が 猫∅ 争う。

　　 c. 개가 고양이와{는, 도, 만} 싸운다.　犬が 猫と{は、も、だけ} 争
　　　　　　　　　　　　　　　　　　　　　う。

　　 d. 개가 고양이{*는, *도, 만}와(과) 싸운다.　犬が 猫{*は、*も、だ
　　　　　　　　　　　　　　　　　　　　　け}と 争う。

　위의 예문 b, d에서 조격 조사 {로}와 공동격 조사 {와/과}의 생략
은 나타나지 않는다. (41)d의 격조사 비실현문에서, 양 언어는 함께
'나무(木)'가 문의 주어의 위치에 놓임으로써, 격 의미의 혼란이 발생하
기 때문에 생략이 불가한 것이다. 또한 한국어의 경우, 문 (41)e와
(42)d에서처럼 격조사가 특수조사에 후행하는 형태도 특수조사의 종류
에 따라 비수용적인 문이 된다.

종합적으로, 한국어 격조사와 후행하는 특수조사와의 복합 관계에서 야기되는 격조사의 생략(비실현)의 가부는 격조사의 종류에 따라 다음의 세 부류로 나뉜다.

$$\alpha \; + \; \begin{cases} 이/가 \\ 을/를 \end{cases} \; + \; \text{del} \;\; \rightarrow \;\; 1 + \phi + 3 \;\; \cdots\cdots\cdots\cdots \; (\mathrm{I})$$

$$\alpha \; + \; \begin{cases} 에 \\ 에게 \end{cases} \; + \; \text{del} \;\; \rightarrow \;\; 1 + 2(\phi) + 3 \;\; \cdots\cdots\cdots\cdots \; (\mathrm{II})$$

$$\alpha \; + \; \begin{cases} 로 \\ 에서 \\ 와/과 \end{cases} \; + \; \text{del} \;\; \rightarrow \;\; 1 + 2 + 3 \;\; \cdots\cdots\cdots\cdots \; (\mathrm{III})$$

$$\qquad\qquad 1 \qquad\quad 2 \qquad\quad 3$$

먼저 유형 (Ⅰ)에 속하는 격조사는 특수조사 앞에서 의무적으로 생략되는 주격 조사와 대격 조사로, 다른 부사격 조사와는 상이한 격 자질을 가진다. 이들은 구체적인 격 의미가 결여된 격으로, 그 표지가 생략되어도 문의의 전달에 있어서는 하등의 지장도 초래하지 않는 것이다. 이들 표지는 구체적인 격 의미를 우선시하는 격조사의 영역에서 벗어나, 일종의 구문 표지인 「주어 조사」, 「목적어 조사」로 별도 설정될 성격을 지니고 있다.

그 다음 유형에 있어서는, 격조사가 실현하는 것을 원칙으로 하되 그 생략이 수의적으로 이뤄지는 유형 (Ⅱ)와, 전혀 생략되지 않는 유형 (Ⅲ)으로 양분된다. 이것에 해당하는 격은 종래 소위 부사격으로 설정된 구체적인 의미를 가진 내면격이다. 유형 (Ⅱ)는 실현과 생략의 양방이 가능하나, 격조사의 실현이 생략보다 의미적으로 명확하고 자연스러우며, 생략문은 비문은 아니지만 어딘지 어색한 문이 되는 부류이다. 더욱이 유형 (Ⅲ)은 격조사의 생략으로 인해 어색해지는 정도가 심하여, 결국 비문이 되는 유형이다.

　일본어 격조사의 비실현형에 있어서는, 대격 조사 {を}가 한국어와 이질성을 띤다.

$$\alpha \;+\; が \;+\; del \;\;\rightarrow\;\; 1 + \phi + 3 \;\cdots\cdots\cdots\; (\mathrm{I})$$

$$\alpha \;+\; \begin{bmatrix} を \\ \\ に \end{bmatrix} \;+\; del \;\;\rightarrow\;\; 1 + 2(\phi) + 3 \;\cdots\cdots\cdots\; (\mathrm{II})$$

$$\alpha \;+\; \begin{bmatrix} で \\ と \\ から \end{bmatrix} \;+\; del \;\;\rightarrow\;\; 1 + 2 + 3 \;\cdots\cdots\cdots\; (\mathrm{III})$$

$$\quad 1 \qquad 2 \qquad 3$$

　유형 (Ⅰ)-(Ⅲ)의 설명은 위의 한국어와 같지만, 대격 조사 {を}가 유형 (Ⅰ)이 아닌 유형 (Ⅱ)에 속해 있는 것이 한국어와 다르다. 이것 외에도, 격조사가 특수조사(부조사)와의 복합 형태를 동반할 때, 양 언어에서는 상당한 차이를 보인다.

　다음의 표는 한국어 격조사가 특수조사에 선행, 또는 후행할 수 있는 분포 가능 여부를 나타낸 것이다.

【표 2】

	A류 특수조사	B류 특수조사
가/이	-/-	-/+
를/을	-/-	-/+
에	+/-	+/-
에게	+/-	+/-(+)
에서	+/-	+/-
로	+/-	+/-(+)
와/과	+/-	+/-

* 격조사가 선행/격조사가 후행

　표에서, +는 복합 가능, - 는 복합 불가를 표시하고 있는데, 각 난이 보여주는 기호의 양태는 네 가지로 나뉜다. -/-, -/+, +/-, +/+가 그것이다. 우단, 즉 격표지가 후행하는 경우에 있어서는, 체언성을 띠고 있는 B류 특수조사의 복합가능 표시(+)가 많이 보이고 있다.

　격조사와 특수(부)조사와의 복합 가부는, 결과적으로 격조사의 생략과 결부되어 결정된다. 양자의 복합에서, 특수(부)조사 쪽은 구체적인 의미를 가진 형태소이기 때문에 생략될 수 없다. 따라서 복합 불가는 격조사 쪽의 생략으로 간주할 수밖에 없는 것이다. 이에 비해 일본어 격조사의 경우는 다음과 같다.

【표 3】

	A류 부조사	B류 부조사
が	-/-	-/+
を	-(+)/-	+/+
に	+/-	+/+
へ	+/-	+/+
で	+/-	+/+
と	+/-	+/+

격조사의 생략에 관한 한, 한국어에서는 주격 조사와 대격 조사가 한 울타리에 있다. 그러나 일본어에서는 대격 조사 {を}가 여타 연용 수식격 조사와 같은 양태를 보여주는 차이가 있다. 더욱이 B류 부조사 뒤에 격조사가 복합될 수 있다는 사실은 한국어와 큰 이질성으로 부각된다.

V. 마무리

한·일 양 언어에 있어서 격조사의 생략은 동일한 격 범주와 동일한 문법적 환경 조건에서 일어난다. 생략의 일반적인 경향은 화자와 청자가 공지하고 있는 기지(旣知)의 사실로부터 발생하는 것으로, 격조사의 생략에 있어서도 마찬가지다. 격표지가 무표화되어도 문의에는 애매성과 같은 어떠한 영향도 미치지 않는 범위에서 생략이 일어난다. 양 언어에서 생략될 수 있는 격표지는 주격 조사와 대격 조사, 그리고 처격 조사에 한정된다. 渡辺実의 입론에 의하면, 이들은 강전서성을 띠는 조사로, 구문적인 통합 관계로 격 의미가 자동적으로 노출되는 부류이다. 강전서성을 띠는 조사의 공통적인 특징은 어휘성의 결여와 더불어 구문적인 논리성이 강하다는 사실이다. 渡辺의 강전서성이란 약어휘성과 약표지성을 의미한다. 어휘성이 강한 약전서성의 조사는 결코 생략되는 일이 없다. 이것은 상대적으로 강표지성을 가짐으로써 표지가 반드시 실현되어야 문의 애매성을 방지할 수 있기 때문이다.

한국어에서 이와 같은 현상을 조사의 생략으로 보느냐 비실현으로 보느냐의 문제에 대해, 필자는 생략 쪽으로 생각하고 있다. 또한 영표지는 그 생략의 결과로 처리되어야 한다고 주장하고 있다. 따라서 곡용표에 별개의 영표지($\emptyset$)를 설정할 필요가 없으며, 표지가 생략(영화)되어도 영화한 것이 격 표시의 기능을 수행하는 것으로 다루어야 할 것이다. 이와 같은 주장의 논거를, 일본어에도 격조사의 생략 현상이 있으나 그 생략의 정도가 한국어보다 약하고, 생략문과 실현문과의 문의의 차이가 한국어처럼 명료하지 않다는 데 두고 있다.

한국어에서 격조사의 실현문과 비실현문과의 문의의 차이는 상황 지시의 기능에서 현저하게 나타난다. 그러나 이와 같은 의미 차는 본래부터 양자의 변별적인 요소로 존재한 것이 아니라, 그 생략 과정에서 파생한 것이다. 따라서 격표지와 영표지는 별개의 기능어로 다룰 수 없으며, 영표지는 격표지가 생략된 결과의 산물로 처리해야 할 것이다.

격조사 중에 주격 조사와 대격 조사는, 분포에 있어서 양 언어에서 많은 차이를 나타내고 있다. 현대 한국어에 있어서 주격 조사 {이/가}와 대격 조사 {을/를}은 격표지의 범주로부터 이탈되어, 마치 특수조사나 첨사의 영역에 접근하고 있는 인상이 짙다. 그 분포상을 보면, 체언에 대한 격표지로서의 본래 직능에서 벗어나, 용언의 어미나 부사 아래에도 직접 붙는 경우가 흔히 있다. 이러한 현상은 격조사의 과도한 추이에 의해 그 격 표시 기능이 변용된 것이라 여겨진다. 언어 보편성의 관점에서 보아 이러한 현상이 일본어에는 전혀 나타나지 않기 때문이다.

격조사의 생략은 자발적 생략과 타율적 생략으로 나뉜다. 자발적 생략이란 격표지 자체의 특성에 의한 생략이다. 즉 격조사가 가지고 있는 강전서성과 발화 국면의 기지의 정보에 의한 생략이다. 한·일 양 언어에서 격조사가 잘 생략되는 문은 전형적인 문어체가 아닌 대화체이다. 이는 화자와 청자 사이에 기지의 정보장이 형성되어 있기 때문이다. 결국 격조사의 생략도 기지의 구정보 요소가 삭제되는 것에 지나지 않는다.

한편 타율적 생략은 다른 문법 요소에 의해 생략되는 현상을 가리킨다. 주로 부(특수)조사와의 복합 형태에서 격조사가 생략되는 경우이다. 부(특수)조사는 고유한 의미를 가지고 있기 때문에, 그것이 생략되면 문의에 변화가 초래되므로 격조사 쪽이 생략될 수밖에 없는 것이다. 부(특수)조사 앞에서 격조사가 생략되는 경우, 한국어에서는 주격 조사 {이/가}와 대격 조사 {을/를}이 필수적으로 생략되는 것에 반해, 일본어에서는 대격 조사 {を}가 수의적 생략이란 점에서 양 언어는 다르다. 양 언어의 대격 조사는 여러 가지 측면에서 상이한 성격을 띠고 있다.

한국어의 대격 조사는 주격 조사와 함께 골격적인 주요격 체계를 형성하고 있는데 반해, 일본어의 대격 조사는 주격 조사보다 연용 수식격과의 근친성을 보이고 있다. 결과적으로, 강전서성을 띠는 세 조사 사이의 근친도는, 한국어에서는 「주격·대격/처격」의 경향을 보이지만, 일본어에서는 「주격/대격·처격」의 경향을 보인다.

특수(부)조사가 부사격(연용 수식격) 조사와 복합할 때, 격조사가 선행하는 것이 원칙이다. 이는 체언의 격 기능이 의미 한정의 기능보다 우선시된다는 것을 의미한다. 그러나 대다수의 일본어 B류 부조사(だけ, ばかり, くらい, まで 등)는 {が} 이외의 모든 연용 수식격 조사의 앞뒤 어디에도 배열될 수 있는 가능성을 지니고 있다. 이는 B류 부조사가 가진 강한 전접적 기능에 의해 격조사와 자리를 바꾸어 굳어진 것에 지나지 않는다. 전접 기능이 낮은 A류 부조사(は, も, でも 등)에는 양용 형태가 될 수 없기 때문에 이러한 사실은 자명해진다.

전후 양용형의 의미 기능 차이는, 격 관계 개념을 포함한 소재 개념을 한정하는 것과, 체언의 소재 개념만을 한정하는 것의 한정 범위 차이다. 그러나 양형의 미세한 의미 차이는 양형이 형성됨으로써 파생·부가된 상황적인 의미에 지나지 않는다. 이에 반하여 한국어의 부사격 조사는 특수조사 앞에만 올 뿐, 뒤에는 오지 않는다.

참 고 문 헌

高永根(1968), "주격조사의 한 종류에 대하여", 남기심 외 편(1975)

______(1983), 國語文法의 研究, 塔出版社.

金光海(1981), "'의'의 意味", 서울大大學院 教育學碩士學位論文.

김민수(1970), "국어의 격에 대하여", 「국어국문학」 49·50.

김승곤(1972), "국어조사의 직능고", 「국어국문학」 58-60.

______(1992), 국어 토씨 연구, 서광학술자료사.

김영희(1991), "무표격의 조건", 「언어논총」 9, 계명대 언어연구소.

김완진(1970), "문접속의 '와' 와 구접속의 '와'", 남기심 외 편(1975).

김용석(1979), "목적어 조사 '을/를'에 관하여", 「말」 4, 연세대.

김일웅(1986), "생략의 유형", 「국어학신연구」, 탑출판사.

김한곤(1967), "A Semantic Analysis of the Topic Particles", 「어학연구」 3-2.

김홍수(1982), "원인의 '에'와 '로'에 대하여", 「국어문학」 22, 전북대.

남기심·고영근·이익섭(편)(1975), 현대국어문법, 계명대학 출판부.

마르띤 프로스트(1981), "조사 생략 문제에 관하여", 「한글」 171.

閔賢植(1982), "現代國語의 格에 대한 研究", 「國語研究」 49, 서울대.

박양규(1972), "국어 처격에 대한 연구", 「국어연구」 27, 서울대.

______(1980), "주어의 생략에 대하여", 「국어학」 9.

송석중(1982), "조사 '과', '를', '에'의 의미분석", 「말」 7, 연세대.

신익성(1968), "격에 관하여", 「한글」 141.

______(역)(1975), "격의 일반론", 「한글」 156.

신창순(1976), "국어 조사의 연구", 「국어국문학」 71.

申鉉淑(1982), "목적격 표지 '-를'의 의미연구", 「언어」 7-1.

安秉禧(1966), "不定格(Casus Indefinitus)의 定立을 위하여", 남기심 외 편(1975).

柳東碩(1984), "樣態助詞의 通報機能에 대한 研究, -'이', '을', '은'을 중심으로-",
      「國語研究」 60, 서울대.

______(1988), "시간어에 대한 量化論的 解釋과 助詞 '에' : ϕ ", 「周時經學報」 1.

______(1990), "조사생략", 「국어연구 어디까지 왔나」, 동아출판사.

李基東(1981), "언어와 의식", 「말」 6, 연세대 어학당.

李南淳(1988), 國語의 不定格과 格標識 省略, 塔出版社.

______(1998), 格과 格標識, 月印.

李翊燮·任洪彬(1983), 國語文法論, 學研社.

李弼永(1982), "助詞 '가/이'의 意味分析", 「而凡 崔鶴根敎授 華甲紀念論叢」.

洪思滿(1975), 國語 Postposition의 格에 對한 無標性 研究, 「語文學」 33, 韓國語文學會.

______(1989), 現代韓国語の特殊助詞の研究, -日本語の副助詞との対比を中心に-, 慶北大 出版部.

______(1995), 한·일어대조어학/논고, 塔出版社.

奥津敬一郎 外(1984), いわゆる日本語助詞の研究, にほんごの凡人社

影山太郎(1997), 文法語と形成, ひつじ書房.

北原保雄(1981), 日本語助動詞研究, 大修館.

______外(編)(1981), 日本文法事典, 有精堂

______(1984a), 日本語文法の焦点, 教育出版

______(1984b), 文法的に考える -日本語の表現と文法-, 大修館.

久野暲(1973), 日本文法研究, 大修館.

______(1978), 談話の文法, 大修館.

______(1983), 新日本文法研究, 大修館.

黒田成行(1965), "「ガ」「ヲ」および「ニ」について", 「国語学」 63, 国語学会.

渡辺実(1971), 国語構文論, 塙書房.

Ramstedt(1937), *A Korean Grammar*, Helsinki: Suomalais-Ugrilainen (歷代文法大系 2-18), 塔出版社.

「東西言語文化類型論特別研究報告書」3-2(筑波大学), 2000

 경어법

I. 일본어 정중 표현의 특징

정중성(politeness)이란 사람이 다른 사람을 대할 때 보이는 예절 있는 태도와 배려의 행동 양식을 가리킨다. 언어 행위에 있어서도 정중 표현은 화자가 청자를 중심으로 경의나 상위 대우 의식을 나타내는 것을 말한다.

S. Martin(1954)은 현대 한국어의 대우법을 일컬어 "STYLE VARIANTS"라고 했고, Vandesande-T. Park(1968)는 이를 The Polite Formal Style, The Polite Informal Style, The Intimate Style, The Plain Style, The Familiar Style, The Authoritative Style 등 여섯 가지로 분류했는데, 이 중에서도 "Polite Style"은 존경 [+RESPECT]의 의미 성분을 가지고 있는 것으로 다루었다. 이는 정중 표현이 언어에 따라서는 경어법(대우법)과 직결되고 있다는 사실을 말해 주는 것이다.

일본어에 있어서도 정중 표현은 경어 전반에 포함되어 있어, 이를 논의하기 위해서는 경어법(대우법)을 전체적, 포괄적으로 이해하지 않으면 안 된다.

경어 체계는 대체로 존경어, 겸양어, 정녕어 등으로 분류되고 있는데, 언어에 따라 이들의 수용 범위는 각각 다르게 나타난다. 몇몇 조사된 언어의 대우법 실태는 아래의 〈표 1〉과 같다(宮地裕 1981:26).

【표 1】

	일본어	한국어	자바어	베트남어	티벳어	몽골어	순다어	힌디어	체코어	중국어 영어등
존경어	○	○	○	○	○	○	○	○	△	(△)
겸양어	○	○	○	○	○	○	○	(○)	×	×
정녕어	○	○	○	○	○	×	×	×	×	×

위의 표에서 존경어는 각 언어의 보편적인 요소로 넓게 분포되어 있지만, 겸양어와 정녕어는 언어에 따라 구비되지 못한 경우도 적지 않다는 것을 알 수 있다.

일본어의 경어 체계는 한국어와 같이 주체 존대법인 존경어와 객체 존대법인 겸양어와 상대 존대법인 정녕어(공손어)를 모두 갖추고 있으며, 고대로부터 대우법이 매우 복잡하게 발달된 언어로 인식되고 있다. 이는 일본인이 다른 민족과는 달리 "思いやりの心", 즉 자기 중심이 아닌 상대방을 생각하는 마음이 깊은 국민성을 가지고 있다는 데 결부시키기도 한다(松下大三郎 1977:37).

광의의 대우법에는 언어적 표현뿐만 아니라 비언어적 표현도 이에 포함된다. 南不二男(1978:180-192)는 비언어적 경어 표현에 대하여 언어 표현에 수반되는 것과 독립적으로 표시될 수 있는 것으로 양분하고, 전자에 감탄사, 웃음, 얼굴 표정, 제스처, 화자와 상대 사이의 거리, 대화 매체 등을 들었고, 후자에 복장, 몸에 착용하는 장식품, 몸단장, 표정, 태도, 말씨, 손님 접대 방식 등을 들었다. 그러나 일반적으로 경어는 언어적 표현만을 지칭하는 협의의 것으로 다뤄지고 있는데, 그 대상은 존경어, 겸양어, 정녕어 등의 대우법과 표현론상으로 명령, 권유, 금지, 질문에 수반되는 여러 가지 수사적 표현과 완곡적이고 간접적인 화법까지도 이에 포함시킬 수 있을 것이다.

경어가 성립되는 조건으로는 표현 주체와 표현 수용자, 표현 소재 등 화용적인 조건과 상향적 대인 관계의 인식, 즉 경의가 수반되어야 한다. 특히 대인 관계의 조건으로는 본인 여부, 성별, 역할적 상하 관계, 사회 계층적 지위의 상하 관계, 친척 여부, 개인간의 역학적 관계, 입장적 관계 등이 고려되어야 한다. 즉 경어 표현은 청자나 화제의 인물 사이의 상하, 존비, 우열, 친소 등의 관계에 대한 인식에 따라 달라지는데, 다음의 일본어 예문은 동일 내용의 문 "아버지가 오다"가 청자에 따라 다르게 표현된 것이다.

    (1) a. 父が 来たる。 (친구에게)
       b. 父が <u>参りました</u>。 (손윗사람에게)
       c. <u>お父さまが</u> <u>いらっしゃった</u>。 (아들에게)

a는 경어 요소가 없는 문이고, b는 겸양과 정녕 형태가 들어 있는 문이다. c는 두 가지의 존경 형태가 포함되었으나 대자 경어인 정녕 형태가 없는 문이다.

일본어 경어의 특징은 고정적, 신분(계층)적인 상하 관계보다는 역할적 지위의 상하 관계(직장에서 상관, 부하)가 우세한 요인이 되며, 이는 연령적 상하 관계보다도 작용력이 강한 것으로 밝혀져 있다(南不二男 1978:178-180).

경어 표현은 화자가 청자 또는 화제의 인물에 대한 대우 관계나 위치를 매기는 언어적 표현이기 때문에, 경어 표현의 유무나 그 정중성의 정도는 인간 관계에 복잡 미묘한 영향을 주게 된다. 결국 이러한 인간 관계는 사회적 관계를 반영하게 되는데, 이에 관해 南不二男(1977a: 38-41)는 경어적 표현의 사회적 관계 기능을 6가지의 측면에서 기술했다. 즉 사회적 관계의 개시 및 단절, 사회적 관계의 유지, 사회적 위치의 보지, 실질적 정보의 수수, 상대에 대한 강제나 호소, 미적 가치의 표현 등이 그것이다.

한편 일본어 경어의 발달 단계를 살펴보면, 경어는 당초 언어적 금기(taboo)에서 출발하여 고대에는 절대 경어(絶対敬語)의 특징을 지니다가 현대에 오면서 상대 경어(相対敬語)로 바뀌었다. 절대 경어란 상대나 입장의 차이와 상관없이 같은 사람에게는 항상 같은 대우를 하는 경어법으로, 계층적 신분 관계가 엄격했던 사회에 쓰였던 것이다. 그러나 사회의 인간 관계가 바뀌고 계급적 신분 관계가 쇠퇴함에 따라 상대 경어로 바뀐 것이다. 계급 경어(階級敬語)는 상하 관계의 경어이며, 상대 경어는 좌우 관계의 경어로, 일본어의 경어는 이와 같은 역사적 추이를 경험한 것이다. 따라서 일본의 현대 경어는 유동적인 사회적 관계의 적응을 겨냥한 상호적 사교 경어(社交敬語)이며, 장면적인 수혜 경어(受惠敬語)의 특징을 지니는 한편, 정녕어의 우세성에 따라 대자 경어화(対者敬語化)하는 경향을 보이고 있다. 또한 현대어에서 경어는 점차 간소화의 현상을 나타내고 있는 것도 두드러진 특징으로 부상된다.

특히 일본어 경어의 구조적 특징은 후술할 어휘적, 문법적, 문체적인 측면에서도 설명될 수 있는데, 辻村敏樹(1977:83)는 어휘적으로는 의미적 공통성을 가진 체계를 이룬다는 점을 들었고, 문법적으로는 인칭의 대응이 두드러진 점을 들었으며, 문체적으로는 문말 형식을 통한 문체적 통일성을 지적했다.

II. 일본어 대우법 체계와 그 표현 형식

　현대 일본어 대우법의 체계 분석은 논자에 따라 6체계(渡辺実), 5체계(宮地裕), 4체계(南不二男, 辻村敏樹, 梅田博之, 大石初太郎)로 세분되기도 했지만, 3체계(西田直敏, 池上秋彦, 横倉暢子, 時枝誠記)로 분류되는 것이 일반적인 경향이다.

　이들 체계를 간단히 살펴보면, 먼저 渡邊実가 분류한 受手尊敬, 為手尊敬, 敬語抑制, 謙遜, 聞手尊敬, 嗜み 등 6체계는 결국 화제의 인물과 청자와 화자 자신이 경의의 대상이 되는 3분법의 하위류에 지나지 않는 것으로 파악된다. 5체계 분류는 尊敬語, 謙讓語, 美化語, 鄭重語, 丁寧語로 나눈 것이고, 4체계는 이 중 정녕어를 뺀 것이다. 3체계는 4체계에서 다시 미화어를 삭제한 것으로, 이것도 결과적으로는 표현 대상에 대한 경어(존경어, 겸양어)와 청자에 대한 경어(정녕어)로 이루어진 2분 체계를 상위 범주로 하고 있는 분류이다.

　특히 宮地裕의 5분법 중 정중어는 화제의 사항에 대한 표현을 통해 화자가 청자에게 경의적 배려를 나타내는 것이고, 정녕어는 오로지 청자에게 경의적 배려를 나타내는 것으로 구분하고 있으나, 양자는 다같이 청자에게 대한 경의라는 점에서 하나의 울타리로 묶을 수 있을 것이다. 또한 미화어는 화자가 자신의 언어 사용을 품위 있고 고상하게 하는 自敬 표현의 수단으로, 이도 일종의 정녕어로 다룰 수 있다. 결과적으로 현대 일본어의 대우법 체계는 3분법이 일반적인 분류라 할 것이다.

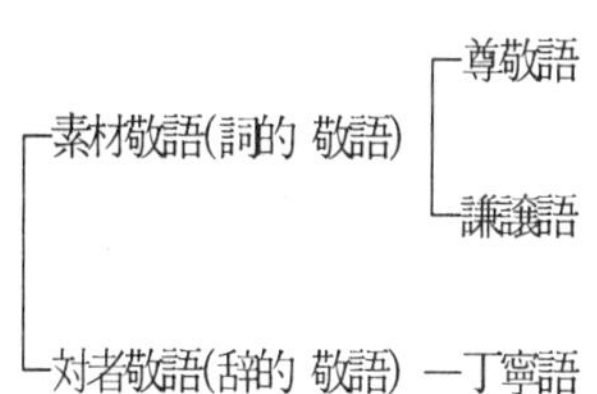

이들 3체계의 대우법은 그 상위 범주에서 소재 경어와 대자 경어로 양분되는데, 소재 경어는 화자가 표현의 대상에 대해 경의를 나타내는 것이고, 대자 경어는 청자에 대해 경의를 나타내는 것으로 경의 표시의 대상이 서로 다르다. 時枝誠記는 소재의 표현에 나타나는 경어법을 詞的 敬語라 했고, 주체적 표현에 나타나는 경어법을 辞的 敬語라 했다.

1. 존경어

존경어는 표현 주체인 화자가 상위자로 대우하는 화제의 인물이나 그 동작, 상태, 그의 소유에 대해 경의적 배려를 나타내는 상위 주체적 경어법을 말한다. 이는 경의의 표현 대상이 단일하며 직접적인 경의의 성격을 띠는 것으로, 為手尊敬, 動作主尊敬, 主格尊敬이라고도 한다.

大石初太郎(1975:84)는 존경어의 대우 원리를 다음 그림과 같이 나타내고, 문례를 제시하여 이를 설명했다.

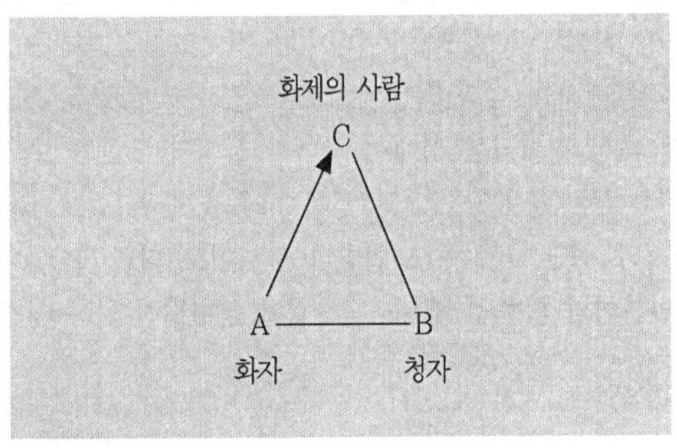

(2) a. 山田先生が「これでいい」と おっしゃる。

　　b. わかりしだい お知らせくださる ことになっています。

　　c. お嬢さまは お美しい。

　　d. ご著書が 店頭に 出ています。

문 (2)a는 화제의 사람을 존칭하고 그의 행위를 높여 표현한 것이며, b는 화제의 사람이 말에 나타나지 않으나 그의 행위를 높여 표현한 것이다. c는 화제의 사람을 존칭하고 그 상태를 높여 표현한 것이고, d는 화제의 사람이 말에 나타나지 않으나 그에게 속한 것을 높여 표현한 것이다.

존경어의 표현 형식은 특정 어형을 사용하는 것과 경어적 성분을 부가하는 것으로 나뉘는데, 일본어 경어에서 후자의 형식은 그 분포가 매우 광범하며 생산적이다.

경어적 특정 어형은 주로 동사나 명사에 나타나는데, 그 수효는 그다지 많지 않다. 동사 중에서는 'なさる'(する), 'いらっしゃる'(いる, いく, くる), 'あがる'(たべる), 'めす'(着る), 'めしあがる'(たべる), 'みえる'(くる), 'くださる'(あたえる), 'おっしゃる'(いう) 등을 헤아릴 수 있다. 명사로는 사람의 호칭에 나타나는 'あなた', '(あの)かた', '(その)かた', 'そちら', 'どなた' 등과 '貴下', '貴殿', '貴兄', '大兄' 등의 한자어가 주류를 이룬다.

경어적 성분을 부가하는 것으로는 접사와 동사적 연어인 형식 동사, 조동사의 첨가가 있다.

① 접사

접두사:　お-　　　(お体, お父上, お美しい, お静かだ)
　　　　　ご-　　　(ご研究, ご職業, ご意見, ご熱心に)
　　　　　おん-　　(おん礼, おん內, おん方, おん身)
　　　　　み-　　　(み冊, み姿, み首, み髪)
　　　　　高-　　　(高見, 高著, 高話, 高配)
　　　　　貴-　　　(貴意, 貴翰, 貴校, 貴社)
　　　　　玉-　　　(玉稿, 玉音, 玉章, 玉步)
　　　　　芳-　　　(芳名, 芳恩, 芳情, 芳書)
　　　　　令-　　　(令愛, 令兄, 令姉, 令室)
　　　　　尊-　　　(尊父, 尊意, 尊家, 尊顔)

접미사: -さま(様)
　　　　-さん
　　　　-どの(殿)
　　　　-氏
　　　　-ちゃん
　　　　-ちゃま
　　　　-くん(君)
　　　　-先生

접두사+접미사: お- ＋ -さん　　　　(お父さん)
　　　　　　　　お- ＋ -さま　　　　(お医師さま)
　　　　　　　　お- ＋ -ちゃん　　　(お兄ちゃん)
　　　　　　　　お- ＋ -ちゃま　　　(おぼっちゃま)

② 형식 동사(동사적 연어)

　　　お(ご)～ になる　　　　　(お書きになる、ご出発になる)
　　　お(ご)～ あそばす　　　　(お受けあそばす、ご覧あそばす)
　　　お(ご)～ くださる　　　　(お知らせくださる、ご連絡くださる)
　　　お(ご)～ なさる　　　　　(お読みなさる、ご勉強なさる)
　　　お(ご)～ です

③ 조동사

　　　-れる　　　　　　　　　(行かれる)
　　　-られる　　　　　　　　(受けられる)

　특히 일본어에서 접두사 「お(ご)-」의 첨가는 매우 생산적이며, 이는 존경어뿐 아니라 겸양어, 정녕어, 그리고 소위 미화어에까지 걸린다. 또한 접두사가 이중으로 첨가되는 'ご高説', 'ご令嬢', 'ご尊父' 등의 어례에서나 접두사와 접미사가 중복 첨가되는 것은 경어 과용의 잉여성 (redundancy)의 요소인 동시에 동의 중복 현상(tautology)의 강화 현상으로도 설명된다.

　이 밖에 경어적 호칭어로는 직장에서나 사회에서 직명의 칭호인 '-社長', '-課長', '-卿', '-博士' 등의 첨미도 존경어의 부가적 용법으로 간주된다.

　존경을 표시하는 동사는 그 경의성에 따라 몇 개의 단계로 나누어진다. 아래 모형의 예는 동사가 네 단계(1-4)의 경의 정도를 나타내는 것으로, 언중들은 단계가 올라갈수록 경의가 높아지는 것으로 인식하고 있다. 이러한 현상은 모든 동사에 규칙적이고 기계적으로 적용되는 것인데, 일반적으로 「-れる(られる)」형의 경어보다는 「お～ になる」형이 경의에 있어 상위에 있고, 다소 여성적인 표현이기는 하지만 「あそばせことば」가 가장 높은 경의를 나타낸다.

	1	2	3	4
言う:	いわれる	おっしゃる	おいいになる	おいいあそばす
居る:	いられる	いらっしゃる	おいでになる	おいであそばす
着る:	きられる	おめしなさる	おめしになる	おめしあそばす
食う:	あがる	めしあがる	おあがりになる	おあがりあそばす
来る:	こられる	いらっしゃる	おいでになる	おいであそばす
見る:	みられる	ごらんなさる	ごらんになる	ごらんあそばす

　경의의 정도는 인칭 대명사에 있어서도 그 단계가 나누어진다. 즉 상대를 호칭할 때, 'お前' → '君' → '(あんた)' → 'お前さん' → 'あなた' → 'あなたさま'의 순으로 경의의 정도가 높아지는 단계를 설정할 수 있다. 물론 이러한 경의 정도의 단계는 경의 대상의 경어적 맥락, 즉 그 사람의 신분, 연령, 친소 관계 등에 따라 화자가 선택 결정하게 되는 것이다.

2. 겸양어

겸양어는 화제의 하위자와 상위자 사이의 행위의 표현을 통하여 화자가 그 상위자에게 경의적 배려를 나타내는 대우법으로 受け手尊敬, 目的格 尊敬法이라고도 한다.

大石初太郎(1975:87~90)는 겸양어를 둘로 나누었는데, 하나는 화제의 사람을 낮추어 대우하는 것에 의해 그 상대방의 사람, 즉 화제의 사람의 행위에 관계하는 사람을 높여 경의를 나타내는 것이며, 또 하나는 화제의 사람을 낮추어 대우하는 것에 의해 청자에게 경의를 표시하는 것이다. 양자를 각각 겸양어 A와 겸양어 B로 구분하여 아래와 같은 대우 관계 구조도를 그렸다.

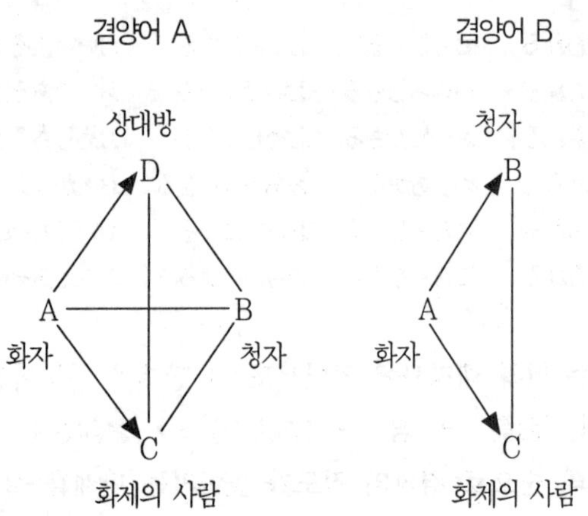

그리고 겸양어 A의 경우를 다음과 같이 세 가지로 예시했다.

(3) a. 弟が 先生に 申しあげることになっている。

　　b. 母が お目にかかるはずです。

　　c. 明日 お届けする。

위의 예에서 a는 화제의 사람 "弟"의 행위인 "言う"를 낮추어 표현함으로써 상대방인 "先生"에게 경의를 나타낸 것이고, b는 화제의 사람 "母"의 행위인 "会う"를 낮추어 표현함으로써 명시되지 않은 상대방에게 경의를 나타낸 것이다. c는 화제의 사람도 상대방도 문 속에 나타나 있지 않지만 동사를 낮추어 표현함으로써 화제의 사람을 낮추어 상대방에게 경의를 나타낸 예이다.

한편 겸양어 B도 두 가지 경우를 예시했다.

(4) a. 妹が あと 始末は <u>いたし</u>ます。
    b. 父は 来週 出張で 九州へ <u>まいる</u>はずです。

예문 (4)에서 a는 화제의 사람 "妹"의 행위인 "する"를 낮추어 표현하고 있지만 그 행위에 대한 상대방은 없으며, 다만 청자에게 경의를 나타낸 것이다. b는 화제의 사람 "父"의 행위인 "行く"를 낮추어 표현하여 청자에게 경의를 나타낸 것이다.

겸양어의 표현 형식도 존경어와 마찬가지로 특정 어형을 사용하는 것과 겸양적 성분을 부가하는 것으로 나뉜다. 겸양의 특정 어형을 취하고 있는 동사로는 'さしあげる'(やる), '申しあげる'(言う), 'あがる'(訪ねる), 'うかがう'(訪ねる, 聞く), 'いただく'(受ける, たべる), 'まいる'(いく, くる), 'ちょだいする', 'うけたまわる', '存じあげる', 'お目にかかる', 'お目にかける', 'お目もじする', 'ご覧に入れる', 'お目に入れる', '奉る', '参らす', '参上する', '拝見する', '拝聴する' 등이 있다. 인칭 대명사에 있어서도 일인칭인 자신을 낮추는 호칭에 'わたし', 'わたくし', 'わたくしども', 'てまえども' 등이 있다.

겸양 성분의 부가적 용법으로는 접사와 동사의 연어적 성격을 띤 형식 동사의 첨가가 있다.

① 접사:

접두사	お-	(おうらやましい)
	おん-	(おんうらめし)
	小-	(小生, 小妹, 小社, 小店)
	愚-	(愚息, 愚見, 愚弟)
	荊-	(荊妻)
	豚-	(豚兒)
	拙-	(拙宅, 拙文, 拙著)
	弊-	(弊店, 弊社, 弊校)
접미사	-ども	(手前ども)
	-め	(せがれめ)

② 형식 동사(동사적 연어)

お(ご)～ する	(お見せする、ご通知する)
お(ご)～ いたす	(お知らせいたす、ご連絡いたす)
お(ご)～ いただく	(お貸しいただく、ご承知いただく)
お(ご)～ もうしあげる	(お通じもうしあげる、ご說明もうしあげる)
お(ご)～ もうす	(お返しもうす、ご案內もうす)
お(ご)～ ねがう	(お許しねがう、ご辛抱ねがう)
お(ご)～ にあずかる	(おほめにあずかる)
-て いただく	(書いていただく)
-て あげる	(教えてあげる)
-て さしあげる	(見てさしあげる)

　이상과 같이 겸양어의 표현 형식은 존경어와 비슷하다. 또한 존경어의 과잉 중복 현상과 같이 겸양어에서도 겸양 요소가 어기의 아래위에 이중으로 접미되어 그 겸양적 의미를 강화하거나 잉여적 요소가 되는 예들을 볼 수 있다. 또한 존경어에서 동사나 인칭 대명사가 존경의 정도에 따라 계열을 형성하듯이, 겸양어에 있어서도 겸양 정도의 등급이

엄존한다. 일인칭 대명사인 "나"를 가리키는 겸양어로 'わたくし' → 'わたし' → '僕' → 'おれ(わし)'의 겸양의 순서가 정해지고, 동사 "바라다"도 'お願い申し上げる' → 'お願い申す' → 'お願いいたす' → '(願い上げる)' → 'お願いする' → '願う'처럼 여러 단계의 겸양 등급으로 복잡하게 배열되어 있다.

3. 정녕어

丁寧語는 화자가 청자에게 경의적 배려를 나타내는 것으로, 청자 지향적인 対者敬語, 聴者敬語를 말한다. 이는 소재 경어가 청자 지향성을 배제하고 소재적으로만 화제의 사람이나 사건에 대해 서술하는 것과는 대조된다. 따라서 時枝誠記는 정녕어를 두고 辞的 敬語라 했다.

정녕어는 논자에 따라서는 정중어, 공손어, 謹称, 恭称 등으로도 불렸는데, 大石初太郎(1975:93)도 이를 정중어라 하여 오로지 청자에게만 경의를 나타내는 것으로 대우의 방향을 명시했다.

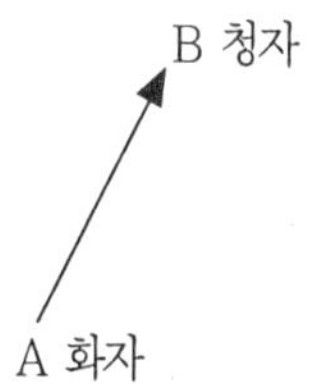

정녕어의 표현 형식은 존경어나 겸양어와 대동소이한 방법을 취하고 있으나, 그만큼 다분하고 복잡하지는 않다. 정녕어에도 특정어가 있어 평상어와는 구별되기도 하며, 정녕의 의미를 가진 형태들이 부가하여 형성된 부류들도 있다.

정녕을 표시하는 특정어로는 'おぐし'(髪), 'おざ'(座席), 'おみおつけ'(みそしる), 'お見それ'(見忘れる) 등을 들 수 있다. 또한 대명사로

'あっち', 'こっち', 'そっち', 'どっち' 대신에 'あちら', 'こちら', 'そちら', 'どちら'로 표현하는 것이 정녕 표현으로 취급되며, 'どう'에 대해서도 'いかが'가 정중성을 담고 있다. 일반적으로 정녕어의 부가적 형태는 조동사 「-です」, 「-ます」를 붙여 쓰는 것으로 되어 있다. 그 외에 존경어와 겸양어에 공통적으로 나타났던 접두사 「お-」의 첨가(예: お静かな晩ですわね)도 정녕의 표현류에 넣을 수 있어 그 생산성을 인정할 수 있다.

이상과 같은 경어 체계에 의존된 정중 표현 외에도 표현론상, 화법상의 정중 표현법도 간과할 수 없다. 이는 영어의 'I wonder if you could ~'라든지 'Would you mind ~ing', 'Could you perhaps ~' 등의 간접적이며 완곡한 화법이 이에 상관된다. 예컨대 'なんにもございませんが'라든지 'ひどい あばら屋で お招きするような ところじゃないんですけれど~' 등의 표현이 그것이다. 대체로 일본어는 부정의 화법을 포함한 경어 형식이 긍정적인 문보다는 정녕하다고 인식하고 있다. 즉, 'いただけませんか'가 'いただけますか'보다는 정중하게 여겨지는 것이다.

다음의 예는 정중한 일상적 대화들이다.

(5) a. ほんとにつまらないもので, 失礼でございますが、ほんの少しばかり~、
       (정말로 보잘 것 없는 것인데 실례가 되지만 아주 조금만,)

   b. いいえ、結構なものを こんなに沢山、… ほんとに いただいて よろしんでしょうか。(아니, 훌륭한 것을 이렇게나 많이, … 정말 받아도 좋겠습니까?)

(6) a. 実は 私も そう 考えたんですけど、… (실은 저도 그렇게 생각했습니다만, …)

   b. 御無理 願えたらと, まあ, 厚かましくお願いにあがりましたような次第でして、(무리한 부탁인데, 어쩌면 염치없이 부탁을 드린 것 같은데요.)

   c. では これで 失礼させていただきます。(그럼 이만 실례하겠습니다.)

이러한 표현들도 상대방의 생각을 중시하여 단정을 피하고 완곡하게 표현하거나, 자기의 행위를 마치 상대방의 은혜 하에 있는 것처럼 말하고 있는 것이다(石坂正藏 1957:279).

Ⅲ. 일본어 대우법의 의미 구조

대우법이란 언어 주체인 화자가 어떤 대상에 대해 배려를 하는 것이다. 이와 같은 배려는 반드시 주체의 평가적 태도가 수반되는 것이다.

南不二男(1977b:242)는 일본어 경어의 의미 구조에 대하여 세 가지의 구성 요소를 상정했는데, 배려의 대상과 취급 대상, 그리고 취급 방법의 특징이 그것이다.

먼저 배려의 대상으로는 인간 자체, 인간 관계, 인간과 사항과의 관계, 그 밖의 사항 일반, 상황 등을 들었다. 예컨대, 'いらっしゃる', 'おっしゃる', 'お~になる', '(ら)れる' 등의 존경어는 동작주에 대한 배려를 나타내고, '-(て)さしあげる', 'お ~する', '-(て)くださる', 'お~いただく' 등의 겸양어는 동작주와 피동작주를 배려하는 것이다. 정녕어는 동작주나 피동작주에 관한 배려 대신에 상대방, 상황, 화제가 되는 것에 대한 배려를 나타낸다.

취급 대상은 언어 주체, 상대방 및 화제가 되고 있는 인간 그 자체, 또는 그것들에 관한 사항(동작, 상태 등)의 표현과 언어 주체의 태도(정중한 태도, 사과의 태도, 분노의 태도 등)의 표현이다.

취급 방법의 특징은 언어 주체가 가진 평가적 태도의 관점에서 따지는 것으로, 즉 어떤 대상에 대한 지위적, 연령적 상하 관계, 사회적 심리적 거리의 친소 관계, 상황에 대한 경색과 허심탄회, 어떤 표현(행동)에 대한 판단 등이 이에 해당된다. 이렇게 하여 경어 의미의 일반적 구조를 다음과 같은 모형도로 그렸다.

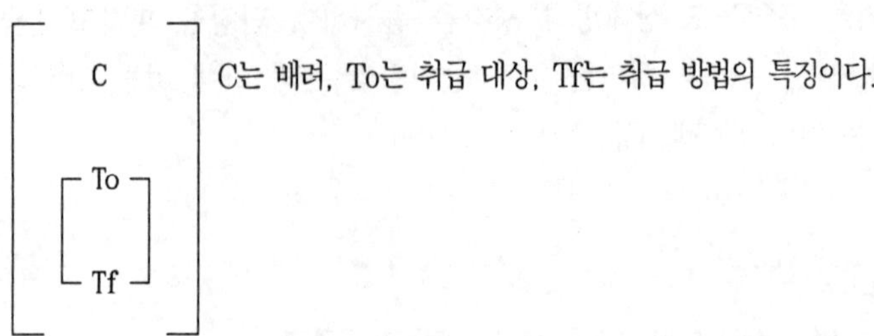

C는 배려, To는 취급 대상, Tf는 취급 방법의 특징이다.

南不二男(1977a:37)는 일본어의 대우 표현 형식 일부에 대한 이들 세 가지 구성 요소와의 관계를 아래의 〈표 2〉와 같이 표시했다.

【표 2】

내용 \ 요소	존경어 ~(ら)れる お~になる ~さま	존경어 ~てくださる	겸양어 ~てさしあげる ~申しあげる	겸양어 ~いたす ~存ずる	정녕어 ~です ~ます	정녕어 ござい ます
배려의 대상 — 인간 그 자체						
표현주체 자신	±	±	±	+	+	+
상대방	±	±	±	+	+	+
동작주	+	+	+	+	−	−
피동작주	−	−	+	−	−	−
인간 관계						
표현주체–상대(직접)	±	±	±	+	+	+
표현주체–상대(곁)	±	±	±	±	±	±
표현주체–동작주	+	+	+	+	−	−
표현주체–피동작주	−	−	+	−	−	−
상대(직접)–상대(곁)	±	±	±	±	±	±

	상대-동작주	±	±	±	±	−	−
	동작주-피동작주	−	−	±	−	−	−
	상대-피동작주	−	−	+	−	−	−
	인간과 사항과의 관계						
	표현주체-사항	±	±	±	±	±	±
	상대-사항	±	±	±	±	±	±
	동작주-사항	±	±	±	±	−	−
	피동작주-사항	−	−	±	−	−	−
	그 외 사항일반	±	±	±	±	±	±
	상황	±	±	±	±	+	+
취급의 대상	동작주에 관한 사항의 표현	+	+	+	+	−	−
	피동작주에 관한 사항의 표현	−	−	−	−	−	−
	그 외 사항 일반의 표현	−	−	−	−	−	−
	표현주체 자신의 표현	−	−	−	−	+	+
취급법의 특징	칭찬/중립/멸시	+	+	+	+	−	−
	책임짐/중립/책임지움	±	+	−	±	±	±
	송구함/중립/깔봄	±	±	±	±	±	±
	소원/중립/근친	+	+	+	+	±	+
	경색/중립/허심탄회	+	+	+	+	±	+
	망설임/중립/즉각	−	−	±	±	±	±
	고상/중립/난폭	+	+	+	+	+	+
	약/중립/강	±	±	±	±	±	±

〈표 2〉 중에서 배려의 대상과 취급 대상의 ＋, −는 그 항목이 문제가 되는지의 여부를 나타낸 것이고, 취급법의 특징의 ＋, ±, −는 순차

적 세 단계를 나타낸 것이다.

한편 경어 선택의 조건으로 인간 관계, 사실 사항, 상황 등을 제시할 수 있겠는데, 이에 관해서는 辻村敏樹(1971:80)의 예시가 흥미롭다.

【표 3】

	인간 관계(1)	인간 관계(2)	어　형	조　　합
I	a≧c·d	b>a	やります	통상어＋대자 경어
II	c>b·d (c≧b)	b>a	くださいます	존경어＋대자 경어
III	d>a≧c (d≧b)	b>a	さしあげます	겸양어＋대자 경어
IV	d>c>a (d≧b)	b>a	さしあげられます	겸양어＋존경어＋대자 경어

a는 화자, b는 청자, c는 화제의 인물(1), d는 화제의 인물(2)이며, 인간 관계(1)은 소재 경어의 표현법이며, 인간 관계(2)는 대자 경어의 표현법이다.

또 한편 南不二男(1977a:40)는 경어의 사회적 관계에 관한 기능을 다음과 같이 분류하고, 여러 가지 경어 표현 형태가 어떻게 이에 관계 되는지를 아래 〈표 4〉에 나타내고 있다.

【표 4】

요 소 / 기 능	존경어 ~さま ~(ら)れる お~になる	존경어 ~てくださる	겸양어 申しあげる ~てさしあげる	겸양어 ~いたす 存ずる	정녕어 ~です ~ます	정녕어 ございます
사회적 관계의 개시 및 단절	±	±	±	±	±	±
사회적 관계의 유지	+	+	+	+	+	+
사회적 위치의 보지	+	+	+	+	+	+
실질적 정보의 수수	+	+	+	+	−	−
상대에 대한 강제, 호소 등	−		−	−	−	−
미적 가치의 표현	+	+	+	+	+	+

Ⅳ. 한국어 대우법과의 대비

한국어에 있어서도 정중 표현은 대우법인 경어 체계에서 다뤄질 수밖에 없다. 국어의 대우법은 일본어와 마찬가지로 존경어, 겸양어, 공손어의 3체계를 형성하는 것으로 일반화 주지되어 있다. 이러한 분류 체계는 역시 표현 주체가 대우하는 대상이 무엇이냐에 따른 분류이다.

존경어는 주체 존대법에 의한 것으로, 대우를 받는 대상이 어떤 서술(동작, 상태)의 주체, 즉 한 문장의 주어가 되는 경우를 말한다.

겸양어는 객체 존대법에 의한 것으로, 그 대상이 어떤 행위의 객체인 경우를 말하는데, 즉 객체에 대한 주체의 겸양을 나타낸 것이다.

공손어는 상대 존대법에 의해 대우를 받는 대상이 바로 청자인 경우를 가리킨다.

梅田博之(1977:250-262)는 한국어의 경어 체계를 일본어에 대응시켜 소재에 대한 경어와 대우법의 두 가지로 나누었다. 소재 경어는 화제의 동작 주체에 대한 직접 경어인 존경어와 화제의 동작 객체에 대한 간접적인 경의 표현인 겸양어가 해당되고, 화자가 대자를 대우하는 공손어를 대우법으로 다루었다.

한국어 대우법의 표현 형식은 일본어와 마찬가지로 특정어의 사용에 의한 것과 경어 형태소의 부가에 의한 것으로 나타나지만, 일본어만큼 복잡하고 그 분포가 넓지는 못하다. 특히 어두에 접미사가 붙어 존경어가 되는 조어적인 분포는 찾아볼 수 없다. 일반적으로 용언의 어간에 선어말 어미 「-시-」가 붙어 존경어가 되며, 존경 표시의 특정 동사가 별도로 존재하여 일본어와 동질적 현상을 보인다. 이로는 '자시다/잡숫다/잡수시다/드시다'(먹다), '주무시다'(자다), '돌아가다'(죽다), '편찮으시다'(아프다), '꾸짖으시다/걱정하시다'(야단치다), '분부하시다'(시키다, 이르다), '계시다'(있다) 등 우리의 일상 생활어로 요긴하게 쓰이는 용언류가 있다. 그런가 하면, 명사에도 '진지'(밥), '댁'(집), '말씀'(말), '존함'(이름), '간자'(수저), '치아'(이), '염'(수염), '병환'(병), '생신'(생일), '사연/글월'(편지), '연세/춘추'(나이) 등 사람에 관한 존경 명사가 있다.

이 밖에도 사람의 호칭어로 한자 기원의 단어들이 나열되어 복잡한 양상을 띤다. 예컨대, '椿府丈/尊大人/尊公/令尊/大庭'(남의 아버지), '大夫人/慈堂/萱堂/北堂/尊堂/令堂'(남의 어머니), '王尊大/祖父丈'(남의 할아버지), '王大夫人'(남의 할머니) 등이 있고, '阮丈'(아저씨), '伯氏/伯氏丈'(형), '令弟氏/賢季氏'(아우), '令君子/賢君子'(남편), '閤夫人/賢閤/令夫人/內相'(아내), '令息/令胤/賢胤'(아들), '令愛/令孃'(딸) 등의 호칭어가 있다. 그러나 한자어를 기피하는 세대에 있어서는 이보다는 존칭 접미사 「-님」을 부가하여 '아버님', '어머님', '형님', '누님', '아드님', '따님'으로 부르는 것이 일반적이다. 또한 이름 아래에 접미되는 「-선생(님)」, 「-씨」, 「-양」, 「-군」, 「-여사」, 「-옹」 등은 일본어와도 대동소이하며, 직명이나 직위를 나타내는 명사(과장, 부장, 교수, 박사)에 접미사 「-님」을 붙여 부르는 호칭법도 일본어와 동일하다. 특히 국어에 특징적인 것은 이러한 사람 존칭어에 호응하는 조사 형태인 「-께서」, 「-께옵서」(주격), 「-시여」(호격), 「-께」(여격) 등이 있다는 사실이다.

겸양법에 있어서는 존경어 선어말 어미 「-시-」에 대응하는 형태소가 따로 없는 대신에, 동사 가운데 '여쭙다/아뢰다/사뢰다'(말하다), '드리다/올리다'(주다), '모시다'(데리다), '뵙다'(만나다) 등의 특정어가 있다. 또한 인칭 대명사 중 자신을 낮추는 '저'(나)가 있고, 한자 기원의 호칭어들이 다수 분포되어 있다. 어례를 들면 '家親/嚴親'(아버지), '母親/慈親'(어머니), '舍伯/伯兄/家兄/家伯'(형), '舍弟/家弟'(아우), '拙夫/家夫'(남편), '愚妻/拙妻/家人/室人/荊妻/小妾'(아내), '家豚/豚兒/家兒'(아들), '女息/女兒'(딸) 등이 그것이다

상대 경어법인 공손어는 용언의 어말 어미로 결정되고 있는데, 이는 화자가 청자와의 관계를 어떤 것으로 인식하고 있느냐에 따라 등급이 정해져 있다. 흔히 "해라체", "해체"(반말체), "하게체", "하오체", "해요체", "합쇼체" 등으로 나뉘는데, 이 스타일의 선택 요인은 연령, 지위

의 상하 관계, 친소의 정도 등에 관련되어 결정된다. 그러나 현대어로 오면서 이는 단순화의 경향을 보여 "하게체"와 "하오체"가 퇴조하고 4등급 체계를 형성하는 것으로 추이되고 있다. 따라서 이들 등급은 "해라체"(下稱), "해체"(等稱), "해요체"(中稱), "합쇼체"(上稱)로 나누어지는데, 대자 경어에 있어 이러한 등급 구분은 일본어에서는 분화되어 있지 않다.

이 밖에 한국어의 정중 표현을 대우 체계가 아닌 표현적 화법상으로 생각한다면, 문말에서 단정을 피하고 완곡하게 표현하는 화법이 여기에 포함될 것이다. 이러한 화법은 대화에서 흔히 명령법, 공손법, 허락법, 청유법 등의 서법적인 형태로 나타나는데, 다음의 예들이 그러한 부류에 들어간다.

> **명령법**: 하실까요, 하시겠습니까, 해 주실까요, 해 주시겠습니까, 해 주시
> 지 않겠습니까, 해 주셨으면 합니다, 해 주셨으면 고맙겠습니다,
> 하시기 바랍니다, 해 주시오, 하실까요, 하시죠.
> **공손법**: 하지 않으시렵니까, 하면 좋겠는데요, 해 주세요, 할까요.
> **허락법**: 해도 좋습니다.
> **청유법**: 하십시다.

등 직접적인 것보다는 완곡하게 표현하는 화법이 있고, 종결 어미에 「-만」을 붙여 쓴다거나(예: 그건 그렇습니다만, 그는 갔습니다만), '-는데요', '그렇지 않을까요', '잘 모르겠습니다만' 등의 표현 방식도 화자의 정중성을 현현하는 일상적인 대화라고 간취된다.

지금까지의 한국어 정중 표현을 일본어와 비교하면, 먼저 대자 존경에 있어 한국어가 단계적 세분화 체계에 있어 일본어보다 훨씬 복잡하다는 것을 들 수 있다. 전술한 바 대자의 입장에 따라 상칭, 중칭, 등칭, 하칭으로 나뉘는데, 일본어에서는 이와 같은 등급이 명확하게 구분되어 있지 않다. 그런가 하면 일본어에는 대우법의 분화 형태가 존경어, 겸양어, 정녕어의 3체계 외에도 미화어, 정중어 등으로 다분화될 수 있

고, 또한 그 경어 표현 형식이 매우 다양하고 분포가 생산적이란 점이
한국어와 비교된다.

　실제로 다음의 일어 문에서 보면, 하나의 문 내에 다섯 가지의 경어
형태가 복합되어 있음을 알 수 있다.

　　(7) お菓子も　召しあがって　いただきたく　存じ　ます。
　　　　미화어　　　존경어　　　　겸양어　　　정중어 정녕어

　이를 한국어로 옮기면 "과자도 잡수어 주셨으면 합니다."인데, 국어
에 있어서는 경어 성분이 둘밖에 나타나지 않는다. 이들의 배열 순서는
소재 경어가 반드시 대자 경어의 앞에 오는데, 이는 인간 관계에 기초
한 표현 순서를 나타내는 것으로, 화제의 인물에 대한 경의 표현을 한
뒤에 화자에게 경의를 나타내는 것으로 해석된다. 이러한 대자 경어(상
대 존칭)의 문말성은 양 언어에서 공통적으로 화자가 청자에게 대한 경
의적 배려를 술어 문말에 두는 구문적 공통성으로 일치한다.

　일본어에 있어 대우법 체계가 한국어보다 다양하고 복잡하다는 것은
다음의 대응 예에서도 확인된다.

　　(8) a. あす 行きます。　(내일 갑니다.)
　　　　　 あす まいります。
　　　 b. あす いらっしゃる。 (내일 가신다.)
　　　　　 あす 行かれる。
　　　　　 あす おいでになる。
　　　 c. あす いらっしゃいます。 (내일 가십니다.)
　　　　　 あす 行かれます。
　　　　　 あす おいでになります。

　　(9) a. 「これでいい」と 言いました。 (이것으로 좋다고 말했습니다.)
　　　　　 「これでいい」と 申しました。
　　　 b. 「これでいい」と おっしゃった。 (이것으로 좋다고 말씀하셨다.)

「これでいい」と <u>言われた</u>。

c. 「これでいい」と <u>おっしゃいました</u>。 (이것으로 좋다고 말씀하셨습니
다.)

「これでいい」と <u>言われました</u>。

(10) a. 月曜日に <u>出発します</u>。 (월요일에 출발합니다.)

月曜日に <u>出発いたします</u>。

b. 月曜日に <u>出発される</u>。 (월요일에 출발하신다.)

月曜日に <u>ご出発になる</u>。

月曜日に <u>出発なさる</u>。

c. 月曜日に <u>出発されます</u>。 (월요일에 출발하십니다.)

月曜日に <u>ご出発になります</u>。

月曜日に <u>出発なさいます</u>。

각 문의 a는 자신이나 친척에 관한 사실을 손윗사람 또는 손님에게 말하는 경우이고, b는 손윗사람이나 손님 등의 사실을 손아랫사람에게 말하는 경우이며, c는 손윗사람이나 손님의 사실을 다른 손윗사람이나 손님에게 말하는 경우에 쓰인 대우 표현이다. 이를 분석하면, a는 정녕어, 또는 겸양어+정녕어이고, b는 존경어이며, c는 존경어+정녕어의 형식을 구비한 것이다. 이 때 한국어에서는 정녕이나 겸양이나 존경의 정도를 표현하는 다양한 형식을 구유하지 못하여 일어 문에 적중하는 대응 문을 찾기가 어려운 것이다.

이 외에도 일본어 대우법의 복잡성은 전술한 과잉 경어 경향에서도 노정된다. 특히 「お-」의 과용이나 문중의 「-ます」,「-です」의 사용이나 이중 경어(ますです, ませんです, お休みになられる 등) 등을 들 수 있는데, 국어에서 이 같은 경향은 눈에 띄지 않는다.

문체적인 면에서 양 언어의 정중성 표현 방식은 매우 유사하다. 이는 양국이 지리적으로 인접해 있고 문화적으로 교섭이 잦았기 때문에 나타나는 상호 차용의 성격으로 해석된다.

V. 결 론

일반적으로 언어의 정중성 표현에 대한 논의는 화자가 청자에게 대한 경의 의식을 나타내는 것을 중심으로 다루고 있지만, 언어에 따라서는 경어체계 전체의 대우법을 대상으로 하지 않으면 안 되는 경우가 있다. 본고에서 다룬 일본어와 한국어가 바로 그러한 예인데, 이는 양 언어가 소위 주체 존대(존경어)와 객체 존대(겸양어), 그리고 상대 존대(정녕어)의 대우법이 확연한 체계성을 갖추고 있기 때문이다. 따라서 일·한 양 언어에 있어 정중 표현이라 하면, 으레 경어 체계 전반에 걸친 화용상의 제 현상을 가리키는 것으로 상식화되어 있다.

본고는 일본어의 정중 표현을 대우법에 관련시켜 그 특징과 표현 형식, 의미 구조 등을 기술하고, 한국어와의 표피적인 대비를 다룬 것이다. 한정된 지면 관계로 깊은 곳까지 탐색하지 못했고, 표면적으로 노출되어 있는 경어법의 제 현상을 논자들의 논구를 중심으로 소개, 기술한 것임을 밝혀 둔다.

이제 그 골자를 추려 결론의 요목으로 삼고자 한다.

1. 일본어에 있어 정중 표현은 대자 경어(상대 존대)의 범주뿐 아니라, 소재 경어를 포함한 경어 체계 전역을 포유하고 있다. 이런 점은 한국어에서도 마찬가지다.
2. 현대 일본어의 경어 체계는 존경어, 겸양어, 정녕어 등 3체계를 중심으로 미화어, 정중어를 추가할 수 있는 다분화 경향을 보여준다. 3체계에서 존경어와 겸양어는 소재 경어에 해당되고, 정녕어는 대자 경어의 성격을 띤다.
3. 일본어 경어는 고대의 절대 경어에서 현대의 상대 경어로 추이되는 경향을 보이고 있다. 이는 일본 사회 구조의 변천에 직결되는 것으로, 고대 상하 관계의 계급 경어로부터 현대 좌우 관계의 사교 경어, 수혜 경어로 바뀐 것이다.

4. 일본어 경어법의 표현 형식은 별개의 특정 어형을 사용하는 것과 경어적 성분을 부가하는 방법이 있다. 이 중 후자의 경우 접사나 형식 명사, 조동사의 첨가 형태는 매우 규칙적이며 기계적인 동시에, 그 파생에 있어 생산적이다.

5. 일본어의 존경어나 겸양어는 그 표현 형식에 따라 경의 정도의 등급이 매겨지는 복잡성을 띠고 있으며, 이들의 경어 선택은 경의 대상의 경어적 맥락, 즉 신분, 연령, 친소 관계에 의해 결정된다.

6. 현대 일본어의 경어에 있어서는 과용 현상이 두드러져 경어 요소가 이중으로 중복 첨가되는 잉여성이 노출되는 경우가 있으나, 대체적으로 경어의 간소화 방향으로 가고 있다.

7. 정중한 표현은 경어 체계 외에도 수사법이나 화법상 간접적이며 완곡한 표현에서도 노정된다.

8. 일본어 경어의 의미 구조는 경의 배려의 대상, 취급 대상, 취급 방법의 특징 등이 그 구성 요소가 되며, 이들은 인간 관계를 다루는 것인 만큼 사회적 관계를 상정하는 기능을 가진다.

9. 일본어의 경어 형태는 한 문장 안에 존경어, 겸양어, 정녕어, 미화어, 정중어 등 다섯 가지의 형태가 복합되어 나타날 수 있으며, 이 때의 배열 관계는 정녕어가 문말에 후행하는 어순상의 특징을 가진다.

10. 한·일 양 언어의 대우법을 비교하면, 한국어는 대자 경어(상대 존칭)에 있어 대우 등급이 세분화되어 있다는 것과, 일본어는 소재 경어(주체 존대, 객체 존대)의 표현 형식이 다양하고 그 분포가 광범하다는 점을 특징으로 들 수 있다.

참 고 문 헌

金公七(1982), 日本語學槪論, 平和出版社.

金鍾塤 편저(1984), 國語 敬語法 硏究, 集文堂.

김종택(1993), 국어어휘론, 탑출판사.

남기심·고영근(1985), 표준국어문법론, 탑출판사.

吳世曾(1987), 現代日本語の敬語の考察,-特性·問題點·推移を中心に-, 啓明大 大學院.

李庸周(1993), 韓國語의 意味와 文法 I, -基本的인 觀點-, 三知院.

李翊燮·任洪彬(1983), 國語文法論, 學硏社.

張相彦(1984), 日本語의 敬語 硏究, -體系와 構文論的 性格을 中心으로-, 啓明大 大
學院.

서정수(1972), 現代國語의 待遇法 硏究,「語學硏究」 8-2, 서울大 語學硏究所.

______(1974), 韓日 兩國語의 敬語法 比較硏究,「首都師大論文集」 6.

신창순(1964), 존대어론,「한글」 133, 한글학회.

조선일보사·국립국어연구원 편(1991), 우리말의 예절, 조선일보사.

洪思滿(1994), 國語意味論硏究, 螢雪出版社

池上秋彦 外(1977), 国語要説, 桜楓社.

石坂正蔵(1957), 敬語法:「日本文法講座」 1, 総論, 明治書院

梅田博之(1977), 朝鮮語における敬語,「岩波講座日本語」 4, 岩波書店.

大石初太郎(1975), 敬語, 筑摩書房.

大久保忠利 外(編)(1975), 日本文法の見えてくる本:「新日本語講座」 2, 汎文社

大野晋·柴田武 (編)(1977), 敬語:「岩波講座日本語」 4, 岩波書店.

奥山益朗(編)(1999), 状況分類別 敬語用法辞典, 東京堂出版

金田一春彦(編)(1978), 日本語の姿:「日本語講座」 第一巻, 大修館.

佐藤喜大治(編)(1969), 国語学要説, 朝倉書店.

築島裕(1977), 国語学, 東京大学 出版会.

辻村敏樹 外(編)(1971), 敬語史:「講座国語史」 5, 大修館

________(編)(1991), 敬語の用法, 角川書店.

鈴木康之(1977), 日本語文法の基礎, 三省堂

西田直敏(1995), 敬語, 東京堂出版

______·西田直子(1974), 現代日本語, 白帝社

堀川直義 外(編)(1991), 敬語(用例中心)ガイド, 明治書院

松下大三郎(1977), 改撰標準日本文法, 勉誠社

南不二男(1977a), 敬語の機能と敬語行動, 「岩波講座日本語」 4, 岩波書店.

______(1977b), 現代日本語の構造, 大修館.

______(1978), "日本語の敬語", 金田一春彦 編「日本語の姿」 所収, 大修館

宮地裕(1981), "敬語史論", 講座日本語学 9, 明治書院

三輪正(2000), 人称詞と敬語, 人文書院

森岡健二 外(編)(1981), 敬語史: 講座日本語学 9, 明治書院

横倉暢子(1975), "「犬にごはんをあげ」ではどうしておかしいか", 大久保忠利 外(編): 「日本文法の見えてくる本」 所収, 汎文社

渡辺実(1977), 国語構文論, 塙書房.

Brown, P.& S. C. Levinson(1987), *Politeness: Some universals in language usage*, Cambridge Univ. Press.

「언어연구」 11, 1994

5 정도 부사

I. 서 론

이 논문은 필자가 지금까지 논구해 온 한·일어 대조 분석에 관한 일련의 연속 연구 과제로, 음운 체계의 대조(1988), 문법·의미의 대조(1989), 어휘·표현의 대조(1993), 형태의 대조(1997, 2000)의 다음 단계인 통사론 분야의 대조론에 진입한 것이다. 특히 1993년에 총괄적으로 분석한 양 언어의 전반에 대한 연구에 이어, 그 구체적인 각론에 대한 심층 연구이다. 이는 이른바 숲을 본 다음 나무를 살피는 연구 절차가 될 것이다.

한국어 부사는 대체로 용언을 한정하는 수식어로, 그 갈래로는 피한정어와의 공기 관계 제약 유무에 따라 자유 부사와 제약 부사로 나뉜다. 또한 한정 범위에 따라 문 전체를 한정하는 문장 부사와 문 내의 한 성분을 한정하는 성분 부사로 나누기도 한다. 이러한 부사의 분류는 통사론적 기준에 의한 것인데, 의미론적으로 분류하면 정도 부사와 양태 부사, 시간 부사와 장소 부사, 서법 부사와 접속 부사, 그리고 상징 부사, 부정 부사 등으로 나눌 수 있다(손남익 1995:24-51).

이 논문에서 다룰 정도 부사는 일반적으로 상태성을 띠는 용언이나 양태 부사를 한정하는 것으로, 그 뒤에 특수 조사가 연결되지 않으며, 어순의 위치가 고정되는 성격을 지닌 부류이다. 또한 정도 부사끼리의 중출을 허용하지 않는 특정도 가지고 있다.

국내에서 부사에 관한 연구는 광범위하게 이뤄졌지만, 정도 부사만을 심도 있게 다룬 것은 흔치 않다. 손남익(1989), 이충우(1986), 정철주(1982), 이석규(1987), 조익선(1988), 한 길(1983), 김경훈(1990), 서상규(1991), 최오남(1991), 김남탁(1995), 최홍렬(1996, 2001), 홍사만(1977, 2002a, 2002b) 등이 눈에 띌 정도이다.

한편 일본에서의 부사 연구는 山田 문법에서 비롯되었다. '부사(副詞)'라는 명칭도 明治 시대에 山田孝雄에 의해 명명되었는데, 山田는 일본어 부사를 성질과 직능에 의해 다음과 같이 분류했다.

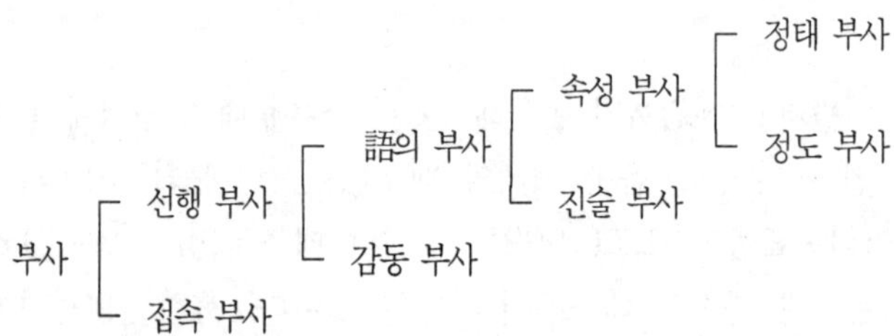

위의 부사 분류에서 접속 부사는 접속사로, 감동 부사는 감탄사로 돌린다면, 일본 문법에서 좁은 의미의 부사는 '語의 부사'로 축소되면서 정태 부사, 정도 부사, 진술 부사의 셋으로 나뉜다. 정도 부사는 스스로 사물의 속성과 정태를 나타내는 것이 아니고, 주로 다른 것의 성질이나 정태의 속성을 수식하는 기능을 하는 것으로 규정하고 있다.

일본 문법에서 정도 부사의 성격 규명은 여러 각도에서 이뤄졌다.

'정도 부사는 비교 표현으로 표시되는 여러 가지의 정도성에 있어서 그것이 무엇에 관한 정도성인가 각각 개유(個有)의 질을 사상(捨象)하여 우열이라는 것으로 서열화하는 것이다', '정도 부사란 언어 주체가 머리에서 그리는 상(像)과 현실의 소재와의 관계성을 주체적으로 채용

하여 나타낸 것이다. 소재로 하는 사상(事象)을 앞으로 하여 어떠한 정
도 부사를 쓰는가 하는 주체적 선택을 행하는 것은 어떠한 상을 주관적
으로 설정하여 관계성을 채용하느냐 하는 것이다'(石神照雄 1983: 43-
44).

'정도 부사는 상대적인 상태성의 의미를 가진 단어에 걸려 그 정도를
한정하는 부사이다', '기본적으로 정적인 상태에 관여하는 것으로, 동사
가 나타내는 운동성에는 관여하지 않는 것으로 되어 있다', '정도 부사
는 진술적으로 긍정·평서의 서법과 관여하여 평가성을 가지면서, 사항
적으로 형용사와 조합하여 정도 한정성을 가지는 이중 성격의 것으로
위치를 매길 수 있다'(工藤浩 1983:177-187).

대체적으로 일본어의 정도 부사는 다음과 같은 특징을 가짐으로 양태
부사와 구별된다(工藤浩 1983:186). 이는 한국어의 정도 부사와 동질
성을 띠는 경향을 보인다.

① 부조사 {は}, {も} 등이 연결되지 않는다.
② {だ}, {です}를 동반하여 서술어가 되는 일이 없다.
③ 수식어를 받을 수 없다.

그러나 {すこし}, {ちょっと}, {多少}, {少々}, {いくらか}, {わずか
だ}, {かなり}, {大体}, {いささか} 등 수량 명사성을 가진 것은 예외이
다. 이들은 조동사 {だ}(국어 지정사 {이다})가 붙어 서술어가 되기도
하고, 연체 조사 {の}가 붙어 관형어가 되기도 하며, 부조사 {は}가 붙
어 체언의 기능도 한다.

(1) a. 今年も あと わずかだ。
    b. 完成は まだ なかなかだ。
    c. すこしでは あるが 貯金もして いる。
    d. 花子は 金持ちか? かなりだ。

> (2) a. かなりの暑さ/わずかの間/よほどの寒さ/大体の見積り/相当の経験を
>   要する
>   b. 出席者の大体は 賛成した。

原田登美(1982:2)는 일본어 정도 부사를 다섯 부류로 나누고, 이들 중 '十全性' 정도 부사(全部, みんな, いつも, 完全に, 全く 등)와 '非十全性' 정도 부사(大部分, いくらか, いささか, 多少, ほとんど 등)에 한하여 그 뒤에 {は}의 하접과 술격에 설 수 있는 것으로 설명했다.

양 언어의 공통된 특징으로 정도 부사는 일반적으로 부정 형식(-않다, -못하다(-ない))과 공기하지 않는다는 점이다. 그러한 예로 든 工藤浩(1983:186)을 옮겨 보면 다음과 같다.

> (3) a. きょうは {*相当, さほど} さむくない。
>   b. この本は {*大分, たいして} おもしろくない。
>   c. この電球は {*すこし, あまり} 明るくない。
>   d. このひもは {*非常に, っとも} 長くない。

부정어와 호응하는 {ちっとも}, {すこしも}, {たいして}, {さして}, {さほど}, {一向}, {あまり}, {全然}, {そんなに} 외에 대부분의 정도 부사는 긍정 문맥과 어울리는 경향을 보여 준다. 이러한 현상은 국어에서도 마찬가지다.

> (4) {매우, 아주, 대단히} {크다/*크지 않다, 작다/*작지 않다}.

이는 정도 부사의 의미 한정역이 부정어에까지 미치지 않는다는 사실을 말해 주는데, 또 한편으로는 '크지 않다'와 '작다'가 동치는 아니지만 '작다'와의 공기가 가능하기 때문이다. 특히 일본어 정도 부사를 그것이 걸리는 어사가 긍정어인지 부정어인지에 따라 다섯 부류로 나눈 原田登美(1982:15-16)가 주목된다. 작용으로서의 긍정·부정에 따라 긍정계

정도 부사와 부정계 정도 부사로 나눈 유형을 옮겨 보면 다음 〈표 1〉과
같다.[1]

【표 1】

작용으로서의 긍정·부정 / 정도·양에 관한 의미	긍 정 계	부 정 계
① 술부의 내용 정도	随分, 非常に, とても, 大変, かなり, 相当, 多いに, 大層, ひときわ, すこぶる	
② 사태의 성립에 관한 양적인 내용	完全に, 全く 〈十全性副詞〉 ほとんど, いささか, 多少, よく, いくらか 〈非十全性副詞〉	ちっとも, 一向に, みじんも, 少しも
③ 사태의 양적인 내용의 상대적 표현	もっとも, はるかに, さらに, ざっと, 一番, もっと	

한국어에서도 {조금도}, {전혀} 등과 같이 부정어와 호응하는 부사류
에서만 공기가 가능하다.

또한 정도 부사 중 대부분은 서술어가 동작 동사라 하더라도 명령법,
청유법, 의문법, 의도법 등의 서법과는 어울리지 않는 특징이 있다

---

1) ②에서 부정계의 정도 부사는 어떤 긍정적인 사태에 대한 작용적인 부정에 관여하는
   것이고, ②. ③의 긍정계의 정도 부사는 부정적인 사태에 대한 작용적인 긍정에 관여
   하는 것으로 설명했다.

(5) *{매우, 아주, 퍽} {빨리} {달려라, 달리자, 달리느냐? 달리겠다}.
  *{もっとも, とても, 非常に} {速く} {走れ, 走ろう, 走るのか? 走る}[2]。

이러한 경향은 양 언어에서 동일한 양태로 보이는데, 이는 결국 정도 부사의 정도 평가나 판단을 내리는 의미 기능이 명령이나 청유, 의문이나 의도와는 서법적으로 상응하지 않기 때문이라 여겨진다.[3]

종래 일본에서의 정도 부사에 관한 연구는 정도 부사의 의미 기능적 유별(工藤浩:1983), 비교 표현에 관련된 통사적 기능(丹保健一:1981), 정도량에 따른 의미 수식 기능(森重敏:1958), 정도 표시의 양태(神久雄:1981) 등을 논한 것이 주류를 이루고 있다. 대체로 이들의 논조는 정도 부사와 대비되는 양태 부사와의 상이적 기능에 대해 논하거나, 진술 부사와의 대비를 다룬 것들이 많다.

특히 川端善明(1983:30)는 부사의 조건을 논하면서 정도 부사의 기능적인 특징을 형용사의 영역과 관련지어 다음과 같이 도시하고 있다.


```
                                        ┌ 비교량
                           ┌比較(~特立) - 정도 부사┤
〈內屬系〉 狀態의 수식 ↔ 情態의 句 裝定→┤              └ 정도량
                           └比況(~例示) - 지시 부사

             형용사의 영역         │         부사의 영역
```

이 논문은 한·일 양어의 정도 부사를 대조 분석함에 있어, 대체로 가로 관계인 후행 피한정어와의 공기 관계와 세로 관계인 정도 부사끼리의 강의(약의)의 등급과 상호 관계를 비교하여 그 동질성과 이질성을

---

2) 한국어에서 의지의 서법을 나타내는 선어말 어미 '겠'은 일본어에서 대응되는 표현 형태(조동사)가 없다. 따라서 '달린다'와 '달리겠다'는 다같이 '走る'로 옮길 수밖에 없다.

3) 工藤浩(1983:191-194)는 일본어의 정도 부사가 명령 등에 쓰이지 않는 것은 [+비의지성] 또는 [-자제성]의 의미 자질에 관련된다고 기술하고 있다.

추구·기술하려는 것이다. 한국어의 분석은 필자가 최근에 논구한「국어 정도 부사의 피한정어 연구」(2002a)와「국어 정도 부사의 하위 분류」(2002b)의 연구 결과를 가져 왔으며, 이를 일본어에 적용시켜 대조 분석하려고 한다.

　양 언어 정도 부사의 목록에 있어서는 논자에 따라 다소 드나듦이 있지만, 대체로 다음과 같은 부류들이 논구의 대상이 된다.

> 한국어 ：　가장, 아주, 매우, 몹시, 심히, 무척, 위낙, 썩, 지극히, 대단히, 굉장히, 상당히, 퍽, 훨씬, 너무, 제법, 꽤, 조금, 약간, 좀
>
> 일본어 ：　非常に, 大変(に), はなはだ, ごく, すごぶる, 極めて, 至って, 大分, 随分, 相当, 大層, かなり, よほど, わりあい, わりに, けっこう, なかなか, 比較的, すこし, ちょっと, 少々, 多少, 心持ち, 一番, もっとも, もっと, ずっと, 一層, ひときわ, はるかに, よけい(に), より

II. 피한정어와의 공기 관계 대조

1. 공기 조건

　정도 부사의 전형적인 피한정어는 상태성 용언인 성상 형용사와 양태 부사가 된다. 이 때 전형적이란 것은 그 분포에 있어 제약이 없는 일반적이란 뜻이다. 정도 부사는 성상 형용사와 양태 부사에 대해 용언의 상태성과 상태화한 동작성을 정도화하는 기능을 가진다.

> (6) a. 이 연구실은 {가장, 매우, 꽤, 조금} {넓다, 밝다, 깨끗하다}.
> 　　　この研究室は {一番, とても, かなり, すこし} {広い, 明るい, きれいだ}。

    b. 그 학생은 커피를 {가장, 매우, 꽤, 조금} 많이 마신다.
      *その学生*は コーヒーを {一番, とても, かなり, すこし} 多く 飲む。

   (6)a는 정도 부사가 성상 형용사를 한정하는 예이고, b는 양태 부사에 의해 동작 동사가 상태화한 것을 한정하는 예이다. 이 때 정도 부사의 한정 기능은 상태의 정도화와 상태화의 정도화이다. 따라서 b의 경우 일반적으로 정도 부사가 양태 부사를 한정하는 것으로 설명하고 있지만, 실제로는 양태 부사를 한정하는 것이 아니라 상태화한 동작을 한정하는 것이다. 다시 말하면, 위의 예 b에서 정도 부사는 {많이}를 한정하는 것이 아니라, 〔많이 마신다〕를 한정하는 것이다. 결국 구문 구조의 IC는 〔〔정도 부사+양태 부사〕+동작 동사〕가 아닌 〔정도 부사+〔양태 부사+동작 동사〕〕가 될 것이다. 이는 구조의 형성 과정을 따져 보면, '많이 마신다'에 정도 부사 {매우}가 붙은 것이지 '매우 많이'에 '마신다'가 붙은 것이 아니기 때문이다.

   이러한 정도 부사의 한정 관계에서 명백히 해 두어야 할 점은 그 피한정어가 정도를 표시하는 정도어가 아니라는 사실이다. (6)a의 성상 형용사인 '넓다', '밝다', '깨끗하다'는 결코 정도를 나타내는 말이 아니다. 그저 어떠한 상태의 사실만을 나타낼 뿐이다. 정도 부사에 의해 정도를 나타낼 수 있는 정도 관련어에 지나지 않는다. 이러한 정도 관련어는 정도의 영역을 가지고 있어 정도 부사에 의해 정도를 매길 수 있다. 정도를 매길 수 있다는 것은 그것이 표현하는 상태에 대해 정도의 고저 등급을 표시하거나 어떤 대상과의 비교에서 그 차이를 평정할 수 있다는 것이다. 만약 피한정어가 정도화한 정도어라면 이를 다시 정도화하는 것은 불필요한 절차가 되고 만다.

   그러면 문 (7)에서 그와 같은 사실을 논증하기로 하자.

   (7) a. *{가장, 매우, 꽤, 조금} <u>크디크다.</u>
       b. *{가장, 매우, 꽤, 조금} <u>기나길다.</u>
       c. *{가장, 매우, 꽤, 조금} <u>멀고멀다.</u>

(7)a-c가 어색한 것은 성상 형용사가 첩어적 형식에 의해 이미 정도
화했기 때문이다. 예문의 피한정어 '크디크다', '기나길다', '멀고멀다'는
그것 자체로 '매우 크다', '아주 길다', '퍽 멀다' 등의 정도 부사가 붙은
것과 같은 표현 기능을 소유하게 된 것이다. 즉 '크다', '길다', '멀다'와
의 공기 관계가 자유롭던 정도 부사가 '크디크다', '기나길다', '멀고멀다'
와의 공기에서 제약적이라는 사실은 이들의 정도화에 연유된 것이다.
이는 (8)과 같이 정도 부사의 첩용이 형성되지 않는 것과도 통한다.

(8) a. *{가장, 매우, 꽤, 조금} <u>매우</u> 크다.
    b. *{가장, 매우, 꽤, 조금} <u>아주</u> 길다.
    c. *{가장, 매우, 꽤, 조금} 퍽 멀다.

피한정어가 정도화한 또 다른 예로 (9)를 들 수 있다.

(9) *{가장, 매우, 꽤, 조금} {새하얗다, 시커멓다, 진붉다, 싯누렇다}.

일반적인 색상어 '하얗다', '거멓다', '붉다', '누렇다' 등이 정도 부사의
피한정어가 되는 것은 아무런 제약이 없는데, (9)에서의 공기 관계는
정상적인 것이 아니다. 이와 같이 (9)의 색상 형용사가 정도 부사의 피
한정어로 적절하지 못한 것은 이들이 이미 정도성을 획득했다는 사실
때문이다. 이 때 형용사들은 강세를 나타내는 접두사 {새-, 시-, 진-,
싯-}에 의해 정도화를 경험한 것이다. 즉 '새하얗다'는 '매우 하얗다'와
'시커멓다'는 '대단히 검다'와 '진붉다'는 '몹시 붉다'와 '싯누렇다'는 '아주
누렇다'와 표현 의미상 동치적이다. 결국 이들의 공기 관계가 원만하지
못한 것은 다음 문 (10)의 부적절성과 맥락을 같이 한다.

(10) a. *{가장, 매우, 꽤, 조금} <u>매우</u> 하얗다.
     b. *{가장, 매우, 꽤, 조금} <u>대단히</u> 검다.
     c. *{가장, 매우, 꽤, 조금} <u>몹시</u> 붉다.

    d. *{가장, 매우, 꽤, 조금} <u>아주</u> 누렇다.

이러한 현상은 일본어에서도 나타난다.
  (11) a. {もっとも, とても, かなり, すこし} {白い, 青い, 赤い, 黒い}。
     b. *{もっとも, とても, かなり, すこし} {真っ白い, 真っ青だ, 真っ赤
       だ, 真っ黒い}。

피한정어인 색상어가 접두사 {真-}에 의해 정도 강화되었을 때 정도 부사와의 공기 관계는 깨어진다.
이와 같은 사례는 다음의 문 (12)에서도 찾을 수 있다.

  (12) a. 가을 하늘이 {가장, 매우, 꽤, 조금} 높다.
     b. *가을 하늘이 {가장, 매우, 꽤, 조금} <u>드높다</u>.

(12)a가 엄연히 성립되는 데도 불구하고 b가 어색한 문이 되는 것은 오직 '높다' 앞에 온 접두사 {드-} 때문이다. '드높다'는 '더욱 높다'의 의미로 정도화한 것이다. 정도화한 용언에 다시 정도 부사의 정도 매김은 불필요한 것으로 나타난다. 이러한 부적절성은 (7)의 예와 같은 맥락이다.

  (13) *가을 하늘이 {가장, 매우, 꽤, 조금} <u>더욱</u> 높다.

한편 전시한 (6)b에 있어서도 피한정어 '많이 마신다'는 마시는 상태를 표시하는 것이지 정도를 나타내는 것은 아니다. 즉 어느 정도 많이 마시는지는 표시되지 않았다. 그 많이 마시는 정도를 표시하기 위해 그 앞에 정도 부사가 오는 것이다. 따라서 동작 동사 앞에 오는 양태 부사는 그 동작에 대하여 상태성을 제공하는 것일 뿐, 정도성을 제공하는 것이 아니다. '많이 마신다'는 정도어가 아닌 상태어이며, 이는 정도 부사에 의해 정도화할 수 있는 정도 관련어이다. 결국 정도를 매길 수 있는 정도 영역을 소유하고 있다는 것이다.

이미 정도화했다는 것은 정도 매김에 있어 확정성을 말한다. 이러한 확정성은 정도의 위치가 확정되었기 때문에 정도 부사에 의해 정도를 매길 수 있는 정도 영역을 상실한 것으로 해석된다. 확정성에 대해서는 Chafe(1977:119-122)의 절대적 개념과도 상응한다. 정도 부사가 확정적으로 고정된 절대 개념에는 쓰일 수 없고, 유동적인 상대 개념에 쓰이는 것은 정도 영역의 유무와 상관된다.

정도의 확정성은 상대성의 소멸과 동시에 절대성을 의미한다. 이러한 경우에는 정도 부사의 피한정어가 될 수 없다. 일반 명사가 정도 부사의 피한정어가 될 수 없는 것도 그 명사의 소재 개념이 정도를 나타낼 수 있는 상대성이 없기 때문이다.

(14) a. *그는 {가장, 매우, 꽤, 조금} 학생이다.

　　　 *彼は {もっとも, とても, かなり, すこし} 学生だ。

　　 b. 그는 {가장, 매우, 꽤, 조금} 학생답다.

　　　 彼は {もっとも, とても, かなり, すこし} 学生らしい。

(15) a. *그에게 바라는 것은 {가장, 매우, 꽤, 조금} 정직이다.

　　　 *彼に 願うのは {もっとも, とても, かなり, すこし} 正直さだ。

　　 b. 그는 {가장, 매우, 꽤, 조금} 정직하다.

　　　 彼は {もっとも, とても, かなり, すこし} 正直だ。

(14),(15)a의 명사 서술문에서 정도 부사의 한정이 불가한 것은 피한정어가 확정적, 단정적이므로 상대적으로 다른 것과 비교하거나 평가할 수 있는 정도 영역이 없다는 데 기인된다. 이에 반해 b에서는 어느 정도 학생다운지, 어느 정도 성실한지 상대적인 평가가 가능하므로 피한정어로서의 적절성을 띠는 것이다.

(16) a. {가장, 매우, 꽤, 조금} {*지혜이다, 지혜롭다}.

　　　 {もっとも, とても, かなり, すこし} {*知恵だ, 賢い}。

　　 b. {가장, 매우, 꽤, 조금} {*형식이다, 형식적이다}.

　　　　　　{もっとも, とても, かなり, すこし} {*形式だ, 形式的だ}。
　　c. {가장, 매우, 꽤, 조금} {*자랑이다, 자랑스럽다}.
　　　　　{もっとも, とても, かなり, すこし} {*誇りだ, 誇らしい}。

　(16)에서도 명사 자체로서는 상태성을 가지지 못하지만, 여기에 접미사 {-적, -롭다, -스럽다}가 붙을 때 상태성을 획득하게 된다.

　요는 정도 부사의 피한정어로서의 조건은 상태성과 상대성에 의한 정도 영역을 가져야 하고, 그에 따라 정도를 매길 수 있는 대상이 되어야 한다. 결론적으로 정도 부사의 공기 관계는 피한정어가 지시하는 소재 의미 내용이 '어느 정도'인지 위치를 매길 수 있거나 정도 비교 차이를 평정할 수 있는 경우에만 가능하다.

　동작 동사나 존재 형용사가 정도 부사의 피한정어가 될 수 없는 것도 동작이나 존재 자체에는 정도 영역이 없고, 그에 따라 정도를 매길 수 없기 때문이다.

　　(17) a. *철수는 {가장, 매우, 꽤, 조금} 달린다.
　　　　　　*太郞は {もっとも, とても, かなり, すこし} 走る。
　　　　b. *서울에는 온천이 {가장, 매우, 꽤, 조금} 없다.
　　　　　　*ソウルには 温泉が {もっとも, とても, かなり, すこし} ない。

　(17)a에서 동작 동사인 '달린다'에는 동작성만이 있을 뿐 상태성은 없다. '달린다'를 한정할 수 있는 것은 그 양태를 나타내는 양태 부사이지 정도 부사가 아니다. b의 존재 형용사 '없다'도 어떤 상태를 나타내는 것보다 '없다'는 사실의 확정성을 나타내고 있으므로 정도 부사가 그 앞에 오지 않는다. 즉 '어느 정도 없는지'의 정도 영역을 찾을 수 없으며, 정도 매김도 불가능한 것이다.[4]

　후술할 정도 부사의 전형적인 분포 외에, 심리 동사, 형용사 기원 사

---

4) '없다'가 '가난하다'의 의미로 전의되었을 때는 정도 부사의 한정을 받을 수 있다({가장, 매우, 퍽} 없는 집안이다).

동사, 기동 동사, 과정 동사, 일부 지정사구, 성상 관형사, 일부 동작 동사 등이 정도 부사의 피한정어가 되는 경우에도 이와 같은 요건이 요구된다. 이는 상태성, 상대성, 정도 관련성 등의 요건이 정도 영역의 존재와 정도 매김의 가능과 결부됨으로써 형성된다. 이러한 조건은 지금까지 대응 예문에서 살펴본 것처럼 일본어에서도 동일한 양상을 띤다.

2. 피한정어의 양태

필자(2002a)에서 밝혔듯이, 국어 정도 부사는 전형적인 성상 형용사나 양태 부사 외에도 여러 가지 어사들을 피한정어로 취하기도 한다. 대체로 심리 동사, 형용사 기원의 사동사와 기동 동사, 과정 동사, 특수 지정사구, 성상 관형사, 일부 동작 동사 등이 정도 부사의 피한정어가 될 수 있다. 이들이 가진 공통성은 전술한 대로 상태성을 소유함으로써 정도 영역의 존립과 정도 매김의 가능이라는 조건을 충족한다는 것이다.

먼저 심리 동사가 정도 부사의 피한정어가 되는 경우를 살펴보자.

> (18) 철수는 김 선생님을 {가장, 매우, 꽤, 조금} {존경한다, 좋아한다}.
> 太郎は 金先生を(が) {一番, とても, かなり, すこし} {尊敬している, 好きだ}。

심리 동사란 화자의 감정이나 심리 상태를 나타내는 동사이다. 어떤 대상에 대한 화자의 내적 심리 작용에는 상대적인 정도 영역이 있으므로 정도 부사로써 정도를 매길 수 있다. 문 (18)에서 김 선생님을 존경하고 좋아하는 것도 그것이 어느 정도인지 눈금으로 표시할 수 있다는 것이다. 이는 비교 대상이 있는 경우 그것과의 정도 차이를 매기는 것도 가능하다. (19)가 그러한 예이다.

(19) 철수는 박 선생님보다 김 선생님을 {훨씬, 더} {존경한다, 좋아한다}.
　　太郎は 朴先生より 金先生を(が) {ずっと, もっと} {尊敬している,
　　好きだ}。

심리 동사 중 원망을 나타내는 동사류(-고 싶다(-たい)도 정도 부사의 피한정어가 될 수 있다.

(20) 나는 과일이 {가장, 매우, 꽤, 조금} <u>먹고 싶다.</u>
　　私は 果物が {一番, とても, ?かなり, すこし} <u>食べたい</u>。

　일반 동작을 표시하는 동작 동사에 「-고 싶다(-たい)」가 붙으면 원망(願望)을 나타내는 심리적 동사가 되는데, 이 때 무엇을 하고 싶은 것은 그것이 어느 정도인지 상대적인 정도 영역이 설정된다. 따라서 일반 심리 동사와 마찬가지로 이들도 정도 부사에 의해 정도 매김이 가능하다. 이러한 해석은 일본어에서도 대응 예에서처럼 그대로 적용된다.
　다음, 국어에는 형용사로부터 파생된 사동사들이 있다. '넓히다', '좁히다', '낮추다', '늦추다' 등이 그것인데, 문법 형식은 동사의 범주에 있지만 이들도 정도 부사의 피한정어가 될 수 있다.

(21) a. 이 길은 {가장, 매우, 꽤, 조금} 넓다.
　　　　この道は {一番, 大変, かなり, すこし} 広い。
　　 b. 이 길을 {가장, 매우, 꽤, 조금} <u>넓혔다</u>.
　　　　この道を {一番, 大変, かなり, すこし} <u>広げた</u>。

　(21)의 a에서 '넓다'가 정도 부사의 피한정어가 되는 것은 당연한 것이지만, '넓다'로부터 파생된 사동사 '넓히다'도 피한정어로서의 공기가 가능하다. 이는 '넓히다'의 의미 특징이 넓히기 이전과 넓힌 이후의 상태 변화를 통한 그 넓어진 정도를 측정할 수 있는 상대성이 존립하기 때문이다. 그러므로 형용사 '넓다'로부터 형성된 공기 관계가 파생형에

서도 그대로 존속된다. 이는 (21)b의 일어 문에서 보듯이 일본어에서도 적용된다.

이에 반해 동작 동사 기원의 사동사에 있어서는 공기상의 제약이 따른다.

> (22) a. *이 사진을 철수에게 {가장, 매우, 대단히} <u>보였다</u>.
>   *この写真を 太郎に {一番, とても, 非常に} <u>見せた</u>。
>   b. *그 음식을 영수에게 {가장, 매우, 대단히} <u>먹였다</u>.
>   *この食べ物を 次郎に {一番, とても, 非常に} <u>食べさせた</u>。

같은 사동사이지만, 이것이 동작 동사 기원인 경우 정도 부사의 피한정어는 될 수 없다. 이는 '보이다', '먹이다'가 어떤 동작만을 나타낼 뿐 상대성에 대한 정도 영역을 갖추고 있지 못하기 때문이다.

성상 형용사 기원의 기동 동사(inchoative verb)도 정도 부사의 피한정어가 될 수 있다. 이들은 형용사 어간에 「-어 지다(-くなる)」가 연결된 형태인데, 이들 동사는 어떤 상태가 변화된 과정을 보여주므로 그 과정을 통한 정도의 차이를 상정할 수 있어 정도 매김이 가능하다.

> (23) 학교와의 거리가 {가장, 매우, 꽤, 조금} <u>가까워졌다</u>.
>   学校との 距離が {一番, とても, かなり, すこし} <u>近くなった</u>。

(23)에서 기동 동사의 특징은 상태 변화의 과정을 볼 수 있으므로 시간적으로 이전 사실과 비교할 수 있다는 것이다. 즉 '가까워지다'는 '이전과 비교할 때'가 전제되어 있어 그 가까워진 것이 어느 정도인지 매길 수 있다는 점이 정도 부사의 피한정어가 되게 하는 요체이다. 기동 동사는 때로는 피동 의미와도 상관적이다. 다음과 같은 피동 구성에 있어서도 정도 부사와 공기 관계는 형성된다.

(24) 학생들로부터 {가장, 매우, 꽤, 조금} <u>존경을 받는다</u>.
　　学生達から {一番, とても, かなり, すこし} <u>尊敬を 受ける</u>。

「-어 지다」류처럼 어떤 상태에서 다른 상태로 변화하는 과정을 보여 주는 것으로 과정 동사가 있다. 과정 동사는 완료형이 되면 어떤 동작이나 작용의 변화가 끝난 결과의 상태를 나타냄으로써 정도의 영역을 획득하게 된다. 양 언어의 과정 동사로는 '썩다(腐る)', '곪다(膿む)', '시들다(萎れる)', '마르다(枯れる)', '익다(実る)', '줄다(減る)' 등이 있다.

(25) a. 강물이 {가장, 매우, 꽤, 조금} 줄었다.
　　　川水が {もっとも, とても, かなり, すこし} 減った。
　　b. 나무가 {가장, 매우, 꽤, 조금} 시들었다.
　　　木が {もっとも, とても, かなり, すこし} 萎れた。
　　c. 과일이 {가장, 매우, 꽤, 조금} 썩었다.
　　　果物が {もっとも, とても, かなり, すこし} 腐った。

　과정 동사가 정도 부사와 공기할 수 있는 것은 상술한 기동 동사와 같은 맥락으로 설명된다. 즉 '줄었다'는 '줄어졌다', '시들었다'는 '시들어졌다', '썩었다'는 '썩어졌다'의 의미를 가진다. 이 때 과정 동사는 현재형으로서는 그와 같은 의미가 도출되지 않는다(*{가장 매우, 꽤, 조금} {준다, 시든다, 썩는다}). 완료 시제가 되어야만 동작·작용 변화가 끝난 뒤의 상태를 표현할 수 있기 때문이다. 그런 한편 과정 동사는 「-어 있다」 형을 취하여 어떤 동작이나 작용이 끝난 뒤의 상태가 지속되는 것을 나타내는데, 이 경우에도 정도 부사와의 공기는 성립된다.

(26) a. 강물이 {가장, 매우, 꽤, 조금} <u>줄어 있다</u>.
　　　川水が {もっとも, とても, かなり, すこし} <u>減って いる</u>。
　　b. 나무가 {가장, 매우, 꽤, 조금} <u>시들어 있다</u>.
　　　木が {もっとも, とても, かなり, すこし} <u>萎れて いる</u>。
　　c. 과일이 {가장, 매우, 꽤, 조금} <u>썩어 있다</u>.

果物が {もっとも, とても, かなり, すこし} <u>腐っている</u>。

　(26)에서도 피한정어인 서술어는 어떤 상태의 정도 영역을 지니고 있으므로 그 정도를 매길 수 있다. 만약 이것이 「-어 가다」의 진행을 나타내는 동작으로 바뀐다면 공기 관계가 깨어지고 만다.

　　(27) a. *강물이 {가장, 매우, 꽤} <u>줄어 간다</u>.
　　　　　 *川水が {もっとも, とても, かなり} <u>減っていく</u>。
　　　　b. *나무가 {가장, 매우, 꽤} <u>시들어 간다</u>.
　　　　　 *木が {もっとも, とても, かなり} <u>萎れていく</u>。
　　　　c. *과일이 {가장, 매우, 꽤} <u>썩어 간다</u>.
　　　　　 *果物が {もっとも, とても, かなり} <u>腐っていく</u>。

한편 정도 부사의 공기 관계 중 특이한 것은 체언과 결합하는 경우이다.

　　(28) a. 그녀는 {아주, 매우, 꽤, 좀} <u>미인이다</u>.
　　　　　 彼女は {とても, 非常に, かなり, すこし} <u>美人だ</u>。
　　　　b. 철수는 {아주, 매우, 꽤, 좀} <u>부자이다</u>.
　　　　　 太郎は {とても, 非常に, かなり, すこし} <u>金持ちだ</u>。

　문 (28)에서 정도 부사는 체언인 '미인'과 '부자'를 한정하는 듯이 보이지만 실은 그렇지 않다. '미인'이 아닌 '미인이다'와 '부자'가 아닌 '부자이다'인 지정사구를 한정하는 것이다. 이는 다음의 문 (29), (30)에서 분명해진다.

　　(29) a. *{아주, 매우, 꽤, 조금} 미인이 광고 모델이 되었다.
　　　　　 *{もっとも, とても, かなり, すこし} 美人が 広告モデルに なった。
　　　　b. *{아주, 매우, 꽤, 조금} 미인을 아내로 맞았다.
　　　　　 *{もっとも, とても, かなり, すこし} 美人を 妻として 迎えた。

(30) a. *{아주, 매우, 꽤, 조금} 부자가 죽었다.
　　　 *{もっとも, とても, かなり, すこし} 金持ちが 死んだ。
　　 b. *{아주, 매우, 꽤, 조금} 부자를 만났다.
　　　 *{もっとも, とても, かなり, すこし} 金持ちに 会った。

　문 (29),(30)이 성립하지 않는 것은 정도 부사가 체언만을 한정할 수 없다는 것을 말해 준다.
　이러한 지정사구는 비교 구문에서 그 정도의 차이를 나타내는 정도 부사와 공기한다.

(31) a. 그녀는 <u>영희보다</u> {훨씬, 더} 미인이다.
　　　 彼女は <u>英姫より</u> {ずっと, ?もっと} 美人だ。
　　 b. 철수는 <u>영수보다</u> {훨씬, 더} 부자이다.
　　　 太郎は <u>次郎より</u> {ずっと, もっと} 金持ちだ。

　그런데 정도 부사가 지정사구를 한정하는 예는 특정 체언이 지정사에 결합하는 경우에 한한다. 이러한 체언은 대체로 사람을 나타내는 말로서, 보어 명사가 「형용사+명사」의 구조로 분해될 수 있어야 한다. 예컨대 '부자', '구두쇠', '바보', '키다리', '뚱보', '장난꾸러기', '깍쟁이' 등이 그러하다. 이들은 모두 '돈 많은 사람', '매우 인색한 사람', '어리석은 사람', '키가 너무 큰 사람', '너무 뚱뚱한 사람', '장난이 심한 사람', '얄밉고 약빠른 사람' 등으로 단어의 의미가 해체됨으로써, 정도 부사는 해체된 부분 중 상태 용언과 공기 관계를 가지게 되는 것이다.
　일본어에서도 마찬가지로 정도 부사가 체언을 수식하는 예는 흔히 있다.

(32) a. もっと 東だ。
　　 b. ずっと 昔の話です。
　　 c. 少し 右へ 寄って下さい。

이는 피한정어가 위치, 방향, 거리, 시간, 수량 등 정도의 개념과 결부되어 있는 명사이기 때문에 공기 관계가 형성된다. 그러나 이들이 확정성을 나타냄으로써 정도의 영역이 사라질 때에는 그 공기 관계가 파기된다(時枝誠記 1950:121, 竹內美智子 1973:235, 北原保雄 외 1983: 173).

    (33) a. *もっと 真東だ。
         b. *ずっと 寛永時代に。

  (33)a는 '東'에 접두사 {真-}가 붙어 이미 정도화한 것이고, b는 역사적 시간이 확정되었기 때문에 그 앞에 정도 부사의 한정이 제약을 받는 것이다.

마지막으로, 정도 부사의 공기 관계에서 논의되어야 할 특이한 사례는 피한정어가 동작 동사인 경우이다.

    (34) a. 너무 먹었다.
         b. 매우 쳐라.

문 (34)는 정도 부사 {너무}와 {매우}가 동작 동사를 한정하는 예인데, 흔히 이러한 경우는 정도 부사와 피한정어 사이에 어떤 양태 부사가 생략된 것으로 설명되어 왔다. 즉 a에는 '많이'가 b에는 '세게' 등의 양태 부사가 예상된다. 그러나 {너무}의 경우는 이 정도 부사가 가진 '과도성'의 의미 특성으로 그와 같은 특이 공기가 형성된 것이 아닌가 여겨진다. {너무}에는 이미 '많이'라는 과도량의 의미가 내포되어 있다는 것이다. 이러한 사례가 전반적인 강의 정도 부사에서 나타나지 않는 것을 보면, 양태 부사의 생략이라고 보기보다는 정도 부사의 의미 기능 속에 양태성을 포함하고 있는 것으로 취급하는 것이 합리적이라 여겨진다.

어쨌든 이상의 공기 관계에서 나타나는 정도 부사의 피한정어는 공통적으로 상태성과 상대성, 정도 영역의 존립과 정도 매김의 가능 등의 요건을 갖춘 것으로 설명된다. 따라서 그 문법 형식이 형용사든 동사든, 명사든 부사든 상관없이 이와 같은 요건 충족이 공기를 가능케 하는 관건이 되는 것이다.

III. 등급에 의한 하위 분류 대조

1. 피한정어와의 공기상에 의한 분류

어떤 범주 형식을 하위 분류하는 데 있어서는 가로 관계와 세로 관계를 종합적으로 검토해야 한다. 정도 부사의 가로 관계는 무엇보다도 후행하는 피한정어의 공기 양태를 살펴보는 것이 중요하다.[5]

일반적으로 정도 부사가 공기하는 후행어는 정도 부사와의 유기성에 의해 견인과 배척의 양상을 띠게 된다. 따라서 어떤 정도 부사류는 피한정어를 선택하는 데 있어 자유로운 것이 있는가 하면, 매우 제약적인 것이 있다. 어떤 것은 피한정어의 긍정과 부정에 따라 일방적으로 호응하는 유들도 있다. 이는 정도 부사 자체의 어휘적 의미 특성과도 관련된다. 예컨대 국어에서 {아주}는 〔+완결성〕, {너무}는 〔+과도성〕, {썩}은 〔+우월성〕, {참}은 〔+진실성〕, {가장}은 〔+최대성〕의 어휘적 특성이 노출된다.

한국어 정도 부사 중 피한정어와의 공기 관계에서 특이성을 보여 주는 부류의 특징을 나누어 보면 다음과 같다.

① 긍정·부정에 대해 일방적인 공기상을 보이는 것 : {너무}, {제법}, {꽤}, {한결}, {몹시}, {퍽}, {썩}, {참}

---

5) 이석규(1987:35-39)는 한국어 정도 부사와 공기하는 피한정어를 의미적으로 일반 정도어, 양분 정도어, 양 정도어, 질·양 정도어로 4분하여 검토했다.

② 과도한 공기 제약으로 불구성을 나타내는 것 : {썩}, {거의}, {겨우},
　　　　{고작}
③ 양태 부사와의 양면성을 가진 것 : {더}, {덜}, {아주}, {너무}, {썩}
④ 양태성 {많이}의 의미를 내장하고 있는 것 : {무척}, {너무}, {꽤}

먼저 정도 부사 중 긍정적인 피한정어만을 선택하여 일방적으로 공기하는 어류부터 살펴보자.

{퍽}과 {참}은 대체로 화자가 어떤 긍정적인 사실에 대해 강의의 정도를 표시하는 부사이다.

(35) a. {퍽, 참} {예쁘다/*추하다, 깨끗하다/*더럽다, 세다/*여리다, 좋다
　　　　/*나쁘다, 넓다/*좁다}.
　　 b. {퍽, 참} {희망적이다/*절망적이다, 긍정적이다/*부정적이다, 부지
　　　　런하다/*게으르다, 조용하다/*시끄럽다, 영리하다/*우둔
　　　　하다}.

(35)a,b에서 정도 부사 {퍽}과 {참}은 후행하는 피한정어에 대하여 긍정적인 것에 일방적으로 공기하여 그 정도를 강화한다. 이는 {퍽}과 {참}으로 서술어의 소재 개념을 강의 한정하는 화자의 평가 방향이 긍정적인 지향성을 띠고 있다는 것을 말해 준다. 그러나 {참}은 어떤 사태에 대한 '진실로 그러함'을 나타내는 화자의 판단이 들어 있어 부정적 사태에 대한 배제성이 {퍽}만큼 강하지는 않다. {퍽}과 {참}은 피한정어가 심리 동사일 때에는 이러한 일방성이 중화된다.

(36) {퍽, 참} {좋아한다/싫어한다, 기뻐한다/슬퍼한다, 사랑한다/미워한다}.

(36)에서 반의적인 양어에 {퍽}과 {참}은 구별 없이 한정함으로써 일방적인 공기상이 사라진다.

{썩}도 화자의 평가에 있어서 긍정적인 +지향성을 나타낸다.

(37) a. 썩 {좋다/*나쁘다, 우수하다/*열등하다, 빼어나다/*뒤지다}.
　　 b. 썩 {잘하다/*못하다, 잘 먹다/*못 먹다, 잘 논다/*못 논다}.

(37)에서처럼 {썩}은 후행하는 피한정어에 대한 공기 제약이 커서 한정된 용언(우열 표시어)만을 선택하는데, 그 중에서도 긍정적 가치를 가진 것과 공기한다.

{제법}과 {꽤}는 정도치의 등급이 높지는 않지만, 용언 중 긍정적으로 평가되는 것만을 선택하여 일방적으로 한정한다.

(38) a. {제법, 꽤} {예쁘다/*추하다, 깨끗하다/*더럽다, 세다/*여리다, 좋
　　　　　　　 다/*나쁘다, 넓다/*좁다}
　　 b. {제법, 꽤} {희망적이다/*절망적이다, 긍정적이다/*부정적이다, 부
　　　　　　　 지런하다/*게으르다, 조용하다/*시끄럽다, 영리하다/*
　　　　　　　 우둔하다}.

전술한 {퍽}, {참}과의 동질성을 검증하기 위해 피한정어로는 (35)와 같은 용언 예를 가져왔는데, (38)에서 보듯이 긍정적인 용언하고만 어울린다.

이상 긍정적인 피한정어와 공기하는 정도 부사류와는 달리 부정적인 것을 선택하여 공기하는 부류로 {몹시}를 들 수 있다. 피한정어례로는 상술한 것과 비교하기 위해 (35)와 (38)과 동일한 예를 들겠다.

(39) a. 몹시 {*예쁘다/추하다, *깨끗하다/더럽다, *세다/여리다, *좋다/나
　　　　　 쁘다, *넓다/좁다}
　　 b. 몹시 {*희망적이다/절망적이다, *긍정적이다/부정적이다, *부지런
　　　　　 하다/게으르다, *조용하다/시끄럽다, *영리하다/우둔하다}.

{몹시}와 어울릴 수 있는 피한정어는 대체로 부정적인 가치를 가지고 있는 것들이다. 이는 {몹시}가 어떤 사실에 대하여 화자의 −지향적인 가치를 강의화 평가하는 데 사용되는 부사임을 말해 준다.

{너무}도 당초에는 부정적 지향성을 띤 피한정어와 공기하는 것이 일반적이었다.

(40) a. 너무 {*예쁘다/추하다, *깨끗하다/더럽다, *세다/여리다, *좋다/나쁘다, *넓다/좁다}
    b. 너무 {*희망적이다/절망적이다, *긍정적이다/부정적이다, *부지런하다/게으르다, *조용하다/시끄럽다, *영리하다/우둔하다}.

이는 {너무}가 가진 〔+과도성〕의 의미 특성에 따라, 어떤 사실이 지나치게 좋지 않아 화자의 찬의를 표하지 않는 경우를 들어 말한 것이다. 그러나 이와 같은 부정적 일방성은 특수한 언중에 의해 관용적으로 중화되는 경향을 보여주고 있다. 그 결과 {너무}는 현대어에서는 긍정과 부정의 일방적 공기상에서 벗어나, 양방적 공기상으로 지향하고 있다. 즉 부정적 피한정어와 공기하여 좋지 못한 사실이 지나침으로 찬의를 표하지 않는 한편, 긍정적 용언을 한정하여 단순한 정도 강화를 나타내는 양면성을 띠고 있다. 후자는 '지나칠 정도로 좋다'의 의미로 쓰이고 있다.

한편 일본어 정도 부사가 피한정어의 긍정과 부정에 일방적으로 공기하는 편향성은 한국어와 비슷한 경향을 보이고 있다. 대부분의 정도 부사가 긍적적 가치를 가진 용언이나 부정적 가치를 가진 용언에 중립적인 성향을 나타내므로 양방의 공기 관계에 있어서는 제약이 수반되지 않는다. 그 중에서도 긍정적 가치를 나타내는 피한정어만을 선택하는 것으로는 {すこぶる}, {なかなか}, {大体} 등을 들 수 있다. 이들을 한국어와 대비하기 위해 후행 피한정어의 용례를 앞 (35)에서 들었던 동일어를 가져왔다.

(41) {すこぶる, なかなか, 大体} {きれいだ/*きたない, 良い/*悪い, 広い/*狭い, 肯定的だ/*否定的だ, 静かだ/*騒がしい, 勤勉だ/*のろまだ}。

(41)에서 이들은 긍정적 가치를 가진 성상어만을 선택하여 그 정도를 강화하거나 어느 정도 인정하려는 화자의 표현 의도를 나타내고 있다. 따라서 그 대어가 되는 부정적 가치어와는 전혀 어울리지 않는다. 이와는 반대로 부정적 가치를 나타내는 성상어를 피한정어로 선택하여 그 정도를 강화하는 정도 부사로는 {はなはだ}와 {よけい}를 들 수 있다.

(42) はなはだ {*きれいだ/きたない, *良い/悪い, *広い/狭い, *肯定的だ/否定的だ, *静かだ/騒がしい, *勤勉だ/のろまだ}。

(42)에서 (41)과 동일한 피한정어로써 그 공기 관계를 음미했는데, 그 방향은 반대로 나타난다. 이는 화자의 판단이나 표현 의도가 −지향으로 어떤 사태의 정도를 강화하는 것이다.

{よけい}도 이와 같은 성향을 보여주고 있는데, 피한정어로는 평서 단정형보다는 어떤 상태의 변화를 나타내는 「−なる」형과 잘 어울리는 점에서 다른 정도 부사와도 다르다.

(43) よけい {*きれいになった/きたなくなった, *良くなった/悪くなった, *広くなった/狭くなった, *肯定的になった/否定的になった, *静かになった/騒しくなった, *勤勉になった/のろまになった}。

(43)에서 {よけい}의 피한정어 형태는 「−なる」형을 취하고 있지만, 그 대어 사이에 나타나는 정·부정 가치 선택에서 부정적 편향인 −성향을 보여준다.

다음 전시한 ②에서 피한정어를 선택하는 데 있어 과도한 제약을 수반하는 정도 부사로 {썩}을 들 수 있다. {썩}의 공기 관계에서 드러나는 불구성에 대해서는 전출 (39)에서 논했다. 이러한 제약은 '좋다', '우수하다' 등 상태적 비교에서 우열을 나타내는 피한정어와만 어울리며, 그것도 긍정적인 것만을 선택하는 일방성을 보였다.

{겨우}와 {고작}은 피한정어의 긍정·부정과는 상관없이 일반적인 성상 형용사와도 어울리지 않는 특이성을 가지고 있다. 위에서 든 피한정어의 예를 그대로 들어 검증하면 다음과 같이 공기가 모두 불가하다.

(44) a. *{겨우, 고작} {예쁘다/추하다, 깨끗하다/더럽다, 세다/여리다, 좋다/나쁘다, 넓다/좁다}
     b. *{겨우, 고작} {희망적이다/절망적이다, 긍정적이다/부정적이다, 부지런하다/게으르다, 조용하다/시끄럽다, 영리하다/우둔하다}.

이들의 공기 관계는 일반 성상 형용사와는 형성되지 않고, 구체적인 수량이나 정도를 나타내는 체언류나 동작 동사와 어울리는 경향을 나타낸다.

(45) a. {겨우, 고작} 열 사람밖에 출석하지 않았다.
     b. 남은 것이라고는 {겨우, 고작} 두 개다.

(46) a. 목숨만 {겨우, *고작} 건졌다.
     b. 그 축구팀은 {겨우, *고작} 8강에 진출했다.

(46)은 피한정어가 수량 정도를 나타내는 것이고, (42)는 동작 동사인 경우이다. 전자에서는 대체로 부사 '기껏'과 의미적으로 통하고, 후자에서는 '억지로, 가까스로'와 통하는데, {겨우}와 {고작}은 (46)에서는 상호 유의적이나 (46)에서는 그 유의 관계가 소멸된다.

정도 부사 {거의}도 이와 같은 부류에 속한다. {거의}는 접근사(approximators)의 성격을 띠고 있는데, 화자가 예상하고 있는 정도에 완전하게 도달하지 못한 상태의 판단을 나타낸다.

(47) a. 회의가 거의 끝날 때였다.
     b. 여객기 사고로 탑승객들은 거의 사망했다.

{거의}가 다른 정도 부사와 이질적인 것은 일반 성상 형용사에 연결될 수 없다는 점이다(*거의 {예쁘다, 크다, 밝다}). 또한 비상대적 형용사와 공기하여 개괄량을 나타내는 점에서도 일반 정도 부사와는 다르다.

> (48) a. 거의 {옳다, 같다, 만원이다}.
>   b. ?{매우, 대단히} {옳다, 같다, 만원이다}.

이런 점에서 {거의}는 정도 부사와 양태 부사 사이에서 범주상으로 동요하는 형태로 판단된다.

일본어 정도 부사 중에서도 피한정어와의 공기에 있어서 제약이 극심하여, 일반적인 성상 형용사와는 잘 공기하지 않는 불구적인 유들이 있다. {ごく}, {ほとんど}, {ほぼ} 등이 그러한 부류이다.

> (49) *ごく {きれいだ/きたない, 良い/悪い, 広い/狭い, 肯定的だ/否定的だ,
>   静かだ/騒しい, 勤勉だ/のろまだ}。

{ごく}는 '극히', '대단히'의 의미 기능을 가지고 있으며, (49)에서 그 피한정어가 긍정어이든 부정어이든 일반 성상어와의 공기 관계를 형성하지 않는 매우 제약적인 부사이다. 이는 수량 표시어와 연합하여 강조하거나(ごく {わずか, 少数}), 질을 나타내는 말에 붙어 한정 기능을 나타낸다(ごく {上等の酒, 親しい間柄}).

{ほとんど}와 {ほぼ}는 '거의', '대략'의 의미로써 상호 유의성을 띠는 것으로,[6) 한국어 {거의}의 분포와 유사한 공기 제약을 나타낸다.

> (50) *{ほとんど, ほぼ} {きれいだ/きたない, 良い/悪い, 広い/狭い, 肯定的
>   だ/否定的だ, 静かだ/騒しい, 勤勉だ/のろまだ}。

---

6) {ほとんど}는 ① '하마터면', '조금만 더하면'({ほとんど} たおれそうだった)과 ② '大分', '大略'의 양의를 가진다. {ほぼ}와의 유의성은 ②의 경우이다.

(50)에서 {ほとんど}와 {ほぼ}는 일반 성상어인 피한정어와는 공기 관계를 가지지 않는다. 그러나 이들은 한국어 {거의}와 같이 비상대적인 형용사 또는 수량·정도 개념어와 어울려 개괄량을 나타내는 (48)의 예에서나, 동작 동사 앞에 오는 (47)의 분포와 상응한다. 이에 대한 대응 예가 문 (51)이다.

> (51) a. {ほとんど, ほぼ} {正しい, 同じぐらいだ, 満員だ}。
> b. 会議が {ほとんど, ほぼ} 終わった。
> c. 旅客機の事故で 搭乗客は {ほとんど, ほぼ} 死亡した。

(51)에서 a는 비대상의 형용사와, b,c는 동작 동사와 공기하여 개괄량이나 근접의 한정 기능을 나타내고 있다. 어쨌든 이와 같은 {ほとんど}와 {ほぼ}의 동사와의 친근성은 일본어에서도 양태 부사적인 성격을 농후하게 한다.

또한 {よほど}는 한국어로는 {꽤}, {상당히}, {어지간히} 등에 의미적으로 대응하는 것으로, 특히 서법적인 작용이 내재하여 그 공기 관계는 '추량·추정'이나 '전문(伝聞)'을 나타내는 표현 형태(-らしい, -みたい, -ようだ, -そうだ, -だろう)와 잘 어울린다. 따라서 피한정어는 평서형이나 단정형을 취하지 않는 공기상의 제약이 있다.[7]

> (52) よほど {きれいらしい/きたないみたい, 良さそうだ/悪そうだ, 広いようだ/狭いようだ, 肯定的らしい/否定的らしい, 静かみたい/騒がしいようだ, 勤勉なようだ/のろまなようだ}。

한편 ③에서 제시한 정도 부사와 양태 부사의 양면성을 띤 부류를 살

---

7) {よほど}의 문형은 대체로 ① 추량·추정의 형식 「よほど ～らしい」, ② 연체 수식의 형식 「よほどの ～」, ③ 비교에서 정도차가 큰 것을 강조하는 형식 「Aは Bより よほど ～」, ④ 의지와 강한 결의를 나타내는 형식 「よほど ～しよう」 등 네 종류가 있다.

펴보자.

　{더}와 {덜}은 어떤 정도의 비교에서 '상회'나 '하향'의 차이를 나타내는 정도 부사로, 이들은 일반적인 성상 형용사 외에도 동작 동사 앞에서 수량이나 질량을 나타내는 양태 부사처럼 쓰이는 경우가 있다.

> (53) a. 영희는 숙희보다 {더, 덜} {예쁘다, 진실하다}.
> 　　　b. 영희는 숙희보다 {더, 덜} 빨리 말한다.
> 　　　c. 영희를 밥을 {더, 덜} 먹었다.

　(53)의 a,b는 정상적인 정도 부사의 분포이나, c는 동작 동사 '먹었다'에 {많이}나 {적게}와 같은 양태성을 부여함으로써 양태 부사적인 성격을 나타낸다.

　또 한편 ④에서 밝힌 {꽤}, {무척}, {퍽}은 그 자체 속에 정도량의 '다대성'을 함유함으로써 동작 동사를 한정할 수 있는 부류이다. 이들 정도 부사에는 그 의미 기능 속에 수량의 상위 정도를 표시하는 양태 부사 '많이'를 내장하고 있는 것으로 해석된다.

> (54) a. 과일을 꽤 먹었다.
> 　　　b. 생일 선물을 꽤 받았다.
> 　　　c. 날이 저물도록 꽤 놀았다.

　(54)에서 동사 '먹다', '받다', '놀다'에는 동작 대상의 수량이나 시간 정도를 예상하는 의미가 함축되어 있다. 이 때 {꽤}가 동작 동사를 한정하는 것은 {꽤} 속에 '많이'와 같은 양태성 의미를 포함하고 있는 것으로 해석된다. 즉 {꽤}는 {꽤+많이}와 평행선을 이룬다.

　이러한 현상은 {너무}, {무척}에서도 찾아볼 수 있다

> (55) {너무, 무척} {먹었다, 걸었다, 잤다}.

(55)에서 {너무}와 {무척}이 동작 동사을 한정할 수 있는 것은 이들이 양태 부사적 요소를 포함하고 있기 때문이다. 즉 {너무}와 {무척}은 마치 '{너무, 무척}＋많이', '{너무, 무척}＋멀리', '{너무, 무척}＋오래'로, 정도 부사가 '정도 부사＋양태 부사'의 기능을 겸유하는 것으로 나타난다.

특히 ⑤에서 제시한 {썩}은 '뛰어남'의 의미를 가지고 특별한 상황에서 한정된 동작 동사와 공기한다.

> (56) a. **썩** {물러가라, 물러서라, 꺼져라, 사라져라, 없어져라}.
> b. ***썩** {물러간다, 물러갔다, 물러갈 것이다, 물러갈까? 물러가자, 물러가는구나}.

{썩}은 특정 동사와 어울려 공기 관계를 형성하는 제약적인 정도 부사인데, (52)b에서 보듯이 동사에 있어서도 평서형, 의문형, 감탄형, 청유형 등이 올 수 없고, 오직 명령형만을 취하는 서법적 기능을 나타내는 것이다. 이 때 {썩}은 '썩 좋다'에서 보이는 정도 부사적 기능과 함께 양태 부사적 기능이 양립하는 범주상의 특이성을 보이는 부사 형태이다. 전술한 (43),(44)에서 보인 {겨우}에서도 이러한 다의적인 기능을 찾을 수 있다.

이 밖에도 특이한 것은 한국어의 양태 부사인 {많이}가 정도 부사의 기능으로 추이되는 사실이다. {많이}는 본래 수량 표시어로서 동작 동사나 존재성 용언 앞에서 그 수량이나 존재량이 많음을 나타내었는데, '다량'과 '다수'가 정도의 강의화를 연상시켜 정도 부사의 기능을 획득하게 된 것이다.

> (57) a. **많이** {예쁘다, 사랑한다, 넓어졌다, 불었다}.
> b. **많이** {빨리 달린다, 열심히 공부한다}.

(57)에서 {많이}는 정도 부사에 상당하는 분포를 보여준다. 이와 같이 수량 개념은 정도 개념과 통한다.8)

그런데 일본어에서 양태 부사가 정도 부사의 기능으로 추이하는 예는 거의 찾아볼 수 없다. 문 (57)에서 {많이}을 대응어인 {多く}로 대체하면 비문이 된다.

    (58) a. *多く {きれいだ, 愛する, 広くなった, ふくれ上がった}。
         b. *多く {速く 走る, 熱心に 勉強する}。

그러나 정도와 수량 사이에는 긴밀한 유연성이 있어 양자가 서로 교섭한다. 일본어에서 정도 부사 가운데도 수량 부사의 용법을 가진 것으로 {すこし}, {ちょっと}, {多少}, {少々}/{かなり}, {大分}, {随分}/{もっと} 등이 있고, 한국어에서도 이의 대응어인 {조금}, {좀}, {약간}, {상당히}, {꽤} 등이 그러한 성격을 띤다.9)

2. 정도의 등급에 의한 분류

정도 부사는 피한정어를 한정하는 기능의 양태로 보아 크게 두 가지 부류로 나눌 수 있다.

---

8) 工藤浩(1983:179)는 일본어의 수량 개념에 관계되는 것으로 量副詞(たくさん, いっぱい, 残らず, たっり, どっさり, ふんだんに), 概括量副詞(ほとんど, ほぼ, だいたい, おおむね, おおよそ), 数量名詞(全部, 全員, 大部分, あらかた, 半分, 少数, 二つ, 三人, 四個, すべて, 人なみ) 등을 들고, 양 부사는 형용사와 공기할 수 없고, 반면 개괄량 부사는 명사 서술어라도 공기하는 것으로 정도 부사와 다르다고 했다.

9) 영어에서도 'I like them *a lot*.'에서 'a lot'는 본래 'a large amount' 의미의 quantifier(수량사)에서 'to a great extent'의 booster intensifier로 전용되었다(Quirk, et al.(1985:220)).

> (59) a. 이 공장은 {아주, 매우, 대단히, 꽤, 제법, 조금} 크다.
> b. 이 공장은 (X보다) {훨씬, 한결, 더욱, 가장, 더, 덜} 크다.

(59)a,b는 다같이 '공장'이 큰 정도를 강화 확대하고 있는 점에서 동일하다. 그러나 a의 정도 부사들은 '공장'이 큰 정도를 화자 자신의 기준과 판단에 의해 절대적으로 나타내고 있는 반면, b의 경우는 크다는 사실을 다른 것과 비교하여 그 차이를 설정하고 있다는 점이 다르다. 바꾸어 말하면, a에서의 정도 부사들은 어떤 상태의 정도를 표시함에 있어 그 위치를 매기는 것이고, b에서는 어떤 대상과의 비교에서 그 정도 차이를 표시하는 것이다. 따라서 a는 정도의 눈금 위에 그 자리를 지정하는 것이기 때문에 그 위치에 따른 서열화가 가능하지만, b에서는 그렇지 못하다. 결국 b에서 정도 부사를 등급화할 수 있는 기준은 비교에서 나타나는 차이의 크기이다.[10) {가장}은 비교항이 세 개 이상일 때 그 중에서 최상이라는 것이고, 다른 것들은 두 개의 항목간의 비교라는 차이가 있다. 전자는 'X는 Y들 중에서 최상으로 어떠하다'이고, 후자는 'X는 Y보다 어느 정도 어떠하다'가 된다. {훨씬}은 그 격차가 큰 것을 나타내고, {한결}이나 {더욱}은 다소 작은 것을 나타낸다.

이와 같이 두 부류는 정도 표시의 양태가 서로 다른데도 불구하고, a와 b의 정도 부사를 한 줄로 서열화해 온 종래의 등급 분류는 타당성이 없다. 눈금 위에 나타나는 정도 표시의 서열에 의한 등급과 비교 차이의 폭에 따른 등급은 별개로 처리되어야 한다.

그러면 한국어 정도 부사들을 위의 두 가지 기준에 따라 등급화하면 대체로 다음과 같다.

---

10) 原田登美(1982)는 이러한 정도 부사를 상대성 부사라고 일컫고, 그 예로 {もっと も}, {もっと}, {はるかに}, {ずっと}, {一番} 등을 들었다.

1. 눈금의 위치에 의한 서열 등급

    1등급 : {무척}, {매우}, {아주}, {몹시}, {너무}
    2등급 : {썩}, {퍽}, {참}, {심히}, {대단히}
    3등급 : {꽤}, {제법}
    4등급 : {좀}, {조금}

이는 높은 위치에서부터 차례로 자리 매김한 것인데, 이러한 등급을 Quirk, et al.(1985)의 영어 강의사(intensifiers)[11] 분류와 비교하면 대체로 다음과 같이 대응된다.

    1등급 : Maximizers(*completely, entirely, perfactly* 등)
    2등급 : Boosters(*very, greatly, deeply* 등)
    3등급 : Compromisers(*kinds of, rather, more or less* 등)
    4등급 : Diminishers(*partly, slightly, a little* 등)

위의 분류 방식으로 일본어 정도 부사를 나누면 대체로 다음과 같이 된다.

    1등급 : {非常に}, {大変(に)}, {ごく}, {とても}, {はなはだ}, {極めて}, {至って}, {すこぶる}
    2등급 : {大分}, {随分}, {相当}, {大層}, {かなり}, {なかなか}, {よほど}
    3등급 : {割合}, {わりに}, {けっこう}, {比較的}
    4등급 : {すこし}, {少々}, {多少}, {心持ち}, {やや}, {わずか}

2. 비교 차이의 폭에 의한 등급

    최상등급 : {가장}
    1등급 : {훨씬}

---

11) 'intensifier'란 용어는 Gleason(1965:130)에서 처음으로 사용되었다.

2등급 : {한결(일층)}, {더욱}
3등급 : {거의}
무등급 : {더}, {덜}

최상급에 있는 {가장}은 전술한 대로 3개 이상의 항목 중에서 최고임을 나타내므로 2항 사이의 비교와 동등시될 수 없고, {더}와 {덜}은 '상회'와 '하향'의 의미를 나타낼 뿐 그 크기에 대해서는 무표적이기 때문에 무등급으로 처리했다. 이와 같은 형식의 일본어 분류는 다음과 같다.

최상등급 : {もっとも}, {いちばん}
1등급 : {ずっと}, {はるかに}, {よけい}
2등급 : {もっと}, {一層}, {ひときわ}
3등급 : {ほとんど}, {ほぼ}, {大体}
무등급 : {より}

이 밖에도 정도 부사의 목록에 들어갈 수 있는 어류로는, 어휘의 의미적 특성에 따라 형성되는 정도성에 의해 다음 여러 가지가 예상된다.

① 극한성 : 무한히, 한없이, 고도로, 과도로, 극도로
② 현저성 : 눈에 띄게, 뛰어나게, 빼어나게, 두드러지게, 현저히, 발군의
③ 특별성 : 특히, 특별히
④ 특이성 : 얼토당토않게, 함부로, 이상하게, 유달리, 터무니없이, 턱없이
⑤ 경이성 : 놀랍게도, 참을 수 없이, 무섭게, 못 견디게
⑥ 진실성 : 정말, 정말로, 진실로, 참으로, 통절하게, 실로, 전혀
⑦ 의외성 : 의외로, 뜻밖에, 예상밖에

이는 工藤浩(1983:182-184)가 제시한 일본어의 경우를 국어에 적용시켜 분석한 어례들인데, 용언의 부사형이나 형용사와 공기하는 다음 부사류들은 충분히 정도 부사의 성격을 가지게 된다. 이러한 어례들은 장차 정도 부사가 될 수 있는 과도적인 어휘 단계에 있는 것이라 여겨

진다. 일본어에서 {すごく}, {ひどく}, {非常に}, {極めて}, {至って} 등은 이러한 단계를 거쳐 정도 부사화한 것들이다. 工藤浩가 분석한 일본어의 체계는 한국어와 대체로 통한다. 그의 잠정적인 분류를 들면 다음과 같다.

   ① 정도량성의 형용사로부터 : <u>無限に複雑だ</u>/ <u>極度に緊張している</u>
   ② 目立ち性(주로 동사) : 成績が<u>ずば抜けて</u>よい/ 色が<u>際立って</u>濃い
   ③ とりたて性, 비교성 : <u>とても難しい問題</u>/ <u>取り分け困難</u>だ
   ④ 異常さ, 평가적 : <u>いやに静かだ</u>/ <u>ばかに重い荷物</u>
   ⑤ 감정 형용사로부터 : <u>恐ろしく顔の広い女</u>/ <u>たまらなく愉快だった</u>
   ⑥ 진실성, 실감성 : <u>ほんとに他愛ない人</u>/ <u>まことに不思議な作用</u>
   ⑦ 예상, 평판과의 異同 : <u>案外図太いのね</u>/ <u>意外に早く經った</u>
   ⑧ 기타 : <u>返すがへすも残念だ</u>/ <u>それはひどいけがでした</u>

V. 결 론

이 논문은 한·일 양어의 정도 부사에 대한 통사·의미론적인 대조분석이다. 특히 가로 관계인 후행 피한정어와의 공기 관계와 세로 관계인 정도 부사의 어휘 항목들을 강의 등급에 따라 여러 각도에서 하위 분류한 것이다. 양 언어의 정도 부사는 제 국면에서 상호 동질성을 보이는데, 지금까지 논구한 요목을 정리하여 결론으로 삼겠다.

1. 양 언어에서 정도 부사는 양태 부사와 대조되는 특성을 공유함으로써 상호 동질적이다. 대체로 그 아래에 특수(부)조사가 연결되지 않고, 지정사 {-이다(-だ)}가 붙어 서술어가 되는 일이 없으며, 그 앞에 다른 정도 부사가 중출되지 않는 점 등이 공통성을 띤다.

2. 양 언어에서 정도 부사는 부정어하고만 공기하는 몇몇 부류를 제외하고는 대체로 부정 형식과는 공기 관계를 가지지 않는 것이 통례이다. 게다가 정도 부사는 화자의 심적 태도인 서법적 기능을 겸유하고 있기 때문에, 피한정어가 명령법, 의문법, 청유법, 의도법 등을 표시하는 경우에는 공기상의 제약이 따른다.

3. 정도 부사의 피한정어는 정도를 표시하고 있는 정도어가 아니다. 다만 정도를 나타낼 수 있는 정도 관련어일 뿐이다. 따라서 정도 부사의 기능은 비정도어를 강의 또는 약의로 정도화하는 것이다. 이미 정도화된 피한정어는 다시 정도화할 수 없다. 이는 정도 부사의 중출이 불가능한 것과도 통한다.

4. 정도 부사의 피한정어와의 공기 조건은 피한정어가 상태성을 띰으로써 정도 영역을 가지고 있어야 만하고, 그에 따라 정도 매김이 가능한 것이어야 한다. 그러므로 피한정어는 품사 범주가 어떻든 이러한 조건을 충족시키면 어떤 형식의 어사와도 공기할 수 있다.

5. 정도 부사의 피한정어가 될 수 있는 범위는 전형적인 성상 형용사나 양태 부사 외에도 심리 동사, 형용사 기원의 사동사와 기동 동사, 과정 동사, 특수 지정사구, 성상 관형사, 일부 동작 동사 등으로 확장되며, 이러한 다변성은 양 언어에서 동일한 양태를 보인다.

6. 양 언어에서 정도 부사를 하위 분류하는 데 있어서는 가로 관계와 세로 관계의 양면을 고려해야 한다. 국어 정도 부사의 어휘 항목들 중에는 피한정어의 소재 개념이 긍정적이냐 부정적이냐에 따라 일방적인 공기상을 보이는 것(긍정적: {퍽}, {참}, {썩}, {제법}, {꽤}/ 부정적: {몹시}, {너무})이 있고, 과도한 공기 제약으로 매우 불구적인 것도 있다({겨우}, {고작}, {썩}, {거의}). 또한 양태 부사와 양면성을 지니는 것이 있는가 하면({더}, {덜}, {아주}, {썩}), 양태성어 {많이}의 의미를 자체의 한정 의미 기능 속에 내장하고 있는 유들도 있는 것({꽤}, {무척}, {너무}, {퍽})으로 분류된다.

7. 일본어의 정도 부사 중에도 피한정어의 긍정·부정 가치에 따라 일방적인 공기상을 보이는 것(긍정적: {すこぶる}, {なかなか}, {大體}/ 부정적: {はなはだ}, {よけい})이 있으며, 성상어(성상 형용사, 양태 부사)와의 공기에 있어 매우 제약적인 불구성을 띠는 부류({ごく}, {ほとんど}, {ほぼ}, {よほど})들도 있다. 그러나 정도 부사가 양태성 {많이}의 의미를 내장함으로써 동사를 한정하는, 양태 부사의 분포를 보이는 예는 별무하다.

8. 한국어의 정도 부사 중에는 양태 부사로 추이되어 범주상의 동요를 유발하는 것({썩})이 있다. 또한 본래 양태 부사였던 것이 전이하여 정도 부사의 기능을 획득한 것들({많이}, {조금})도 있다.

9. 정도 부사의 등급 분류에서 유의해야 할 점은 정도 부사의 전 어휘 항목을 한정 기능상으로 정도의 위치를 매기는 부류와 어떤 대상과의 비교에서 정도 차이를 표시하는 부류로 나누어야 한다는 것이다. 이들을 함께 섞어 일렬로 서열화하는 것은 매우 불합리하다.

10. 정도 부사를 정도 눈금 위치에 따른 서열 등급과 비교 차이의 폭에 의한 등급을 따로 구분하여 분류하면, 양 언어에서 유사한 등급 구조를 형성한다.

11. 눈금 위치에 의한 서열 분류에서는 강의화, 약의화의 정도에 따라 네 개의 등급으로 나뉜다. 이들을 Quirk, et al.의 영어 강의사(Intensifiers) 분류에 대응시켜 보면, 대체로 1등급은 Maximizers, 2등급은 Boosters, 3등급은 Compromisers, 4등급은 Diminishers에 해당된다.

12. 상대성 정도 부사를 비교 차이의 폭에 따라 분류하면, 그 폭의 대소에 따라 3등급으로 분류된다. 여기에 비교 대상이 세 개 항 이상인 최상등급과 폭에 대한 정도가 나타나지 않는 무등급은 별개로 했다.

13. 양 언어에서 정도 부사의 외연에는 지금까지 목록으로 설정되어 있는 어휘 항목 외에도 '극한성', '현저성', '특이성' 등 어휘 의미의

특성에 의해 형성되는 획득한 정도성으로 더 많은 형태들이 추가 편입될 가능성을 보여 준다.

참 고 문 헌

고영근·남기심(1983), 국어 통사·의미론, 탑출판사.
고정의(1981), "十五世紀 國語의 副詞 硏究", 檀國大 석사학위논문.
구일숙(1984), "국어 파생부사 연구", 동아대학교 석사학위논문.
김경훈(1990), "程度副詞의 意味機能", 「논문집」 31, 서울산업대.
______(1990), "副詞 및 副詞化", 「國語硏究 어디까지 왔나」, 서울대 國語硏究會.
김남탁(1995), "국어 '정도부사+α' 구문의 통사·의미론적 연구", 경북대 박사학위
          논문.
김민수(1971), 國語文法論, 一潮閣.
김승곤(1996), 현대 나라말본, 형태론, 박이정.
김영자(1978), "時間表現에 對한 意味論的 硏究", 숙명여대 석사학위논문.
김영태(1966), "국어 전성부사고", 「語文論集」 4, 중앙대.
김영희(1976), "형용사의 부사화 구문", 「語學硏究」 12권 2호
______(1985), "셈숱말로서의 정도부사", 「한글」 190, 한글학회.
김정대(1993), "한국어 비교구문의 통사론", 계명대 박사학위 논문.
김지홍(1992), "국어 부사형어미의 구문과 논항구조에 대한 연구", 서강대 박사학위
          논문.

김진수(1985), "시간부사 '벌써', '이미'와 '아직'의 상과 통사 제약", 「한글」189.

김창호(1984), "국어 부사어의 어순에 관한 연구", 한양대 박사학위논문.

김태우(1992), "현대국어 시간부사의 낱말밭 연구", 부산외대 교육대학원 석사학위
논문.

김택구(1981), "우리말 부사어의 통어론적 기능에 관한 연구", 동아대 석사학위논문.

김홍수(1993), "심리동사", 「國語研究 어디까지 왔나」, 서울대 國語研究會.

노대규(1983), "부사의 의미와 수식 범위, -'그만'과 '이만'을 중심으로-", 「한글」 180.

문순홍(1990), "'체언 수식부사' 소론", 「청람어문학」, 3, 청람어문학회.

민현식(1987), "한국어 부사에 대한 연구, -중세국어 부사의 유의어를 중심으로-",
「국어교육」 61·62, 한국국어교육연구회.

_____(1990), 국어 부사 연구사", 「姜信沆敎授 華甲紀念論文集」.

박병수(1976), "양태부사에 대하여", 「언어」1-1.

박석문(1992), "부사형성의 통시적 연구", 성균관대 박사학위논문.

박선자(1977), "우리말 어찌씨 연구", 부산대 석사학위논문.

_____(1983), "한국어 어찌말 연구", 부산대 박사학위논문.

_____(1987), "정도어찌말과 때어찌말의 셈숱바탕", 「우해이병선박사 회갑기념논총」.

박신순(1991), "현대국어 정도어와 비교구문 연구", 동덕여대 석사학위 논문.

서상규(1983), "부사의 통사적 기능과 부정의 범위", 연세대 석사학위논문.

_____(1984), "부사의 통사적 기능과 부정의 해석", 「한글」 186.

_____(1991), "정도부사에 대한 국어학사적인 조명과 그 분류에 대해", 「연세어문
학」 23, 연세대 국어국문학과.

서정수(1971), "국어 부사어류의 구문론적 연구", 「동방학지」 12.

_____(1975), "국어 부사어류의 구문론적 연구", 「현대국어문법」, 계명대 출판부.

_____(1996), 국어문법, 개정판, 한양대 출판원.

성우식(1994), "현대국어 이유 월이음 어찌씨 연구", 건국대 석사학위논문.

손남익(1989), "국어 부사 연구, -정도부사의 통사·의미론적 연구를 중심으로-",
고려대 석사학위논문.

_____(1992), "부사 수식과 부정의 범위", 「한국어문교육」 6, 고려대 국어교육학회.

_____(1995), 국어부사연구, 박이정.

손세모돌(1988), "'좀'의 상황적 의미", 「한국학논집」 14, 한양대.

양인석(1977), "韓國語 副詞의 意味分析", 「李崇寧博士 古稀紀念論叢(國語國文學論

　　　　　叢)」, 탑출판사.

온영두(1985), "현대 국어 부사의 통사·의미연구", 전북대 석사학위논문.

이상복(1973), "한국어 부사류의 구문론적 연구", 연세대 석사학위논문.

이석규(1987), "현대국어 정도 어찌씨의 의미연구", 건국대 박사학위논문.

이익섭·임홍빈(1983), 國語文法論, 學研社.

＿＿＿＿·채 완(1999), 국어문법론 강의, 학연사.

이충우(1986), "국어 정도부사의 동사수식에 대하여", 연세대 석사학위논문.

이환묵(1975), "양상부사의 통어적 특성에 대한 의미론적 접근", 「어학교육」 7,
　　　　　전남대 어학연구소.

＿＿＿＿(1977), "국어의 극어와 화용상의 가정", 「어학연구」 13-2, 서울대 어학연구소.

＿＿＿＿(1979), "부사론(1)", 「어학교육」 10, 전남대 어학연구소.

임홍빈(1976), "부사화와 대상성", 「국어학」 4.

임유종(1995), "'조금/좀'에 대하여", 「한양어문연구」 13, 한양어문연구회.

＿＿＿＿(1999), 한국어 부사 연구, 한국문화사.

장영희(1997), "話式副詞의 의미 유형에 관한 고찰", 「한국어 의미학」 1, 한국어 의
　　　　　미학회.

정교환(1984), "국어 부사 연구", 「어학논지」 창간호.

정인교(1981), "한국어 비교구문에 대해서", 「언어연구」 1, 대구언어학회.

정철주(1982), "현대국어의 정도부사 연구", 정신문화연구원 한국학대학원 석사학위
　　　　　논문.

조병태(1975), 영어의 정도어와 그 관련구문의 연구, 서울대 출판부.

조익선(1988), "국어 정도부사의 고찰, -중세·근세어를 중심으로-",
　　　　　동아대 석사학위논문.

주경희(2000), "대화에서의 '좀'의 기능", 「국어국문학」 126, 국어국문학회.

최규련(1999), "국어 초점사 '겨우'의 의미분석, -相 기능들을 중심으로-, 「한국어의
　　　　　미학」 4, 한국어 의미학회.

최오남(1991), "정도부사의 자질, 등급화에 관한 연구", 중앙대 교육대학원 석사학위
　　　　　논문.

최홍렬(1996), "정도부사 유의어의 통사·의미론적 연구", 중앙대 박사학위논문.

＿＿＿＿(2001), "정도부사의 의미변화 고찰", 「한겨레 어문연구」 1, 한겨레 어문연구회.

최현배(1937), 우리말본, 정음사.

한 길(1983), "정도 어찌씨에 관한 의미론적 연구", 「새국어교육」 37, 한국국어교육학회.

현태덕(1987), "영어의 비교구문에 관한 연구, 계명대 박사학위 논문.

홍사만(1977), "국어 정도부사와 상태부사의 비교 연구", 「동양문화연구」 4, 경북대 동양문화연구소.

______(1983), 국어특수조사론, -의미분석-, 학문사.

______(1996), 한일어대조어학/논고, 탑출판사.

______(2002a), "국어 정도부사의 피한정어 연구", 〔어문학〕 75, 한국어문학회.

______(2002b), "국어 정도부사의 하위 분류", 「어문론총」 36, 경북어문학회.

홍순성(1981), "수식어와 피수식어의 관계에 대하여", 「국어학논집」 8, 계명대.

홍종선(1991), "국어의 시간어 연구, -시간부사를 중심으로-", 「민족문화연구」 24, 고려대 민족문화연구소.

황병순(1984), "국어 부사에 대하여", 「배달말」 9, 배달말학회.

新川 忠(1979), "副詞と動詞との×みあわせ試論", 「言語の研究」, むぎ書房.

石神照雄(1978), "時間に関する<程度性副詞>'マダ'ど'モウ", 「国語学研究」 18, 東北大学.

______(1981), "比較表現から程度副詞は", 「島田勇雄先生古稀紀念論文集」, 明治書院

工藤 浩(1983), "程度副詞", 渡邊実(編)(1983), 「副用語研究」, 明治書院

沖 久雄(1983), "小さな程度を表す副詞のマトリックス", 渡邊実(編)(1983), 「副用語研究」

川端善明(1964), "時の副詞(上・下)", 「国語国文」 33-11・12, 京都大

______(1967), "数・量の副詞", 「国語国文」 36-10, 京都大

______(1983), "副詞の条件", 渡邊実(編)(1983), 「副用語研究」, 明治書院

北原保雄(1975), "修飾成分の種類", 「国語学」 103.

______外(編)(1981), 日本文法辞典, 有精堂

______(1981), 日本語の文法, 「日本語世界」 6, 中央公論社

______(1983), "詞話爺論と副詞", 渡邊実(編)(1983), 「副用語研究」, 明治書院

国語学会(編)(1981), 国語学大辞典, 東京堂出版

小矢野哲夫(1983), "ことばの意味記述をめぐって", 「日本語・日本文化」, 大板外国語大学.

鈴木一彦(1959), "副詞の整理", 「国語と国文学」 36-12.

鈴木 泰(1980), "情態副詞の性質についての小見", 「山形大学紀要(人文科学)」 9-3.

佐久間鼎(1940), 現代日本語法研究, 厚生閣.

小学館(編)(1979), 日本国語大辞典, 小学館.

竹内美智子(1973), "副詞とは何か", 「品詞別日本文法講座」 5, 明治書院

田中広明(1998), 語法と語用論の接点, 開拓社

丹保健一(1981), "程度副詞と文末表現",「語学・文学研究」 11, 金沢大学.

寺村秀夫外(1987), ケーススタデイ日本文法, 桜楓社

＿＿＿＿＿＿(1998), 日本語のシンタクスと意味Ⅲ, くろしお出版

時枝誠記(1950), 日本文法・口語篇, 岩波書店.

仁田義雄(1983), "結果副詞とその周邊", 渡邊実(編)(1983),「副用語研究」, 明治書院

八木孝夫(1987), "程度表現と比較構造",「新英文法選書」 7, 大修館.

花井 裕(1980), "概略表現の程度副詞",「日本語教育」 42.

原田登美(1982), "否定との関係による副詞の四分類",「国語学」128.

松井栄一(1977), "近代国語文における程度副詞の消長",「松村明教授還暦記念:国語学と
            国語史」, 明治書院

松下大三郎(1974), 改撰標準日本文法, 勉誠社

松村明(編)(1971), 日本文法大辞典, 明治書院

森重 敏(1958), "程度量副詞の設定",「国語国文」 27-2, 京都大学.

＿＿＿＿(1959), 日本文法通論, 風間書房.

山田孝雄(1936), 日本文法学概論, 宝文館

油谷幸利(1978), "現代韓国語의 動詞分類, -aspect를 中心으로-,「朝鮮学報」 87,
            朝鮮学会.

渡邊実(1949), "陳述副詞の機能",「国語国文」 18-1, 京都大学.

＿＿＿＿(1971), 国語構文論, 塙書房.

＿＿＿＿(編)(1983), 副用語の研究, 明治書院

Andrew. A.(1982), A notes on the constituent structure of adverbuals
            and auxiliaries, *Linguistic Inquiry* 13.

Bolinger, D.L.(1972), *Degree Words*, The Hague: Mouton.

Ernest, T.B.(1984), *Towards and Integrated Theory of Adverb Position
            in English*, Reproduced by the Indiana Linguistics Club.

Gary, E.N.(1979), *Extent in English: A Unified Account of Degree and
            Quantity*, Ph.D Thesis, UCLA.

McCawley, J.(1988), Adverbials NP's, *Language* 64-3.

Quirk, R., S. Greenbaum, G. Leech and J. Svartvik(1985), *A*

Comprehensive Grammar of the English Language, Longmans.
Stroik, T.(1990), Adverbs as V-Sisters, *Linguistic Inquiry* 21-4.

특수조사와 부조사(1)

- 부사적 연용 수식 기능 대조 -

Ⅰ. 서 론

일본어에 있어서 '副助詞'1)는 그 명칭 자체가 부사와의 상관성으로 명명된 것이므로, 본고의 부사적 연용 수식 기능을 논하는 데 있어서는 별다른 이의가 없으리라 생각된다.

종래 일본어에서 부조사와 부사와의 관계에 대한 제론을 인용하면 다음과 같이 된다.2)

> 1) 'もし独立しうべきものならば<u>副詞的修飾語</u>となるもの(副用静辞)'
>   〈岡沢鉦次郎 : 1908〉
> 2) '或る意味を附与して次の叙述に<u>副詞的影響</u>を及ぼす(副用助詞)'
>   〈鶴田常吉 : 1924〉

---

1) 일본어 '副助詞'는 '구의 일부를 특별히 '取立'하여 그 부분을 각각의 특별한 의미에 관해 강조하는 조사'(宮田幸一 1948:178), '문 중의 여러 가지 요소(自者)를 '取立'하여 그것에 대한 타의 요소(他者)와의 논리적 관계를 보이는 말'(沼田善子 1986:108)로 정의되었다.

2) 인용문 중의 밑줄은 필자가 그은 것임.

3) '述部を修飾する点で、<u>副詞</u>に類すると考え' 〈安田喜代門 :1928〉

4) 'その語とともに<u>副詞</u>を構成するもので' 〈松下大三郎 :1930〉

5) 'その下に来る用言に対して<u>副詞</u>の如き性質をあらわしてその意義を修飾限定
するものである。 この一類に属この一類に属する助詞はその意義を見れば、
大略属性を修飾する<u>副詞</u>に対比するもので、自然英語などの<u>副詞</u>に似てい
るもので、之を英語などで 訳したものを見るに多くは彼れの<u>副詞</u>に似て之
に充てている' 〈山田孝雄 1936:78〉

6) '<u>副詞</u>と似る意義と用法を持つため副詞下に附く、 体言及び用言の下にも附
いて上の語と一つになって<u>副詞的修飾語</u>となることもある' 〈木枝増一 1937:
670〉

7) '副助詞はきわめて情態的な意義を持つため、 <u>副詞</u>のうち<u>情態副詞</u>に付属し
て下の用言の意義を修飾するが、 係助詞と異なって<u>陳述副詞</u>、 <u>程度副詞</u>
に付属することはない' 〈松村明 1969:303〉

8) '国語では西洋語の<u>副詞</u>に相当して種々の添意をする副助詞・係助詞がある。用
言の実質的意義に係る<u>属性副詞</u>と、陳述作用に係る<u>陳述副詞</u>があるよう
に、前者に対応するものとして副助詞、後者に対応するものとして係助詞
が立てられた' 〈此島正年 1966:15〉

9) '用言の意味を限定・修飾するのをその機能とするもの、 これに自立性が加
わればさしづめ<u>副詞</u>と呼ばるべき内容のものとなる訳である' 〈浅野信 1973:
742〉

10) '副助詞については、その範囲を、 程度副詞・情態副詞に当る意味合いの
<u>副詞句</u>を構成するものに限定した' 〈田中章夫 1977:386〉

11) '用言の陳述ではなく、 詞的な意味そのものを副詞的に修飾する' 〈阪倉篤
義 1977:313〉

12) 'また、<u>副詞</u>のように下の文節にかかっていく' 〈桑山俊彦 1983:220〉

　이상의 논급은 전반적으로 부조사가 의미상으로 부사와 닮았다는 사
실을 지적한 것으로 공통점을 보여주고 있다.3)

---

3) 沼田善子(1986:110-119)는 일본어 부조사의 구문론적 특성으로 분포의 자유성,
임의성, 연체 문내성, 비명사성 등을 들고 있으나, 부사적 연용 수식성에 대해서는
논하지 않았다.

또한 森重敏(1975:207)은 부사와 조사와의 계열에서, 부사·조사에의 발전 과정을 다음과 같이 설명했다.

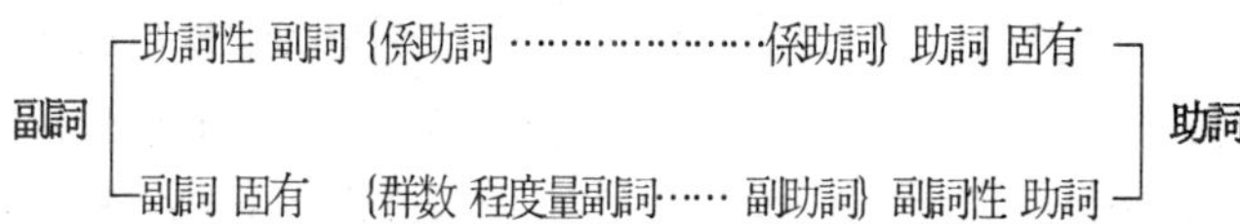

이는 係助詞와 副助詞가 부사와 조사의 범주에서 상호 교섭할 수 있는 가능성을 보여준 것이다.4)

한편 한국어에 있어서 특수조사의 부사적 기능에 관한 논의는 이승욱(1973:102,105)의 공시론적 논급이 있고, 홍사만(1974:5)의 통시론적 조어 형태에 관한 고증도 있으며, 성광수(1978:150)의 생성 이론에 입각한 그 파생 과정에 관한 해설도 있다.

특히 성광수(1978:225)는 한국어 특수조사는 기저 구조의 용언으로부터 파생했다고 주장하고, 이로써 특수조사의 부사적 기능을 고증하고 있다. 즉 특수조사의 동사적 기능은 내면 구조에서 선행어에 대한 관계이고, 부사적 기능은 후행하는 서술어에 대한 관계라고 양자 사이의 상관성을 논했다.

어쨌든 양 언어의 특수(부)조사에 상당하는 대응 요소를 영어로부터 찾는다면 이는 어김없이 부사에 해당된다. 이러한 사실은 한·일어와 영어 사이의 언어 본질적인 이질성에 기초하고 있는 것이다. 대부분의 격표지가 영어의 전치사에 대응하는 반면, 특수(부)조사는 부사에 대응한다고 하는 것은 격표지와 특수(부)조사는 조사라는 동일 문법 범주에 속해 있지만, 기능 면에서는 근본적인 차이가 있음을 보여주는 것이다.

영어에 있어서 전치사와 부사 사이에는 어떤 긴밀한 상관성이 존재한

---

4) 일본어 문법에서 '係助詞'와 '副助詞'는 한국어 문법의 특수조사에 해당한다. 대체로 계조사는 후접 기능이 높은 A류 특수조사에 대응되고, 부조사는 전접 기능이 높은 B류 특수조사에 대응된다. 그러나 현대 일본어 문법에서는 양자를 합하여 '부조사', 또는 '取立詞'라고 한다. 양 언어에서의 대당 형태에 관해서는 洪思滿(1989) 참조.

다는 사실을 알 수 있다. 구조주의 문법관에서 품사를 논구한 Jespersen, O.와 Hockett, C.F.는 이미 이들의 상관 관계를 인정하고, 부사와 전치사, 여기에 접속사와 감탄사를 일괄하여 별개의 품사 단위인 'PARTICLES'를 설정했다. 상대적으로 보면, 한·일 양 언어의 조사 형태소가 영어 'particles'적 성격, 즉 전치사적, 부사적, 접속사적, 감탄사적 기능을 총괄적으로 가지고 있다고 하는 해석도 성립된다. 이들을 분석하면 전치사적인 격 기능, 부사적인 한정 기능, 접속사적 연결 기능, 감탄사적 강조 기능 등이 그것이다.

대체로 양 언어 특수(부)조사는 영어의 한정 표시 부사로 옮겨지는데, 그것이 차지하는 의미의 장은 그다지 넓지 않다. 영어의 부사 중에도 'only', 'also', 'too', 'either', 'even', 'merely', 'almost', 'just' 등의 '동일', '한정', '양보', '정도', '강조'의 의미를 가진 한정 부사에 국한된다.

특수(부)조사와 부사 사이의 근친성은 다음 예에서도 설명된다.

> (1) a. 나도 간다.
>   私も 行く。
>   b. 나 도 간다.
>   私 も 行く。
>   c. 나ϕ <u>역시</u> 간다.
>   私ϕ <u>同じく</u> 行く。

문 (1)a의 특수(부)조사 {도(も)}가 체언 '나(私)'로부터 분리되어 자립성을 부여한다고 가정하면 문 b의 형이 된다. 문 b는 그 구문과 의미 기능을 논하면 쉽게 문 c의 형과 같이 전환된다. 바꾸어 말하면, 본래 c의 문 구조로부터 그 부사 형태를 삭제하면, 이 문은 특수(부)조사화하면서 체언에 연결된다고 할 수 있다. 이는 후술할 특수조사의 역사적인 형성 과정과도 맥락을 같이 한다.[5]

---

5) 김승곤(1992:11-18)의 토씨 발달 조건과 발달 원리 참조.

　이는 한·일 양 언어가 함께 교착어로서 가진 본원적인 언어 특질로
설명되며, 이 때 [[NP+del]+VP]의 문 구조는 [NP+adverb+VP]
의 구조와 동일한 의미를 나타내는 것으로 분석된다. 물론 a의 특수
(부)조사 표지문과 c의 부사 표지문이 전적으로 일치하는 의미 기능을
가지고 있다고 할 수는 없지만, 특수(부)조사의 부사화 전용의 가능성
을 시사하는 점은 인정된다.6)

　아래에서는 현대 한국어 특수조사의 부사적 수식 기능을 실증하는 제
현상을 제시하고, 이에 대응하는 일본어 부조사의 기능을 대비시켜 양
언어의 동질성 및 이질성을 분석할 것이다.

---

6) 그렇지만 생성론적 관점에서 보아 특수조사가 부사로부터 유도된다고는 할 수 없다
　　(성광수 1979:160).

II. 격조사와의 복합 관계에서의 검증

아래의 〈표 1〉은 현대 한국어 특수조사가 격조사(격표지: case markers)에 후접 복합할 수 있는 여부를 나타낸 것이다.

【표 1】

특수조사(후) / 격조사(전)	는	도	만	뿐	부터	까지	밖에	니	든지	ㄴ들	라도	나마	야	마저	조차
주 격: 이/가	−	−	−	−	−	−	−	−	−	−	−	−	−	−	−
관형격: 의	−	−	−	−	−	−	−	−	−	−	−	−	−	−	−
대 격: 를/을	−	−	−	−	−	−	−	−	−	−	−	−	−	−	−
보 격: 이/가	−	−	−	−	−	−	−	−	−	−	−	−	−	−	−
부사격:	+	+	+	+	+	+	+	+	+	+	+	+	+	+	+
처소·시간: 에	+	+	+	+	+	+	+	+	+	+	+	+	+	+	+
재 소: 에서	+	+	+	+	+	+	+	+	+	+	+	+	+	+	+
수여·행위: 에게	+	+	+	+	+	+	+	+	+	+	+	+	+	+	+
방향·목표: 로	+	+	+	+	+	+	+	+	+	+	+	+	+	+	+
도 구: 로(써)	+	+	+	+	+	+	+	+	+	+	+	+	+	+	+
자 격: 로(서)	+	+	+	+	+	+	+	+	+	+	+	+	+	+	+
비 교: 같이	+	+	+	+	+	+	+	+	+	+	+	+	+	+	+
여 동: 와/과	+	+	+	+	+	+	+	+	+	+	+	+	+	+	+
인 용: 라고	+	+	+	+	+	+	+	+	+	+	+	+	+	+	+

표에서 명시된 것과 같이, 한국어 특수조사가 격조사에 후접 복합할 수 있는 경우는 명확히 처소격, 시간격, 여격, 행위격, 향격, 목표격, 도구격, 자격격, 비교격, 공동격, 인용격 등의 소위 '부사격' 조사에만 한정되고, 그 외의 주격, 관형격(연체격), 대격 조사에는 전혀 복합되지 않는다는 것을 알 수 있다.

종래 전통 문법의 입론에 의하면, 부사격 조사의 기능은 그 피접 체언에 부사어의 직능을 부여하는 것이므로, 한국어 특수조사가 부사격 조사에만 유일하게 복합하여 쓰이는 것은 역시 부사어와의 근친성과 부사적 수식 기능을 방증하는 실례가 된다고 여겨진다. 이 때 특수조사는 선행하는 격조사의 부사적 수식 기능에 편승하여 각개의 의미 기능을 실현하고 있다. 예컨대, 처소 부사격 조사 {-에}의 경우를 보면,

(2) a. 집에 간다.
　　　家へ 行く。
　　b. 집에는 간다.　→ 다른 곳에는 가지 않고,
　　　家へは 行く。→　他の処へは 行かず、
　　c. 집에도 간다.　→　다른 곳에도 가고,
　　　家へも 行く。→　他の処へも 行き、
　　d. 집에만 간다.　→　다른 곳에는 절대로 가지 않고,
　　　家へだけ 行く。→　他の処へは 絶対に 行かず、

등으로 해의됨으로써, 특수조사는 피접항인 명사구 「집에(家へ)」가 수행하는 부사어로서의 통사적 기능에 화용적 의미를 첨가한다. 즉 각 문의 우편과 같은 함의의 문을 예측케 해 주는 기능을 담당하고 있다.

　이에 대응하는 일본어의 부조사가 격조사에 후접 복합하는 경우를 〈표 2〉에서 살펴보겠다.

【표 2】

부조사(후) 격조사(전)	は	も	こそ	でも	さえ	ほか	しか	ほど	など	くらい	ばかり	だけ	まで
주격 : が	−	−	−	−	−	−	−	−	−	−	−	−	−
속격 : の	−	−	−	−	−	−	−	−	−	−	−	−	−
대격 : を	−	(+)	(+)	(+)	(+)	(+)	(+)	−	(+)	−	(+)	(+)	(+)
여격 : に	+	+	+	+	+	+	+	−	+	+	+	+	+
향격 : へ	+	+	−	+	+	−	+	−	+	+	+	+	+
구격 : で	+	+	+	+	+	−	+	−	+	−	+	+	+
공동격 : と	+	+	+	+	+	−	+	−	+	+	+	+	+
시발격 : から	+	+	+	+	+	+	+	−	+	+	+	+	+
비교격 : より	+	+	−	+	+	+	+	−	−	−	−	+	−

　격조사와의 복합상에 있어, 일본어 부조사는 한국어 특수조사와는 다소 다른 점이 있으나, 위의 표에서 역시 연용 수식격인 {に}, {へ}, {で}, {と}, {から}, {より} 격조사에 복합하는 경우가 일반적이라는 사실을 알 수 있다. 특히 〈표 1〉과 〈표 2〉를 비교하면, 일본어의 경우 부조사가 {を} 대격 조사 뒤에도 부분적으로 연결될 수 있다는 점이 한국어와 다르다. 그러나 이들은 현대 구어에서 그다지 쓰이지 않는 언어 현실을 감안하면 양 언어에서 특수(부)조사의 격조사 후행 복합상은 유사한 것으로 나타난다.

　한국어 문법론에 있어 대격 조사 {를/을}은 소위 부사격 조사 {에}, {에게}, {에서}, {로}, {와/과}, {보다} 등과는 별개의 것으로 처리하고 있다. 이에 반해 일본어 문법의 틀에서는 대체로 대격 조사 {を}를 {に}, {へ}, {で}, {と}, {から}, {より}와 같은 연용 수식격 조사의 하나로 취급한다. 따라서 대격 조사 {を} 뒤에 부조사의 연결이 가능한 것은 이와 같은 맥락에서이다.

한국어 문법에서 대격(목적) 조사에 의해 명시되는 목적어는 수의적 부속 성분인 부사어와는 다른 필수적 주성분으로 취급하지만, 일본어 문법에서 목적어는 다른 연용 수식어와 동등한 보충 성분으로 다루고 있다.

요는 양 언어의 통사론적 상이점은 한국어에서 대격 조사의 뒤에 특수조사가 연결될 수 없고, 소위 부사격 조사 뒤에 자유롭게 연결될 수 있는 것은 대격 조사와 부사격 조사와의 기능상의 차이를 보여주는 것인 반면, 일본어에서는 {を}격이 {に}, {へ}, {で}, {と}, {から}, {より}격과 동열에 서 있는 연용 조사라는 것이다.

어쨌든 이러한 부분적인 이질성을 무시한다고 하면, 본 항에서 설명하고자 하는 특수(부)조사의 부사격 조사와의 친근성은 양 언어가 동일한 양태를 나타내고 있다고 할 수 있다.

Ⅲ. 부용어(副用語)와의 연결 관계에서의 검증

한국어는 일본어에 비해 용언의 활용 어미 체계가 매우 복잡하다. 활용 어미는 크게 나누어 '종결 어미', '전성 어미', '접속 어미'의 세 가지가 있다.

그런데 특수(부)조사가 용언의 활용 어미 아래에도 연결될 수 있는 양 언어에서 공통되는 분포상의 자유성으로 주지되어 있다.

다음 〈표 3〉은 용언(동사) 어미에의 특수조사 연결 여부를 나타낸 것이다.

【표 3】

	특수조사(후) 활용어미(전)	는	도	만	뿐	부터	까지	밖에	나	든지	ㄴ들	라도	나마	야	마저	조차
종결어미	서술형(-다)	−	−	−	−	−	−	−	−	−	−	−	−	−	−	−
	의문형(-느냐)	−	−	−	−	−	−	−	−	−	−	−	−	−	−	−
	명령형(-라)	−	−	−	−	−	−	−	−	−	−	−	−	−	−	−
	청유형(-자)	−	−	−	−	−	−	−	−	−	−	−	−	−	−	−
	감탄형(-구나)	−	−	−	−	−	−	−	−	−	−	−	−	−	−	−
전성어미	관형사형 (-ㄴ, ㄹ, 는)	−	−	−	−	−	−	−	−	−	−	−	−	−	−	−
	명사형(-ㅁ, 기)	+	+	+	+	+	+	+	+	+	+	+	+	+	+	+
	부사형 (-아(어))	+	+	+	−	+	+	−	+	+	+	+	+	+	+	+
	(-게)	+	+	+	−	+	+	+	+	+	+	+	+	+	+	+
	(-지)	+	+	+	−	+	+	+	+	−	+	+	+	+	+	+
	(-고)	+	+	+	−	+	+	−	+	−	+	+	+	+	+	+
접속어미	나열형(-면서)	+	+	+	−	+	+	+	+	+	+	+	+	+	+	+
	설명형(-는데)	+	+	+	−	+	+	+	+	+	+	+	+	+	+	+
	중단형(-다가)	+	+	+	−	+	+	+	+	+	+	+	+	+	+	+
	의도형(-려고)	+	+	+	−	+	+	+	+	+	+	+	+	+	+	+
	목적형(-러)	+	+	+	−	+	+	+	+	+	+	+	+	+	+	+
	도급형(-도록)	+	+	+	−	+	+	+	+	+	+	+	+	+	+	+

표에서와 같이 한국어 특수조사는 용언의 모든 어미에 연결될 수 있는 것은 아니다. 전성 어미와 접속 어미의 일부에 한정되는 것으로, 종결 어미와 전성 어미의 관형사형(연체형)에는 전혀 연결될 수 없다. 결국 전성 어미의 명사형과 부사형, 그리고 접속 어미의 일부에 국한되는데, 용언의 명사형은 이미 명사 상당어로서의 체언적 성격을 가지고 있

으므로 고려의 밖이며, 접속 어미에의 연결은 특수조사의 접속적 기능으로 취급해야 하는 성질이므로 이를 무시한다면, 남은 것은 부사형에의 연결이다.

한국어의 문법 구조에 있어서 용언의 부사형 어미 {-아(어)}, {-게}, {-지}, {-고} 뒤에는 일반적으로 보조 용언이 온다.

다음의 용례는 세 개의 대표적인 특수조사 {-는}, {-도}, {-만}이 부사형 어미에 연결될 때 형성되는 화용적 의미를 해의한 것이다.

【표 4】

	{는}	{도}	{만}
먹어 본다 　食べてみる	먹어는 본다	먹어도 본다	먹어만 본다
먹게 한다 　食べさせる	먹게는 한다	먹게도 한다	먹게만 한다
먹지 못한다 　食べない	먹지는 못한다	먹지도 못한다	먹지만 못한다
먹고 있다 　食べている	먹고는 있다	먹고도 있다	먹고만 있다

이들은 각각의 부사형 어미에 연결되어 '구별'(는), '동일'(도), '한정'(만) 등의 고유 의미를 문에 더하고 있다. 즉,

(3) 먹어 본다.
　　食べてみる。

　　a. 먹어는 본다.　　→　맛은 없어도,
　　　食べては みる。　→　味は なくても、
　　b. 먹어도 본다.　　→　만져도 보고,

　　食べても みる。　→　触っても みて、

c. 먹어만 본다.　→　다른 일은 하지 않고,

　　食べてだけ みる。　→　他のことは せずに、

(4) 먹게 한다.

　　食べさせる。

a. 먹게는 한다.　　→　놀게는 하지 않고,

　　食べることは させる。　→　遊ばせずに、

b. 먹게도 한다.　　→　놀게도 하고,

　　食べることも させる。　→　遊ぶことも させて、

c. 먹게만 한다.　　→　놀게는 하지 않고,

　　食べることだけ させる。→　遊ぶことだ させず、

(5) 먹지 못한다.

　　食べない。

a. 먹지는 못한다.　　→　보기는 해도,

　　食べることは できない。　→　見ることは できても、

b. 먹지도 못한다.　　→　보지도 못하고,

　　食べりことも できない。　→　見ることも できず、

c. 먹지만 못한다.　　→　다른 것은 다 해도,

　　食べることだけ できない。→　他のことは すべて することが でき

　　　　　　　　　　　　　　　ても、

(6) 먹고 있다

　　食べて いる。

a. 먹고는 있다.　　→　맛은 어떤지 몰라도,

　　食べては いる。　→　味は どうか わからないけれど、

b. 먹고도 있다.　　→　보고도 있고,

　　食べても いる。　→　見ても いるが、

    c. 먹고만 있다.　　→　다른 것은 하지 않고,
      食べてだけ いる。→　他のことは せずに、

로 풀이된다. 한국어 특수조사는 그 의미 기능상으로 보면 크게 '표별 (表別)적'인 것과 '협수(協隨)적'인 것의 두 부류로 나뉘는데,7) 부사형 어미에 붙는 경우에도 그 의미를 첨가하는 양태는 같다.

    일반적으로 부사형 어미는 본용언에 붙어 뒤의 보조 용언을 수식 한 정하는 부사적 수식 기능을 가지고 있다. 위에서처럼 특수조사가 부사 형 어미에 연결할 수 있는 것은 그 부사적 수식 기능에 기초한 것이라 고 할 수 있다.

    또한 형용사의 경우에 있어서도 제4부사형 어미 {-고}를 가지지 못 했다고 하는 것일 뿐, 이것에 연결하는 특수조사의 기능과 해의는 동사 의 경우에 같다.

【표 5】

	{는}	{도}	{만}
예뻐 보인다 美しく 見える	예뻐는 보인다	예뻐도 보인다	예뻐만 보인다
예쁘게 보인다 美しく 見える	예쁘게는 보인다	예쁘게도 보인다	예쁘게만 보인다
예쁘지 않다 美しく ない	예쁘지는 않다	예쁘지도 않다	예쁘지만 않다

---

7)　'表別(distinction), '協隨(identity)라는 용어는 한국의 초기 어학자인 朴勝彬 (1935)이 채용한 것으로, 이는 일본어의 경우 松下大三郎(1930)의 '分説'과 '合説' 이라는 용어에 상응하는 것으로 여겨진다. 본서에서는 한국어에 대해 논하는 경우 에 한하여 이 '표별'과 '협수'를 그대로 사용한다.

한편 일본어에 있어서는 부사형 어미가 따로 설정되어 있지 않지만,
일반적으로 용언의 연용형에 연결되는 경우가 이에 해당된다.

 (7) 食べて みる。
  a. 食べては みる。
  b. 食べても みる。
  c. ?食べてだけ みる。

 (8) 書いて いる。
  a. 書いては いる。j
  b. 書いても いる。
  c. 書いてだけ いる。

 (9) 美しく 見える。
  a. 美しくは 見える。
  b. 美しくも 見える。
  c. 美しくだけ 見える。

 (10) 安く ない。
  a. 安くは ない。
  b. 安くも ない。
  c. ?安くだけ ない。

이 때 부조사는 용언의 연용형과 일체가 되어 연용 수식어로서의 통
사론적 기능을 수행하고 있는데, 한국어의 부사적 기능에 대당하는 용
법이 될 것이다.

또한 양 언어의 특수(부)조사가 격조사와 구별되는 특질 중의 하나는
이들이 부사에 직접 연결될 수 있다는 점이다.8) 다음은 한국어의 양태

---

8) 특수(부)조사가 부사 아래에 연결될 수 있다 해도, 정도 부사에는 붙지 않는 것이
 원칙이다.

부사 「빨리(速く)」와 수량 부사 「조금(すこし)」에 붙은 특수조사의 용
례이다.

> (11) a. 빨리{는, 도, 만} 달린다.
>   b. 빨리야 달리지.
>   c. 빨리나 달려라.

> (12) a. 조금{은, 만, 이야} 먹는다.
>   b. 조금도 못 먹는다.
>   c. 조금이나 먹어라.

이와 같은 용법에 있어서도 특수조사는 화자의 평가와 판단의 의미를
문에 부여할 뿐, 문의 통사적 구조에는 어떠한 변화도 유도하지 않는다.
특히 특수조사가 부사에 직접 붙는 경우에는 그 의미 기능이 화자의 감
탄을 수반하는 기능이 현저한 경우가 많다.

> (13) a. 빨리는 달린다. → 일등은 못 해도,
>   速くは 走る。 →   一等は 取らないが、
>   b. 빨리도 달린다. → (감탄)
>   c. 빨리만 달린다. → (감탄)

> (14) a. 조금은 먹는다. → 많이는 못 먹지만,
>   すこしは 食べる。→ 多くは 食べないが、
>   b. 조금도 못 먹는다. → (감탄)
>   c. 조금만 먹는다. → 많이는 못 먹고/또는 (감탄)
>   多くは 食べず、

일본어 부조사의 경우를 살펴보면, 이와 같은 현상은 부조사의 종류
에 따라 다소 차이가 있으나, 전적으로 한국어와 동질성을 띠고 있다고
할 수 있다. 그 연결의 가부는 부조사와 부사 사이의 의미 내용에 따른

것과 형태론적인 접속성의 유무, 그리고 화자의 언어 구사 습관에 의해
결정되는 것이지만, 다음의 예를 보면 그 연결의 가능성은 충분히 나타
내고 있다. 어례로서는 양태 부사 「ゆっくり」와 수량 부사 「すこし」와
시간 부사 「暫らく」를 각각 들었다.

> ゆっくり{は, も, でも, しか, さえ, など}
> すこし{は, も, でも, しか, さえ, ?こそ, ?など, だけ, くらい, ばかり, ?はど}
> 暫らく{は, も, だけ}

어쨌든 양 언어에서 특수(부)조사가 부사적 성격을 띠는 용언의 연용
형(부사형)이나 부사에 연결되어 서술어를 수식하는 부사적 연용 기능
을 보족·강조하는 것은 공통적인 동질성으로 부상된다. 이와 같이 부
사어 근친성은 보다 확고한 부사적 기능을 실증하고 있다.

이는 일반적으로 부사의 의미를 한정 강조할 수 있는 것은 다른 부사
밖에 없는 것으로, 특수(부)조사의 부사와의 유기성은 그 부사적 수식
기능을 소유하고 있는 것으로 해석된다.

Ⅳ. 통시적·어원적 형태로부터의 검증

양 언어의 특수(부)조사는 어원적인 조어 형태로 보면 실사(詞)로부
터 유래한 것이 대부분이므로(특히 B류), 완전한 형식 형태소인 사(辭)
적 성격을 의심하게 한다.

이와 같은 관점에서 양 언어를 비교하면, 그 어원에 있어서 다소의
상이점이 엿보인다.

일본어의 부조사는 다음과 같이 체언으로부터 전성된 것이 많다. 따
라서 그 어원적 잔재로 체언적, 또는 준체언적 성격을 인정하게 된다.

{ばかり} : 「はかる(量)」의 명사형 「はかり」로부터
{だけ} : 명사 「たけ(杖)」로부터
{ぐらい} : 명사 「くらい(位)」로부터
{きり} : 「きる(限)」의 명사적 용법으로부터
{ほど} : 정도의 의미를 가진 명사 「はど」로부터
{など} : 「何と」로부터
{まで} : 「まだし」, 「まどう」와 동계, 혹은 「的」과 동의인 「目処」로부터9)

특히 {ほか}와 {ほど}는 현대 일본어에서 명사와의 한계가 모호하다. 이러한 체언적 성격은 다른 조사와의 복합 관계에 있어서도 전접의 기능이 우세하기 때문에, 그 분포상의 위치가 다른 조사 앞에 옴으로써 체언을 연상시킨다.10)

이에 대하여 沼田善子(1986:117)는 부조사의 통사론적 특징 중에서 비명사성을 주장하면서, 다음의 예에서 그 반증론을 펴고 있다.

(15) a. 電球だけが寒そう光っていた。
     b. *寒そうに光っていた電球だけ。

(16) a. 3人だけに通知を出した。
     b. *通知を出した3人だけ。

문 (15), (16)에서 연체 검증에 의해 a를 b로 변형시킬 때, 문 b가 성립하지 않는 것은 부조사 {だけ}가 주명사가 되지 않기 때문이라고 했다. 따라서 부조사의 준체 기능은 인정되지 않는다고 주장했다.

그러나 '준체'라는 것은 체언에 준한다는 술어로, 이것은 실질 명사처

---

9) 이러한 역사적 어원 관계의 고찰은 종래의 此島正年(1966), 石垣謙二(1955), 松村明(편)(1969, 1971)의 소설을 그대로 채용했다.
10) 宮地裕(1950)에 의하면 이러한 부류의 전접성 조사를 準体기능이라 하여 부조사의 副기능과 구별했다. 그러나 동일 형태소가 그 복합 배열 위치의 분포상의 특징에 의해 별개의 형태소시되는 것은 모든 B류의 부조사가 이원적으로 분류되어야 하기 때문에 타당성이 없다고 생각된다.

럼 완전한 형태론적·통사론적 기능을 가지지는 못하지만, 일부 전접 기능이 높은 부조사의 준체적 기능은(체언 기능이 아닌) 설정되어야 한다.

　다음의 〈표 6〉은 체언적 성격을 가지고 있는 부조사의 전접 기능도를 나타낸 것이다.

【표 6】

전＼후	が	の	を	に	で	と	から	より	は	も	こそ	でも	さえ	しか	조동사 だ
ほど	+	+	+	+	+	+	+	−	+	+	+	+	+	+	+
など	+	+	+	+	+	+	+	+	+	+	+	+	+	+	+
くらい	+	+	+	+	+	+	+	+	+	+	+	+	+	+	+
ばかり	+	+	+	+	+	−	−	−	+	+	+	+	+	+	+
だけ	+	+	+	+	+	+	+	−	+	+	+	+	+	+	+
まで	+	+	+	+	+	+	+	+	+	+	+	+	+	+	+

　사실 교착어의 언어 구조에 있어서 연결된 형태소가 체언 어기로부터 가까우면 가까울수록 자립성을 띠기 때문에, 이와 같은 부조사류는 소위 어휘적인 접미사류와 형태론적·통사론적으로 별다른 차이가 보이지 않는다. 부조사와 접미사와의 구조적 유사성에 대해서는 후술할 것이다.

　한편 한국어의 특수조사에 있어서 그 위치상의 준체적 성격은 아래의 〈표 7〉과 같이 다분히 일본어와 유사하다.

【표 7】

전＼후	가	의	를	에	로	에게	와	는	도	나	든지	ㄴ들	라도	나마	야	지정사 -(이)다
부터	+	+	+	−	−	−	−	+	+	+	+	+	+	+	+	+
까지	+	+	+	−	−	−	−	+	+	+	+	+	+	+	+	+
뿐	+	+	+	−	−	−	−	+	+	+	+	+	+	+	+	+
만	+	+	+	−	−	−	−	+	+	+	+	+	+	+	+	+
밖에	+	+	+	−	−	−	−	+	+	+	+	+	+	+	+	+

그러나 그 조어 형식을 보면 일본어와는 달리 용언으로부터 온 것이 많다. 이에 대하여 일찍이 Ramstedt, G.J. 박사는 한국어의 후치사와 부사는 어원적으로 명사나 동사 등의 실사(詞)로부터 조어된 것이 많다고 언급한 바 있다.

이 경우 그 조어 형식을 역사적으로 살펴보면, 그 허사화한 과정에 있어 하나의 규칙성을 발견할 수 있다. 즉 용언은 그 대부분이 어간에 연결형 어미인 {-아/-어}를 붙여 허사화했고, 명사는 부사로 전성되어 쓰이면서 허사화했다는 점이다. 이 외에도 본래의 부사가 그대로 특수조사로 전용되는 것도 있고, 현대어에서 부사와 조사로 양용되는 것도 있다.

그 통시적인 전성 과정은 아래와 같이 총괄된다.

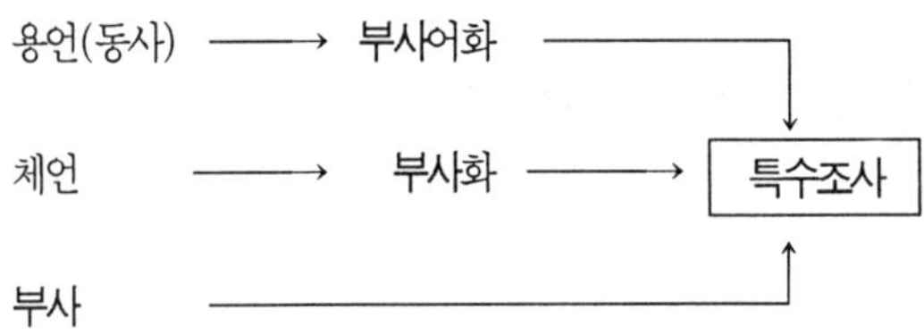

중세 한국어(15C-16C)의 문헌에 산견되는 어휘 자료에서, 이들이 부사어화11)하여 쓰인 과도적 현상을 볼 수 있는데, 대체로 근세 이후부터 조사의 기능을 가지게 된 것으로 보인다.

다음은 개별 조어 형식을 종래 선학의 고찰에 의해 분석 · 설명한 것이다.

    {조차} :

        /좇(從, 隨)-/ + /-아/ → /조차/

                    > /-조차/

        /조치(兼)-/ + /-어/ → /조쳐/

본래 '追', '隨', '兼'의 의미를 가진 동사 「좇다」, 「조치다」의 어간에 연결 어미 {-어/-어}가 붙어 부사형으로 쓰이다가 그 후에 조사로 정착되었다(이숭녕 1961:160).

    {부터} :

        /븥(附, 着)-/ + /-어/ → /브터/ > /-부터/

동사 「붙다」('附', '據', '依', '着', '屬')의 어간에 연결형 어미 {-어}가 첨가되어 부사어로 쓰이다가 허사화했다(이숭녕 1961a:155, 1961b:206, 유창돈 1971:424).

    {나마} :

        /남(餘, 越)-/ + /-아/ → /나마/ > /-나마/

---

11) '부사어'라는 것은 직능상 문의 성분을 가리키는 것이고, '부사'라는 것은 품사명이다. 모든 부사는 문중에서 부사어의 역할을 하지만, 부사어는 부사로부터 된 것만은 아니다. 한국어의 문법 체계에서 부사어의 외형적 현현은 ① 체언+부사격 조사, ② 부사, ③ 용언의 부사형 어미의 형태로 나타난다.

동사 「남다」('餘', '越', '過')의 어간에 역시 접속형 {-아}가 첨가되어 부사어로 쓰였고, 그 뒤 허사화했다(梁柱東 1946:866).

{마저} :

$$/ \text{몾}(\text{몿}, \text{몿} :終)-/ + \begin{bmatrix} /-\text{아}/ \\ /-\text{어}/ \end{bmatrix} \rightarrow \begin{bmatrix} /\text{ᄆᆞ자}/ \\ /\text{ᄆᆞ저}/ \end{bmatrix} > \begin{bmatrix} /\text{마저}/(\text{부사}) \\ /-\text{마저}/ \end{bmatrix}$$

동사 「몾다」, 「몿다」, 「몿다」(終) 등은 중세 한국어에서 동원 어간형으로 보이며(유창돈 1964a:248), 이에 역시 {-아} 어미가 붙어 부사어화했다. 이것은 현대어에서 '전부, 남김 없이' 라는 의미의 부사로도 사용되고 있다.

이상 4개의 특수조사들의 공통점은 어원적으로 동사로부터 전성된 것이라는 것과 그 허사화의 조어 방식이 연결형 어미 {-아/-어}를 동반하여 부사어화했으며, 그 후 특수조사로 쓰이게 되었다는 점이다. 따라서 이들은 용언적인 의미의 잔재를 가지고 있는 한편, 부사적 수식 기능을 가지게 되었다고 할 수 있다.

이러한 사실은 일본어의 양태 동사가[12] 접속 조사 {て}(한국어에서는 연결형 어미 {-아/-어}에 해당)를 취하여 부사적 용법으로 쓰이게 되는 것과 통한다.[13] 이 부사적 용법은 주로 형용사(형용 동사)의 연용형과 양태 부사가 가진 문법적 기능에 비교된다. 예컨대,

---

[12] 成田徹男(1983:142)는 일본어 양태 동사의 성격을 ① 동작주를 요구하는 자동사로 의지 동사이다, ② 동작주의 작용이 다른 것에는 미치지 않고 동작주 자신에밖에 영향을 미치지 않는다(반사성), ③ 「-ている」에서 동작의 결과의 상태를 나타내고 「-つづある」에서 (동작의 계속이 아닌) 상태의 지속을 나타낸다고 규정하고, 자세를 나타내는 것으로 「立つ」, 「すわる」, 「乗る」, 「ねる」, 「ねころぶ」, 「腰かける」: 「横になる」, 「はらばいになる」, 「うつぶせになる」, 「あおむけになる」, 「中腰になる」: 「しゃがむ」, 「うずくまる」, 「かがむ」.: 「うつむく」 등을, 상태를 나타내는 것으로 「黙る」를 예시어로 들었다.

[13] 물론 {て}는 부사적 용법 이외에도 계기적, 병렬적 용법과, 원인·이유를 나타내는 용법을 가진다.

   (17) a. 山が<u>赤く</u>染まっている。
      b. 太郎は着物を<u>きれいに</u>きている。
      c. 床が<u>つるつる</u>すべる。
      d. いすに<u>座って</u>本を読む。

에서 a는 형용사의 연용형, b는 형용 동사의 연용형, c는 상태 부사, d
는 양태 동사의 {て}형이 각각 쓰이고 있는데, 이들은 다음과 같은 문
구조로 변형될 수 있다.

   (18) a. (染まって)山が<u>赤い</u>。
      b. (着物をきた)太郎が<u>きれいだ</u>。
      c. (すべる)床が<u>つるつるだ</u>。
      d. (本を読む)〔Xが〕いすに<u>座っている</u>。

   문 (17)에서 부사적 요소는 문 (18)과 같이 명사 '山', '太郎', '床',
'X'의 속성을 나타나는 서술어로 환원될 수 있다. 이와 같은 공시적인
관점에서 벗어나 역사적으로 살펴보면 일본어에서 동사의 중지형으로부
터 발달한 후치사 형태가 존립하는 것은 실제로 한국어와도 그 맥락을
같이 한다.
   후치사란 단독으로는 문의 부분이 되지 않고, 명사(혹은 명사 상당
어)의 격 형태와 조합하여 그 명사의 다른 단어에 대한 관계를 나타내
기 위해 발달한 보조적인 단어(鈴木重幸 1972:499)로, 동사가 본래의
의미와 기능을 잃어버리고 그 어형도 변화하여 퇴화하는 것이다.
   鈴木重幸가 열거한 후치사 중 본 항과 관계가 있는 연용적인 것을 들
면 다음과 같다.

   〔ニ격과 조합〕 おいて, ついて, つき, とって, むかって, よって, 対して,
                 関して
   〔ト격과 조합〕 して, いっように, ともに,
   〔ヲ격과 조합〕 めぐって, もって

동사의 허사화 과정은 연속적이기 때문에 그 과도적인 중간 형태가 보인다.

高橋太郎(1983:309-310)는 동사의 조건형으로부터 후치사로 발달한 과정의 연속성을 기술하기 위해 다음과 같은 예문을 들었다.

(19) a. (ヘリコプターのなか) 東京も空から<u>みると</u>、 まんざらじゃないな。
〈日本沈没〉

b. うしろから<u>みると</u>腰骨がはっていて、こうひろがっている。〈むらぎも〉

c. 甲の方から<u>みると</u>同時ではないのである。
〈物質世界の客観性について〉

d. 実用の点から<u>みると</u>、ごく不便なへやでした。〈こころ〉

e. はじめて先生のうちへきたところから<u>みると</u>、 ずっと成人した気でいた。〈こころ〉

f. A計劃本部のは、これから<u>みると</u>子そものおもちゃだな。〈日本沈没〉

문 (18)에 나오는 「みる」는 a에서는 동사로 쓰였지만, b부터는 그것이 퇴화하기 시작하여 c 이하는 「見る」의 시각적인 동작의 의미가 없어졌다. e,f에서는 비교의 기준을 나타내는 것만으로, 서술어로 쓰이지 않는 완전 후치사가 되고 있다.

따라서 후치사는 동사가 가진 어휘적 의미가 소실되는 반면, 문법적·관계적 기능이 나타나게 되는 것이다.

중세 한국어의 문헌에 보이는 다음의 예는 그 연속적인 과도적 형태를 보여주는 것으로, 동사의 잔재를 추찰할 수 있다.

(20) a. 蓮花 말와문 고즐 **조차** ㄴ즉하얫도다. (杜諺 7:213)
蓮と 菱は 花につれて 低くあった。

b. 길흘 **조차** 用心ᄒ여 됴히 가라. (沿路上用心) (朴重 7:2)
道に 沿って 用心して 無事に 行け。

c. 근본을 傷ᄒ면 가지 **조차** 업ᄂ니라. (小諺 3:1)
根本が 傷めば 枝までも 無くなってしまう。

(21) a. 諸佛이 ᄆᅀᆞᄆᆞᆯ **브터** 解脫을 得ᄒᆞ시ᄂᆞ니, (月 9:22)
　　　 諸仏が　心　　より　解脫を　得られて、
　　b. 命을 **브터** 업을 짓ᄂᆞ니, (由命別業) (法華 7:186)
　　　 命に　よって　業を　成すに、
　　c. 죠고맛 ᄉᅀᅵᄅᆞᆯ **브터** 그지 업수메, (月 21:103)
　　　 わずかな　間　より　ひまが　ないので、

(22) a. 一千 디위 **나마** 졀ᄒᆞ거늘, (月 23:74)
　　　 千　　度　以上　拝むのに、
　　b. 十年 **나마** 되야시되, (新語 9:20)
　　　 十年　以上にも　なるので、
　　c. 半이 **나마** 늘거셰라. (松江 1:17)
　　　 半分　以上　老いてしまったのだなあ。

(23) a. 일 **ᄆᆞ자** 일우ᅀᆞᄫᅩᄆᆞᆯ 몬져 홇디니, (月序:17)
　　　 仕事を　残りなく　成し遂げることを　先にせねばならぬ、
　　b. 술은 ᄂᆞ믹 이ᄅᆞᆯ **ᄆᆞ자** 일울씨라. (法華 1:21)
　　　 '述'とは　他人の事を　全うするということだ。
　　c. 글 **ᄆᆞ자** 비호더니, (卒業) (二倫重:46)
　　　 学業を　完全に　学んだところ、

　　특히 용언이 부사어화한 형태가 격조사의 뒤에 붙어 있는 것은 그 과도적인 잔재를 보여준다. 이것은 다음 단계에서 격조사(주로 대격, 주격)가 생략되면서 특수조사로 정착되었다고 판단된다. 한국어의 특수조사 중 B류의 이음절 형태는 그 대부분이 실사(詞)로부터 전성된 것으로 추정된다. 이로부터 보면, 한국어의 특수조사의 형성 과정은 일본어에 있어서는 마치 동사의 접속형이 후치사화한 과정과도 흡사하다고 할 수 있다.

　　이에 반해, 일본어의 B류 부조사는 접속형이 후치사화의 과정을 거친 것이 아니다. 오히려 동사의 명사형으로부터 전성한 것이 많아 준체적 기능이 현저한 것이 일반적인 성격이다.

{까지} :

$$/곳(곳, 곶 : 邊, 極)-/ \rightarrow /ᄀ장/ \;>\; \begin{cases} /가장/(부사) \\ /-까지/ \end{cases}$$

　중세 한국어의 「곶」, 「곳」, 「곳」은 현대어의 「가(邊)」, 「끝(極)」에 상당하는 명사어이다. 이에 접미사 {-앙}이 연결되어 부사를 파생하였고(곳+앙→ᄀ장), 「ᄀ장」은 현대어에까지 그 어형 및 의미가 유지되어 부사로 쓰이는 한편, 허사화하여 /-ㅅ-/+/ᄀ장/→/-ᄭ장/〉/-ᄭ지/〉/-까지/와 같은 조사 어형으로 변화했다(이숭녕 1961a:158, 유창돈 1971:245).[14]

{도} :

/쏘(又, 亦)/
　　　　　　　> /-도/
/더(益)/

　어원적으로 특수조사 {도}는 부사 「쏘(又)」, 또는 「더(益)」와 동일 어근이었다고 주장하는 논자가 있다(유창돈 1964a:245, 이인모 1960:150).

　어쨌든 한국어의 특수조사는 역사적으로 소급하면 어원상, 조어상으로 부사와 긴밀한 상관성을 가지고 있었다는 것은 의심할 여지가 없다. 이러한 예는 다분히 특수조사의 부사적 기능을 논증하는 방증의 예가 되고도 남는다.

　이 밖에도 한정 표시의 조사 {밖에}는 이 조어 형식이 명사 「밖(外)」에 장소 부사격 조사 {-에}가 붙어 형성됨으로써 부사적 기능과 무관하

─────────────────────

14) 향가의 「念丁」이 이러한 변천을 방증하고 있다.
　　月下伊底亦 西方念丁 去賜里遣. (願往生歌)
　　달하 이데 西方쎄정 가샤리고?
　　月よ 今 西方まで 行こうとするのですか?

지 않다(이희승 1961:280).

전술한 대로, 일본어의 부조사는 어원상, 조어상으로 부사와의 상관성은 그다지 없고, 그 대다수가 체언으로부터 전성된 것이기 때문에(특히 B류), 준체언적 성격이 두드러진 특징이다.

V. 부사 전성 기능으로부터의 검증

형태론적 조어 면에서 한 가지 더 언급해야 할 사실은 현대 한국어의 특수조사가 그 동일 형태로 체언의 어기에 붙어 그 어기와 일체가 되어 부사로 전성하는 사례이다. 이 때 특수조사는 부사 전성 접미사의 역할과 전적으로 동일한 기능을 가지고 있는 것이다.

대체로 현대 한국어에 있어서 전성 부사의 형성 유형은 다음과 같이 다양하다.15)

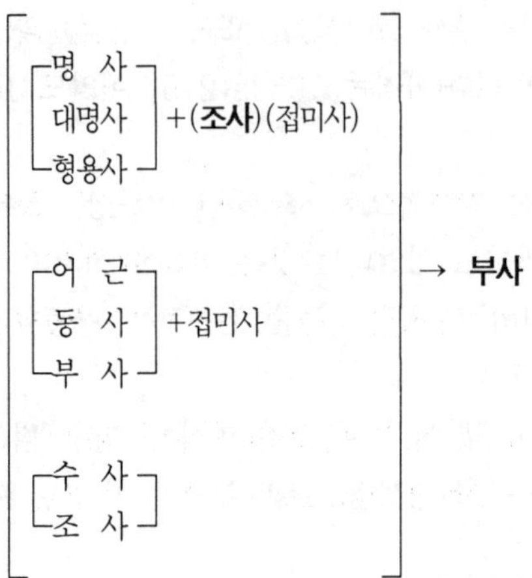

---

15) 유창돈(1964a:400-425)의 일부를 뽑아내어 필자가 도시화한 것이다.

이 중에서 본 항에 해당하는 경우의 실례를 들면 다음과 같다.

이(この) ┐   ┌ 이만(この程度で)
그(その) ├ +{만} → │ 그만(その程度で)
저(あの) ┘   └ 저만(あの程度で)

누구(誰) ┐   ┌ 누구나(だれでも)
얼마(幾) ├ +{만} → │ 얼마나(おくらはど)
무엇(何) ┘   └ 무엇이나(なんでも)

누구(誰) ┐   ┌ 누구든지(だれでも)
얼마(幾) ├ +{만} → │ 얼마든지(いくらでも)
무엇(何) ┘   └ 무엇이든지(なんでも)

(24) a. 값이 얼마냐?

　　　　 値段が 幾らか?

　　 b. 얼마나 먼지 모른다.

　　　　 どれはど 遠いか わからない。(とても 遠い。)

(25) a. 누구의 집이냐?

　　　　 だれの 家か?

　　 b. 누구든지 알고 있다.

　　　　 だれでも 知っている。(みんな 知っている。)

(26) a. 그 상자는 크다.

　　　　 その箱は 大きい。

　　 b. 그녀는 그야말로 예쁘다.

　　　　 彼女は それはそれは 美しい。(彼女は ほんとに 美くし。)

문 (23)-(25)a에서 체언으로 쓰이는 각각의 어사는 문 b에서 특수조사 {나}, {든지}, {야말로}의 연결로 부사가 되었다. 이 때 b의 경우

는 각각의 특수조사를 제거하면 문이 성립하지 않는다. 이러한 사실은 앞의 체언과 일체가 되어 별개의 부사로 굳어졌기 때문이다. 그러므로 각 문 b의 해당어는 의미나 기능으로 보면 일본어의 「とても」, 「みんな」, 「ほんとに」 등의 부사에 상당한다.

이와 같은 부사 전성 기능에 대해서는 일본어의 부조사도 동일한 양상을 띠고 있다. 아래의 어사들은 체언과 부조사가 융합되어 이미 부사의 색채가 짙어진 것이다.

이러한 논의는 奧津敬一郎(1986:33)의 형식 부사론에 관련된다. '형식 부사'란 비자립적인 부사로, 보족적인 성분을 취하여 부사구를 형성하는 것이다.16)

전시한 문 (24)-(26)의 b에서 한국어의 특수조사 {나}, {든지}, {야말로} 등은 형식 부사적 기능을 가지고 있다. 이들은 자립하여 부사의 기능을 가지지 못하고, 반드시 보족적인 성분에 연결되어야만 부사적 기능을 발휘한다.

(27) a. *나 먼지 모른다.
　　 *ほど 遠いかわからない。

　　 b. *얼마 먼지 모른다.
　　 *いくら 遠いか わからない。

(28) a. *든지 알고 있다.
　　 *でも 知っている。

　　 b. *누구 알고 있다.
　　 *だれ 知っている。

---

16) 奧津敬一郎(1986:35)는 일본어 형식 부사에 속하는 어휘 항목으로 다음을 들었다. 樣態(そうに, みたいに, とうりに, なり, まま, ように), 程度(ほど, ぐらいに, だけ, ばかり), 頻度(たび, ごとに, つど), 理由(ため, ゆえ, ので, せいで, もので, ばかりに, だけに, あまりに), 目的(ため), 条件(と, ば, たら, なら), 逆接(のに, ものの, けれど, が, くせに, ところで, ところが), 順接(うえ, あげく, きり, かたわら). 이 중에서 정도 표시 형식 부사에 부조사가 여러 개 들어있다.

    (29) a. *그녀는 **아말로** 예쁘다.

           *彼女は　こそ　美しい。

       b. *그녀는 <u>그</u> 예쁘다.

           *그녀는 <u>それ</u> 美しい。

    문 (27)-(29)의 a는 보족 성분 없이 특수(부)조사만 쓰인 것이고, b는 보족 성분만이 쓰인 것이다. 양 문은 모두 비문으로 특수(부)조사는 단독으로 자립 부사의 기능을 가지기 않는다. 특수(부)조사의 형식 부사적 기능은 피접어인 보족 성분에 부사적 기능을 부여하므로, 이러한 보족 기능은 역시 특수(부)조사가 가진 부사적 수식 기능으로 취급해야 할 것이다.

Ⅵ. 결 론

    이상의 논의는 양 언어의 특수(부)조사가 가진 부사적 연용 수식 기능에 대하여 어휘론적·형태론적인 관점에서 고증·대비한 것이다. 그 부사적 기능을 논증하기 위해 여러 가지 언어 사실을 항목별로 열거·분석하였는데, 요약하면 다음과 같이 정리된다.

1. 양 언어에서 다같이 특수(부)조사가 격조사의 뒤에 복합하는 경우는 소위 부사격 조사(일본어에서는 연용 수식격 조사)에 붙어서, 그 연용 수식(부사)적 격 기능을 보조한다.

2. 양 언어에서 다같이 특수(부)조사는 부사에 직접 연결될 수 있는데, 이 때 피접 부사의 종류와 특수조사의 종류에 따라 다소의 연결 제약이 있으나, 부사의 연용 수식 기능 및 의미 기능을 강화하고 조장한다.

3. 양 언어에서 특수(부)조사는 용언의 부사형(일본어에서는 연용형)

에 연결하여 연용 수식어가 되며, 특히 일본어에 있어 형용사의 연용형에 붙는 경우는 부사의 용법과 그다지 다를 바 없다.

4. 양 언어에서 특수(부)조사는 통시 어휘론적으로 보면 다같이 그 조어 형식이 실사(詞)에서 유래한 것이 많다. 그 중에서 일본어의 경우는 대부분이 체언으로부터 온 것이 많아 체언(형식 명사)적 기능이 현저하게 나타나지만, 한국어는 용언이 부사형 어미로 활용하여 허사화한 것이 많으므로 부사적 기능이 보다 뚜렷하다.

5. 양 언어에서 특수(부)조사는 그 일부가 체언을 부사로 전성시키는 부사 전성 접미사, 또는 형식 부사의 역할을 수행하고 있다.

6. 양 언어의 특수(부)조사가 부사적 연용 수식 기능을 가졌다는 것은 결국 이것이 연용 조사적 성격을 규정한 것이다. 특수(부)조사는 결코 연체 조사적 성격을 가지지 않는다.

참 고 문 헌

姜成一(1962), "'kačaη' 發達攷", 「語文學」 8, 韓國語文學會.

고영근(1976), "特殊助詞의 意味分析, -'까지, 마저, 조차'를 중심으로-", 「문법연구」 3, 光文社.

_____(1989), 국어 형태론 연구, 서울대 출판부.

김길진(1985), "국어 특수조사의 연구", 「국어교육연구」 4, 원광대.

김두봉(1922), 깁더 조선말본, 회동서관: 경성.

김상대(1993), "복합조사에 대하여", 「인문논총」 4, 아주대 인문과학연구소.

金昇坤(1978), 韓國語 助詞의 通時的 研究, 大提閣.

_____(1989), 우리말 토씨 연구, 건국대 출판부.

_____(1992), "우리말 토씨의 발달 원리", 김승곤(편) 「한국어 토씨와 씨끝」, 박이정.

김영희(1974), "한국어 조사어류의 연구", 「문법연구」 1, 光文社.

金宗澤(1982), 國語話用論, 螢雪出版社.

김진형(1995), "중세국어 보조사에 대한 연구", 「국어연구」 136, 서울대 국어연구회.

김홍수(1982), "원인의 '에'와 '로'에 대하여", 「국어문학」 22, 전북대.

南廣祐(1974), 補訂 古語辭典, 一潮閣.

南基心·고영근(1985), 표준 국어문법론, 탑출판사.

류구상(1988), "국어조사 연구의 어제, 오늘, 내일", 「국어국문학」 100, 국어국문학회.

민현식(1982), "現代國語의 格에 대한 研究", 「國語研究」 49, 서울대.

朴秉洙(1976), "양태부사에 대하여", 「언어」 1-1, 한국언어학회.

朴勝彬(1935), 朝鮮語學, 京城: 朝鮮語學研究會.

朴良圭(1972), "國語의 處格에 對한 研究, -統合上의 特徵을 中心으로-", 「國語研究」 27, 서울대.

배윤덕(1978), "격조사의 분류에 대하여", 「연세어문학」 4, 연세대.

白峰子(1974), "한국어의 부사격토 연구", 「언어문학」 I, 延世大.

徐正洙(1975), "국어 부사류어의 구문론적 연구", 「現代國語文法」, 啓明大 出版部.

_____(1996), 수정증보판 국어문법, 한양대학 출판원.

成光秀(1978), 國語 助辭에 對한 研究, 螢雪出版社.

成耆徹(1997), "보조조사 '까지, 마저'의 의미특성", 「한국어교육」 8, 국제한국어교육학회.

손남익(1995), 국어 부사 연구, 박이정.

신호철(2001), "시점과 특수조사의 상관성", 「어문학」 73, 한국어문학회.

安秉禧(1966), "否定格의 定立을 위하여", 「東亞文化」 6.

양인석(1972), Korean Syntax, 百合社.

______(1973), "Semantics of Delimiter", 「語學研究」 9-2, 서울大.

______(1975), "한국어 부사의 의미(I)", 「全南大 어학교육」 7.

梁柱東((1946), 朝鮮古歌研究, 博文書館.

염선모(1978), "한정사 연구", 「배달말」 3, 경상대.

유동석(1984), "양태조사의 통보 기능에 대한 연구", 「국어연구」 60, 서울대 국어연
          구회.

______(1990), "조사 생략", 「국어연구 어디까지 왔나」, 동아출판사.

劉昌惇(1964a), 李朝國語史研究, 宣明文化社.

______(1964b), 李朝語辭典, 延世大 出版部.

______(1971), 語彙史研究, 宣明文化社.

윤재원(1989), 국어 보조조사의 담화분석적 연구, 형설출판사.

이관규(1999), "조사의 통사론적 연구", 「국어의 격과 조사」, 월인.

이기동(1981), "The Meanings of Postpositions in Korean", 「언어」 6-2.

李基白(1975), "國語 助詞의 史的 研究", 「어문론총」 9·10 경북대.

이남순(1996), "특수조사의 통사기능", 「진단학보」 82, 진단학회.

李炳銑(1971), "副詞形 語尾攷", 「金亨奎博士 頌壽紀念論叢」.

李相泰(1983), "도움토씨 연구", 「言語研究」 3. 대구언어학회.

이석규(1995), "현대국어 도움토씨의 의미연구", 김승곤 편 「한국어의 토씨와 씨끝」,
          박이정.

李崇寧(1961a), 中世國語文法, 乙酉文化社.

______(1961b), 國語造語論攷, 乙酉文化社.

李承旭(1973), 國語文法體系의 史的 研究, 一潮閣.

이원근(1997), "우리말 도움토씨 연구", 연세대 박사논문.

李翊燮·任洪彬(1983), 國語文法論, 學研社.

李益煥(1979), "한국어 '까지·마저'와 부정의 범위", 「언어」 4-1, 한국언어학회.

이인모(1960), 國文法研究, 東華文化社.

이춘숙(1991), "영역개념으로서의 도움토씨", 「한글」 212, 한글학회.

______(1993), "우리말 도움토씨 연구", 부산대 박사학위 논문.

李桓默(1982), "국어 함수 표현에 관한 연구: '아니, 또, -도'", 서울대 박사학위 논문.

李熙昇(1961), 國語學槪論, 民衆書館.

任洪彬(1976), "副詞化와 對象性", 「國語學」 4, 國語學會.

______(1980), "'을'/'를' 助詞의 意味와 統辭", 「韓國學論叢」 2, 國民大.

정동화(1995), "현대국어의 도움토씨 연구", 김승곤 편 「한국어의 토씨와 씨끝」, 박이정.

蔡 琬(1977), "現代國語 特殊助詞의 硏究", 「國語硏究」 39, 國語硏究會.

______(1986), "특수조사", 「국어생활」 5, 국립국어연구원.

______(1998), "특수조사", 「문법연구와 자료」, 태학사.

최기용(1996), "한국어 특수조사 구성의 구조", 「언어」 21-1, 한국언어학회.

최동주(1997), "현대국어의 특수조사에 대한 통사적 고찰", 「국어학」 30, 국어학회.

崔鉉培(1961), 깁고 고친 우리말본, 정음사.

한 길(1983), "정도 어찌씨에 관한 의미론적 연구", 「새국어교육」 37·38, 한국국
    어교육학회.

許 雄(1983), 국어학: 우리말의 오늘·어제, 샘문화사.

______(1995), 20세기 우리말의 형태론, 샘문화사.

洪起文(1947), 朝鮮文法硏究, 서울신문사.

洪思滿(1974), "Postposition의 副詞的 機能硏究(共)", 「文理學叢」 二卷, 慶北大
    文理大.

______(1977), "國語 程度副詞와 狀態副詞의 比較硏究", 「東洋文化硏究」 4, 慶北大.

______(1979), "日本語の副助詞と韓国語の特殊助詞との対照研究(I), -その副詞的修飾機
    能を中心に-", 「外国人と日本語」 4, 筑波大学 文芸·言語学系

______(1983), 國語特殊助詞論, -意味分析-, 學文社

______(1989), "現代韓国語の特殊助詞の研究, -日本語の副助詞との対比を中心に-", 筑
    波大学 文芸·言語学系 博士学位論文

______(1993), 한·일어대조어학/논고, 塔出版社

______(1994), 國語意味論硏究, 螢雪出版社

______(1998), "특수조사 의미론", 「의미론 연구의 새 방향」, 박이정.

______(2002a), "국어 정도부사의 피한정어 연구", 「語文學」 76, 한국어문학회.

______(2002b), "국어 정도부사의 하위 분류", 「어문론총」 36, 경북어문학회.

洪允杓(1979), "國語의 助詞", 「언어」 4-2, 한국언어학회.

______(1981), "近代國語의 處所表示와 方向表示의 格", 「東洋學」 11.

浅野信(1973), 日本文法語法論, 桜楓社

石垣謙二(1955), 助詞の歴史的研究, 岩波書店.

市川保子(1991), "とりたて助詞と発話・伝達のモダリテイに関する一考察", 「文芸言語研究 言語篇」 19, 筑波大学文芸・言語学系

井上和子(編)(1989), 日本文法小辞典, 大修館.

大木正義(1976), "副助詞の職能について", 「言語と文芸」 82.

奥津敬一郎(1986), "とりたて詞の分布と意味-「でだけ」と「だけで」-", 「国文目白」 25.

________外(1986), いわゆる日本語助詞の研究, にほんごの凡人社

小川芳男 外(編)(1982), 日本語教育辞典, 大修館.

影山太郎(1997), 文法語と形式, ひつじ書房.

菅野宏(1970), "格助詞·係助詞そして接尾語", 「月刊文法」 4月号, 明治書院

木枝増一(1942), 高等国文法新講-品詞論-, 東洋図書株式会社

北原保雄(1984a), 日本語文法の焦点, 教育出版

______(1984b), 文法的に考える -日本語の表現と文法-, 大修館.

______外(編)(1981), 日本文法辞典, 有精堂

金田一春彦(1983), "助詞論二題", 「国語学」 133.

工藤浩(1983), "程度副詞をめぐって", 渡邊実(編)「副用語の研究」, 明治書院

久野暲(1973), 日本文法研究, 大修館

______(1983), 新日本文法研究, 大修館.

桑山俊彦(1983), "助詞", 北原保雄 外(編)「日本文法辞典」, 有精堂

慶野正次(1963), 国文法入門・口語助詞篇, 武蔵野書院

国語学会(編)(1981), 国語学大辞典, 東京堂出版

国立国語研究所(1951), 現代語の助詞・助動詞, 秀英出版

__________(1995), 日本語の文法(上), 大蔵省印刷局.

此島正年(1966), 国語助詞の研究, 桜楓社

______(1983), 助動詞·助詞詳説, 桜楓社

近藤泰弘(1983), "副助詞の体系", 「日本女子大学紀要」 32.

酒井秀夫(1970), "係助詞", 「月刊文法」 3月, 明治書院

阪倉篤義(1977), 改稿日本文法の話, 教育出版株式会社

桜井定夫(1957), "「まで」, 「までに」考", 「文学論藻」 6.

佐治圭三(1970), "副助詞", 「月刊文法」 3月号, 明治書院

定延利之(1995), "心的プロセスからみた取り立て詞", 益田隆志 外(編) 「日本語の主題と取り
　　　　　立て」, ろしお出版

佐藤喜代治(1973), "助詞の分類 -明治以後-", 「品詞別日本語講座 9: 助詞」, 明治書院

柴谷方良(1989), "日本語の語用論", 北原保雄(編), 「講座日本語と日本語教育 4: 日本語
　　　　　の文法・文体 (上)」, 明治書院

＿＿＿(1992), "助詞の意味と機能について", 「国広哲弥教授還暦退官記念論文集: 文法
　　　　　と意味の間」, くろしお出版

鈴木重幸(1972), 日本語文法・形態論, むぎ書房.

＿＿＿(1996), 日本語をみつめた文法・現代語, 東宛社

泉子・K・メイナード(1999), 談話分析の可能性, くろしお出版

高橋太郎(1983), "動詞の条件形の後置辞化", 渡邊実(編) 「副用語の研究」, 明治書院

田中章夫(1977), "助詞 3", 「講座日本語 7: 文法」, 岩波書店.

玉村文郎(編)(1989), 日本語の語彙 意味(上), 「講座日本語と日本語教育」, 明治書院

田村すず子(1971), "日本語の文法, -助詞など-", 「講座日本語教育」 第2分冊, 早大語学
　　　　　教育研究所.

寺村秀夫(1991), 日本語のシンタクスと意味 3, くろしお出版

時枝誠記(1950), 日本文法・口語篇, 岩波書店.

中川浩文(1970), "文体における品詞の役割:助詞", 「月刊文法」 1月号, 明治書院

成田徹男(1983), "動詞の「て」形の副詞的用法", 渡邊実(編) 「副用語の研究」, 明治書院

西田直敏(1977), "助詞(1)", 「岩波講座日本語 7, 文法1」, 岩波書店.

＿＿＿(1981), "助詞(3)", 「岩波講座日本語 7, 文法2」, 岩波書店.

仁田義雄(1988), 語彙論的統語論, 明治書院

＿＿＿(1993), 日本語の格をめぐって, くろしお出版

沼田善子(1986), "とりたて詞", 「いわゆる日本語助詞の研究」, 凡人社

＿＿＿(1991), "とりたて詞とムード", 仁田義雄外(編) 「日本語のモダリテイ」, くろしお出版

橋本進吉(1969), 助詞・助動詞の研究, 岩波書店.

日野資純(1973), "副助詞と係助詞", 「品詞別日本文法講座」 9, 明治書院

益岡隆志(1990), "取り立ての焦点", 「日本語学」 9-5, 明治書院

松下大三郎(1970), 改撰標準日本文法, 中文館.

＿＿＿(1977), 標準日本口語法, 中文館.

松村明(1969), 助詞·助動詞詳説, 学灯社

_____(編)(1971), 日本文法大辞典, 明治書院

三上章(1960), 象は鼻が長い, くろしお出版

_____(1963), 日本語の論理, -ハとガ-, くろしお出版

_____(1970), 文法小論集, くろしお出版

_____(1972), 現代語法序説, くろしお出版

南不二男(1974), 現代日本語の構造, 大修館.

_____(1998), 現代日本語文法の輪郭, 大修館.

宮島達夫(1983), "情態副詞と陳述", 渡邊実(編) 「副用語の研究」(明治書院) 所収

宮田幸一(1980), "格助詞ととりたて詞", 「月刊言語」9-12, 大修館書店.

宮地裕(1950), "副助詞小攷, -準体助詞との関聯に於いて-", 「国語国文」 21巻8月号.

毛利可信(1980), 英語の語用論, 大修館.

森重敏(1975), 日本文法通論, 風間書房.

森田良行(1998), 日本語の視点, 創拓社.

山田孝雄(1936), 日本文法学概論, 宝文館.

山中美穂子(1991), "「も」「でも」「さえ」の含意について", 「日本語と中国語の対照研究」14, 日本語と中国語 対照研究会.

渡邊実(1971), 国語構文論, 槁書房.

_____(編)(1983), 副用語の研究, 明治書院

Abasolo, R.(1974), *Basic Semantic Structures of Korean*, Ph.D. Dissertation, Georgetown Univ. Seoul: Tower Press.

Chafe, W.L.(1976), Giveness, Contrastiveness, Definiteness, Subjects, Topics, and Point of View, *Subject and Topic*, Li(ed.), Academic Press.

Chomsky, N.(1971), Deep Structure, Surface Structure and Semantic Interpretation, *In* Steinberg and Jacobovits(eds.), Cambridge Univ. Press.

Fraser, B.(1971), An Analysis of 'even' in English, *In* Fillmore & Langendoen(eds.), Holt, Rinehart & Winston.

Givón, T.(1989), *Mind, cod and context*, ch. 6. Hillsdale NJ: Lawrence Erlbaum.

Halliday, M.A.K.(1985), *An Introduction to Functional Grammar*, Arnold.

Hinds, John et al.(eds)(1987), Perspectives on Topicalization the Case of Japanese WA, John Benjamins Publishing Co., Amsterdam.

Hormann, Hans(1986), *Meaning and Context*, Plenum Press.

Hockett, C.F.(1958), *A Course in Modern Linguistics*, New York: The Macmillan Company.

Horn, L.(1969), The Presuppositional Analysis of 'Only' and 'Even', *papers from the fifth Regional Meeting of the Chicago Linguistic Society(eds.)*, Binnick et al.

Inoue, K.(1969), *A Study of Japanese Syntax*, The Hague: Mouton.

Iwasaki, S.(1987), Identifiability, scope-setting, and the particle WA: a study of Japanese spoken expository discourse. In J. Hinds et al.(eds).

Jackson, H.(1988), *Words and Their Meaning*, New York: Longman.

Jespersen, O.(1955), *The Philosophy of Grammar*, London: Allen.

Kageyama,Taro(1973), On the Generation of Japanese MO, *Papers in Japanese Linguistics 2-2*.

Kim, Han-kon(1967), A Semantic Analysis of the Topic Particles in Korean and Japanese, *Language Research 3-2*, Seoul Univ.

Kuno, S.(1973), *The Structure of Japanese Language*, The M.I.T.Press.

________(1978), Two Topics on Discourse Principles, *Descriptive and Applied Linguistics 12*.

Lakoff, R.(1972), Language in Context, *Language 48*.

Leech, G.N.(1983), *Principles of Pragmatics*, Lingman Group Ltd.

Levinson, S.(1983), *Pragmatics*: Cambridge Univ. Press.

Martin, S.E.(1975), *A Reference Grammar of Japanese*, Yale Univ. Press.

Moser, R.E.(1965), The Japanese Postposition wa and ga, *Language Research 9-1*, Seoul Univ.

Ramstedt, J.(1939), *A Korean Grammar*, Helsinki.

Ree, Jung-no (1974), *Topics in Korean Syntax with Notes to Japanese*, Seoul: Yonsei Univ. Press.

Selkirk, E.O.(1984), *The Syntax of Words*, MIT Press, Cambridge Univ.

Yang, Dong-whee(1975), *Topicalization and Relativization in Korean*, Pan Korean Book Corp.

Yang, In-seok(1972), *Korean Syntax*, Seoul: Pae-hap Sa.

____________(1973), Semantics of Delimiters, *Language Research* 9-2, Seoul Univ..

「外国人と日本語」 4(筑波大学), 1979

특수조사와 부조사(2)

- 격에 대한 무관계성 -

Ⅰ. 서 론

한국어 특수조사와 일본어 부조사가 격조사처럼 일정한 격의 표지로 사용되지 않고, 여러 가지 격의 자리에 두루 통용될 수 있다는 특수성은 이미 양국에서 주지된 사실이다.

다음 예문에서 각 문에 사용된 조사 {는(は)}, {도(も)}, {만(だけ)}은 그 피접 체언이 주격, 대격, 처격, 여격 등의 격 자리에 단독으로 분포되어 있다.

(1) a. 그 사람{은, 도, 만} 갔다. (주격)
   その人{は, も, だけ} 行った。
 b. 그는 노래{는, 도, 만} 부른다. (대격)
   彼は 歌{は, も, だけ} 唄う。
 c. 여기{는, 도, 만} 비가 온다. (처격)
   ここ{は, も, だけ} 雨が 降る。
 d. 그 사람{은, 도, 만} 줘라. (여격)
   その人{は, も, だけ} やれ。

문 (1)a-d에서 특수(부)조사는 각각 a. 주격 조사 {이(が)}, b. 대격 조사 {를(を)}, c. 처격 조사 {에(に)}, d. 여격 조사 {에게(に)}의 자리에 격조사 동반 없이 홀로 쓰이고 있다.

특수(부)조사의 격 통용성에 대해서는 양국에서 일찍부터 착목되어 주시해 왔다. 이러한 특수성은 한국어에서는 그 명칭에 우선적으로 반영되기도 했다. '통용조사'(이상춘:1925), '조격(助格)·첨격(添格)'(홍기문:1947), '두루자리(통용격)'(김형규:1962), '안잡힘자리(부정격)'(김형규:1962), '통용격'(정인승:1963), '두루토(重格)' 김민수(1960), '通格(common case)'(이기백:1975) 등의 명칭이 그것이다.

일본어에서도 일찍부터 '通格助詞'라고 불린 적이 있으나, 그 뒤에 '裝助詞'가 되었고, 이는 다음 山田 문법에 의해 '副助詞'로 명칭이 정착되었다. 일본어 부조사의 격 통용성에 관한 논구는 小林英夫(1936), 山田孝雄(1936), 築島裕(1977), 鈴木一彦(1976), 大久保忠利(1977), 西田直敏(1977), 寺村秀夫(1991) 등이 있다.

그런데 양 언어에서 논의된 특수(부)조사의 격 통용성에 대해서는, 그것이 문 (1)처럼 격조사를 동반하지 않고 단독으로 격조사의 자리에 쓰일 경우에는 원리적인 오해가 있어 왔다. 그것은 특수(부)조사가 격조사를 대리한다는 주장으로(木枝增一 1937:181, 山田孝雄 1936:439, 日野資純 1973:144, 芳賀綏 1978:200, 三上章 1960:16-66), 마치 특수(부)조사가 여러 가지 격표지가 가진 다양한 격의 표시 기능을 가진 것으로 생각하는 오류이다(이숭녕 1961:155, 이희승 1963:44, 이원근 1996:25-27).

일본어 조사 {は}의 기능에 있어 三上章의 「ガ」의 대행, 「ニ」의 대행, 「デ」의 대행'과 같은 논급이나, 한국어의 {는}에 대해 김한곤(1967:116)의 '최소한 일곱 개(topic, subject, dative, object, possess, locative, temporal) 이상의 <u>격을 표시할 수 있다</u>'라고 한 언급도 특수(부)조사를 격표지의 대행어로 취급한 발상이라 생각된다.

본고에서는 종래의 이러한 주장을 부정하고, 특수(부)조사는 격 표시

의 기능이 없다는 것을 주로 격조사와 특수(부)조사와의 복합 관계에서
발생하는 생략 현상으로 구명하려고 한다.

II. 특수(부)조사 단독 격 통용의 범위

특수(부)조사가 단독으로 여러 가지 격의 자리에 통용될 수 있는 것
은 표면상으로 보기에는 이들이 그러한 격을 표시하거나, 혹은 격조사
를 대행하는 기능을 가진 것 같이 보인다.

(2) a. 그가 간다.   (주격 조사)
　　　彼が 行く。
　　 b. 그도 간다.   (A류 특수(부)조사)
　　　彼も 行く。
　　 c. 그만 간다.   (B류 특수(부)조사)
　　　彼だけ 行く。

(3) a. 노래를 부른다. (대격 조사)
　　　歌を 唄う。
　　 b. 노래도 부른다.
　　　歌も 唄う。
　　 c. 노래만 부른다.
　　　歌だけ 唄う。

(4) a. 여기에 비가 온다.   (처격 조사)
　　　ここに 雨が 降る。
　　 b. 여기도 비가 온다.
　　　ここも 雨が 降る。
　　 c. 여기만 비가 온다.
　　　ここだけ 雨が 降る。

    (5) a. 철수에게 주어라.　(여격 조사)
        太郎に　やれ。
      b. 철수도 주어라.
        太郎も　やれ。
      c. 철수만 주어라.
        太郎だけ　やれ。

문 (2)-(5)의 a는 피접 체언에 격조사가 연결된 것이고, b와 c는 그 격조사의 자리에 특수(부)조사가 단독으로 붙은 것이다. 이러한 분포에서 b,c의 특수(부)조사 A류와 B류는 각각의 격조사가 나타내는 주격, 대격, 처격, 여격을 표시하는 것 같은 인상을 짙게 한다.

그러나 격에 대한 '통용'과 '표시'와는 엄연히 의미상으로 구별되어야 한다. 특수(부)조사가 여러 가지 격에 통용된다는 것은 결코 여러 가지의 격을 표시한다는 것을 의미하지 않는다.

특수(부)조사가 단독으로 격의 위치에 놓이는 경우, 이들이 격조사를 대리하여 격을 나타내는 것이 아니라, 이 때 격조사가 특수(부)조사의 후행에 의해 생략되어 무표지화한 것에 지나지 않는다. 더욱이 특수(부)조사가 격의 자리에 단독으로 통용되는 것은 모든 격에서 그러한 현상이 나타나는 것이 아니라 일부에 국한되고 있다.

다음의 〈표 1〉에서 우선 한국어의 특수조사가 단독으로 격의 자리에 통용될 수 있는 격의 범위에 대해 살펴보자.1)

---

1) 〈표 1〉에서 제시하고 있는 격 범주는 소위 격문법에서 일반적으로 채용되고 있는 세 분화된 형이다. 주격(nominative), 속격(genitive), 대격(accusative), 여격(dative), 처격(locative), 시격(time), 목표격(goal), 행위격(agent), 시원격(source), 도구격(instrument), 공동격(commitaive) 등이다.

【표 1】

	주격 {이}	속격 {의}	대격 {를}	여격 {에게}	처격 {에}	시격 {에}	목표격 {로}	행위격 {에게}	시원격 {에서}	도구격 {로}	공동격 {와}	통과격 {로}
는	+	±	+	+	+	+	−	±	−	−	−	−
도	+	±	+	+	+	+	−	±	−	−	−	−
만	+	±	+	+	+	+	−	±	−	−	−	−
뿐	(−)	(−)	(−)	(−)	(−)	(−)	−	(−)	−	−	−	−
부터	+	±	+	+	+	+	−	±	−	−	−	−
까지	+	±	+	+	+	+	−	±	−	−	−	−
밖에	+	±	+	+	+	+	−	±	−	−	−	−
나	+	±	+	+	+	+	−	±	−	−	−	−
든지	+	±	+	+	+	+	−	±	−	−	−	−
ㄴ들	+	±	+	+	+	+	−	±	−	−	−	−
라도	+	±	+	+	+	+	−	±	−	−	−	−
나마	+	±	+	+	+	+	−	±	−	−	−	−
야	+	±	+	+	+	+	−	±	−	−	−	−
마저	+	±	+	+	+	+	−	±	−	−	−	−
조차	+	±	+	+	+	+	−	±	−	−	−	−

〈표 1〉에서 특수조사가 단독으로(격조사와의 복합 형태가 아닌) 통용되는 격의 종류는 주격, 대격, 처격, 여격, 시격 등이며, 속격이나 행위격에 있어서는 경우에 따라 부분적으로 가능하다. 또한 그 격표지 형태를 보면, {가/이}, {를/을}, {에}, {에게}에 한정되어 있음을 알 수 있다.

이와 같은 현상이 일어나는 근저에는 특수조사에 선행하는 격조사의 생략 현상과 직결되어 있다. 이는 격조사와 특수조사와의 복합 관계에서 양자의 상호 작용에 의해 격조사 쪽이 생략되는 현상이다. 의미 기능을 주기능으로 하는 특수조사는 만약 생략된다고 하면 문의 의미에 변화가 초래되기 때문에 격조사 쪽이 삭제될 수밖에 없는 것이다.[2]

'격(case)'이란 서술어를 핵으로 하는 체언의 통사·의미론적인 관계 기능을 보이는 것으로, 격표지의 생략 여부와 그에 따른 제약은 격 의미와 격 범주에 직접적인 관계를 맺고 있다. 대체로 표지가 생략되기 쉬운 격은 그 격 의미가 구체성 내지 어휘성을 띠지 않는 부류들이다.

실제로 주격과 대격은 구체적인 격 의미가 없고 논리적인 관계만을 보이는 것이기 때문에, 그 위치에 특수조사가 올 때에는 반드시 격표지가 생략됨으로써 특수조사 단독형이 된다. 아래의 문 (6)에서 행위격에 있어서도 다음과 같은 통사론적 생략 제약이 나타난다.

> (6) a. 철수가 영수<u>에게</u> 운동을 시켰다.
>   太郎が 次郎<u>に</u> 運動を させた。
>   b. 철수가 영수{는, 도, 만} 운동을 시켰다.
>   太郎が 次郎{は, も, だけ} 運動を させた。
>
> (7) a. 철수가 영수<u>에게</u> 맞았다.
>   太郎が 次郎<u>に</u> 殴られた。
>   b. *철수가 영수{는, 도, 만} 맞았다.
>   *太郎が 次郎{は, も, だけ} 殴られた。

문 (6)a와 문 (7)a는 같은 행위격 표지 {에게}가 쓰인 문이지만, 문의 구조상으로는 각각 사동문과 수동문의 성격을 띤다. 문 (7)b가 비문이 되는 것은 행위격에 통용되는 특수조사는 사동문의 경우에만 한정되기 때문이다.

결국 특수(부)조사의 단독 격 통용성에 관한 논의는 격조사와 특수조사와의 복합 관계 기능에서 검증되지 않으면 안 된다. 왜냐하면 격조사와 특수조사와의 복합에서 격조사의 생략은 표면적인 현상에 지나지 않고, 그 내면에는 양자가 엄연히 공존하고 있기 때문이다.

다음의 예문 (8)-(17)을 보면 특수(부)조사의 단독 격 통용성은 격

---

2) 통사적으로는 격조사가 제1차적 필수 요소로 특수조사는 제3차적 임의 요소에 지나지 않으나, 의미론적으로는 특수조사가 제1차적 요소이다.

표지의 종류에 따라 그 양태가 다르다는 것을 알 수 있다.

(8) a. 그가 간다.

　　彼が 行く。

　 b. *그가{는, 도, 만…} 간다.

　　*彼が{は, も, だけ…} 行く。

　 c. 그{는, 도, 만…} 간다.

　　彼{は, も, だけ…} 行く。

(9) a. 노래를 부른다.

　　歌を 唄う。

　 b. *노래를{는, 도, 만…} 부른다.

　　歌を{*は, も, だけ…} 唄う。

　 c. 노래{는, 도, 만…} 부른다.

　　歌{は, も, だけ… } 唄う。

(10) a. 철수는 영수에게 성경을 주었다.

　　　太郎は 次郎に 聖書を 与えた。

　　b. 철수는 영수에게{는, 도, 만…} 성경을 주었다.

　　　太郎は 次郎に{は, も, だけ…} 聖書を 与えた。

　　c. 철수는 영수{?는, ?도, 만…} 성경을 주었다.

　　　太郎は 次郎(*は, *も, だけ…} 聖書を 与えた。

(11) a. 여기에 비가 온다.

　　　ここに 雨が 降る。

　　b. 여기에{는, 도, 만…} 비가 온다.

　　　ここに{は, も, だけ…} 雨が 降る。

　　c. 여기{는, 도, 만…} 비가 온다.

　　　ここ{は, も, だけ…} 雨が 降る。

(12) a. 오후에 외출한다.

　　　午後に 外出する。

b. 오후에{는, 도, 만…} 외출한다.
   午後に{は, も, だけ…} 外出する。
c. 오후{?는, ?도, 만…} 외출한다.
   午後{*は, *も, だけ…} 外出する。

(13) a. 철수는 학교에 갔다.
     太郎は 学校へ 行った。
   b. 철수는 학교에{는, 도, 만…} 갔다.
     太郎は 学校へ{は, も, だけ…} 行った。
   c. 철수는 학교{는, 도, 만…} 갔다.
     太郎は 学校{は, も, だけ…} 行った。

(14) a. 철수는 영수에게 운동을 시켰다.
     太郎は 次郎に 運動を させた。
   b. 철수는 영수에게{는, 도, 만…} 운동을 시켰다.
     太郎は 次郎に{は, も, だけ…} 運動を させた。
   c. 철수는 영수{?는, ?도, 만…} 운동을 시켰다.
     太郎は 次郎{?は, ?も, だけ…} 運動を させた。

(15) a. 참가자가 서울에서 왔다.
     参加者が ソウルから 来た。
   b. 참가자가 서울에서{는, 도, 만…} 왔다.
     参加者が ソウルから{は, も, だけ…} 来た。
   c. *참가자가 서울{는, 도, 만…} 왔다.
     *参加者が ソウル{は, も, だけ…} 来た。

(16) a. 나무로 책상을 만든다.
     木で 机を 作る。
   b. 나무로{는, 도, 만…} 책상을 만든다.
     木で{は, も, だけ…} 机を 作る。
   c. *나무{는, 도, 만…} 책상을 만든다.
     *木{は, も, だけ…} 机を 作る。

  (17) a. 철수는 영수<u>와</u> 싸웠다.

     太郎は 次郎<u>と</u> 喧譁した。

    b. 철수는 영수<u>와</u>{는, 도, 만…} 싸웠다.

     太郎は 次郎<u>と</u>{は, も, だけ…} 喧譁した。

    c. *철수는 영수{는, 도, 만…} 싸웠다.

     *太郎は 次郎{は, も, だけ…} 喧譁した。

 문 (8)-(17)에서 a는 격표지의 문이고, b는 선행하는 격표지와 후행하는 특수(부)조사가 복합된 문이며, c는 선행하는 격표지가 생략되어 특수(부)조사만이 단독으로 남아 있는 문이다.

 이 예문에서 특수(부)조사의 단독 격 통용이라든가 격표지의 대행이라든가 하는 것은 각 문 c의 성립 여부를 검토하는 것에 의해 파악된다. 그 결과 예문 (8)-(17)은 3유형으로 나뉜다. 문 b가 비문이 되고 문 c가 성립되는 유형 (Ⅰ), 문 b,c가 함께 성립하는 유형 (Ⅱ), 문 b가 성립되고 문 c가 비문이 되는 유형 (Ⅲ)의 세 가지이다.

 먼저 유형 (Ⅰ)은 특수조사 앞에서 격조사가 의무적(obligatory)으로 삭제되는 예문 (8),(9) 주격, 대격의 경우인데, 두 격은 다른 격과는 다른 격 자질을 가지고 있다. 이들은 구체적인 격 의미가 결여되어 있어 그 표지가 삭제되어도 문의 의미에 있어서는 아무런 변화도 없다. 따라서 어느 논자는 이들을 내면격의 범주로부터 제외시키고, 단지 주어화와 목적어화의 변형에 의해 표층 구조에 도입되는 것이라고 주장한 바 있다. 그러므로 주격 조사와 대격 조사는 구체적인 격 의미 표시를 주요 기능으로 하는 격조사의 영역에서 벗어나 일종의 구문 조사인 '주어 조사', '목적어 조사'로 취급되기도 한다.

 어쨌든 주격과 대격의 두 격표지가 그 뒤에 특수(부)조사의 연결에 의해 의무적으로 삭제되는 것은 명백한 사실이다. 이 때 격표지의 생략은 후행하는 특수조사의 종류와는 관계없이 자체의 격 자질로 말미암은 것으로 여겨진다.

 그 다음 유형에 있어서는 격조사가 삭제되지 않는 것이 원칙인데, 그 삭제가 수의적으로 행해지는 유형 (Ⅱ)와, 전혀 삭제되지 않는 유형 (Ⅲ)으로 양분된다. 이것에 해당하는 격은 종래 소위 부사격으로 설정된 구체적인 의미를 가진 내면격이다. 예문 (10)-(14)의 c가 성립하는 것은 격조사의 수의적(optional)인 삭제 가능성을 의미한다. 그러나 문 b와 c가 다같이 성립하지만, 격조사가 삭제되지 않은 문 b의 경우가 삭제문인 c보다 의미적으로 더욱 명확하고 자연스러우며, 문 c는 비문은 아니지만 어딘가 어색한 문이 된다. 더욱이 예문 (15)-(17)c는 격조사 삭제로부터 유발되는 어색함이 더욱 심하여 결국 비문이 되는 유형이다. 이런 경우에 특수조사가 단독으로 격조사의 자리에 올 수 있는 것이다.

격조사의 생략 현상은 실제로 문맥에 의해 화자와 청자 사이에 생긴 어떠한 기지(既知)의 상황과 의미 관계에 의해 형성되는 것이다. 즉 격조사의 생략은 이것이 없어도 화자와 청자 사이에 의사 전달에 지장이 없는 경우에만 가능하다고 할 수 있다.

특히 한·일 양 언어에서 주격과 대격 표지는 가장 생략되기 쉬운 조사로, 이러한 생략성에 의해 특수(부)조사 앞에서 의무적인 삭제가 발생하는 것인데, 특히 대격 표지에 있어서는 그 추이적 특수성을 감안하면 다른 부사격 표지의 삭제 가능성이 예측되기도 한다. 예컨대 문 (10)-(13)의 격표지 {에게}, {에}는 경우에 따라서는 대격 표지 {를/을}로 대치될 수 있다. 이것은 대격이 의미상 다른 부사격으로 추이될 수 있는 가능성을 보이고 있는 일례이다.3)

    (18) a. 철수는 영수<u>에게</u> 성경을 주었다.
          太郎は 次郎に 聖書を 与えた。
        b. 철수는 영수<u>를</u> 성경을 주었다.
          *太郎は 次郎を 聖書を 与えた。

---

3) 한국어 대격 조사 {를/을}의 기능적 추이성에 대해서는 홍사만(1993:91-92) 참조.

(19) a. 철수는 학교에 갔다.
　　　太郎は 学校へ 行った。
　　b. 철수는 학교를 갔다.
　　　*太郎は 学校を 行った。

문 (18)에서는 대격 조사 {를}이 여격 조사 {에게}의 기능으로 추이된 것이며, (19)에서는 향격 조사 {에}의 기능으로 전이된 것이다. 일본어에서 대격 조사 {を}가 이러한 추이 현상에 의해 타 격조사의 기능 영역으로 옮겨가는 예는 전무하다. 따라서 일본어의 문 (18),(19)b는 비문이 된다.

종합적으로, 특수(부)조사의 단독 격 통용성에 관한 검증은 선행하는 격조사의 생략으로부터 발생하는 문의 부자연스러움의 정도에 기초하고 있다고 할 수 있다. 앞에서 예시한 (8)-(17)에서 생략된 문 c는 (8), (9)가 가장 자연스럽고, 그 다음이 (10)-(14)이며, (15)-(17)은 매우 부자연스럽게 감지된다. 따라서 (15)-(17)의 시원격, 도구격, 공동격에서는 특수조사의 단독 통용이 불가하며, (8)-(14)의 격에서는 가능하다고 하는 결과가 나온다.

격조사의 생략 현상은 특수(부)조사와의 상호 작용에 의한 것이라고 할 수 있으나, 실제로 후행하는 특수(부)조사의 영향보다 격조사 자체의 의미 자질에 기인하는 것으로 보인다. 위의 문 (11)과 (12)의 처소 및 시간을 나타내는 격표지 {에}에 있어서 특수조사의 단독 통용이 가능한 것은 후행하는 특수조사가 없는 경우에도 스스로 생략되는 속성을 지니고 있기 때문이다.

다음의 예 (20),(21)에서 격조사 {에}는 삭제되어도 조금도 어색하지 않은 문이 된다.

(20) a. 여기에 비가 온다.
　　　ここに 雨が 降る。
　　b. 여기 비가 온다.

ここ 雨が 降る。

(21) a. 오후에 외출한다.
　　　午後に 外出する。
　　b. 오후 외출한다.
　　　午後 外出する。

　이는 특수조사가 연결되지 않아도 격조사가 생략된 예인데, 이 때 격조사 피접어의 의미적 특성에 크게 의존된다. (20)에서 {에} 피접어인 '여기'는 이미 장소를 표시하는 단어이고, (21)에서 '오후'는 시간을 나타내는 말이므로, '장소'와 '시간'의 격 의미는 이미 피접어에서 노출된 것이다. 결국 소위 부사격 조사의 생략은 이러한 어사 환경에서 수의적으로 일어나는 것이다.

　이와 같은 검증을 전시한 문 (8)-(17)의 전례에 적용시켜 각각의 문 a로부터 격표지를 삭제한 격 의미를 음미하면 역시 세 가지 종류가 된다.

(22) a. 그ø 간다.
　　　?彼ø 行く。
　　b. 노래ø 부른다.
　　　歌ø 唄う。
　　c. ?철수는 영수ø 성경을 주었다.
　　　*太郎は 次郎ø 聖書を 与えた。
　　d. 여기ø 비가 온다
　　　?ここø 雨が 降る。
　　e. 오후ø 외출한다.
　　　午後ø 外出する。
　　f. 철수는 학교ø 갔다.
　　　太郎は 学校ø 行った。
　　g. ?철수는 영수ø 운동을 시켰다.
　　　?太郎は 次郎ø 運動させた。
　　h. *그가 서울ø 왔다.

$$*彼が ソウル\phi 来た。$$

i. *나무ϕ 책상을 만든다.

　　*木ϕ　　机を　作る。

j. *철수는 영수ϕ 싸웠다.

　　*太郞は 次郞ϕ 喧譁した。

한국어에 있어서 주격, 대격, 속격 표지는 문중에서 필수적인 요소가 아니다. 이는 통사적 관계에 의해 이미 격이 노출되기 때문이다.[4] 이들은 표면적으로 삭제되어도 문의 의미에는 아무런 변화도 중의성도 발생하지 않는다. 이는 주격 조사와 대격 조사에 대응하는 인구어의 어휘를 찾을 수 없는 것을 보아도 그 어휘적 의미의 결여를 짐작할 수 있다. 인구어에서는 이들이 다만 어순에 의해 결정될 뿐이다. 그러나 주격, 대격 조사의 생략은 모든 문의 환경에서 자연적으로 이뤄지는 것은 아니다.[5]

문 (22)c-f 여격, 처격, 시격, 향격에 있어서도 격표지의 무형화는 문의 의미를 변화시키지 않는다. 이 때에도 서술어와 체언 사이의 통사적 의미에 의해 청자는 쉽게 그 격 관계를 파악할 수 있다. 그러나 이들은 문 a와 b의 주격, 대격에 비해 문맥으로부터 노출되는 격 의미가 상대적으로 약하다고 할 수 있다.

더욱이 문 (22)g-j 행위격, 시원격, 도구격, 공동격의 경우는 격표지가 무형화한다고 하면 문맥만으로서는 격 의미의 판단이 매우 어려워지

---

4) 이러한 격조사를 渡邊實(1971:189)는 '강전서성' 조사라고 불렀다. 강전서(强展叙) 란 문에 있어 전서(展叙)가 통서(統叙) 성분이 가진 통서로 향해 서술을 전개해 가는 힘이 강하다는 것을 말한다. 이는 연용 전서 소재가 통서 소재로부터 분석·추출한 것이 자명하다고 의식되는, 즉 논리적으로 통서 소재가 긴밀하기 때문에 補充= 統括 관계가 확연하게 보증되는 것을 의미한다. 일본어의 격조사 중 강전서성을 가진 것으로는 {が}, {を}, {に}가 있는데, 그 강전서성의 정도는 {が}→{を}→{に}의 순서이다. 강전서성은 약표지성을 의미한다(홍사만 1993:80-82).

5) 격조사의 생략에 관해서는 유동석(1990), 이남순(1988, 1998), 김일웅(1986), 안병희(1966), 홍사만(2000b) 등 참조.

고 만다. 이로부터 격 의미의 중의성이 나타나기 때문이다.

    (23) 그가 서울ø 왔다.
        a. 그가 서울에 왔다.   (goal)
          彼が ソウルに 来た。
        b. 그가 서울에서 왔다.   (source)
          彼が ソウルから 来た。

    (24) 나무ø 책상을 만든다.
        a. 나무의 책상을 만든다. (genitive)
          木の　机を　作る。
        b. 나무로 책상을 만든다. (instrument)
          木で　机を　作る。

    (25) 철수는 영수ø 싸웠다.
        a. 철수는 영수 때문에 싸웠다. (cause)
          太郎は 次郎のため 喧譁した。
        b. 철수는 영수와 싸웠다. (commitative)
          太郎は 次郎と 喧譁した。

    (23)-(25)에서 격표지가 생략될 때, 각각 a와 b의 두 가지 문이 예상된다.

    요는 격표지는 문으로부터 의미의 중의성을 방지하는 데 그 기능 가치가 나타나며, 결과적으로 특수조사의 단독 격 통용성은 그 표지가 무형화되어도 중의성이 나타나지 않는 범위에서만 가능한 것이라 할 수 있다.

III. 격표지와의 복합 관계

격표지와 그것에 후행하는 특수(부)조사와의 복합 관계에 있어, 그 복합의 가부는 격표지의 종류에 의해 결정된다. 복합 가능이란 것은 바꾸어 말하면, 결국 격표지의 삭제가 일어나지 않는 경우를 가리키는 것이다. 격표지에 특수(부)조사가 연결될 때 격표지가 필수적으로 생략되는 경우라면 양자의 복합은 형성되지 않는 것이다. 이러한 조건에 부합하는 복합 기능은 정확하게 구체적인 의미를 가진 종래의 부사격 표지에 한정되며, 이는 특수(부)조사의 부사적 연용 수식 기능을 단적으로 입증하는 것이다.

국어에서 격표지의 종류에 따라 '격표지(X)+특수조사(Y)'의 복합형은 다음과 같이 4구분된다.

$$X + Y \rightarrow \begin{bmatrix} \phi & + & Y \\ X & + & \phi \\ X(\phi) & + & Y \\ X & + & Y \end{bmatrix} \begin{matrix} \cdots\cdots & (i) \\ \cdots\cdots & (ii) \\ \cdots\cdots & (iii) \\ \cdots\cdots & (iv) \end{matrix}$$

(i)은 격표지가 의무적으로 삭제되는 유형이고, (ii)는 격표지와 특수조사와의 복합을 가정할 수 없는 유형이다. (iii)은 격표지가 수의적으로 삭제되는 유형이고, (iv)는 양자 어느 것도 삭제되지 않는 유형이다. 따라서 '삭제'와 '복합 가부'는 양자의 복합에 있어서 과정과 결과를 말해 주는 것이 된다.

결국 복합 불가의 경우는 유형 (i)과 (ii)이고, 복합 가능의 경우는 유형 (iii)과 (iv)가 된다. 한국어에 있어서 유형 (i)에는 주격 조사 {가/이}와 대격 조사 {를/을}이 해당되고, 유형 (ii)에는 속격 조사 {의}가 해당된다. 그리고 유형 (iii)에는 처격 조사 {에}와 시격 조사 {에}, 여격 조사 {에게}가, 유형 (iv)에는 도구격 조사 {로}와 시원격

조사 {에서}, 공동격 조사 {와/과} 등이 각각 해당된다.

그러므로 특수조사가 단독으로 통용될 수 있는 격은 격표지가 삭제되고 특수조사만이 남는 유형 (i)과 (iii)에 한정되고, 유형 (ii)과 (iv)은 단독 격 통용이 일어나지 않는다. 단독 통용이 가능한 (i)과 (iii)에 있어서도, (i)은 필수적으로, (iii)은 수의적으로 나타난다. 이러한 이질적 두 개의 부류는 다음과 같이 공식화할 수 있다.

$$\text{(가)} \quad \alpha + \begin{bmatrix} \text{가/이} \\ \text{를/을} \end{bmatrix} + \text{del} + \beta \;\rightarrow\; 1 + \phi + 3 + 4$$

$$\text{(나)} \quad \alpha + \begin{bmatrix} \text{에} \\ \text{에게} \end{bmatrix} + \text{del} + \beta \;\rightarrow\; 1 + 2(\phi) + 3 + 4$$

$$\text{(다)} \quad \alpha + \begin{bmatrix} \text{로} \\ \text{에서} \\ \text{와/과} \end{bmatrix} + \text{del} + \beta \;\rightarrow\; 1 + 2 + 3 + 4$$

$$\qquad\qquad 1 \qquad\quad 2 \qquad\quad 3 \quad\; 4$$

그 격표지에 있어서도 (가)의 주격인 {가/이}와 대격인 {를/을}에서 필수적 통용이 일어나고, (나)의 처격 {에}와 여격 {에게}에서 수의적 통용이 일어난다. 반면 (다)의 도구격 {로}, 시원격 {에서}, 공동격 {와/과}에서는 단독 통용이 일어나지 않는다. 궁극적으로 이러한 현상은 격표지의 생략 기능과 맞물려 있다.

이렇게 하여 한국어의 특수조사가 여러 가지 격의 위치, 즉 주격, 대격, 여격, 처격, 시격 등에 통용되는 특수성은 격표지와 복합 관계로부터 형성되는 원리임이 충분히 검증되었다고 믿는다.

다음 특수조사의 성질에 의한 격조사와의 복합 여부에 대하여 검토해 보자.

아래의 〈표 2〉는 특수조사 아래에 격표지가 후행하는 경우를 덧붙인 것이다. 각 난의 좌편 상단은 '격표지＋특수조사'의 복합 여부를 표시한 것이고, 우편 하단은 '특수조사＋격표지'의 복합 여부를 표시한 것이다.

【표 2】

특수조사 격조사	는	도	만	뿐	부터	까지	밖에	나	든지	ㄴ들	라도	나마	야	마저	조차
이/가	−	−	−	−	−	−	−	−	−	−	−	−	−	−	−
	−	−	+	+	+	+	+	−	−	−	−	−	−	−	−
의	−	−	−	−	−	−	−	−	−	−	−	−	−	−	−
	−	−	+	+	+	+	−	−	−	−	−	−	−	−	−
을/를	−	−	−	−	−	−	−	−	−	−	−	−	−	−	−
	−	−	+	+	+	+	−	−	−	−	−	−	−	−	−
에게	+	+	+	+	+	+	+	+	+	+	+	+	+	+	+
	−	−	+	−	−	−	−	−	−	−	−	−	−	−	−
에	+	+	+	+	+	+	+	+	+	+	+	+	+	+	+
	−	−	−	−	−	−	−	−	−	−	−	−	−	−	−
로	+	+	+	+	+	+	+	+	+	+	+	+	+	+	+
	−	−	+	−	−	−	−	−	−	−	−	−	−	−	−
와/과	+	+	+	+	+	+	+	+	+	+	+	+	+	+	+
	−	−	−	−	−	−	−	−	−	−	−	−	−	−	−

표에서 각 난이 나타내는 기호의 양태는 네 개로 나뉜다. 즉 −/−, −/＋, ＋/−, ＋/＋가 그것이다. 특히 우편 하단, 즉 격표지가 특수조사에 후행하는 경우에 있어서는 체언성을 띠고 있는 B류의 특수조사가 복합 가능의 표시(＋)를 많이 가지게 된다. 특히 격표지 중 주격, 대격 표지와의 복합 양태를 관찰하면, 이들은 특수조사의 종류에 의해 정확히 「−/＋」 형과 「−/−」 형의 유형으로 나뉜다.

$$\begin{bmatrix} X + Y \\ Y + X \end{bmatrix} \rightarrow \begin{matrix} \begin{bmatrix} \phi + Y \\ Y + X \end{bmatrix} & \cdots\cdots\cdots \text{ (i)} \\[2em] \begin{bmatrix} \phi + Y \\ Y + \phi \end{bmatrix} & \cdots\cdots\cdots \text{ (ii)} \end{matrix}$$

　(i)의 유형은 격표지가 특수조사에 선행할 때에는 의무적으로 격표지가 삭제되고, 후행할 때에는 삭제되지 않는 형이고, (ii)의 유형은 격표지가 특수조사에 선행하거나 후행하거나 관계없이 격표지가 삭제되는 형이다. (i)의 유형을 유도하는 특수(부)조사는 B류이며, (ii)의 유형을 유도하는 것은 A류이다.

　(i) 형 :

주격{가/이}	대격{를/을}
가＋까지→까지	를＋까지→까지
가＋まで→まで	を＋まで→まで
까지＋가→까지가	까지＋를→까지를
まで＋が→までが	まで＋を→までを
가＋만→만	를＋만→만
が＋だけ→だけ	を＋だけ→(を)だけ
만＋이→만이	만＋을→만을
だけ＋が→だけが	だけ＋を→だけを

　(ii) 형 :

가＋나→나	을＋나→나
が＋でも→でも	を＋でも→でも
나＋가→나	나＋를→나
でも＋が→でも	でも＋を→でも

가+도→도　　　를+도→도
が+も→も　　　を+も→(を)も
도+가→도　　　도+를→도
も+が→も　　　も+を→も

　지금까지 격조사와 특수조사와의 복합 양태에 관한 논증을 통하여 특수조사의 단독 '격 통용'은 '격 표시'를 의미하는 것이 아니라는 사실이 밝혀졌다. 결국 본고의 서두에서 제시한 예문을 다시 들어 설명하면 다음과 같이 된다.

　　(26) a. 그 사람이 간다.
　　　　　　その人が 行く。
　　　　b. 그 사람{까지, 만, 도} 간다.
　　　　　　その人{まで, だけ, も} 行く。

　문 (26)b는 NP+〔주격 표지{가/이} ϕ+del〕 또는 NP+〔del+주격 표지{가/이} ϕ〕로, 주격 표지의 비실현인 영화(零化, ϕ)현상에 지나지 않는다. 이 중 전자의 경우는 격표지의 삭제가 의무적이지만, 후자의 경우 B류 특수조사에 있어서는 수의적으로 이루어진다(cf. 그 사람까지가 간다, 그 사람만이 간다.).

　　(27) a. 그는 노래를 부른다.
　　　　　　彼は 歌を 唄う。
　　　　b. 그는 노래{까지, 만, 도} 부른다.
　　　　　　彼は 歌{まで, だけ, も} 唄う。

　문 (27)b도 NP+〔대격 표지{를/을} ϕ+del〕 또는 NP+〔del+대격 표지{를/을} ϕ〕로, 대격 표지의 생략으로 간주된다. 이 때에도 역시 전자에서는 격표지가 의무적으로 삭제되어야 하지만, 후자의 경우에는 B류 특수조사에 있어서는 격표지가 수의적으로 삭제된다(cf. 그는 노래까지를 부른다, 그는 노래만을 부른다.).

> (28) a. 여기<u>에</u> 비가 온다.
>   ここ<u>に</u> 雨が 降る。
>   b. 여기{까지, 만, 도} 비가 온다.
>   ここ{まで, だけ, も} 雨が 降る。

　문 (28)b도 NP+[처격 표지{에} ϕ +del] 또는 NP+[del+처격 표지{에} ϕ]의 처격 표지 삭제되는 과정을 상정할 수 있다. 이 경우는 위와는 달리 후자에 의무적인 삭제가 일어나고, 전자에서는 특수조사의 종류에 관계없이 수의적으로 삭제된다(cf. 여기에<u>까지</u> 비가 온다, 여기에<u>만</u> 비가 온다.). 또한 수의적인 삭제라고 하지만 삭제되지 않는 경우가 전형적이다.

> (29) a. 철수<u>에게</u> 책을 줘라.
>   太郎<u>に</u> 本を やれ。
>   b. 철수{까지, 만, 도} 책을 줘라.
>   太郎{まで, だけ, も} 本を やれ。

　문 (29)b에서도 NP+[여격 표지{에} ϕ +del] 또는 NP+[del+여격 표지{에} ϕ]로 설명된다. 이도 (28)과 같이 전자에서는 격조사가 수의적으로 삭제되고, 후자에서는 필수적으로 삭제된다. 그러나 격조사가 삭제되지 않은 '철수<u>에게</u>{까지, 만, 도} 책을 줘라'가 훨씬 온전한 문이다.
　만약 동사 형태가 명령형인 '줘라'가 아닌 서술형인 '준다'가 된다면 (철수{까지, 만, 도} 책을 <u>준다</u>), 여격의 기능이 소실되고 오히려 '철수'가 주격이 될 가능성이 짙어진다.

Ⅳ. 격표지의 삭제성

이상의 논증으로 특수(부)조사가 격을 표시한다거나 격조사를 대리한다거나 한 견해는 옳지 않다는 사실이 판명되었다. 이는 단순히 격조사와 특수조사와의 복합 관계에서 격표지의 삭제 현상에 지나지 않으며, 또한 삭제된 격표지의 기능을 삭제되지 않은 특수조사가 대리하는 것도 아니다. 격표지가 삭제됨으로써 격 기능도 함께 소멸하는 것이 아니라 영(零)형태에도 격 기능이 인정되는 것이다. 이는 격이란 격표지에 의해 명시되는 것이지만, 격표지가 격을 형성해 주지는 않기 때문이다. 격표지는 화자의 발화 의도에서 이미 형성되어 있는 격을 표시해 주는 것일 뿐 그것을 형성하지는 않는다. 그러므로 격표지의 생략은 격 의미의 소멸을 뜻하는 것이 아니다.

다음 예문을 검토하면 특수조사의 격에 관한 무관계성이 보다 명확해진다.

    (30) a. 밥∅ 먹는다.　(NP+∅)
         ?ご飯∅ 食べる。
        b. 밥을 먹는다.　(NP+대격 표지)
         ご飯を 食べる。
        c. *밥을만 먹는다.　(NP+대격 표지+특수(부)조사)
         *ご飯をだけ 食べる。
        d. 밥만 먹는다.　(NP+특수(부)조사)
         ご飯だけ 食べる。
        e. 밥만을 먹는다.　(NP+특수(부)조사+대격 표지)
         ご飯だけを 食べる。

문 a는 문 b로부터 대격 표지 {를}가 삭제된 것이고, 문 d는 문 c로부터 대격 표지가 삭제된 것으로, 문 a와 문 d와의 차이는 단지 특수조사 {만}이 첨가된 것밖에 없다. 문 c가 한국어에서 비문이 되는 것은 대격 표지 {를/을}에 특수조사가 후행하면 필수적으로 생략되어야 하는 규칙 때문이다. 문 a는 전술한 대로 대격의 특수성에 의해 그 표지가 생략되었지만, 통사 구조에 의해 대격을 판단할 수 있는 것은 문 d와도 차이가 없다. 만약 문 d에서 특수조사 {만}이 생략된 {을}의 대격 기능을 나타낸다고 하면, 그와 마찬가지로 문 a에서는 무엇이 대격 기능을 나타내는 것인가? 또한 문 e에서는 대격 표지 {를}이 엄연히 있는데도 불구하고 {만}이 대격 기능을 한다고 할 수는 없다. 요는 대격 표지 무형화인 문 d는 대격 표지 유형화인 문 c나 e와 조금도 다를 바 없는 것이다.

결국 문 a에서 통사 구조에 의해 영형태화한 대격을 판단하는 것 같이, 문 d에 있어서도 특수조사 {만}에 의해서가 아니라 통사 구조로부터 대격을 판단하는 것이다. 따라서 특수조사 {만}과 대격 조사 {를}과는 격에 대해서는 아무런 상관 관계가 없다는 결론이 나온다.

    (31) a. 제목이 어렵다.　(NP+주격 표지)
　　　　　　題目が 難しい。

　　　　b. 제목까지 어렵다.　(NP+특수(부)조사)
　　　　　　題目まで 難しい。

　　　　c. *제목이까지 어렵다.　(NP+주격 표지+특수(부)조사)
　　　　　　*題目がまで 難しい。

　　　　d. 제목까지가 어렵다.　(NP+특수(부)조사+주격 표지)
　　　　　　題目までが 難しい。

    (32) a. 제목이 어렵다.
　　　　　　題目が 難しい。

　　　　b. 제목도 어렵다.
　　　　　　題目も 難しい。

　　　　c. *제목이도 어렵다.
　　　　　　*題目がも 難しい。

　　　　d. *제목도가 어렵다.

*題目も<u>が</u> 難しい。

　문 (31),(32)b는 주격의 위치에 특수(부)조사 {까지(まで)}, {도(も)}가 단독으로 연결된 것이다. 체언적 특성을 가진 {까지(まで)}는 그 강한 전접 기능으로, 특수(부)조사 앞에서 필수적으로 대격 조사가 삭제되는 문 (31)c로부터 대격 조사와 위치를 바꾼 문 d처럼 성립시킨다. 이에 반해 A류 특수조사의 범주에 있는 {도(も)}는 주격 조사 {이}와는 동열에 있기 때문에 {이}의 전접도 후접도 허용하지 않고(문 c,d), 의무적으로 생략시킨다. 이는 특수조사 자체는 어휘적 의미를 가지고 있어 문에 고유한 의미를 제공하기 때문에 생략되지 않는 것이며, 주격 조사는 구체적인 의미가 없고 문의 논리적 관계를 나타내기 때문에 통사적 변화나 문의의 중의성이 초래되지 않는 범위에서 생략될 수 있다.

　문 (31),(32)b의 특수조사는 문 c,d의 주격 조사와의 복합 과정에서 격표지가 생략된 것이고, 이 때 특수조사는 주격을 표시하지 않는 사실이 명확해진다.

(33) a. 집을 팔았다.
　　　家を 売った。
　 b. 집까지 팔았다.
　　　家まで 売った。
　 c. *집을까지 팔았다.
　　　*家をまで 売った。
　 d. 집까지를 팔았다.
　　　家までを 売った。

(34) a. 집을 팔았다.
　　　家を 売った。
　 b. 집은 팔았다.
　　　家は 売った。
　 c. *집을은 팔았다.

      *家<u>を</u>は 売った。

  d. *집<u>은을</u> 팔았다.

      *家は<u>を</u> 売った。

위의 예문 (33),(34)는 대격 조사 {을}의 자리에 특수조사 {까지}와 {는}이 첨가된 것으로, 그 설명은 (31),(32)와 마찬가지다. 각 문 b는 c,d의 격조사와 특수조사가 복합된 형태로부터 여격 표지 {을}이 생략된 것으로, 특수조사 {까지}, {는}은 대격 표지의 기능을 대행하는 것이 아니다.

아울러 특수조사가 격 표시 기능과는 전혀 무관한 용언의 활용 어미와 부사 아래에도 연결할 수 있다는 것은 특수(부)조사의 격과의 무관계성을 방증하는 호례가 된다.

어디까지나 특수조사의 기능은 의미론적·화용론적 측면에 관한 것이며, 동시에 감탄과 한정의 기능을 수반하고 있는 것이다. 이에 관해서는 北原保雄(1981a:202)도 동일한 견해를 술회했다. '부조사는 그것이 하접하는 여러 종류의 단위가 구유하는 개념이나 내면적 의의에 한정을 더하는 것이고, 적극적인 구문적 기능을 부여하는 것이 아니라고 생각된다'.

문 (35)에서 특수(부)조사 {만(だけ)}의 분포적 자유성은 이것이 격 표시의 기능과는 무관하다는 사실을 말해 준다.

(35) a. 그는 조국을 위해서 살아왔다.

     彼は 祖国の ため　生きて来た。

    b. 그만 조국을 위해서 살아왔다.

     彼だけ 祖国のため 生きて来た。

    c. 그는 조국만 위해서 살아왔다.

     彼は 祖国だけのため 生きて来た。

    d. 그는 조국을 위해서만 살아왔다.

     彼は 祖国のためだけ 生きて来た。

e. 그는 조국을 위해서 살아오기만 했다.
　彼は 祖国の ため 生きて来るだけ した。

문 (35)a를 구성하고 있는 네 개의 구성 성분에 특수(부)조사 {만 (だけ)}이 자유롭게 연결되었다. b,c처럼 체언에 연결되기도 하고, d처럼 소위 후치사에 연결되기도 하며, e처럼 용언의 활용형에 연결되기도 한다. 이와 같은 분포의 광대성은 특수(부)조사의 격 기능과의 무관계성을 증명하는 것이다. 특히 전술한 바대로 특수(부)조사와의 복합 관계에서, 주격과 대격 조사가 의무적으로 삭제되는 것은 격 자체의 특성에 근거하고 있다고 할 수 있다. 현대 한국어에서 격표지의 생략은 점점 확대되는 추세이며, 주격, 대격 표지는 경우에 따라 생략해 써도 문표현에 있어서는 아무런 영향을 미치지 않는다.

특수(부)조사가 출현하지 않는 문 (36)에서, 주격 표지가 생략되어도 서술어의 동작이나 상태의 주체로서의 피접 체언은 용이하게 인식된다.

(36) a. 그 사람∅ 갔다.
　　　?その人∅ 行った。
　　b. 이 꽃∅ 아름답다.
　　　?この花∅ 美しい。

문 (37)에서도 대격 표지가 생략되어 있으나 서술어의 객체로서의 피접 체언의 격은 쉽게 판단된다. 현대 한국어에서는 오히려 이들의 격 표지가 생략됨으로써 발화의 편의를 돕는 경우가 많다.6)

(37) a. 밥∅ 먹는다.
　　　?ご飯∅ 食べる。
　　b. 영어∅배운다.
　　　?英語∅ 学ぶ。

---

6) 한국어 주격 조사와 대격 조사의 생략의 정도는 일본어의 그것보다 높다.

다음은 일상 대화에서 통상적으로 격조사가 생략됨으로써 관용화한 용례들이다.

· {가/이(が)}의 생략 :
기분ɸ 나쁘다(気分ɸ 悪い)/말ɸ 많다(口数ɸ 多い)
기ɸ 막히다(息ɸ 苦しい)/숨ɸ 차다(息ɸ 切れる)
꼴ɸ 좋다(格好ɸ 良い)/키ɸ 크다(背ɸ 高い)

· {을/를(を)}의 생략 :
값ɸ 올리다(値段ɸ 上げる)/글ɸ 쓰다(文章ɸ 書く)
물ɸ 주다(水ɸ 与える)/얼굴ɸ 돌리다(顔ɸ 向ける)
발ɸ 씻다(足ɸ 洗う)/술ɸ 마시다(お酒ɸ 飲む)

이러한 점에서 일본어는 다소 생략의 정도가 낮기는 하지만, 생략의 경향성은 대체로 동일한 양상을 나타낸다.

한편 한국어에 있어서 체언에 붙어 용언을 파생하는 접사류를 보면,

(38) a. 걱정ɸ된다(걱정의 된다)
心配に なる。
b. 맥ɸ없다(맥이 없다).
元気が ない。
c. 열ɸ적다(*열의 적다).
いささかきまりわるい。

(39) a. 고문ɸ당하다(고문을 당하다).
拷問を 受ける。
b. 존경ɸ받다(존경을 받다).
尊敬を 受ける。
c. 자습ɸ시키다(자습을 시키다).
自習させる。
d. 친구ɸ삼다(친구를 삼다).

　　友達に する。
　e. 공부φ하다(공부를 하다).
　　勉強を する。

에서, 접미사가 체언으로부터 용언의 형태로 분리된다고 하면, 체언에는 주격과 대격 표지가 각각 나타난다. 이러한 사실을 역으로 말하면, 용언이 접미사화하여 체언에 접미하는 과정에서는 반드시 주격이나 대격 조사의 생략이라는 절차를 거치고 있다는 것이다.

　대격에 있어서도 소위 동족 목적어(cognate object)의 경우에는 전적으로 그 대격 표지가 생략되는 것이 일반적이다.

　(40) a. 꿈을 꾸다. → 꿈φ꾸다.
　　　　夢を 見る。　　夢φ見る。
　　b. 잠을 자다. → 잠φ자다.
　　　　*眠りを 眠る。　*眠りφ眠る。
　　c. 신을 신다. → 신φ신다.
　　　　靴を 履く。　　靴φ履く。

　이상에서 보면 특수(부)조사 앞에 주격 및 대격 표지가 의무적으로 삭제되는 것은 후행하는 특수(부)조사 때문이라고 하는 것보다 그 격 자체의 생략성(deletability)에 기인하는 것으로 확인된다. 문 (41)은 주격과 대격에서 동시에 특수(부)조사의 한정이 나타나는 예를 든 것이다.

　(41) a. ?철수φ 발φ 씻었다.
　　　　?太郎φ 足φ 洗った。
　　b. 철수가 발을 씻었다.
　　　　太郎が 足を 洗った。
　　c. 철수{는, 도, 나…} 발{만, 부터, 까지} 씻었다.
　　　　　(A-delim)　　　　(B-delim)
　　　　太郎{は, も, でも…} 足{だけ, から, まで} 洗った。

    d. *철수가{는, 도, 나…} 발을{만, 부터, 까지} 씻었다.
      *太郎が{は, も, でも…} 足を{だけ, から, まで} 洗った。
    e. 철수{*는, *도, *나…}가 발{만, 부터, 까지}를 씻었다.
      太郎{*は, *も, *でも…} 足{だけ, から, まで}を 洗った。

  문 a의 주격, 대격 표지가 생략된 문(case marker - null sentence)은 문의 통사적 관계에 의해 문 b(case marker - full sentence)의 격이 용이하게 판단된다. 이와 같이 문 c는 문 b의 격표지 위치에 특수(부)조사가 들어간 문(delimiter - full sentence)이지만, 선행하는 특수(부)조사군이 주격을, 후행하는 특수(부)조사군이 대격을 표시하는 것이 아니라, 격표지가 무형화된 전 단계로서의 문 d나 e의 구조를 상정하게 된다. 결과적으로 특수(부)조사는 단순히 의미 첨가 및 한정의 기능만을 가질 뿐, 해당되는 격조사의 격 기능을 대신하는 것이 아니다. 양 언어에서 특수(부)조사가 격표지로 사용될 수 없다는 것은 이러한 논리적 바탕을 깔고 있는 것이다.

V. 결 론

  특수조사와 부조사가 일정한 격에만 쓰이는 것이 아니라, 여러 가지 격에 통용되는 분포상의 특징은 주지의 사실이다. 이러한 격 통용성은 특수(부)조사가 격 표시의 기능이 없으며, 격과는 무관하다는 것을 말해 준다. 특히 특수(부)조사가 격표지 없이 단독으로 격표지의 자리에 쓰일 때는 마치 특수(부)조사가 격표지를 대신하여 격을 표시하는 것 같은 오해를 불러왔다.

  이 논문은 양 언어의 특수조사와 부조사가 격 표시 기능이 없으며, 따라서 격표지의 대행 기능도 없음을 격표지와의 복합 관계에서 일어나는 격표지의 생략으로 논증한 것이다.

국어 특수조사가 격의 자리에 단독으로 통용되는 곳은 주격과 대격의 자리이며, 처격과 여격에서도 수의적으로 나타난다. 이는 일본어 부조사가 주격, 대격, 처격에 한하여 단독으로 통용되는 것과도 상응한다.

양 언어에서 특수(부)조사가 주격과 대격, 그리고 때로는 처격과 여격의 자리에 단독으로 분포되는 것은 그러한 격표지를 대행하여 격을 나타내는 것이 아니다. 이는 격표지와 특수(부)조사와의 복합 과정에서 상호 작용과 격표지 자체의 생략성에 의해 격표지가 생략된 것에 지나지 않는다. 격표지와 특수(부)조사와의 복합 관계에서 특수(부)조사는 어휘적 의미와 화용적 의미 기능을 가지므로 생략될 수 없다. 격표지 중에서도 특수(부)조사와의 복합 과정에서 생략될 수 있는 것은 어휘적 기능이 결여된 부류에 한정된다. 그러한 격표지로 주격 표지, 대격 표지, 처격 표지, 여격 표지 등이 주목된다. 이들은 문의 통사적 관계와 피접어의 소재 개념에 의해 격 의미가 자연적으로 노출되는 격표지이므로, 약어휘성과 아울러 약표지성을 가진 유들이다. 이러한 부류의 격표지들은 渡邊 문법에 의하면 강전서성 조사에 해당한다. '강전서성(強展叙性)'이란 전서(展叙)가 통서(統叙) 성분이 구유한 통서를 향해 서술을 전개해 나가는 힘이 강하다는 것을 가리킨다. 즉 문의 성분 사이에 통사적인 통합 관계만으로도 격 표시가 확연히 드러나는 것을 말한다. 이러한 강전서성 조사에 한정하여 특수(부)조사의 단독 격 통용이 나타난다. 결국 생략되기 쉬운 격표지에서 이와 같은 단독 통용과 격표지 대행의 오해가 발생하는 것이다. 한·일 양 언어에서 특수(부)조사에 선행하는 격표지 중에서 필수적인 삭제가 일어나는 것은 주격 표지와 대격 표지이고, 수의적인 삭제가 일어나는 것은 처격 표지와 여격 표지이다. 이러한 생략의 원리는 양 언어에서 동일하게 적용되는 공통성을 띠고 있다. 양 언어에서 주격 표지와 대격 표지는 특수(부)조사의 복합 관계가 아닌 단독으로도 빈번하게 생략되는 생략성(delitability)을 가진 것으로, 이는 특수(부)조사의 단독 격 통용과 직결되는 현상이다.

양 언어의 특수조사와 부조사는 격 표시의 기능이 없다. 격과는 전혀 무관한 의미 한정어이다. 특수(부)조사가 격표지의 자리에 단독으로 분포되어 격표지의 대행으로 오인되는 것은 그러한 격표지가 생략되어 영표지화(零標識化)한 것에 지나지 않는다. 이 때 생략된 영표지가 격의 표시 기능을 수행하는 것이지, 특수(부)조사가 격 표시의 기능을 대행하는 것이 결코 아니다.

양 언어의 특수조사와 부조사의 근본적인 임무는 의미 한정과 화용적 기능이다. 이들은 때때로 감탄과 강조적 첨의 기능을 수반할 뿐이다.

참 고 문 헌

고영근(1989), 국어 형태론 연구, 서울대 출판부.

김길진(1985), "국어 특수조사의 연구", 「국어교육연구」 4, 원광대.

김동식(1996), "현대국어의 조사 분류", 「한신논문집」 13, 한신대.

金敏洙(1960), 국어문법론연구, 통문관.

＿＿＿(1970), "國語의 格에 對하여", 「국어국문학」 49·50, 국어국문학회.

김상대(1993), "복합조사에 대하여", 「인문논총」 4, 아주대 인문과학연구소.

金錫得(1991), "토씨의 상위 분류론, -'유동 형태'의 처리를 겸하여-", 「동방학지」 71·72.

金昇坤(1972), "國語 助詞의 職能考", 「국어국문학」 58-60, 국어국문학회.

＿＿＿(1989), 우리말 토씨 연구, 건국대 출판부.

＿＿＿(1992), "우리말 토씨의 발달 원리", 김승곤(편) 「한국어 토씨와 씨끝」, 박이정.

김영희(1974), "한국어 조사어류의 연구", 「문법연구」 1, 光文社.

＿＿＿(1991), "무표격의 조건", 「언어논총」 9, 계명대 언어연구소.

김용석(1979), "목적어 조사 '을/를'에 관하여", 「말」 4, 연세대.

김일웅(1986), "생략의 유형", 「국어학신연구」, 탑출판사.

金宗澤(1992), 국어어휘론, 탑출판사.

김준기(1994), "격과 격조사의 의미양상 고찰", 「인하어문연구」 1, 인하대 국어국문학과.

김진형(1995), "중세국어 보조사에 대한 연구", 「국어연구」 136, 서울대 국어연구회.

金韓坤(1967), "A Semantic Analysis of the Topic Particles in Korean and Japanese", 「語學研究」 3-2, 서울大.

김형규(1962), 개정국어학개론, 일조각.

南基心·고영근(1985), 표준 국어문법론, 탑출판사.

류구상(1988), "국어조사 연구의 어제, 오늘, 내일", 「국어국문학」 100, 국어국문학회.

마르띤 프로스트(1981), "조사 생략 문제에 관하여", 「한글」 171, 한글학회.

민현식(1982), "現代國語의 格에 대한 研究", 「國語研究」 49, 서울대.

朴勝彬(1935), 朝鮮語學, 京城, 朝鮮語學研究會.

朴良圭(1972), "國語의 處格에 對한 研究, -統合上의 特徵을 中心으로-", 「國語研究」 27, 서울대.

______(1980), "주어의 생략에 대하여", 「國語學」 9, 國語學會.

白峰子(1974), "한국어의 부사격토 연구", 「언어문학」 I, 延世大.

徐正洙(1996), 수정증보판 국어문법, 한양대학 출판원.

成光秀(1978), 國語 助辭에 對한 研究, 螢雪出版社.

______(1999), 격표현과 조사의 의미, 도서출판 월인.

成耆徹(1997), "보조조사 '까지, 마저'의 의미특성", 「한국어교육」 8, 국제한국어교육학회.

신익성(1968), "격에 대하여", 「한글」 141, 한글학회.

______(역)(1975), "격의 일반론", 「한글」 156, 한글학회.

申昌淳(1976), "國語 助詞의 研究(II), -格助詞의 意味記述-", 「국어국문학」 71, 국어국문학회.

신현숙(1982), "목적격 표지 '-를'의 의미연구", 「언어」 7-1.

신호철(2001), "시점과 특수조사의 상관성", 「어문학」 73, 한국어문학회.

安秉禧(1966), "否定格의 定立을 위하여", 「東亞文化」 6.

양인석(1972), Korean Syntax, 百合社.

______(1973), "Semantics of Delimiter", 「語學研究」 9-2, 서울大.

염선모(1978), "한정사 연구", 「배달말」 3, 경상대.

유동석(1984), "양태조사의 통보 기능에 대한 연구", 「국어연구」 60, 서울대 국어연구회.

______(1990), "조사 생략", 「국어연구 어디까지 왔나」, 동아출판사.

윤재원(1989), 국어 보조조사의 담화분석적 연구, 형설출판사.

이관규(1999), "조사의 통사론적 연구", 「국어의 격과 조사」, 월인.

이기동(1981), "The Meanings of Postpositions in Korean", 「언어」 6-2.

李基白(1975), "國語 助詞의 史的 硏究", 「어문론총」 9·10 경북대.

李基用(1969), "A Semantic Analysis of /-nun/ and /-ka/", Journal 11, 전북대.

李吉鹿(1976), "韓日兩國의 文法體系에 對한 比較硏究, -格助詞의 機能과 分布-", 「應用言語學」 8-2.

이남순(1988), 國語의 不定格과 格標識 省略, 탑출판사 국어학총서 14.

______(1996), "특수조사의 통사기능", 「진단학보」 82, 진단학회.

______(1998), 格과 格標識, 도서출판 월인.

李常春(1925), 朝鮮語文法, 松南書館.

李相泰(1975), "자리토 연구(I)", 「語文學」 33, 韓國語文學會.

______(1983), "도움토씨 연구", 「言語硏究」 3, 대구언어학회.

이석규(1995), "현대국어 도움토씨의 의미연구", 김승곤 편 「한국어의 토씨와 씨끝」, 박이정.

이숭녕(1961), 중세국어문법, 을유문화사.

李承旭(1957), "국어의 포스트포지션에 대하여", 「일석 이희승선생 송수 기념 논총」, 간행위원회, 서울.

______(1976), "주어와 술어", 「한국어문논총: 우촌 강복수 박사 회갑기념논문집」.

이원근(1996), "도움토씨의 서법 제약", 「국어문법의 탐구 3」, 태학사.

______(1997), "우리말 도움토씨 연구", 연세대 박사논문.

李翊燮·任洪彬(1983), 國語文法論, 學硏社.

이춘숙(1991), "영역개념으로서의 도움토씨", 「한글」 212, 한글학회.

______(1993), "우리말 도움토씨 연구", 부산대 박사학위 논문.

李熙昇(1963), 새고등문법, 일조각.

任洪彬(1972), "國語의 主題化 硏究", 「國語硏究」 28, 國語硏究會.

______(1980), "'을'/'를' 助詞의 意味와 統辭", 「韓國學論叢」 2, 國民大.

張奭鎭(1985), 話用論硏究, 塔出版社.

정동화(1996), "특수토씨 연구사", 김승곤 편 「한국어 토씨와 씨끝 연구사」, 박이정.

정인승(1956), 표준고등말본, 「역대한국문법대계」 제1부, 31책.

蔡 琬(1977), "現代國語 特殊助詞의 硏究", 「國語硏究」 39, 國語硏究會.

______(1998), "특수조사", 「문법연구와 자료」, 태학사.

최규수(1998), "한국어 주제어와 임자말 연구, 부산대 출판부.

최기용(1996), "한국어 특수조사 구성의 구조", 「언어」 21-1, 한국언어학회.

최동주(1997), "현대국어의 특수조사에 대한 통사적 고찰", 「국어학」 30, 국어학회.

崔鉉培(1961), 깁고 고친 우리말본, 정음사.

許 雄(1983), 국어학: 우리말의 오늘·어제, 샘문화사.

______(1995), 20세기 우리말의 형태론, 샘문화사.

洪起文(1947), 朝鮮文法硏究, 서울신문사.

洪思滿(1975), "國語 Postposition의 格에 對한 無標性 硏究", 「語文學」 33, 韓國
　　　　語文學會.

______(1983), 國語特殊助詞論, -意味分析-, 學文社

______(1985), "韓·日語 依存形態素의 對照硏究(4), -助詞 「를/을」과 「と」의 비교",
　　　　「머문론총」 19, 경북어문학회.

______(1989), "現代韓国語の特殊助詞の研究, -日本語の副助詞との対比を中心に-", 筑
　　　　波大学 文芸 ·言語学系 博士学位論文

______(1993), 한·일어대조어학/논고, 塔出版社.

______(1994), 國語意味論硏究, 螢雪出版社

______(2000a) "日本語の副助詞における格との無関係性の研究", 「島根県立国際短期大学
　　　　紀要」 7.

______(2000b) "韓·日兩言語の格助詞省略に関する対照研究", 「東西言語文化の類型論
　　　　特別プロジェクト研究報告書」 3-2, 筑波大学.

洪允杓(1979), "國語의 助詞", 「언어」 4-2, 한국언어학회.

______(1981), "近代国語의 処所表示와 方向表示의 格", 「東洋学」 11.

青木三郎(1995), "取り立てと主題", 益田隆志 外(編) 「日本語の主題と取り立て」 (くろしお出
　　　　版) 所収.

青木伶子(1954), "主語承接の「は」助詞について", 「国語国文学」 31-3.

石神照雄(1989), "ハとガ-主題と主語-", 北原保雄(編) 「日本語文法·文体(上) : 講座
　　　　日本語と日本語教育 4 」, 明治書院

石垣謙二(1955), 助詞の歴史的研究, 岩波書店.

市川保子(1991), "とりたて助詞と発話·伝達のモダリテイに関する一考察", 「文芸·言語 研究 言語篇」 19, 筑波大学文芸·言語学系

井上和子(1979), "旧い情報·新しい情報", 「言語」 10, 大修館.

______(1980), "格助詞をめぐって", 「言語」 9:2.

______(編)(1989) 日本文法小辞典, 大修館.

楜原恭則(1975), "係助詞の構文的機能, ーハ·モの限定の機能についてー", 「文学論藻」 49.

大木正義(1976), "副助詞の職能について", 「言語と文芸」 82.

大久保忠利(1977), "「ハ」と「ガ」", 「新日本文法入門」, 三省堂.

大野晋(1970), "助詞の機能と解釈", 「国文学解釈と鑑賞」 35巻 13号.

______(1977), "主格助詞「が」の成立 上·下", 「文学」 45巻 6·7号.

尾上圭介(1981a), "「象は鼻が長い」と「ぼくはウナギダ」", 「月刊言語」 2月号.

______(1981b), "「は」の係助詞性と表現的機能", 「国語と国文学」 58-5.

奥田一広(1976), "朝鮮語の対格助詞「을/를」について", 「朝鮮学報」 78.

奥津敬一郎(1986), "とりたて詞の分布と意味, ー「でだけ」と「だけで」ー", 「国文目白」 25.

______外(1986), いわゆる日本語助詞の研究, にほんごの凡人社.

小川芳男 外(編)(1982), 日本語教育辞典, 大修館.

小山敦子(1966), "「の」「が」「は」の思い分けについて, ー転成文法理論の日本語への適用ー", 「国語学」 66, 国語学会.

菅野宏(1970), "格助詞·係助詞そして接尾語", 「月刊文法」 4月号, 明治書院.

木枝増一(1937), 高等国文法新講ー品詞論ー, 東洋図書株式会社.

北原保雄 外(編)(1981), 日本文法辞典, 有精堂.

金田一春彦(1983), "助詞論二題", 「国語学」 133.

工藤美紗子(1964), "「ハ」と「モ」", 「講座日本語」 6, 明治書院.

久野暲(1973), 日本文法研究, 大修館.

______(1983), 新日本文法研究, 大修館.

黒田成幸(1965), "「ガ」「ヲ」および「ニ」について", 「国語学」 63, 国語学会.

桑山俊彦(1983), "助詞", 北原保雄 外(編) 「日本文法辞典」, 有精堂.

慶野正次(1963), 国文法入門·口語助詞篇, 武蔵野書院.

小学館(1979), 日本国語大辞典, 小学館.

国語学会(編)(1981), 国語学大辞典, 東京堂出版.

国立国語研究所(1951), 現代語の助詞·助動詞, 秀英出版.

__________(1965), 現代雑誌九十種の用語用字 第三分冊, 秀英出版

__________(1995), 日本語の文法(上), 大蔵省印刷局.

此島正年(1970), "「ガ」の意味・用法", 「月刊文法」 9月, 明治書院

______(1983), 助動詞・助詞詳説, 桜楓社

小林英夫(1936), 言語学方法論考, 三省堂

小山敦子(1966), "「の」「が」「は」の使い分けについて,-展成文法異論の日本語への適用-", 「国語学」 66, 国語学会.

近藤泰弘(1983), "副助詞の体系", 「日本女子大学紀要」 32.

酒井秀夫(1970), "係助詞", 「月刊文法」 3月, 明治書院

阪倉篤義(1966), 語構成の研究, 角川書店.

______(1974), "主題と主語", 「改稿日本文法の話」, 教育出版

阪田雪子(1975), "「は」と「が」はどう違う?", 「新日本語講座」, 汎文社

桜井定夫(1957), "「まで」, 「までに」考", 「文学論藻」 6.

佐治圭三(1970), "副助詞", 「月刊文法」 3月号, 明治書院

______(1985), "「は」と「も」, -係助詞, 副助詞, 前提助詞-", 「日語学習与研究」 4,5号.

定延利之(1995), "心的プロセスからみた取り立て詞", 益田隆志 外(編) 「日本語の主題と取り立て」, くろしお出版

柴谷方良(1989), "日本語の語用論", 北原保雄(編), 「講座日本語と日本語教育 4: 日本語の文法・文体(上)」, 明治書院

______(1992), "助詞の意味と機能について", 「国広哲弥教授還暦退官記念論文集: 文法と意味の間」, くろしお出版

衫本武(1986), "格助詞", 奥津敬一郎 外(編)「いわゆる日本語助詞の研究」, 凡人社

______(1990), "日本語の大主語と主題", 「九州工業大学情報工学部紀要」 3.

鈴木一彦(1976), 日本文法本質論, 明治書院

鈴木重幸(1972), 日本語文法・形態論, むぎ書房.

______(1996), 日本語をみつめた文法・現代語, 東宛社

徐建敏(1993), "とりたての観点から見た日本語の「さえ」と中国語の「都」", 「都大論究」 30, 東京都立大学.

曾我松男(1975), "係助詞「も」の構造についての一考察", 「日本語教育」 26.

高橋太郎(1983), "動詞の条件形の後置辞化", 渡邊実(編)「副用語の研究」, 明治書院

田中章夫(1977), "助詞 3", 「講座日本語 7:文法」, 岩波書店.

田村すず子(1971), "日本語の文法, -助詞など-", 「講座日本語教育」第2分冊, 早大語学
　　　　　　教育研究所.

築島裕(1977), 国語学, 東京大学出版会.

寺村秀夫(1991), 日本語のシンタクスと意味 3, くろしお出版.

寺村秀夫・野田尚史(1985), はとが, 「日本語文法セルフマスターシリーズ」1, くろしお出版.

時枝誠記(1950), 日本文法・口語篇, 岩波書店.

西田直敏(1977), "助詞(1)", 「岩波講座日本語 7, 文法1」, 岩波書店.

＿＿＿＿(1981), "助詞(3)", 「岩波講座日本語 7, 文法2」, 岩波書店.

西山佑司(1989), "「象は鼻が長い」構文について", 「慶応義塾大学言語文化研究所紀要」21.

仁田義雄(1993), 日本語の格をめぐって, くろしお出版.

沼田善子(1986), "とりたて詞", 「いわゆる日本語助詞の研究」, 凡人社.

野田時寛(1988), "「名詞句+は」の用法, -「主題」と「対照」について-", 「日本語学校論集」15,
　　　　　　東京外国語大学.

野田尚史(1995), "文の階層構造からみた主題ととりたて", 益田隆志 外(編)「日本語の 主題
　　　　　　と取り立て」, くろしお出版.

芳賀綏(1978), 現代日本語の文法, 教育出版.

日野資純(1973), "副助詞と係助詞", 「品詞別日本文法講座」9, 明治書院.

掘口和吉(1995), 「~は~」について, ひつじ書房.

益岡隆志(1990), "取り立ての焦点", 「日本語学」9-5, 明治書院.

＿＿＿＿外(編)(1995), 日本語の主題と取り立て, くろしお出版.

松村明(1942), "主格表現における助詞「が」と「は」の問題", 「現代日本語の研究」, 白水社.

＿＿＿＿(1969), 助詞・助動詞詳説, 学灯社.

三上章(1960), 象は鼻が長い, くろしお出版.

＿＿＿＿(1963), 日本語の論理, -ハとガ-, くろしお出版.

南不二男(1998) 現代日本語文法の輪郭, 大修館.

三宅武郎(1972), "「は・が」の構造", 「国学院雑誌」金田一京助博士追悼号.

宮田幸一(1980), "格助詞ととりたて詞", 「月刊言語」9-12, 大修館書店.

宮地裕(1950), "副助詞小攷-準体助詞との関聯に於いて-", 「国語国文」21巻8月号.

村田美穂子(1998), 助詞「は」のすべて, 至文堂.

森重敏(1965), 日本文法, -主語と述語-, 武蔵野書院.

＿＿＿＿(1970), "係)助詞 は・も", 森重敏「日本文法の諸問題」, 笠間書院.

森田良行(1998), 日本語の視点, 創拓社.

山田孝雄(1936), 日本文法学概論, 宝文館.

山中美穂子(1995), "「とりたて」という機能, -「こと」を中心に-", 益田隆志 外(編) 「日本語の
　　　　　主題と取り立て」, くろしお出版.

吉本啓(1982), "「は」と「が」-それぞれの機能するレベルの違いに注目して-", 「言語研究」 81.

渡邊実(1971), 国語構文論, 槁書房.

Chafe, W.L.(1976), Giveness, Contrastiveness, Definiteness, Subjects,
　　　　　Topics, and Point of View, *Subject and Topic*, Li(ed.),
　　　　　Academic Press.

Chomsky, N.(1971), Deep Structure, Surface Structure and Semantic
　　　　　Interpretation, *In* Steinberg and Jacobovits(eds.), Cambridge
　　　　　Univ. Press.

Fillmore, C.J.(1968), The Case for Case, *In* Bach and Harms (eds.).

Halliday, M.A.K.(1985), *An Introduction to Functional Grammar*,
　　　　　Arnold.

Hinds, John et al.(eds)(1987), Perspectives on Topicalization the Case
　　　　　of Japanese WA, John Benjamins Publishing Co., Amsterdam.

Horn, L.(1969), The Presuppositional Analysis of 'Only' and 'Even',
　　　　　*papers from the fifth Regional Meeting of the Chicago
　　　　　Linguistic Society*(eds.), Binnick et al.

Inoue, K.(1969), *A Study of Japanese Syntax*, The Hague: Mouton.

Iwasaki, S.(1987), Identifiability, scope-setting, and the particle WA: a
　　　　　study of Japanese spoken expository discourse. In J. Hinds
　　　　　et al.(eds).

Kageyama, Taro(1973), On the Generation of Japanese MO, *Papers in
　　　　　Japanese Linguistics* 2-2.

Kim, Han-kon(1967), A Semantic Analysis of the Topic Particles in
　　　　　Korean and Japanese, *Language Research* 3-2, Seoul Univ.

Kuno, S.(1973), *The Structure of Japanese Language*, The M.I.T.Press.

Leech, G.N.(1983), *Principles of Pragmatics*, Lingman Group Ltd.

　　　　　 & Thomas, J.(1990), Language, Meaning and Context,

Pragmatic In Colline, N.E.(ed.).

Lee, Ki-yong(1969), A Syntax Analysis of /-nin/ and /-ka/, *Chonbuk Univ. Journal* 11.

Levinson, S.(1983), *Pragmatics*: Cambridge Univ. Press.

Li, Ch.& S. Thompson(1976), Subject and Topic, *In* Li(ed).

Lyons, J.(1981, 1983), *Language, Meaning and Context*, Fontana.

Mathias, G.B.(1978), 'Subject' and 'Topic' in Korean, Japanese, and English, Korean *Linguistic* 1.

Martin, S.E.(1975), *A Reference Grammar of Japanese*, Yale Univ. Press.

Moser, R.E.(1965), The Japanese Postposition wa and ga, *Language Research* 9-1, Seoul Univ.

Ramstedt, J.(1939), *A Korean Grammar*, Helsinki.

Ree, Jung-no (1974), *Topics in Korean Syntax with Notes to Japanese*, Seoul: Yonsei Univ. Press.

Yang, In-seok(1972), *Korean Syntax*, Seoul: Pae-hap Sa.

___________(1973), Semantics of Delimiters, *Language Research* 9-2, Seoul Univ..

8 　조사 「만」과 「だけ」

I. 서 론

　이 논문은 일련의 한·일어 대조 분석론으로, 한국어 조사 {만}과 일본어 {だけ}의1) 의미 기능을 비교하여, 그 동질성과 이질성을 분석 기술한 것이다.

　한국어 특수조사와 일본어 부조사(取立詞)는 의미의 보조·한정 기능이 현저한 의미 한정 표지로, 이들로부터 전제적·단언적 의미와 함축적 의미 등 의미 의존 관계가 추출될 수 있다. 이들이 공유하는 전제적 의미는 자매항의 존립이라는 화용적 의미이며, 함의는 피접항과 자매항 사이의 서술 가치를 따짐으로써 노정되는 의미로, '표별(表別)적'인 부류와 '협수(協隨)적'인 부류로 양분된다. 이 논문에서 다루고자 하는 국어 조사 {만}은 {는}, {야} 등과 함께 표별적 함의를 가지며, 일본어에서도 {だけ}가 {は}와 함께 표별의 의미를 나타내는 것과 상통한다.

　일본어 {だけ}의 의미 분석에서 沼田善子(1986:193)는 {だけ}의 의

---

1) 일본어에서 {だけ}와 유의적인 부조사로 {のみ}가 있다. {のみ}는 현대어에서는 주로 문어적인 표현에만 나타나고, 그 의미와 기능이 {だけ}와 일치하며 {だけ}에 침식되어 있어 이 논문에서 한국어 {만}의 대응어로 다루지 않았다.

미를 '한정'으로 규정하고, 주장과 단정, 함의와 단정에 대해 다음과 같이 분석했다.

主張·断定·自者肯定

かつ

含み·断定·他者否定

이를 설명하기 위해 들었던 문례는 다음과 같다.

 (1) a. 銀行業者だけを 集めた。

   b. 銀行業者を 集めた。

   c. 銀行業者以外 −例えば会社経営者 −は集めなかった。

 (1)a 실제문의 주장은 b이고, 함의는 c이다. 주장에서 피접항(自者) '은행업자'를 긍정하고, 함의에서 자매항(他者) '회사 경영자'를 부정했다. 자자 긍정과 타자 부정은 피정항과 자매항의 서술 가치가 표별적임을 나타내는 것으로, 한국어 조사 {만}의 의미 관계 분석과 동일하다.

 한편 형태론적·어휘론적 관점에서 보면, 양 언어 조사 {만}과 {だけ}는 타 조사에 비해 전접의 기능이 높은 준체적(準体的)인 부류에 속하는데, 이는 어원적으로 정도 표시의 명사나 접미사가 허사화한 기능적 잔재를 보여주는 것으로 여겨진다.

 조사의 의미 분석은 전제, 함의, 단언, 기대 등 의미 의존 관계를 분석하는 것과 하나의 중심적 의미를 상정하고 이로부터 그것이 분포된 어사 환경에 의해 추이된 다의적 현상을 기술하는 두 가지 면을 고려해야 할 것이다. 따라서 양 언어의 대등 형태간의 의미 기능 대조에는 동일한 어사 환경에 이들을 투사시켜 음미하는 방법이 필연적일 것이다.

II. 기본적 의미 '유일 한정'

양 언어 조사 {만}과 {だけ}의 중심적 의미, 즉 주의(primary meaning)는 어떤 서술 명제에 대하여 피접항만을 유일하게 한정하고, 다른 것을 배제하는 의미 기능이다. 이와 같은 논조는 양 언어 {만}과 {だけ}에서 공통적이므로 본 장에서는 함께 묶어 설명하기로 한다.

    (2) a. 부여를 찾는 사람은 고적만 보아서는 안 된다.
         扶余を 尋ねる 人は 古蹟だけ 見ては だめだ。
      b. 얼굴만 예쁘다고 배우가 되는 것이 아니다.
         顔だけ きれいだからと言って 俳優になるのではない。
      c. 그것은 나만의 판단이 아니다.
         それは 私だけの 判断ではない。
      d. 평생을 아들만 믿고 살아왔다.
         一生を 息子だけ 信じて 生きて来た。
      e. 똑바로 걷는 자만이 전진할 수 있다.
         まっすぐ 歩く人だけが 前進することが できる。

문 (2)a-e에서 단언의 의미를 해의하면, a. '부여를 찾는 사람이 보는 것이 유일하게 고적에 한정되어서는 안 된다', b. '예쁜 것이 얼굴 하나에 한정된다고 배우가 되는 것이 아니다', c. '그것은 나 한 사람에 한정되는 판단이 아니다', d. '평생을 믿고 살아 온 것이 아들 하나에 한정된다', e. '전진할 수 있는 사람은 유일하게 똑바로 걷는 사람에게 한정된다' 등이 된다. 이것은 {만(だけ)}에 가장 근접된 단언 의미로 '하나로 유일하게 한정되다'를 규정할 수 있게 한다.

따라서 예문에서 수량사 「하나(一)」에 {만(だけ)}을 연결한 것을 부사의 형식으로 삽입해 보면 {만(だけ)}의 의미는 문중에서 보다 명확하게 드러난다.

(3) a. 고적 하나만 보아서는 안 된다.

　　古蹟 一つだけ みては だめだ。

　　b. 얼굴 하나만 예쁘다고,

　　顔 一つだけ きれいだからと、

　　c. 나 하나만의 판단이 아니다.

　　私 一人だけの 判断では ない。

　　d. 아들 하나만 믿고 살아왔다.

　　子 一人だけ 信じて 生きて来た。

　　e. 똑바로 걷는 자 하나만이 전진할 수가 있다.

　　まっすぐ 歩く 一人だけが 前進することが できる。

　이와 같은 문맥 현현의 원리는 {만(だけ)}과 유의적·유연적인 관계를 가진 여러 어사들을 삽입한 문 (4)에서 더욱 명확한 '한정'의 의미를 추구할 수 있을 것이다.

(4) a. 동생만 데리고 갔을 뿐(따름)이다.

　　弟だけを つれて 行っただけ(のみ)である。

　　b. 오로지 공부만을 하다가 갔다.

　　ひたすら 勉強だけを して 行った。

　　c. 겨우 목숨만 건졌다.

　　やっと 生命だけ 救った。

　　d. 오직 두 사람만 구조되었다.

　　ただ 二人だけ 救助された。

　　e. 꼭 다섯 개만 먹었다.

　　ちょうど 五つだけ 食べた。

　　f. 나만 홀로 남았다.

　　私だけ ひとりきりで 残った。

　　g. 그 선수만 유일하게 탈락되었다.

　　その選手だけ 唯一 脱落させられた。

문 (4)a는 서술어 형식인 '한정' 형식 명사 '뿐', '따름'과 공존하는 예이고, b-e는 선행 수식 형식인 한정 부사 '오로지', '겨우', '오직', '꼭' 등과 공기하는 예이다. 또한 f,g는 후행 서술 형식인 '한정' 표시 부사 '홀로', '유일하게'와 공기하는 예이다.2)

이 유의적 제 요소들은 조사 {만(だけ)}의 유일 한정의 의미를 강화하는 보조적 어사로 취급되며, {만(だけ)}의 의미를 분석하는 데 디딤돌 역할을 한다.

문 (2)a-e에 이와 같은 보조적 어사를 선택하여 보충하면 다음과 같이 된다.

(5) a. <u>단지</u> 고적만 보아서는 …

　　　<u>ただ</u> 古蹟だけ 見ては …

　 b. <u>그저</u> 얼굴만 예쁘다고 …

　　　<u>単に</u> 顔だけ きれいだからと…

　 c. 나 <u>혼자</u>만의 판단…

　　　私 <u>一人</u>だけの 判斷…

　 d. <u>오로지</u> 아들만 믿고 …

　　　<u>もっぱら</u> 息子 一人だけ 信じて…

　 e. <u>오직</u> 똑바로 걷는 자만이 …

　　　<u>ただ</u> まっつぐ 歩く 人だけが …

한편 전시한 문 (2)의 의미는 {만(だけ)}에 의해 유도되는 전제 및 함의의 의미 관계를 따져 봄으로써 판단된다.

대체로 {만(だけ)}에 있어 함의에 등장하는 자매항은 {는(は)}과 마찬가지로 실제문의 서술 의미와 표별적 구조를 가지는 것이 특징이다. 즉 {만(だけ)}의 '유일 한정'이라는 기능은 서술어의 명제를 나타내는 것으로 피접항을 유일하게 선택하는 것을 가리킨다.

---

2) 일반적으로 부사는 용언을 수식·한정하는 수식어이나, 문 (3)b-e와 같이 문두에 놓여진 부사류는 후속하는 {만} 피접 체언을 지배하는 이질성을 보이고 있다.

우선 문 (2)a-e에 통념으로 전제되어 있는 내용을 분석해 보면 다음과 같다.

    (6) a. 부여를 찾는 사람은 고적을 보아야 한다.
        b. 얼굴이 예쁜 사람이 배우가 될 수 있다.
        c. 그것은 나의 판단이기도 하다.
        d. 평생 아들을 믿고 살아왔다.
        e. 똑바로 걷는 사람이 전진할 수 있다.

이들 문에 개재되어 있는 함의의 일부는 다음과 같이 나타난다.

    (7) a. 고적 이외의 것도 보지 않으면 안 된다.
        b. 연기력도 있어야 한다.
        c. 다른 사람의 판단이기도 하다.
        d. 아들 이외의 것은 믿지 않았다.
        e. 똑바로 걷지 않는 사람은 전진할 수가 없다.

위에서 실제문 (2)과 함의문 (7)은 각각 서술어의 긍정과 부정이 환치되어 있다. 또한 위의 분석에서 전제문 (6)와 함의문 (7)을 연결시키면, 통합된 의미가 아무 모순 없이 단언의 의미에 접근된 것을 알 있다.

    (8) a. 부여를 찾는 사람은 고적은 물론, 다른 것도 보지 않으면 안 된다.
        b. 얼굴이 예뻐야 함은 물론, 연기력도 갖추어야 배우가 될 수 있다.
        c. 그것은 나의 판단이기도 하지만, 다른 사람의 판단이기도 하다.
        d. 평생 다른 것은 믿지 않고 아들을 믿고 살아왔다.
        e. 똑바로 걷지 않는 사람은 전진할 수 없고, 바로 걷는 사람이 전진할
           수 있다.

더욱이 이러한 함의는 청자의 언어 직관과 축적된 경험으로 누구나 반사적으로 이해하는 보편성을 띠는 것이지만, 경우에 따라서는 함의문

이 실제문의 발화 속에 실현되는 수도 있다.

> (9) a. <u>말은 하지 않고</u> 웃기만 한다.
>   <u>しゃべらずに</u> 笑うことだけする。
>   b. <u>큰 것은 놓치고</u> 피라미만 잡았다.
>   <u>大きいのは 逃がし</u> ざこだけ 取った。
>   c. <u>내일은 날이 아니고</u> 오늘만 날이니?
>   <u>明日は 日でなく</u> 今日だけ 日なのか?
>   d. 바람 소리만 들릴 뿐 <u>아무 것도 보이지 않았다.</u>
>   風の声だけ 聞えるだけで <u>何にも 見えなかった。</u>
>   e. 가지고만 있어, <u>먹지는 말아라.</u>
>   持ってだけ いろ, <u>食べることはせずに。</u>

문 (9)의 밑줄 친 부분이 삭제되어도 청자는 화자와의 담화 맥락이나 상황에 의해 이미 이해하고 있는 함의로써 그 부분을 보충할 수 있다. 물론 삭제된 부분은 함의 내용의 일부에 지나지 않으며, 상황에 따라서는 보다 많은 자매항이 예상된다. 예컨대 문 (9)e의 '가지고만 있어(持ってだけいろ)'에서, 화자의 발화의 지시 대상이 '과자'라면 '먹지는 말아라'일 것이고, '책'이라면 '읽지는 말아라'일 것이며, '상자'라면 '열어 보지는 말아라' 등으로 각각의 함의가 보충되는 것이다.

그러나 함의로 예상되는 몇 개의 항목들도 결국은 동일 의미역에 포괄될 수 있는 것으로서, 화자의 의도와 지향성이 같아야만 하는 제약이 있다. 위의 분석에서 함의는 모두 금지 명령으로 일관되어 있다.

만약 함의가 많이 존재할 수 있는 문이거나 청자의 반사적인 함의 파악이 곤란한 경우에는, 화자는 함의 요소까지도 실제문에 실현해야 할 필요가 있다. 이 때 함의 내용을 표현하지 않는다면 청자에게는 의미적으로 애매한 문이 되고 만다.

다음으로 함의 분석에서 유도되는 자매항의 양태에 대해 살펴보자.

(10) a. 문제를 이렇게만 생각할 수는 없다.

   問題を このようにだけ 考えることは できない。

   b. 물만 먹고는 살 수 없다.

   水だけ 飲んでは 生きることが できない。

   c. 양심만은 속이지 못한다.

   良心だけは だませない。

함의 분석에서 {만(だけ)} 피접어의 자매항은 일반적으로 피접항과는 반의적·상대적인 것이라든지, 때로는 피접항을 제외한 동일 부류의 주변 항목들을 취한다. 이에 따라 서술어는 표별적인 것, 즉 부정·상반의 대립적 상관성을 형성하는 것으로 공식화된다.

문 (10)에서 예상되는 함의 내용을 상정하면 이러한 공식과 같이 나타난다.

(11) a. 문제를 다르게도 생각해야 한다.

   b. 물 이외의 것(밥 등…)도 먹어야 살 수 있다.

   c. 양심 이외의 것은 속일 수 있을지 모르지만,

이와는 달리 다음 (12)와 같이 화자의 감정적 요소가 내재되어 있는 문은 반드시 위와 같은 공식만의 함의가 예상되지는 않는다.

(12) a. 책장만을 만지고 있었다.

   本だけを 触っていた。

   b. 물끄러미 호수만 바라보고 있었다.

   まじまじと 湖だけ 眺めていた。

문 (12)a와 b는 맥락과 상황에 따라 각각 (13)과 (14)와 같은 여러 가지의 함의를 예상할 수 있다.

(13) a. 책장 이외의 것은 만지지 않았다.

    b. 공부는 하지 않고,

    c. 아무 말도 없이,

    d. 말해도 듣지 않고,

    e. 꾸짖어도 그냥,

(14) a. 호수 이외의 것은 보고 있지 않았다.

    b. 한 마디 말도 없이,

    c. 시간이 가는 줄도 모르고,

    d. 식사도 잊은 채,

    e. 모든 잡념을 떨치고,

(13), (14)의 a는 전술한 표별적 공식의 함의인데, 실제로 문 (12)는 a의 함의보다는 b-e의 요소를 예상케 하는 수가 많다. 그러나 결국 b-e의 함의 내용도 a의 의미 범주를 벗어나지 않는 규칙성과 제약성이 있다.

한편 {만(だけ)}의 의미 작용역(semantic scope)은 단지 피접어에만 국한되는 것이 아니다. 이러한 검증은 단언 분석으로부터도 측정할 수 있으나, 역시 함의 분석에 의한 자매항으로부터 식별하는 것이 효과적이다.

(15) 뿌리만 성한 것이 두 개 있다.

    根だけ 健康な ものが 二つ ある。

    a. 성한 부분이 뿌리에 한정된다.

    b. 줄기, 잎 등이 성하지 않다.

(16) 힘만 세다고 되는 것이 아니다.

    力だけ 強いと 言って できる ものではない。

    a. 센 것이 힘에 한정된다.

b. 기술도 가지지 않으면 안 된다.

(15), (16)의 분석에서 단언 a에 의해 한정되는 어사나, 함의 b에서 치환될 수 있는 어사는 '뿌리', '힘'에 국한되기 때문에, {만(だけ)}의 한정 작용역도 이에 한한다. 이들 앞에서 수식 관계나 관계절을 형성하는 경우를 보면, 그 한정 작용역도 확장된다.

(17) 편집실로 쓸 집만 새로 지었다.
      編輯室として 使う 家だけ 新たに 建てた。

      a. 새로 지은 것이 <u>편집실로 쓸 집</u>에 한정된다.
      b. <u>편집실로 쓸 집</u> 외에는 새로 짓지 않았다.

(18) 내가 그것을 할 수 있느냐 없느냐만이 문제이다.
      私が それを し得るかし得ないかだけが 問題である。

      a. 문제가 <u>내가 그것을 할 수 있느냐 없느냐</u>에 한정된다.
      b. <u>내가 그것을 할 수 있느냐 없느냐</u> 이외는 문제가 아니다.

(17), (18)의 단언문(a)이나 함의문(b)에서 {만(だけ)}의 한정 작용역은 밑줄 친 선행 수식 요소와 문의 전부를 포함하고 있다.

Ⅲ. 파생적 의미

1. 정도의 축소 제한

조사 {만(だけ)}의 중심적 의미는 앞에서 논한 대로 '유일 한정'으로, 이는 단언이나 함의 분석에 노출된다. 이 때의 단언과 함의의 지향성은 양 언어에서 동일하다. 그러면 조사 {만(だけ)}이 수량 표시어에 연결될 때, 그 수량 정도를 최저(소)로 축소 제한하는 것으로 동일시된다.

> (19) a. <u>한 마디</u>만 더 얘기하고 싶다.
> <u>一言</u>だけ もっと 話したい。
> b. <u>이 천원</u>만 내십시오.
> <u>二千圓</u>だけ ください。
> c. <u>삼십 분</u>만 시간을 내어 주십시오.
> <u>三十分</u>だけ 時間を ください。

수량에 있어서 {만(だけ)}의 한정은 피접어의 수량 정도가 최저(소)가 되도록 제한하는 기능을 한다.3) 예컨대 문 (19)a는 '말하고 싶은 것이 많으나 최소로 제한하여 한 마디 더 얘기하고 싶다'라는 의미이고, 문 b는 고객이 물품을 살 때 점원이 요구하는 값은 '가장 낮은 값으로 이천 원을 받겠다'는 뜻이 된다. 이 때 고객은 상대적으로 값이 비싸다는 의미로 {나(も)}를 쓴다(이천 원이나 됩니까?(二千圓も なりますか?).4) c는 '화자에게 내어 주기를 바라는 시간이 최소로 제한하여 삼

---

3) 사적으로 한국어 조사 {만}의 어원은 정도 표시어 {마}에서 왔다고 생각한다. 중세 한국어에 쓰인 {만}은 반드시 수량 표시어나 시간 공간의 범위 및 정도 표시어에 붙어 '정도'를 나타내거나, 비교 및 정도 표시 형용사에 선행하여 '비교'의 의미를 나타내었다. 당시 '한정'의 어사로는 {뿐}이 쓰였다. 이러한 통시적인 어휘 변천으로 보아도 조사 {만}은 정도의 의미와 깊은 관계를 가지고 있다.

십 분이다'는 것이다.

의미 분석에 있어서 단언에서 '제한'의 의미가 나타나고 함의에서 자매항이 예상되지만, 전 항에서 논한 '유일 한정'과는 그 양태가 다르다. 이것은 함의 내용과 실제 화자의 기대가 서로 다른 의미 구조를 가지기 때문이다.

> (20) a. 더 얘기하고 싶으나 한 마디로 제한한다.
> b. 한 마디 이상은 얘기하고 싶지 않다.
> c. 그러나 한 마디 이상 얘기할 수 있기를 화자는 기대한다.

> (21) a. 받으려고 하는 값이 이천 원으로 제한된다.
> b. 이천 원 이상은 받지 않겠다.
> c. 그러나 화자는 이천 원 이상 받을 수 있기를 기대한다.

> (22) a. 내어 주기를 원하는 시간이 삼십 분으로 제한된다.
> b 삼십 분 이상은 내어주지 않아도 좋다.
> c. 실은 그 이상의 시간을 내어 주기를 화자는 기대한다.

(21), (22)a는 단언으로 수량의 '제한'을 나타내고, b는 함의로서 피접어보다 수량 정도가 높은 자매항이 제시되지만, 그 서술 내용이 부정으로 배제된다. 그러나 실제로 화자의 기대는 c로서, b의 함의와는 의미적으로 모순을 야기한다. 이 때 화자의 기대는 피접항의 수량 정도 이상이지만, 그 기대의 성취 불가능이라는 상황적 제약이 내재함으로 b의 함의도 성립되는 논리이다.

문 (19)a를 해의하면, '한 마디만 더 얘기하고 싶다'고 말하는 화자는 실은 '한 마디 이상 얘기하고 싶다'는 기대를 가지고 있으나, '시간이 없다'든지 '너무 길어졌다'든지 '듣는 사람이 지루하게 생각한다'든지 등

---

4) {만(だけ)}과 {나(も)}는 축소 제한과 확대 과장의 상반적인 의미 구조를 각각 가지고 있다.

의 상황적 제약 때문에 어쩔 수 없이 「한 마디」를 최소로 제한하여 얘기하고 싶어하는 것으로 풀이된다.

　문 (19)a-c를 화자의 기대를 중심으로 해의하면 다음과 같이 된다.

　　　　(23) a. 하고 싶은 말은 더욱 많으나 한 마디만 …,
　　　　　　 b. 이천 원 이상 받아야 하지만, 이천 원만 …
　　　　　　 c. 그 이상의 시간을 내어 주면 더욱 좋겠지만, 삼십 분만 …

　(23)에서 화자의 기대는 제시된 수량보다는 높은 정도(이상)를 예상하고 있다. 특히 다음의 문 (24)에서 문두에 쓰인 부사 '꼭', '단', '딱'은 후행하는 수량의 정도를 '그것 이상도 그것 이하도 아니다(더도 덜도 말고)'로 유동성이 없도록 제한하고 있는데, 양인석(1973:101)은 이것들을 동반하는 {만}을 단언에서 'exactly defined'로 해석하고 있다. 실제로 이와 같은 표현도 화자의 기대는 그것 이상의 정도가 되지만, 상황적인 제약 때문에 하한선(또는 상한선도 함께)을 획정하여 그것이라도 취하려고 하는 심리적 전술에 지나지 않는다.5)

　　　　(24) a. 꼭 하나만 더 먹겠다.
　　　　　　　 ちょうど もう 一つだけ 食べる。
　　　　　　 b. 단 한 번만 만나면 된다.
　　　　　　　 ただ 一回だけ 会えれば よい。
　　　　　　 c. 딱 한 가지만 묻겠다.
　　　　　　　 ただ 一つだけ 聞きたい。

---

5) 양인석(1973:103)도 {만}의 화용론적 용법에 있어서는 'psychological strategy'
　와 긴밀히 관련되어 있다고 논했다.

2. 강조적 첨의

가. 부사＋{만(だけ)}

{만}과 {だけ}가 상태 부사에 연결되는 경우에 있어서는 대체로 강조의 기능이 현저하게 나타난다.

(25) a. <u>조금</u>만 있으면 끝난다.
　　　 <u>すこし</u>だけ したら 終わる。
　　 b. 바쁘지 않으면 <u>잠깐</u>만 의논해 보자.
　　　 忙しくなかったら <u>ちょっと</u>だけ 議論してみよう。
　　 c. 어쨌든 <u>많이</u>만 읽으시오.
　　　 とにかく <u>多く</u>φ 読みなさい。

{만(だけ)}이 부사에 직접 연결되는 경우는 {도(も)}와 마찬가지로 강의의 정도 부사보다 양태 부사에 연결된다(*가장만, *매우만, *아주만, *몹시만, *퍽만, *훨씬만, *꽤만/*もっともだけ, *とてもだけ, *かなりだけ, *すごくだけ, *非常にだけ, *ずっとだけ). 이는 대부분의 강의 부사가 의미상 최대사(maximizers) 또는 상승사(boosters) 등의 확대사(amplifiers)적 성격을 띠고 있기 때문에,6) 최소사(minimizers)인 {만(だけ)}과의 연결은 상반적 의미 요소끼리의 충돌로 불가능하다. 이에 반해 형용사로부터 전성된 양태 부사는 {만(だけ)}의 한정이나 제한의 의미를 견인(open) 수용할 수 있으므로 그 대부분이 통합할 수 있다(높이만(高くだけ), 즐거이만(樂しくだけ), 열심히만(熱心にだけ)).
　부사에 붙는 {만(だけ)}의 의미도 체언에 붙는 경우와 마찬가지로 문의 단언이나 함의를 분석 검토하고, 그에 따라 자매항의 표출 여부를 따지는 식의 방법이 우선시될 것이다. 부사류에 있어서의 자매항은 체

---

6) 영어의 강의사(intensifiers)의 하위류에 대해서는 Quirk, et al(1985:214) 참조.

언류처럼 명료하지 않으나, 역시 반의적·상대적이거나 때로는 동류적인 어휘를 예상할 수 있으므로 그 설정은 가능하다.

자매항이 예상되지 않는 때의 {만(だけ)}은 단순한 '강조적 첨의'로 규정되는데. 이는 일반적인 특수조사의 영역으로부터 벗어난 감탄 조사의 성격을 띠는 경우이다. 예문 (25)c에서 한국어 {만}에 대응되는 일본어는 발견하기 어렵다. 이는 화자의 감탄을 나타내는 관용적 표현에 있어서는 양 언어가 완전히 일치하지 않는다는 사실을 보여주는 것이다. 이는 나아가서 감탄적 기능이 문법적 기능보다 우선시된다는 것을 시사해 주기도 한다. 요는 한국어의 {만}은 일본어의 {だけ}보다 감탄 조사적 성격이 더욱 농후한 것으로 나타난다. 예문 (26)b의 경우에서도 같은 설명이 성립된다.

> (26) a. 빨리도 달린다.
>   速くも 走るな。
>   b. 빨리만 달린다.
>   速く∅ 走ろな。

문 (26)a,b에서 강조 및 감탄의 의미 기능으로 {도}와 {만}이 각각 쓰였는데, 같은 강의적 요소이지만 양자는 용법이나 의미에 있어 미묘한 차이를 보이고 있다.

> (27) a. 화자 A : 어떠니, 빨리 달리지?
>   どうだ、速く 走るだろう?
>   화자 B : 그래, 빨리도 달리네.
>   うん、速くも 走るね。
>
>   b. 화자 A : 어떠니, 빨리 달리지 못하지?
>   だうだ、速く 走れないだろう?
>   화자 B : 아니, 빨리만 달리네.
>   いや、速く∅ 走れるよ。

한국어의 문 (27)에서 {도}는 화자 A와 B 사이의 공감적 감탄을 나타내고, {만}은 상반적인 감탄을 나타내는 데 쓰였다.

      (28) a. 화자 A : 어떠니, 크지?

                どうだ、大きいだろう?

          화자 B : 그래, 크기도 크다.

                うん、大きいな。

         b. 화자 A : 어떠니, 크지 않지?

                どうだ、大きくないだろう?

          화자 B : 아니, 크기만 크다.

                いや、大きいよ。

문 (28)에서도 {도}는 공감적 감탄으로, {만}은 부정 의문에 대한 상반적 부정으로 단정하는 차이를 볼 수 있다.

특수(부)조사의 명칭이 한정 조사(delimiters)로 불리기도 하는 것은 그 의미 한정에 의한 강조적 기능을 인정하는 연유에서이겠지만, 특히 한국어의 몇몇 조사에 있어서 현저한 강조적 기능은 중심 의미로부터 별도로 분리시켜 설정해야 할만큼 현저하다. 이는 강조적 의미가 중심 의미에 근거하여 파생된 것이지만, 통시적으로 볼 때 어느 의미 한정어가 그 의미의 보강(reinforced)에 의해 원의와는 원격한 거리에서 원의 이상의 비중을 가진 기능어로 추이되었기 때문이다. 이러한 사실은 한국어 특수조사 중에서도 역사적으로 뿌리도 깊고, 그 사용 빈도도 높은 {는}, {도}, {만}, {야}에서 강조의 의미가 두드러진 것을 볼 때, 한국어의 어휘사에 있어서 한정어는 장기간의 언어 추이 과정을 통하여 쉽게 강조어로 전화되었으리라 추정된다.

더욱이 일부 특수조사가 화자의 강한 감정이나 감탄적 표현에 서법적으로 관여하고 있다는 사실은 그 추이성을 예견해 주는 것이라 여겨진다.

나. 부사적 연용 어미＋{만(**だけ**)}

> (29) a. 밤은 점점 깊어만 간다.
>   夜は だんだん 更けて∅ いく。
>   b. 완전히 낫게만 된다면,
>   完全に なおりだけ すれば、
>   c. 이것을 먹지만 말아라.
>   これを 食べることだけは するな。
>   d. 머리를 숙이고 듣고만 있다.
>   頭を 下げて 聞くことだけ した。

예문 (29)는 {만(**だけ**)}이 용언의 연용 어미 아래에 온 것이다. 피접항의 어휘적 성질이나 문맥에 따라 다소 차이는 있으나, 대체로 화자의 발화 내용에 대한 강조적 첨의를 나타낸다. 이들은 함의 분석이 불가하고 따라서 자매항도 가지지 않는 것이 특징이다.7)

다. -야＋{만}

> (30) a. 국민의 힘으로 막아내야만 한다.
>   国民の力で 防ぎ止めなければならない。
>   b. 끝까지 참고 기다려야만 한다.
>   おわるまで こらえて 待たなければならない。

'한정'에 의한 강의는 문 (30)과 같은 어사 환경에 있어서도 마찬가지다. {만}이 실현되지 않은 「V야 한다」 또는 「V₁야 V₂한다」의 구조가 존립할 수 있는데도, 여기에 {는}이나 {도}가 연결될 수 없는 것은(*V야{는, 도} 한다/*V₁야{는, 도} V₂한다) 그 첨가 요소가 서술구의 의미와 상관적임을 뜻한다. 말하자면, 필연(당위)의 의무나 조건의 구속에

---

7) {만(**だけ**)}도 {도(**も**)}와 마찬가지로 화자의 감동·감탄을 나타내는 강의적 용법으로 쓰이는 경우, 앙어의 대립은 불완전하다.

대한 강조에 있어서 {는}의 '대조'나 {도}의 '역동'에 의한 강의는 의미 연합이 곤란하다는 결론이 나온다. 다만 {만}의 '한정'에 의한 강의만이 결합할 수 있는 것은 두 개의 요소가 응집하여 필연(당위)의 의무에 대한 유일성, 또는 조건의 구속에 대한 유일성을 나타내기 때문이다.

문 (30)a를 해의하면, '막아내어야 하는 것이 유일한 의무이다', '막아내지 않으면 안 되는 것이 필연의 의무이다', '막아내는 것밖에 유일한 의무는 없다' 등으로 풀이되며, 용언이 지시하는 사실이 의무로 유일하게 한정되는 강의를 나타낸다.

한편 이 때의 의미를 부사 형태로 대치하면, '<u>오로지</u> 막아내야 한다(<u>ひたすら</u> 防ぎ<u>止</u>めなければならない)', '<u>반드시</u> 막아내지 않으면 안 된다(<u>必ず</u> 防ぎ<u>止</u>めなければならない)' 등으로 {만}은 부사 '오로지', '반드시' 등과 유의 관계를 맺고 있다. 그러므로 본 항의 {만}의 강의적 기능은 '유일' 또는 '필연'의 강의 부사 '오로지(ひたすら)', '반드시(必ず)'의 의미 기능에 관련시켜 분석해 봄 직하다. 위의 예문에서도 역시 전제 조건이나 함의에서 자매항을 발견하기는 어렵다. 이 때 한국어 {만}에 일본어 {だけ}가 직접 대응하지 않는 사실에 주목된다.

어쨌든 이상과 같은 분포에서 {만}은 자매항에 의해 함의를 형성하는 것보다는 '유일', '한정'에 기저를 둔 화자의 강조적 첨의를 우선적인 기능으로 한다.

라. 격조사＋{만(だけ)}

양 언어에서 조사 {만(だけ)}이 표지화된 격 의미를 한정·강의하는 경우를 생각해 보겠다.

    (31) a. 집에<u>만</u> 있으면 답답하다.

          家<u>に</u>だけ いると 心が苦しい。

       b. 오직 청춘에<u>서만</u> 구할 수 있다.

          ただ 青春<u>に</u>だけ 求めることができる。

   c. 하늘의 별 같은 존재<u>로</u>만 믿어 왔다.
     空の星のような 存在<u>と</u>だけ 信じて来た。
   d. 글<u>로</u>만 써 왔기 때문이다.
     文章<u>で</u>だけ 書いて来たからである。
   e. 그<u>에게</u>만 들려 주고 싶은 노래이다.
     彼<u>に</u>だけ 聞かせてやりたい 歌である。
   f. 영수<u>하고</u>만 놀았다.
     次郎<u>と</u>だけ 遊んだ。

　특수조사와 부조사가 격표지 아래에 연결되는 경우, 부사적 연용 수식격 표지만을 취하는 것은 모든 특수(부)조사가 가진 공통적 특성인 바, {만(だけ)}에 있어서도 마찬가지다. 이 때 {만(だけ)}은 격표지까지 포함하고 있는 선행 피접항에 대해 자매항을 예상함으로써 함의를 설정하는 것이 통례이다. 예컨대 문 (31)a-f에서 각각 a. '바깥<u>에</u> 있으면 답답하지 않다', b. '청춘 아닌 것<u>에서</u>는 구할 수 없다', c. '땅의 모래 같은 존재<u>로</u>는 생각하지 않았다', d. '말<u>로</u>는 표현해 오지 않았기 때문이다', e. '다른 사람<u>에게</u>는 들려주고 싶지 않았던 노래이다', f. '다른 사람들<u>하고</u>는 놀지 않았다' 등과 같이 자매항들은 격표지를 포함하고 있다. 격표지를 포함한 자매항의 예측과 그에 따른 표별 한정의 함의 기능은 {만(だけ)}의 기본적인 의미 기능과 동일하다. 그러나 이 때에는 대체로 {만(だけ)}의 한정에 의한 강조의 기능이 문중에 내재되어 있음을 감지케 한다. 격표지가 나타내는 격 의미와 조사 {만(だけ)}의 상관 기능에 대해서는 Ⅳ에서 상론할 것이다.

3. 정형구(定型句)의 형성

　조사 {만}의 정형구란 {만}에 의해 형성되는 체언과 용언의 일반적인 구성을 말한다.

가. 「N만 해도」

(32) a. 그 때만 해도 오십 원이면 거액이다.
　　　その時だったら 五十圓と言えば 巨額である。
　　 b. 음악에 관한 책만도 수백 권이다.
　　　音楽に関する 本だけでも 数百冊である。
　　 c. 성경만도 일곱 번이나 읽었다.
　　　聖書だけでも 七回も 読んだ。

　(32)의 정형구에서 {만}이 생략될 수도 없고 다른 조사로 대치될 수도 없는 것은, 이러한 구성이 전적으로 {만}에 의해 형성되는 것임을 입증해 준다. 그 의미를 풀어 보면 '피접항 하나를 한정(강조) 제시하여 말한다고 해도'의 뜻이 된다. 이 때 「하다」는 진술 동사 「말하다(言う)」의 대동사로서, 「-만 하더라도」 → 「-만 해도」 → 「-만도」의 축약 형태를 보여준다. 이것은 어떤 사실의 정도를 나타내기 위해 그 중의 하나를 대표적으로 제시하는 것으로, 위의 예문에서 후속어는 가격, 수량, 순서 등의 정도 표시어가 왔다. 따라서 이 정형구의 구조는 결국 '~을 한정 제시하여 말한다 해도 ~정도이다'와 같은 패턴을 형성한다. 이러한 구조에서 한국어 {만}과 일본어 {だけ}와의 대응은 매우 불안정하다. 이는 정형구 구성 자체가 관용적 성격을 띠고 있고, 따라서 강조적·감탄적 기능을 수반하기 때문이다.

나. 「N만 V도」

(33) a. 고개만 들어도 보이는 곳이다.
　　　首だけ 揚げても 見える ところだ。
　　 b. 청춘은 듣기만 해도 가슴이 설레는 말이다.
　　　青春は 聞くだけでも 胸が どきどきする 言葉である。
　　 c. 상상만 해도 몸서리 나는 전쟁이었다.
　　　想像だけしても 身ぶるいする 戦争であった。

N와 V와는 형식상 대술 관계를 형성하는 구조로, 연결되는 후행 서술어는 인간의 지각 범위 내에 있는 어사가 쓰이는 것이 일반적이다. 이러한 정형구가 삽입된 문은 화자의 강한 주관적 감정 요소가 개재되어 있고, 그 내용은 여러 가지의 사항 중에서 최소의 것이 부분적으로 제시됨으로써 서술어 의미가 강조·과장되는 형식을 취한다.

문 (33)에서 a. '고개를 들다', b. '듣기를 하다', c. '상상을 하다'는 동작주의 최소 동작 정도를 제시한 것인데, 만일 그 이상의 동작을 제시한다면 더욱 확대 강의된 서술 내용의 정도가 되는 것을 의미한다. 예문을 해의하면 각각,

> (34) a. 몸 전체로는 더욱 잘 보인다(쉽게 볼 수 있다).
> b. 듣는 것 이상이라면 가슴이 터질 것이다(매우 감동적인 말이다).
> c. 실제로 경험했다고 한다면 더 말할 나위도 없다(정말 참혹한 전쟁이었다).

로 풀이되며, 지각적인 용언 '보이다', '가슴이 두근거리다', '몸서리나다' 등은 부분적 사실인 「N만 V도」의 형성구 선행에 의해 확대 강조된다. 결국 선행어로 삽입된 「N만 V도」의 정형구는 마치 강의 부사(intensifying adverbs: 매우, 몹시, 대단히, 퍽, 정말, 아주…)의 기능에 상응하는 어휘적 기능을 발휘한다.

다. 「N만 V면」

> (35) a. 현관만 나서면 산이요 들이다.
> 玄関を 出るだけで 山や野である。
> b. 그는 아프기만 하면 병원을 찾는다.
> 彼は 痛みだけすれば 病院を 尋ねる。
> c. 방학만 되면 고향에 내려온다.
> 休みに なりさえすれば 故郷に 帰ってくる。
> d. 잠만 들면 꿈을 꾼다.

寝さえすれば 夢を 見る。

(35)의 정형구에서 N와 V와는 형식상 대술 관계(현관을 나서다, 아프기를 하다)뿐 아니라 주술 관계(방학이 되다, 잠이 들다)를 형성하기도 한다. 이러한 표현법은 어떤 사실을 설정한다거나 가정하는 것으로 상투적인 행동이나 습관, 또는 통상적인 시간의 제시 등을 나타내는 것으로 풀이된다. 그러므로 문맥상 이러한 의미에 동반할 수 있는 부사로는 '곧잘', '바로', '언제나', '늘', '항상' 등이 있고, 특히 '버릇처럼(癖の如く)', '으레(いわずとも)'와도 유의적 공존 관계를 맺는다. 이들 부사가 서술어의 앞에 삽입되면 문의는 더욱 선명하게 드러난다.

위의 예문 (35)에서 적당한 부사어를 선택하여 보충하면 다음과 같이 된다.

(36) a. 현관만 나서면 <u>바로</u> …
　　　　玄関を 出るだけで <u>すぐ</u> …
　　 b. 아프기만 하면 <u>버릇처럼</u> …
　　　　痛みさえすれば <u>癖の如く</u>…
　　 c. 방학만 되면 <u>늘</u> …
　　　　休みに なるさえ <u>常に</u> …
　　 d. 잠만 들면 <u>언제나</u> …
　　　　寝さえ すれば <u>いつも</u> …

그러면 문 (35)c,d에서 {만}을 소거하고 그 대신 격표지로 대치한 문과 비교하면서 「N만 V면」 구조의 의미를 분석해 보겠다.

(37) a. 방학<u>이</u> 되면 고향에 내려온다.
　　　　休みに なると 故郷に 帰ってくる。
　　 b. 방학<u>만</u> 되면 고향에 내려온다.
　　　　休みに なりさえ すれば 故郷に 帰ってくる。

(38) a. 잠이 들면 꿈을 꾼다.
　　　寝ると 夢を 見る。
　　b. 잠만 들면 꿈을 꾼다.
　　　寝さえ すれば 夢を 見る。

　(37),(38)의 문 a에서는 두 가지 사실, 즉 '방학이 되는 것'과 '고향에 내려오는 것', '잠이 드는 것'과 '꿈을 꾸는 것'이 어떤 필연성에 의해 구속 관계를 맺고 있는 것이 아니다. 이에 반해 문 b에서는 {만}에 의해 두 가지의 사실은 필연적으로 연계되어 있다. 예컨대 문 (37)b를 해의하면, '방학이 되면 <u>반드시</u> 고향에 내려온다'거나, '방학이 되면 <u>언제나</u> 고향에 내려온다'거나의 필연과 규칙적 습관의 의미가 내재되어 있고, 문 (38)b에서도 '잠이 들면 <u>버릇처럼</u> 꿈을 꾼다'거나, '잠이 들면 <u>매번</u> 꿈을 꾼다'거나의 주종 관계에 대한 유연성이 보다 강해진다.

　그런데 양어의 대응 예에서 홍미로운 것은 (35)c,d에서 한국어 {만}에 일본어 {さえ}가 대응된다는 사실이다. 이 때 {さえ}와 {だけ}는 동의성을 띤다고 할 수 있다. 이에 대해 沼田善子(1986:196)의 설명은 다음과 같다.

　(39) 投資だけすれば、もうかる。

문 (39)는 두 가지 함의를 가지는데,

(40) a. 투자를 하면 돈을 번다. 그리고 투자 이외의 것을 해도 돈을 벌지만, 투자 이외의 것은 필요하지 않다.
　　b. 투자를 하고, 투자 이외의 것을 하지 않으면 돈을 번다.

(40)a의 경우에 있어서 {だけ}는 {さえ}와 동의성을 가진다는 것이다. 즉 양자의 동의성은 조건문 중에서 b처럼 '他者 否定'의 의미 외에 a와 같은 '他者 不要'의 의미가 더해지는 두 가지 의미가 나타날 때 형성된

다고 했다. 沼田는 이에 앞서 {さえ}의 의미 분석에서 두 개의 {さえ}, 즉 {さえ₁}과 {さえ₂}로 나누었다. {だけ}와의 동의성은 {さえ₂}에서 나타나는데, 그것은,

さえ₂: 主張·断定·自者肯定
かつ
含み·断定·他者否定不要

의 경우라고 했다. 예컨대,

    (41) a. 社宅さえあれば、勤める。
        b. 社宅があれば、勤める。
        c. 社宅以外がない張合でも勤める。
        d. 社宅だけあれば、勤める。

에서, 실제문 (41)a는 주장인 b로써 自者를 긍정하고, 함의 c로서 他者를 부정하며, 自者가 '勤める'의 최저 조건이 되는 것으로 d와는 동의문이 된다고 풀이했다.8)

한편 「N만 V면」의 구조는 어사 환경에 따라서는 현실로서 성취될 수 없는 사실에 대한 원망이 강조된 것으로 표현될 때가 있다. 이 때 {만}은 그 원망의 내용이 되는 어사에 붙어서 그것을 유일하게 한정하는 의미로 해석된다.

---

8) 沼田善子(1986:181-186)은 이러한 {さえ}를 최저 조건의 {さえ₂}로 보고, '意外'의 {さえ₁}과 구분했다. {さえ₁}의 의미 관계는 다음과 같이 표시되었다.

さえ₁: 主張·断定·自者肯定
かつ
含み·期待·自者否定
他者肯定

(42) a. 일억 원만 벌면, 이 장사도 그만 두겠다.

　　　 一億圓だけ もうければ、この商売も 止める。

　　 b. 코가 한 치만 높으면 미인이 될 터인데.

　　　 鼻が 一寸だけ 高かったならば 美人に なってただろう。

　문 (42)a는 돈을 버는 한도를 일억 원까지로 한정했고, 문 (42)b는 미인이 되기 위해 높기를 바랐던 코의 높이가 한 치로 한정되었다. 물론 화자의 주장은 각각 '일억 원 이상 벌기를 바라지 않는다', '코가 한 치 이상 높아지기를 바라지 않는다'의 의미로 나타나지만, 현실로서는 성취될 수 없는 상황적 제약 때문에 소망의 한도를 {만}으로써 제약하는 것에 불과한 것이다.

　라. 「N만 아니면」

(43) a. 할아버지 병환만 아니면, 모두 피서를 갔을 것이다.

　　　 おじいさんの病気でさえ なかったならば、皆 避暑に 行ったであろう。

　　 b. 어린이 전학 문제만 아니면, 벌써 이사를 갔을 것이다.

　　　 子供の 転校問題さえ なかったならば、すでに ひっこしを やったで

　　　 あろう。

　문 (43)은 일종의 가정문으로서, 서술어가 표시하는 의미 내용이 성취되지 못한 것으로 나타난다. {만} 피접어는 주절의 서술 내용이 성취되지 못한 것에 대한 원인 또는 이유를 나타낸다. 「N만 아니면」의 구조는 원래 「N가 아니면」, 또는 「N∅ 아니면」에서 유래한 것으로 보이나, 관용상 후자는 어색하고 {만}이 연결된 것만이 대체로 자연스럽다. 화자는 이유가 되는 항목을 강의화하기 위해 {만}을 관용적으로 첨가한다. 이 때 「N만 아니면, X이다」의 구문 구조는 「N 때문에 X 못한다」의 구조로 변환이 가능하나, 문의의 강도는 전자가 후자보다 강하다. 문 (43)a,b는 다음과 같은 동의문으로 바뀔 수 있다.

(44) a. 할아버지 병환 때문에 모두 피서를 하지 못했다.
　　　 おじいさんの病気のために 皆 避暑に 行けなかった。

　　 b. 어린이 전학 문제 때문에 아직 이사를 가지 못했다.
　　　 子供の転校問題のために まだ ひっこしを できなかった。

위의 문에서 화자의 주장이나 단언은 각각 '모두 피서를 가지 못했다'
와 '이사를 가지 못했다'이며, 그 이유로 '할아버지의 병환'과 '어린이의
전학 문제'를 제시했다.

Ⅳ. 「격조사+X」와 「X+격조사」의 의미

　격표지와 {만(だけ)}과의 복합 관계에 있어서, 한국어 {만}과 일본어
{だけ}는 공통적으로 준체적 전접 기능이 높은 부류이므로 말미암아 격
표지에 선행하는 경우를 보게 된다. 이러한 {만(だけ)}의 선행·후행의
배열 순서가 어떠한 이의성을 가지느냐의 문제가 대두된다.
　한국어 특수조사의 복합 배열 관계에서 격표지는 항상 특수조사의 선
행하는 것이 원칙이다. 이는 체언의 격표지화는 의미 한정보다 우선시
된다는 것을 의미한다. 그런데 {만}에 한하여9) 그 높은 전접 기능으로
인해 부분적으로 격표지의 후행을 허용하는 경우가 있다.

　(45) a. 이것만으로 짐작된다.
　　　 これだけで 推量される。
　　 b. 인생은 이론만으로 사는 것이 아니다.
　　　 人生は 理論だけで 生きるのではない。

---

9) 특수조사 {부터}와 {까지}도 전접 기능이 높은 것이지만, 이들이 이른바 부사격 조
　 사 앞에 오는 경우는 별무하다(*부터{에, 에서, 에게, 로}, *까지{에, 에서, 에게,
　 로}).

  c. 혼자만<u>으로</u>는 무엇인가 불완전하다.
  　一人だけ<u>で</u>は　何かが　不完全である。
  d. 친구만<u>에게</u> 베푸는 우정으로 알았다.
  　友達だけ<u>に</u>　施す　友情だと　知った。

  {만}이 격조사에 후행하는 경우와 선행하는 경우는 그 의미 한정의 작용역에 있어서 서로 다르다

  「격조사+{만}」 :　〔피접어+격표지화〕+한정〕
  「{만}+격조사」 :　〔〔피접어+한정〕+격표지화〕

  {만}이 후행할 때는 피접어가 격표지화한 전체를 한정하는 것이 되고, 선행할 때는 피접어만을 한정하는 한정 범위의 차이가 있다. 일본어의 경우 {だけ}뿐만 아니라, 다른 준체적인 부조사 {ばかり}, {くらい}, {まで}, {など} 등에 있어서 격조사의 선·후행 양용은 훨씬 자유롭다(へ-まで/まで-へ, に-ばかり/ばかり-に, から-など/など-から).

  (46) a. 빵으로만 산다.
  　　パンでだけ 生きる。
  　b. 빵만으로 산다.
  　　パンだけで 生きる。

  (46)a에서 {만(だけ)}은 피접어 '빵'이 서술어 '살다'의 도구·수단으로 표지화한 격 의미를 한정하고, b는 피접어 '빵'만을 한정한다. 문 a,b로부터 단언의 의미를 상정해 보면,

  (47) a. 사는 것이 빵을 수단·도구로 하는 것에 한정된다.
  　　b. 사는 수단·도구가 빵에 한정된다.

가 되며, 함의문에 있어서는,

(48) a. 빵을 수단으로 하는 이외에는 살지 않는다.
　　 b. 빵 이외로는 살지 않는다.

와 같이 된다. 다시 말하면, 문 a는 자매항으로 '빵으로 이외'를 설정하고, 문 b는 '빵 이외의 것'을 취하는 차이가 있다. 그러나 沼田善子 (1986:130)는 일어 문,

(49) 太郎にも 会いたい。

에서 {も}에 의해 '취립(取立)'되는 것(自者)은 연용 성분인 「太郎に」가 아니고 명사만인 「太郎」라고 주장했다. 이에 부조사가 '取立'하는 피접항의 범위 문제가 대두된다. 그 한정의 범위에 격 의미가 포함되느냐 어떠냐의 문제이다. 이와 같은 논거를 문 (49)가 격의 영표지문인 (50)과 동의문이라는 사실에 두고 있다.

(50) 太郎ϕも 会いたい。

문 (49)와 (50)에서 격조사 {に}의 유무에 관계없이 {も}에 의해 '取立'되는 성분은 「太郎」라는 것이다. 그러나 이것이 통용되는 경우는 격조사의 표지화가 임의적인 경우에 한정된다. 만일 다음과 같은 경우에는 그러한 원리가 성립되지 않을 것이다.

(51) a. 太郎にも 行く。
　　 b. 太郎ϕも 行く。

문 (51)a에서 {に}를 생략한 문 b는 a와는 동일문이 될 수 없다. 이것은 문 b의 「太郎も」는 그 성분이 마치 주어를 연상케 하는 애매성을 낳기 때문이다. 따라서 문 (51)a에서 {も}가 '취립'하는 것은 「太郎」가 아니고 「太郎に」라고 보는 것이 합리적이다(北原保雄 1981a:202).

(52) a. 大阪へも 行った。
　　　b. 大阪φも 行った。

　문 (52)에서도 격표지 {へ}가 임의적이기 때문에 실현형과 생략형인 a와 b는 동의문으로 인정된다. 즉 「大阪へ」=「大阪φ」의 등식이 성립된다. 그러나 영표지(φ)도 격 기능을 가진다고 하는 사실을 생각하면, {も}가 '취립'하는 성분은 선행 요소의 전체인 격조사를 포함하는 것으로 보는 것이 타당하다고 여겨진다.

　다음의 예시 문에서도 마찬가지다.

(53) a. 社長は 彼をだけ 招いた。
　　　b. 社長は 彼だけを 招いた。
　　　c. 社長は 彼φだけ 招いた。

　문 (53)a-c의 문의가 동일하기 때문에 {だけ}에 의해 '취립'되는 것은 「彼」만으로 보여지지만, 오히려 「彼を」, 「彼」, 「彼φ」를 각각의 '취립'되는 성분으로 보고, 결과적으로 '彼を'가 '취립'되는 것과 '彼가 '취립'된 연후에 격표지화하는 것과 '彼φ'가 '취립'된 것이 동일한 의미를 가지고 있다고 설명하는 것이 합리적이다.

　그러면 원인을 나타내는 {로(で)}에서 같은 검증을 해 보자.

(54) a. 병으로만 죽었다.
　　　病気でだけ 死んだ。
　　　b. 병만으로 죽었다.
　　　病気だけで 死んだ

(54)a,b의 단언은 다음과 같이 구별된다.

(55) a. 죽은 것이 병을 원인으로 하는 것에 한정된다.
　　　b. 죽은 원인이 병에 한정된다.

이에 따른 함의는,

    (56) a. 병을 원인으로 하는 외에는 죽지 않았다.
         b. 병 이외의 것으로는 죽지 않았다.

와 같이 된다.

어쨌든 문 (54)a의 {만(だけ)}은 명사의 격 의미를 한정하고, 문 b의 {만(だけ)}은 명사 자체를 한정한다고 하는 차이를 보이고 있으나, 실제로 양자의 전체문은 의미가 서로 구분되지 않는다. 말하자면, 한국어에 있어서는 격표지화의 한정과 의미 한정의 격표지화는 문에서 의미를 구분할 만큼 변별적 기능을 가지지 못한다는 것이다.

沼田善子(1986:195)는 일본어에서도 승접 위치의 양용이 동일한 의미를 나타내는 예로서 다음을 들었다.

    (57) a. 東京だけへ 出かけた。
         b. 東京へだけ 出かけた。

(57)에서 「だけへ」와 「へだけ」는 동일한 향격의 한정으로 쓰인다는 것이다. 그러나 양자의 이의성에 대해 森田良行(1972:22)는 다음의 예를 들었다.

    (58) a. 注射でだけ なおせる。
         b. 注射だけで なおせる。

(58)a, b의 미세한 의미 차는 다음의 해의문으로 설명되었다.

    (59) a. 주사 이외로는 낫게 할 수 없다.
        b_1. 주사 이외로는 낫게 할 수 없다.
        b_2. 주사 이외의 수단을 써도 낫게 할 수 있으나, 주사로 충분히 낫게

할 수 있다.

문 (58)a는 (59)a로 해의되나, 문 (58)b는 (59)b₁,b₂의 양의를 가지게 된다는 것이다. 그러나 b₂의 함의는 {だけ}의 전접성에 의해 부가적으로 파생된 의미이다. 이는 양자의 의미가 근본적으로 구별되지 않는다고 하는 사실로부터 추량된다. 더욱이 {は}, {も}, {でも} 등과 같이 전접성을 가지지 못한 비준체적 부조사는 이와 같은 현상을 유발하지 못하는 사실을 보아도, 이는 명확히 전접성에 의한 위치 교체로부터 얻어진 부산물이라고 단정할 수 있다. 그러나 승접 관계의 사적 과정을 생각해 보면, 본래 체언적 성격을 띠는 {だけ}(다른 준체적 부조사도 마찬가지다)는 체언류의 접미사처럼 격조사에 선행하여 피접 어기에 바로 연결되었던 것이, 훗날 부조사의 기능을 획득함에 따라 격조사에 후행하는 것이 되었으며, 현대어에서는 그것이 양용되면서 기능의 차이를 나타내는 것으로 문법화, 기능화되었다고 여겨진다.

沼田善子(1986:196)도 다음의 예를 들어 그 이의성을 밝혔다.

(60) a. この箱は 厚紙だけで 作れる。
     b. この箱は 厚紙でだけ 作れる。

(60)a는 피접항인 '厚紙' 외의 자매항은 이 상자를 만드는 데 필요로 하지 않는다고 하는 자매항 불필요의 의미와, '厚紙'로밖에는 이 상자를 만들 수 없다는 단순한 자매항 부정의 두 가지 의미가 있다고 풀이했다. 이에 반해 b는 자매항 부정의 의미밖에 없다고 했다.

한국어에서 이와 같은 배열 관계는 격표지의 전반에 나타나는 현상이 아니라, 격표지의 형태가 같다 하더라도 격 의미가 다른 경우에는 성립되지 않는 것을 보아도(빵만으로 산다, *집만으로 간다), 내면격의 의미와 어떤 밀접한 관계를 맺고 있는 것으로 여겨진다.

다음 간단한 예문을 통하여 {만(だけ)}의 양용이 가능한 격표지의 범위를 검토해 보겠다.

1. 행위격(agent)

   (61) a. 감독에게만 야단 맞았다.
        監督にだけ おしかりを 受けた。
     b. *감독만에게 야단 맞았다.
        監督だけに おしかりを 受けた。

2. 여격(dative)

   (62) a. 너에게만 준다.
        お前にだけ やる。
     b. ?너만에게 준다.
        お前だけに やる。

3. 도구격(instrument)

   (63) a. 나무로만 만든다.
        木でだけ 作る。
     b. 나무만으로 만든다.
        木だけで 作る。

4. 목표격(goal)

   (64) a. 집으로만 간다.
        家にだけ 行く。
     b. *집만으로 간다.
        家だけに 行く。

5. 공동격(commitative)

   (65) a. 물과(하고)만 결합한다.
        水とだけ　　結合する。

    b. *물만과(하고) 결합한다.
      水だけと　　結合する。

6. 시원격(source)

(66) a. 미국으로부터만 온다.
     アメリカからだけ 来る。
   b. *미국만으로부터 온다.
     アメリカだけから 来る。

7. 처격(locative)

(67) a. 산에만 산다.
     山にだけ 住む。
   b. *산만에 산다.
     山だけに 住む。

8. 시격(time)

(68) a. 다섯 시에만 계신다.
     五時にだけ いらっしゃる。
   b. *다섯 시만에 계신다.
     五時だけに いらっしゃる。

이상에서 본 대로, 한국어 {만}이 여러 가지 격조사의 앞에 오는 것은 매우 제약적이다. 이에 비해 일본어 {だけ}는 선행하는 것이 자유롭다. 일본어에서 선후의 양용 범위가 넓다는 것은 그만큼 양자의 미세한 의미 차이를 나타내는 기능이 부가되었음을 의미한다. 왜냐하면 양형이 동일한 의미라면 구태여 양형을 가질 필요가 없기 때문이다.

한국어 {만}이 격표지의 앞뒤에 양용될 수 있는 것은 행위격 {에게}, 여격 {에게}, 도구격 {로} 표지에 한정된다. 그러나 이들의 배열 관계

는 {만}이 앞에 오거나 뒤에 가거나 문의 의미 해석에는 그다지 변별적
인 역할을 하지 못한다. 그 실례로 도구격 표지 {로(で)}의 경우를 살
펴보겠다.

    (69) 나무만으로 만든다.
         木だけで 作る。

        a. 만드는 것이 나무를 재료로 하는 것에 한정된다.
        b. 나무를 재료로 하여서만 만든다.
        c. 나무를 재료로 하는 이외로는 만들지 않는다.

    (70) 나무로만 만든다.
         木でだけ　作る。

        a. 만드는 재료가 나무에 한정된다.
        b. 나무만을 재료로 하여 만든다.
        c. 나무 이외의 것으로는 만들지 않는다.

    위의 배열 관계에 의해 분석되는 양방의 단언적, 함축적 의미는 다소
상이한 것으로 나타난다. 그러나 궁극적으로 문 전체의 의미는 대동소
이하다는 사실이 (69),(70)의 b의 분석에서 드러난다.10)
    결국 한국어 {만}에 있어서 일부의 격표지와의 배열 위치의 혼용은
선행 전접의 기능이 우세한 {만}(만{이, 을}, *는{이, 을}, *도{가, 을})
의 관용화에 의해 굳어진 화석화 현상이라고 여겨진다. 양용이라고 하
지만, 실제로 {만}이 후행하는 것이 일반적이며, 선행하는 것은 용인은
되지만 어딘지 부자연스럽게 감지된다. 이러한 사실을 통하여, 체언에
있어 격표지화는 의미 첨가나 한정보다 우선시된다고 하는 사실은 문중
에서 모든 체언은 유표이거나 무표이거나 항시 격을 동반하고 있다는

---

10) 문 (69)와 (70)의 주장 b는 엄밀히 보아 명사 의미의 한정과 명사의 격 의미 한
    정으로 상이한 문이지만, 양 문이 지시하는 포괄적 의미는 대체로 같다.

사실을 전제하고 있다.

V. 결 론

이상의 논의에서 현대 한국어 조사 {만}과 일본어 {だけ}는 대체로 동질적인 의미 기능을 수행하는 한편, 문맥과 어사 환경에 따라 부분적인 이질성을 띠면서 다음과 같이 분석 요약된다

1. 한국어 {만}과 일본어 {だけ}의 의미 분석에서, 그 의미의 의존 관계는 공통적으로 '유일한 것으로 한정된다'가 단언(주장)으로 규정될 것이고, 함의 분석에서는 '피접항 이외의 자매항은 서술어의 진술 내용에서 배제된다'로 나타난다. 또한 전제 조건으로 '피접항 이외의 자매항이 반드시 존재한다'가 예상된다. 沼田善子의 분석대로 일본어 {だけ}의 의미가 주장이나 함의에 있어서 主張・断定・自者肯定과 含み・断定・他者否定으로, 한국어 {만}의 분석과 일치하는 것과 맥을 같이 한다.
2. {만}과 {だけ}는 문중에서 부사 '오로지(ひたすら)', '그저(しきりに)', '겨우(やっと)', '단지(ただ)', '꼭(ちょうど)' 등과 유기적인 호응 관계를 맺으며, 이들은 문맥 현현의 원리에 의한 {만(だけ)}의 보조적 의미 요소로서 유어 반복(tautology)의 형식으로 공기한다.
3. {만}과 {だけ}가 수량사에 연결되어 한정할 때는 그 표시 수량의 정도를 최저의 것으로 축소 제한하는 기능을 가진다. 이 때 화자의 실제 기대는 표시 수량의 정도보다 높은 것을 요구하지만, 그것이 불가능한 상황적 제약 때문에 어쩔 수 없이 하한선으로 제한하는 심리적 요소가 내재되어 있다.
4. 한국어에서 {만}이 「용언 어간+기+만 하다」의 구조에서 용언에

연결될 때는 대체로 '단일', '일양', '지속'의 의미가 노출된다.

5. 한국어에서 {만}이 「N만 V도」의 정형구 구조에서는 '과장'의 의미가 나타나고, 「N만 V면」의 구조에서는 '상투적 습관'의 시간성 의미가 나타난다. 특히 후자의 경우는 부사 '곧잘(割合によく)', '늘(常に)', '언제나(いつも)', '항상(常に)', '으레(いわずとも)', '버릇처럼(癖の如く)' 등과 공존 관계를 형성한다.

6. 특히 {만}이 「N만 V면」과 같은 조건문을 형성할 때는 일본어의 {さえ}와 대응되기도 한다. 이 경우 {さえ}는 {だけ}와 동의적으로 쓰이는데, 일반적인 '의외'의 {さえ₁}과는 다른 '최저 조건'의 {さえ₂}로 해석된다. 따라서 국어 {만}의 일본어 대응형은 {だけ}와 {さえ}로, 이들은 환경 동화에 의한 현상적 동의 관계를 이룬 것이다.

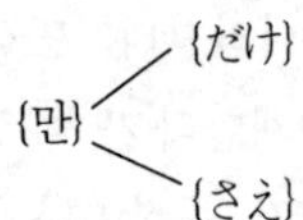

7. 한국어에서 {만}이 격표지에 연결될 때는 다른 특수조사와 마찬가지로 후행하는 것이 원칙이나, 격표지 {에게}, {로}에는 선행하기도 한다. 이는 격표지화된 의미를 한정하는 것과 체언 자체의 의미를 한정하는 작용역의 차이를 나타내고 있지만, 궁극적으로 문의 의미를 구별할 수 있는 변별적 역할은 하지 못한다. 특히 양용이라 하지만 {만}이 후행하는 것이 더 자연스럽다는 사실을 감안하면, 이러한 현상은 {만}의 높은 전접 기능에 의한 언중의 구사 습관에 의존된 산물이 아닌가 여겨진다.

8. 이에 반해 일본어에서 {だけ}는 연용 수식격 조사와 복합할 때, 그 준체적 기능에 의해 선행하는 것이 매우 자연스럽다. 따라서 {だけ}의 선행과 후행의 의미는 격 형태에 따라 미세한 변별적 차이를 보이기도 한다. 원칙적으로 특수(부)조사와 격조사가 복합

하는 경우에는 격조사가 선행하는 것이 정순이다. 이는 체언의 격 표지화는 의미의 한정화보다 우선시된다는 것을 말해 준다. 일본어에 있어 양형의 의미차가 나타나는 것은 본래 후행하는 부조사가 그 종류에 따라 준체적 기능으로 격조사와 자리를 바꿈으로써 양형의 변별적 의미가 파생된 것이다.

참 고 문 헌

고영근(1974), 國語 接尾辭의 硏究, 百合出版社.

＿＿＿(1976), "特殊助詞의 意味分析, -'까지, 마저, 조차'를 중심으로-", 「문법연구」 3, 光文社.

＿＿＿(1989), 국어 형태론 연구, 서울대 출판부.

김길진(1985), "국어 특수조사의 연구", 「국어교육연구」 4, 원광대.

金昇坤(1960), "所謂 特殊助詞의 再考", 「文湖」 1집. 建國大.

＿＿＿(1978), 韓國語 助詞의 通時的 硏究, 大提閣.

김영희(1974), "한국어 조사어류의 연구", 「문법연구」 1, 光文社.

＿＿＿(1984), 한국어 셈숱화 구문의 통사론, 탑출판사.

김진형(1995), "중세국어 보조사에 대한 연구", 「국어연구」 136, 서울대 국어연구회.

朴勝彬(1935), 朝鮮語學, 京城, 朝鮮語學硏究會.

徐正洙(1996), 수정증보판 국어문법, 한양대학 출판원.

成光秀(1978), 國語 助辭에 對한 硏究, 螢雪出版社

성기철(1997), "보조조사 '까지, 마저'의 의미특성", 「한국어교육」 8, 국제한국어교육학회.

신호철(2001), "시점과 특수조사의 상관성", 「어문학」 73, 한국어문학회.

양인석(1973), "Semantics of Delimiter", 「語學硏究」 9-2, 서울大.

염선모(1978), "한정사 연구", 「배달말」 3, 경상대.

윤재원(1993), "보조조사 '까지, 조차, 마저'의 의미기능 구명을 위한 담화문법적 가설의 타당성 검증", 「논문집」 14-1, 경성대.

이남순(1996), "특수조사의 통사기능", 「진단학보」 82, 진단학회.

이석규(1995), "현대국어 도움토씨의 의미연구", 김승곤 편 「한국어의 토씨와 씨끝」, 박이정.

이원근(1996), "도움토씨의 서법 제약", 「국어문법의 탐구 3」, 태학사.

_____(1997), "우리말 도움토씨 연구", 연세대 박사논문.

李翊燮 · 任洪彬(1983), 國語文法論, 學硏社.

李益煥(1979), "한국어 '까지 · 마저'와 부정의 범위", 「언어」 4-1, 한국언어학회.

_____, 權慶遠(역)(1992), 화용론, 한신문화사.

이춘숙(1991), "영역개념으로서의 도움토씨", 「한글」 212, 한글학회.

_____(1993), "우리말 도움토씨 연구", 부산대 박사학위 논문.

李桓默(1977), "국어의 극어와 활용상의 가치", 「語學硏究」 13-2, 서울大.

張京姬(1988), "Polysemy and Interpretation", Linguistics in the Morning Calm 2.

張奭鎭(1985), 話用論硏究, 塔出版社.

정동화(1995), "현대국어의 도움토씨 연구", 김승곤 편 「한국어의 토씨와 씨끝」, 박이정.

趙愛淑(2001), "現代日本語における限定のとりたて詞の研究, -「だけ」, 「ばかり」, 「しか」を中心に-", 筑波大学 文芸 · 言語研究科 博士学位論文.

趙恒範(1984), 國語 類意語의 通時的 考察, 「國語研究」 58.

蔡 琬(1977), "現代國語 特殊助詞의 研究", 「國語研究」 39, 國語研究會.

_____(1986), "특수조사", 「국어생활」 5, 국립국어연구원.

_____(1998), "특수조사", 「문법연구와 자료」, 태학사.

최기용(1996), "한국어 특수조사 구성의 구조", 「언어」 21-1, 한국언어학회.

최동주(1997), "현대국어의 특수조사에 대한 통사적 고찰", 「국어학」 30, 국어학회.

崔鉉培(1961), 깁고 고친 우리말본, 정음사.

洪思滿(1973), "語辭 「-만」에 對한 意味機能의 史的 研究", 「어문론총」 8, 경북대.

_____(1979), "助詞 「만」의 意味分析", 「東洋文化研究」 6, 慶北大.

______(1983a), “韓国語の特殊助詞と日本語の副助詞との対照研究(IV), -{man}と{だけ}の意味機能對比-”,「言語研究」3, 大邱言語學會.

______(1983b), 國語特殊助詞論, -意味分析-, 學文社

______(1989), “現代韓国語の特殊助詞の研究, -日本語の副助詞との対比を中心に-”, 筑波大学 文芸・言語学系 博士学位論文

______(1993), 한・일어대조어학/논고, 塔出版社

______(1994), 國語意味論研究, 螢雪出版社

______(1998),“특수조사 의미론,「의미론 연구의 새 방향」, 박이정.

洪允杓(1979),“國語의 助詞,「언어」4-2, 한국언어학회.

石垣謙二(1955), 助詞の歴史的研究, 岩波書店.

大木正義(1976), “副助詞の職能について”,「言語と文芸」82.

奥津敬一郎外(1986), いわゆる日本語助詞の研究, にほんごの凡人社

小川芳男 外(編)(1982), 日本語教育辞典, 大修館

菊池康人(1983), “ばかり・だけ”, 国広哲弥(編)「意味分析」, 東京大学.

北原保雄 外(編)(1981), 日本文法辞典, 有精堂

桑山俊彦(1983), “助詞”, 北原保雄 外(編)「日本文法辞典」, 有精堂

慶野正次(1963), 国文法入門・口語助詞篇, 武蔵野書院

小学館(1979), 日本国語大辞典, 小学館

国語学会(編)(1981), 国語学大辞典, 東京堂出版

国立国語研究所(1951), 現代語の助詞・助動詞, 秀英出版

______________(1995), 日本語の文法(上), 大蔵省印刷局.

此鳥正年(1966), 国語助詞の研究, 桜楓社

______(1983), 助動詞・助詞詳説, 桜楓社

近藤泰弘(1983), “副助詞の体系”,「日本女子大学紀要」32.

佐治圭三(1970), “副助詞”,「月刊文法」3月号, 明治書院

定延利之(1995), “心的プロセスからみた取り立て詞”, 益田隆志 外(編)「日本語の主題と取り立て」, くろしお出版

柴谷方良(1992), “助詞の意味と機能について”,「国広哲弥教授還暦退官記念論文集: 文法と意味の間」, くろしお出版

白石大二(編)(1983), 国語慣用句辞典, 東京堂

泉子・K・メイナード(1999), 談話分析の可能性, くろしお出版

田中章夫(1977), "助詞 3", 「講座日本語 7: 文法」, 岩波書店.

寺村秀夫(1991), 日本語のシンタクスと意味 3, くろしお出版

西田直敏(1981), "助詞(3)", 「岩波講座日本語 7, 文法2」, 岩波書店.

仁田義雄(1997), 日本語文法研究序説, くろしお出版

沼田善子(1986), "とりたて詞", 「いわゆる日本語助詞の研究」, 凡人社.

橋本進吉(1969), 助詞・助動詞の研究, 岩波書店.

浜田敦(1970), "副助詞など", 「朝鮮資料による日本語研究」, 岩波書店.

日野資純(1973), "副助詞と係助詞", 「品詞別日本文法講座」 9, 明治書院

広田栄太郎外(編)(1955), 類語辞典, 東京堂

広松渉(1979), もの·こと·ことば, 勁草書房.

益岡隆志(1990), "取り立ての焦点", 「日本語学」 9-5, 明治書院

松村明(1969), 助詞·助動詞詳説, 学灯社

______(編)(1971), 日本文法大辞典, 明治書院

馬淵一夫(1960), "私の「ばかり」論", 「解釈」 8月号.

南不二男(1998) 現代日本語文法の輪郭, 大修館.

宮地裕(1950), "副助詞小攷,-準体助詞との関聯に於いて-", 「国語国文」 21巻8月号.

______(編)(1982), 慣用句の意味と用法, 明治書院

宮島達夫 外(編)(1998), 日本語類義語表現の文法(上), 短文編, くろしお出版

森田良行(1972), "「だけ・ばかり」の用法", 「早稲田大学語学教育研究所紀要」 10.

______(1989), 日本語の類意表現, 創拓社.

______(1998), 日本語の視点, 創拓社.

山中美穂子(1991), "「も」「でも」「さえ」の含意について", 「日本語と中国語の対照研究」 14, 日本語と中国語対照研究会.

______(1995), "「とりたて」という機能, -「こと」を中心に-", 益田隆志 外(編) 「日本語の主題と取り立て」, くろしお出版

Bach, K.& R.M. Harnish (1979), *Linguistic Communication and Speech Acts*, Mass.: The M.I.T. Press.

Chomsky, N.(1971), Deep Structure, Surface Structure and Semantic Interpretation, *In* Steinberg and Jacobovits(eds.), Cambridge Univ. Press.

Givón, T.(ed.)(1979), *Syntax and Semantics* 12 (Discourse and Syntax),

New York:Academic Press.

Halliday, M.A.K.(1985), *An Introduction to Functional Grammar*, Arnold.

Hormann, Hans(1986), *Meaning and Context*, Plenum Press.

Horn, L.(1969), The Presuppositional Analysis of 'Only' and 'Even', *papers from the fifth Regional Meeting of the Chicago Linguistic Society*(eds.), Binnick et al.

Inoue, K.(1969), *A Study of Japanese Syntax*, The Hague: Mouton.

Iwasaki, S.(1987), Identifiability, scope-setting, and the particle WA: a study of Japanese spoken expository discourse. In J. Hinds et al.(eds).

Kageyama,Taro(1973), On the Generation of Japanese MO, *Papers in Japanese Linguistics* 2-2.

Kuno, S.(1973), *The Structure of Japanese Language*, The M.I.T.Press.

_______(1978), Two Topics on Discourse Principles, *Descriptive and Applied Linguistics* 12.

Lakoff, R.(1972), Language in Context, *Language* 48.

Leech, G.N.(1983), *Principles of Pragmatics*, Lingman Group Ltd.

_________ & Thomas, J.(1990), Language, Meaning and Context, *Pragmatic In Colline*, N.E.(ed.).

Lee, Ki-yong(1969), A Syntax Analysis of /-nin/ and /-ka/, *Chonbuk Univ. Journal* 11.

Levinson, S.(1983), *Pragmatics*: Cambridge Univ. Press.

Lyons, J.(1981, 1983), *Language, Meaning and Context*, Fontana.

Martin, S.E.(1975), *A Reference Grammar of Japanese*, Yale Univ. Press.

Moser, R.E.(1965), The Japanese Postposition wa and ga, *Language Research* 9-1, Seoul Univ.

Ramstedt, J.(1939), *A Korean Grammar*, Helsinki.

Ree, Jung-no (1974), *Topics in Korean Syntax with Notes to Japanese*, Seoul: Yonsei Univ. Press.

Reinhart, T.(1976), Polarity reversal: logic or pragmatics?, *Linguistic*

　　　　　Inquiry 7-4.
Searle, J.R.(1986), *Expression and Meaning*, Cambridge Univ. Press.
Selkirk, E.O.(1984), *The Syntax of Words*, MIT Press, Cambridge Univ.
Yang, In-seok(1972), *Korean Syntax*, Seoul: Pae-hap Sa.
　　　　　　　　(1973), Semantics of Delimiters, *Language Research* 9-2,
　　　　　Seoul Univ..

「언어연구」 3, 1994

『古代朝鮮語と日本語』의 분석
– 고대 속격 조사와 연체 조사 –

I. 서 론

金思燁 박사의 저서 『古代朝鮮語と日本語』는 저자가 화갑을 맞기 전인 1974년 일본에서 출간한 책이다. 이 책은 서문에서도 밝혔듯이, 평소 고대 한·일어 연구를 통해 양 언어의 친족 관계를 구명해 온 저자가 한국어를 소개하고 일본어와 비교한 개관적인 저술이다. 대체로 한국어의 언어적 구조와 조직, 그리고 역사적 변천 과정을 설명한 입문서로서 문헌의 소개 등에 중점을 두었고, 각 항목에 관한 상론보다는 양 언어의 대비적 요소에 대한 관견을 술회한 것이다. 신라 시대의 향가 해독에 있어서는 小倉進平, 梁柱東, 洪起文, 李鐸, 鄭烈模 등 선학들의 제론을 인용했고, 음운론에 있어서는 兪昌均 박사, 형태론에 있어서는 許 雄 박사의 조언을 참고했다고 밝히고 있다.

이 책은 전체 6개장으로 구성되어 있다. 제1장 조선어의 흐름, 제2장 조선어의 특질, 제3장 음운, 제4장 형태(어법), 제5장 고유명사, 제6장 단어 등이며, 책의 말미에는 방대한 대응 자료의 단어집이 부록으로 붙어 있다. 또한 양 언어의 자음과 모음 대응표를 만들어 음운 대응의 규칙을 도출하려고 했다. 대응 자료 단어표에는 무려 1,270 단어가 수록되어 있고, 각기 대응 단어에는 音則의 번호가 매겨져 있다.

본고는 제4장 어법에서 기술하고 있는 조사의 어원적 대비론 중, 소위 属格조사(連体조사)를 중심으로 저자의 논지를 소개하고 이를 검토하려는 것이다. 두 언어 사이의 계통적 친족 관계를 밝히는 데는 무엇보다 기초적인 어휘의 대비가 필연적으로 다뤄져야 하기 때문이다. 그 기초적 어휘에는 대체로 수사나 대명사, 신체어 등이 등장하는데, 그 밖에 문법 요소(형태소)도 매우 유효한 비교 항목이 된다. 본고에서는 문법 요소 중 세 형태의 연체 조사를 다루고 있지만, 이로써 양 언어의 동질 관계를 논하는 데 구체적 자료의 편린으로 활용될 것이라 믿는다.

이와 더불어 Ⅱ장은 지난 한 세기에 걸쳐 연구된 한·일 양 언어의 계통적 친족 관계 연구사를 간략하게 정리해 본 것이다.

Ⅱ. 한·일어 친족 관계 연구 약사

일본에서 한국어에 대해 관심을 가졌던 시기는 德川 시대부터이다. 이 때 雨林芳洲, 新井白石, 藤井貞幹 등이 나왔다. 그 후 明治 시대에 이르러서는 양 언어의 동계설에 대한 본격적인 논저들이 나오기 시작했다. 이는 일본어의 계통을 밝히는 연구로부터 파생된 것으로, 일본어의 북방 기원설을 대표하는 것이었다. 大矢透의 "日本語と朝鮮語との類似"(『東京人類学会雑誌』 4-37, 1889), 高橋二郎의 "朝鮮言語考"(『如蘭社話』 13, 1889), 白鳥庫吉의 "日本の古語と朝鮮語との比較"(『国学院雑誌』 第4巻 4-12, 1898), 金沢庄三郎의 『日韓両国語同系論』(三省堂, 1909) 등이 그것이다.

이 중에서도 『日韓両国語同系論』(1909)은 金沢의 박사 학위 논문으로, 한·일어의 음운과 어법(체언, 용언, 조사)의 비교를 통하여 유사점을 열거함으로써 양 언어가 동계임을 밝히려고 한 것이다. 한·일 양 언어에서 어형과 의미가 유사한 150여 개의 어휘들을 비교했고, 또한 대응의 신빙도가 높은 15개의 문법적 요소들을 대비했다. 당시로서는 양 언어에 대한 비교 연구사상 음운 전화의 법칙 수립 등 가장 과학적인 기술과 풍부한 자료가 다뤄진 것으로 평가되었다. 연구 결과 양 언어의 음운 관계에 대한 대응 법칙을 내놓았다.

    ① 조선어 h음은 일본어 k음에 대응된다.
    ② 양 언어에서 t, n, r 3음은 공통적으로 성질이 비슷하다.
    ③ r음이 어두에 오지 않는다.
    ④ 조선어 p음은 일본어 w음에 대응된다.

  어법의 유사점으로는, 명사에 있어 성과 수를 나타내는 특별한 형식이 없다는 것과 대명사와 수사 일부가 일치하는 점을 들었고, 명사법에서 어미 i, 어미 mi, 어미 ku의 유사, 부사법에서 어미 i, 어미 ku의 유사, 경어법의 유사, 시간 조동사와 부정법이 일치하는 점을 들었다. 이 밖에도 조사 중 주격, 속격, 기구격 조사와 감탄 조사, 의문 조사가 상응한다고 했다.

  金沢의 동계론은 그 비교의 대상과 방법에서 당시 白鳥庫吉와 山田孝雄 등의 반론에 부딪치게 되었다. 훗날 村山七郎(1973:130-131)도 金沢의 동계론을 비판하고 있는데, 그 이유로는 양 언어의 비교 대상이었던 150여 개의 어휘가 공통 조어에서 나온 것인지 차용어인지 분명하지 않다는 것과, 비교 방법에 있어서도 문제가 있다는 것이다. 두 언어간의 친족 관계를 논증하려면 무엇보다 공통 조어를 재구하여 비교 설명될 수 있어야 하는 역사·비교 언어학의 대 명제를 들고 나온 것이다. 또한 양 언어의 기초 어휘가 되는 수사의 체계가 판이하다는 사실을 지적했다. 金沢는 Aston의 설을 인용하여, 양 언어에서 수사가 대응되지 않는 것은 양국에서 수사가 이루어지기 전에 이미 언어가 분파되었기 때문이라고 설명하고 있다.

  한편 新村出와 河野六郎은 이러한 한·일어 동계설에 대해 중립적 유보의 입장을 취했다. 양 언어의 동계설은 증거 불충분으로 현재로서는 긍정도 부정도 할 수 없는 단계라고 했다. 양 언어는 문 구조의 형식적인 유사성에도 불구하고 자료의 괴리 때문에 친연 관계를 확언할 수 없다는 것이었다. 小倉進平(1934:61)도 양 언어의 밀접한 관계가 인정되기는 하지만, 완전한 동계임을 증명하는 데는 더 많은 시간과 노력이 필요하다고 언급했다.

그 후 橋本進吉의 고대 일본어 음운 조직에 관한 새로운 입론이 나왔다. 그로부터 이것을 양 언어의 비교론에 적용시키려는 시도가 대두되었다. 따라서 金沢의 동계설을 재검토하는 새로운 국면을 맞이하게 되었고, 그 결과 일본어의 기원론으로는 북방 기원론인 알타이설이 유력하게 힘을 얻게 되었다.

1940년대 후반에 들어와서는 服部四郎(1948), 河野六郎(1949), 長田夏樹(1949) 등이 양 언어의 친연 관계를 다루었다. 服部는 언어 연대학적으로 양 언어가 분열된 연대는 4,700년 이전이라고 추정했다.

大野晋은 『日本語の起源』(1957)에서 양국의 문화적 교섭이 弥生式 시대 이후에 깊어진 것으로 보고, 한국어와 알타이어, 일본어와 알타이어의 관계를 구명하려고 했다. 한국어와 알타이 제어는 서로 유사한 공통 특징을 지녔으나, 몇 가지 상이점이 현저하다고 했다. 한국어에는 인칭 대명사의 인칭 차에 의한 어미가 따로 없고, r과 1의 구별이 없는 점, 지시 대명사에 근칭, 중칭, 원칭의 3구분이 있고, 고저 액센트를 가진 점이 알타이어와 다르다고 했다. 한국어는 일본어와 가깝지만 개음절어보다 폐음절어가 많다는 것을 상이점으로 들었다. 그러나 어순이 서로 같고 중세 한국어에 모음 조화 현상이 존재했다는 사실은 양 언어의 동계설에 한 걸음 더 다가서는 것이었다.

중세 한국어의 모음 조화에 대해서는 일본에서도 일찍이 小倉進平과 前間恭作, 河野六郎 등에 의해 밝혀진 바 있는데, o-u, a-ö, ɐ-ï의 3조 대립은 고대 일본어 음운의 甲류와 乙류의 모음 조화와 일치하는 것으로 보았다.

　　고대 일본어에 있어서의 모음 조화는 奈良 시대의 8모음 a, o, u, ö, з, ï, e, i에서 나타나는데(橋本進吉, 有坂秀世, 池上禎造), 이는 모음 결합에 대한 甲, 乙, 丙의 대립이 8세기 일본어에 존재했음을 입증해 주는 것이다.

　　　　甲　　a o u
　　　　乙　　ö
　　　　丙　　i

　　　キ ヒ ミ　　　　　　　　甲류〔i〕　　　乙류〔ï〕
　　　ケ ヘ メ　　　　　　　　甲류〔e〕　　　乙류〔з〕
　　　コ ソ ト ノ モ ヨ ロ　　甲류〔o〕　　　乙류〔ö〕

　　甲류의 모음 a, o, u는 상호 결합하고, 乙류의 ö는 그것끼리만 결합하며, 丙류는 甲류와도 乙류와도 결합하는 것으로 판명되었다.

　　양 언어의 동계설은 문법 구조의 전반적인 일치와 모음 조화의 공통적인 존재, 문법적 단어의 대응과 기본적 단어가 꽤 많이 대응된다는 점에서 공감대를 이루었으나, 이와 같은 어휘 비교는 그 질과 양에 있어 매우 빈약하다는 결론이 나왔다. 일반적으로 장구하게 쓰이는 기초 어휘로 약 500개를 헤아릴 수 있는데, 그 중 200개 정도의 대응어는 많다고 볼 수 없다는 것이었다. 특히 동사류의 대응이 의외로 부족하다는 사실은 양 언어의 동계설을 입증하는 데 큰 장애 요소가 되었다.

　　그 중에서도 양 언어의 수사 체계는 매우 이질적이다. 일본어의 수사는 모음의 변화에 따라 배수 관계의 짝을 형성하는 특징을 보여준다. 즉 〔1 pitö - 2 puta〕, 〔3 mi - 6 mu〕, 〔4 yö - 8 ya〕에서 모음 ö와 a의 대립이 확연하여 한국어와는 전적으로 다르다. 수사의 대응에 관해서는 일본어 계통론의 개척자인 新村出(1916)의 논급이 주목된다. 그는 『三國史記』 高句麗 地理誌의 지명으로부터 고구려어와 일본어와의 관계를 구명했는데, 고구려어의 '三', '五', '七', '十'이 일본어의 수사와 상응한다고 밝혔다. 그러나 그 자신도 이에 대한 명료한 결론을 이끌어 내지는 못했다. 인구어의 비교·역사 언어학에서는 단어의 비교 중 수사의 비교는 절대적인 것이었다. 이는 수사가 인간의 일상 생활 중 가장 기본적인 단어라고 인정되기 때문이다. 양 언어의 동계설을 지지하는 입장에서는, 한·일어 수사 체계의 이질성은 확고한 수사 체계가 정립되지 않았을 때 언어 집단이 분열했기 때문이라고 설명하고 있다. 大野(1957:186)도 수사 체계는 언어 사용 민족의 문화적 전통을 반영하는 것으로, 한·일 양 언어의 수사의 상위는 이 두 문화 집단이 기원적으로 달라 각기 다른 길을 걸어갔기 때문이라고 설명했다.

이에 비해 대명사의 대응은 다소 명확하다고 할 수 있다(大野晋 1976:181).

na~na(吾)	ana~na(吾)	ware~uri(我々)
önö~nö(汝)	kö(此)~ki(其)	sö(其)~čö(あれ)
i~i(此)	si~čö(其)	idu(何)~nu(誰)
nani(何)~nu(誰)		

한편 인체어의 대응 관계에서, 한국어의 신체 명사가 일본어에서 그것과 관련된 동사와 호응하는 예는 매우 흥미롭다. 즉 '口(ip)'이 일본어 동사 '言ふ(ipu)'와, '鼻(k′o)'가 '嗅ぐ(kagu)'와, '耳(kui)'가 '聞く(kiku)'와, '足(pal)'이 '走す'(pasu)와 대응하는 것 등은 우연이 아닐 것이다.

大野晋(1976:198-199)는 일본어의 기원설에서 일본어가 오늘날과 같은 문법 체계로 말하게 된 때를 약 2,500년 전부터라고 보고 있다. 繩文式 시대에는 폴리네시아 어족과 같은 음운 조직을 가진 남방계 언어가 중심이 되었고, 그 후 弥生式 문화의 전래와 함께 알타이적인 문법 체계와 모음 조화를 가진 조선 남부의 언어가 구사되어, 그것이 北九州로부터 남과 동으로 확장됨으로써, 1차적으로는 近畿 지방까지가 그 언어 구역이었을 것으로 추정하고 있다. 이러한 언어는 弥生式 문

화의 동방 확장에 따라 아즈마 지역에로 넓혀졌고, 九州, 四国, 本州에
도 奈良 시대의 언어와 비슷한 원시 일본어가 성립되었을 것으로 보고
있다. 요는 일본어와 한국어가 동계라고 하더라도 그 어휘의 대응은 반
드시 북방적인 요소만이 아니라, 남방적 기원을 가진 것이 있다는 것은
간과해서는 안 된다는 것이었다. 결국 1970년 이후 村山七郎에 의한
일본어의 기원론은 말레이 폴리네시아 계통의 언어가 저층을 이루고,
알타이 계통의 북방계 언어가 상층을 이루는 혼효어설이 부각된 것이다.

그런데 大野의 한·일어 계통설도 24개의 음운 규칙 수립에 문제가
있어 비판을 받게 되었다. 미국의 Miller, R.A.(1971)는 大野의 입론
중, 조선 남부의 언어와 조선어와의 관계, 그리고 남방어에 대한 확실
한 기술이 없다는 것을 지적했다.

1960년대에 와서 服部四郎(1967:6)는 일본어와 가장 가까운 친연
관계를 가진 언어는 한국어일 개연성이 높다고 했다. 70년대에 이르러
고대 일본어 음운학자인 馬淵和夫도 양 언어의 계통에 대해 관심을 가
졌는데, 한국 삼국의 언어를 고대 일본어와 비교한다면 일본과 가장 가
까운 관계를 가졌던 백제어와의 근친성을 배제할 수 없다고 했다. 고구
려어와 고대 일본어와의 친연 관계는 이미 新村出, 村山七郎, 李基文
등에 의해 밝혀진 바 있지만, 그 대응 관계는 주로 기초적인 어휘에서
이루어졌는데 반해, 백제어는 문화적인 어휘에서 상응하는 것으로 보았
다(1999:408-410). 그는 백제 지명인 「古馬弥知」 등의 예를 들어 고
대 일본어와 백제어와의 관계를 논하고 있다.

실제로 19세기 초엽부터 서양인들의 한·일어 비교 연구에 대한 관
심이 부상하기 시작했다. Hervas, L./ Léon de Rosny/ Aston, W.
G./ Ramstedt, G. J./ Edkings, J./ Parker, E. H. 등이 나타났
다. 특히 Aston(1879)은 한·일 양 언어 비교론의 선구자였고, Ramstedt
(1924)는 구체적인 예시로써 양 언어의 계통론에 접근했다.

먼저 Aston은 한·일 양 언어의 음운 대응 규칙 10여 개를 제시했

고, 어휘 비교에 있어서도 70여 개를 들어 설명했다. 양 언어의 상응점으로는, 문법적으로 성(性)과 동사에 인칭성이 없고, 주격어를 가지지 않는다는 점을 들었고, 엄격한 의미에서 수동태가 없고, 대명사가 발달하지 않았으며, 동작주 표시의 파생법이 없다는 것과 수(數) 구별을 경시하는 점을 들었다. 또한 어미 변화나 접미사에 의한 명사, 형용사, 부사, 동사를 형성하는 규칙적인 조어법이 있다는 점도 들었다.

Ramstedt(1924)는 많은 어례를 비교하지는 못했지만, 양 언어의 보다 정밀한 대응 관계를 밝히려고 애썼다. 그러나 그는 훗날 일본어를 알타이 제어에서 제외시키기도 했다.

Martin, S. E.(1966:185-251)는 320여 비교 어례의 어형으로부터 공통 한·일어의 조어형을 복원하여 엄밀한 음운 대응을 시도했다. 그러나 이와 같이 바람직한 비교 언어학적 연구 방법에도 불구하고, 어떤 단어를 공통어로 보느냐 하는 것과 어떤 방법으로 공통 조어형을 재구하느냐의 문제에 부딪치게 되었다. 이 논문을 수정 보완한 것이 Miller, R. A.(1967)인데, 그(1980:146)는 한·일 양 언어는 서로 밀접한 관계성을 띠고 있을 뿐 아니라, 퉁구스어와도 계통적 관계가 있다고 했다. 일본어의 북방계설을 주장하고 있는 그는(1971:44) 알타이 조어인 Proto-Altaic(알타이 공통조어)으로부터 Proto-Eastern Altaic(원시 동알타이어)가 분파되었고, 그 다음 분파어인 Proto- Northern and Peninsula Altaic(원시 북반도 알타이어)에서 Proto- Peninsular and Pelagic(원시 반도·해양어 : 원시한·일어)가 분파되었으며, 그로부터 Middle Korean(중세 한국어)와 Old Japanese(고대 일본어), Ryūkyu(琉球어) 등의 언어가 갈라져 나온 것으로 계통도를 작성했다.

또한 Lewin(1981:203)은 양 언어의 계통론에서 반드시 구별해야 할 점은 1차적으로는 계통적 관계를, 2차적으로는 접촉에 의한 관계라고 강조했다. 그리고 한 반도에는 4세기부터 7세기까지 몇 개의 언어가 사용되었는데, 한국인과 일본인은 유사 이전부터 밀접한 접촉이 있었고, 4차례에 걸쳐 한반도로부터 일본에 언어 유입이 있었다고 주장했다.

한편 국내에서 이루어진 한·일어의 비교 언어학적 연구는 일본에 비해 양적으로 매우 적다. 李基文(1972, 1973), 金思燁(1974, 1981), 宋敏(1965, 1973), 金善琪(1968), 金芳漢(1980, 1983), 李南德(1973, 1985-1988), 權在善(1994, 1996, 2000) 등이 보일 뿐이다.

李基文(1972:24-26)은 한·일 양 언어의 동계론적 대비에서, 매우 인상적인 동명사 접미사와 대명사의 비교를 통해 그 유사성을 인정하면서도, 모음 조화 대응의 불확실성, 어휘 대응에 있어서의 빈약성 등을 들어 친족 관계에는 거리를 두고 있다.

金芳漢(1983:139-140)은『三國史記』의 지명 가운데 백제 지명 12개, 고구려 지명 34개, 신라 지명 11개가 일본어와 비교되며, 이러한 대응은 차용에 의한 것이라기보다는 계통적 관계로 보는 것이 유력하다고 했다. 또한 양 언어의 계통 연구가 현재까지 답보 상태에 머무르고 있는 것은, 첫째 두 언어가 매우 이른 시기에 분열되었고, 둘째 고대 한국어의 형성 과정이 복잡한데다 일본어 자체도 그 형성 과정이 너무 복잡하기 때문이라고 했다.

현시점에서 유력한 일본어의 계통론은 크게 두 가지의 설로 압축된다. 그 하나는 북방계 알타이어의 한 분파가 도래했다는 것이고, 또 하나는 남방계의 언어 기층 위에 북방계인 알타이어가 합쳐져 이루어졌다는 것이다. 이 두 설은 어느 것이든 고대 한국어와의 직접적인 관련성을 배제할 수 없을 것이다.

한·일 양 언어의 동계 관계를 밝히는 계통론은 90년대 이후부터는 거의 휴면 상태에 있다고 할 수 있다. 그러나 村山의 지적대로 향후 일본어와 퉁구스어와의 공통 요소가 확실해지고, 한국어와 퉁구스어와의 공통 요소가 명백해지면 한·일어의 친족 관계도 자동적으로 밝혀지리라 믿어진다. 한국어와 일본어와의 직접적인 계통론 수립이 어려운 현 단계에서, 퉁구스어를 중심으로 알타이 제어를 매개로 한 간접적인 비교가 시도됨직한 것이 아닌가 한다. 그러나 李基文(1972:26)은 일본어와 퉁구스 제어 사이에 확인된 어휘의 유사는 한국어와 일본에서 비교된 것과 수적으로나 질적으로나 능가하지 못하고 있음을 지적하고 있다. 이른바 정돈(停頓) 상태에 빠져 있는 한·일 양 언어의 친족 관계를 밝히는 데 있어서는, 일본어와 Tungus어를 비교한 村山七郎(1962)와 일본어와 몽골어의 어휘를 비교한 小沢重男(1968)와 Ramstedt(1947), 그리고 국내의 李基文(1958), 朴恩用(1974, 1975), 金東昭(1981, 1998), 林敬淳(1968), 金炯秀(1981) 등 알타이어의 연구 성과를 토대로 하여 새롭게 구축되어야 할 것으로 기대된다.

Ⅲ. 고대어 속격(連体格) 조사의 비교

본서의 249면에서부터 시작되는 격조사에 관한 논구는 270면에까지 이어진다. 격의 기능과 격조사에 대해 간단히 정의하는 한편, 고대 일본어에 나타나는 격조사를 山田孝雄의 奈良朝 문법사에 의거하여 「の」, 「が」, 「つ」, 「な」, 「い」, 「を」, 「に」, 「へ」, 「と」 등 9개 들었다. 이들은 모두가 단음절어로서, 이 중에는 현대 일본어에 그 어형과 의미 용법을 그대로 유지하고 있는 것들도 있고, 그 표지적 기능이 약화되어 도태한 것들도 있다.

저자의 기술 태도는 고대 일본어의 격조사를 고대 한국어, 주로 향가와 이두문 속에 쓰인 차자 표기의 형태들과 비교하여 그 동질성을 추구하려는 방향을 취하고 있다. 상응하는 양 언어의 격조사를 대비하여 그 기능상의 유사성을 탐색했다. 일본어의 연체 조사는 그 문법적, 의미적 기능으로 보면 한국어 문법 체계의 속격 조사에 해당하는데, 고대 일본어에 쓰인 연체 조사로는 「の」, 「つ」, 「が」의 세 종류가 있다.

1. 「の」(之, 乃, 能)와 「의/이」(乃, 矣, 衣)

본서의 저자(1974:249-250)는 고대 일본어 연체 조사 「の」의 기능을 크게 두 가지로 기술하고, 『万葉集』을 중심으로 예시했다. 설명과 예시를 저자가 서술한 그대로 옮겨 소개하면 다음과 같다.

   1) 체언에 붙어 연체 수식어로서 아래의 체언(체언 상당격)에 걸리는 여러 가지의 관계를 나타낸다.

      ① 체언(지명, 인명, 물명)에 대해 연체격임을 나타낸다.
         大和の国(万葉 卷一:1)　　大伴の氏(万葉 卷二十:4469)
      ② 아래의 단어를 포함하는 관계의 것.
         志賀の辛崎(萬葉 卷一:30)　　天のしぐれ(万葉 卷一:82)
      ③ 위의 단어가 아래의 단어의 성질, 형상, 자격, 소의(所依)를 나타내는 것.
      ④ 아래 위 동등한 것을 거듭 수식함.
         日知の御化ゆ(万葉 卷一:29)
         千名の五百名(万葉 卷四:731)

   2) 체언에 속하여 그것이 용언이나 부사에 대하여 보조적 관계를 나타냄.
      風のむた(万葉 卷十五:3661)　　海松の如(万葉 卷五:892)
      露の命(万葉 卷十七:3993)

小学館의 『古語大辞典』(1994:1289)에 나오는 고대 일본어 「の」의 기능은 이보다는 더 다양하게 풀이되어 있다. 그 의미 기능은 크게 다섯 가지로 기술되고 있는데, 이를 간추려 인용하면 다음과 같다.

      ① 소유, 소속, 동격, 분량, 유사 등의 관계를 나타내고, 아래 체언의 의미를 수식 한정한다(연체법).
      ② 주격을 나타낸다. 연체법의 경우처럼 존경의 의미를 포함하는 것이 많다.

③ 희망이나 호악(好惡) 등 주관적인 의미의 대상을 나타낸다. 주격을 나타
내는 용법의 일종으로도 인정된다.

④ 비교의 대상이나 동작의 대상을 나타낸다.

⑤ 제시의 의미를 나타낸다. 그 일부는 단정의 의미를 포함하는 것으로 해석
할 수 있으므로, 이것을 단정의 조동사로 보는 설도 있다.

이상의 5가지 의미 기능 중에서 연체 조사 「の」의 중심적인 기능은 ①이며, 그 이하는 주변적, 부차적 기능으로 다룰 수 있다. ①은 다시 그 피접어의 종류에 따라 여러 가지 분포로 구분되고 있다. 즉 체언에 붙는 것, 체언 이외의 단어나 구를 체언에 준하는 것으로 받는 것, 체언성을 가진 형식어 「から」, 「ごと」, 「まにまに」, 「やう」 등에 붙는 것, 활용어에 접미사 「さ」와 준체 조사 「く」 등이 붙어 체언화한 것에 붙는 것 등으로 나뉘었다. 이러한 분포는, 조사는 본원적으로 체언이나 체언 상당어에 붙는다는 것을 보여주고 있다.

「の」의 연체 수식의 의미 내용을 따져 보면, 존재의 위치, 장소, 소재(石見の海(万葉:131), 宇治京の仮盧(万葉:7), おはぞらの月(古今:316)), 소속, 소유(わが家の国(万葉:816), 采女の袖(万葉:51)), 작용주, 작품(日の日本の大和国(万葉:319), ふじの山(竹取)), 자격(吾が兄の君(古事記 仁德), 동격(真玉手の玉手(万葉:1520), 재료(枠の弓(万葉:3) 등이다.

이러한 속격의 의미 내용은 최현배(1929:842-844)의 현대 한국어 어떤자리토씨 「의」의 기능에 비견된다. 이는 소유, 관계, 소재, 소산, 소기(所起), 비유, 대상, 소성(所成), 명칭, 소속, 소작(所作), 단순 관형 등으로 세분되어 있다.

「の」는 현대 일본어에까지 연체적 기능어로 어형과 의미가 유지되고 있는데, 후술할 연체 조사 「つ」나 「が」에 비하면 그 용법의 외연이 매우 넓다. 이는 선행하는 피접 체언과 후행하는 체언과의 결합도가 약하여 분포상의 제약이 적기 때문이다. 「の」는 奈良 시대에는 연체 조사와 주격 조사의 기능으로 분리되는데, 결국 주격 조사의 기능은 연체 조사로부터 발달한 것이다. 즉 「の」는 본래 「-에 있다」라고 하는 존재의 위

치를 나타내는 것이었는데, 그로부터 「-에 속하다」라는 소속이나 소유와 「-라고 하다」라는 의미의 지정, 자격, 동격, 성질 등으로 분화 발달했다(西田直敏 1977:197).

연체 조사 「の」의 차자 표기인 「乃」와 「能」은 『万葉集』에 쓰인 용례에서 용자의 구별이 없어 보인다. 선행하는 피접 체언이 유정물이거나 무정물이거나 관계없이 양형이 모두 쓰였다. 아래의 예는 『万葉集』에 등장하는 「の」의 차자 형태이다.

(1) 大王乃於壽者(卷二:147)
　　我日皇子乃万化介(卷二:171)
　　神乃御面跡(卷二:220)

(2) 于遇比須能於等(卷五:841)
　　阿末能古等母等(卷五:853)
　　吾勢能君者(卷一:59)
　　於保伎美能美許登(卷十八:4095)

위의 (1)과 (2)는 모두 피접어가 유정물인 경우인데, 차자 「乃」와 「能」가 구별 없이 쓰였다. 이는 아래의 (3)과 (4)와 같이 무정물인 경우에도 마찬가지다.

(3) 烏玉乃夜霧(卷六:982)
　　河懶乃淨乎(卷六:920)

(4) 許能河波加美介(卷五:854)
　　多如能夜杼里乎(卷十五:3643)

저자(1974:250)는 고대 일본어의 연체 조사 「の」에 대응하는 조선어로 「乃」를 들었다. 이는 어형과 기능의 유사성에 기초를 두고 있는 것이다. 특히 고대 양 언어에서 그 차자 형태가 동일하게 「乃」였다는

사실은 대응의 개연성을 시사하고 있다. 고대 한국어의 속격 조사는 향가에서 「乃」, 「矣」, 「衣」 등의 차자 형태를 취했다. 『讚耆婆郎歌』에는 「也」가 쓰인 예도 있으나(郎也持以支如賜烏隱(郎이 디니다샤온)), 이는 단 한 군데에 지나지 않는다. 김승곤(1996a:16)은 이들 차자 중 「矣」를 속격의 기저형으로 설정하고, 음차인 「의」와 「이」로 해독하고 있다. 또한 그는 조사의 어원 연구에서 속격 조사 「의」의 어원을 3인칭 대명사에서 찾고 있다. 3인칭 근칭 「이이」의 소유형인 「이이의」를 「矣」로 보고 있는데, 「是(伊)」는 3인칭 근칭의 주격형이고, 「矣」는 「이」의 소유형인 「의」라고 했다. 「의」와 「이」 중 속격 조사의 본체는 「의」임을 밝혔다.

李鍾徹(1983:119-120)은 유정물 체언에 속격형으로 붙는 「의」와 「이」는 향가에서는 「矣」와 「衣」의 차자로 구별하여 표기했다고 설명하고 있다.

    (5) 自矣心米(遇賊歌)
        乾達婆矣(彗星歌)
        耆郎矣兒史是史藪(讚耆婆郎歌)

    (6) 吾衣修叱孫丁(隨喜功德歌)
        吾衣願盡尸日置仁伊而也(總結无盡歌)
        皆吾衣修孫(普皆廻向歌)
        於內人衣善陵等沙(隨喜功德歌)

    (5)의 「矣」는 「의」로, (6)의 「衣」는 「이」로 해독하고 있으나 이에 대한 상론은 없다. 梁柱東(1942:343)도 향가에서 대체로 「矣」는 「의」에 음차되었다고 밝힌 바 있으나, 小倉은 양자를 구별하지 않았다.

    이와는 달리 당시 무정물 체언의 속격형으로는 「叱」이 사용되었는데, 이에 대해서는 후술할 「ᄉ」의 장에서 논의할 것이다.

저자는 李崇寧(1954)을 인용하여 신라 시대의 속격 「의」, 「이」는 아마도 「늬」, 「니」가 변한 것이라고 추정하고 있다. 小倉進平(1929: 203)도 향가 '無量數佛前乃'(願往生歌)에서 처격 조사인 「乃」는 「내」로 읽히지만, 두음 「n」가 생략되어 「애」로도 읽힌다고 했다. 고대 한국어에서 속격과 처격(방위격)은 상통하는 면이 있었다(梁柱東1942: 147-148). 이는 전술한 고대 일본어 「の」가 처소 표시어에서 소유 표시어로 추이된 것과도 일치한다. 梁柱東(1942:343)은 지격(속격)과 방위격(처격)의 혼용례를 들면서 그 본원적인 것은 어디까지나 지격임을 밝혔다. 향가에 쓰인 「矣」의 용례만 보아도,

(7) a. 耆郎矣兒史是(讚耆婆郎歌)
     耆郎이 즈싀(梁, 金完)/耆郎의 짓이(小倉)(耆郎の姿が)
  b. 直等隱心音矣命(兜率歌)
     고든 ᄆᅀᆞ미 命(梁, 金完)/고든 ᄆᆞ숨의 命(小倉)(直き心の命)

에서 속격을 나타내고 있으나, (8)에서는 처격을 나타낸다.

(8) a. 今日此矣散花唱良(兜率歌)
     오늘 이에 散花 블어(梁)/오늘 이에 散花 블러(金完)/오늘 이에 散花 블너(小倉)(今日ここに散花を唱へ)
  b. 此矣彼矣浮良落尸葉如(祭亡妹歌)
     이에 저에 ᄠᅥ딜 닙다이(梁)/이에 뎌에 ᄠᅳ리딜 닙곤(金完)/이에 뎌에 ᄠᅥ딜 닙(히)(小倉)(此方に彼方に散り落つる木の葉よ)
  c. 夜矣卯乙抱遺去如(薯童謠)
     밤이 몰 안고가다(梁)/바매 알홀 안고 가다(金完)/밤애 몰래 안고가다(小倉)(夜密かに抱きて去れり)

한편 「衣」와 「乃」가 처격을 표시하는 용례도 눈에 띈다.

(9) a. 慕呂白乎隱佛體前衣(禮敬諸佛歌)

   그리숣본 부텨 前에(梁)/그리숣본 부텨 알픠(金完)/그리숣온 부텨
   앎애(小倉)(慕ひまつる佛の前に)

   b. 無量壽佛前乃(願往生歌)

   無量壽佛前에(梁)/無量壽佛前네(金完)/無量壽佛앎애(小倉)(無量壽み
   佛の前に)

이와 같은 형태의 호용은 조선 초기까지 이어지는데(李崇寧1982:
169), 안병희·이광호(1991:178)는 그 후 중세 국어에서 동일 형태
가 두 격표지로 통용되는 예를 설명하면서, 양자의 구분은 선행하는 체
언의 의미 자질로 결정된다고 했다. 즉 피접어가 사람이나 동물인 유정
체언의 경우에는 속격 조사로, 무정 체언인 때는 처격 조사로 구분된다
고 설명했다.

이러한 속격의 차자 표기는 이두문의 용례에서도 「矣」자로 상용되고
있다. 아래 (10)에 든 예들은 저자가 梁柱東(1942:342-343)의 吏文
속격의 용자 예를 그대로 인용한 것이다.

(10) 師矣啓質以(慈寂禪師凌雪塔碑)

    前矣已決罪數乙通計(通計前罪)(明律卷1:36)

저자(1974:251)는 신라 시대에 이미 「늬」나 「늬」의 사용례는 드물
고, 「ㄴ」이 탈락한 「이」나 「의」가 널리 쓰여 조선조 초기까지 계속되었
다고 논급했다. 이와 같은 「이」,「의」(늬, 늬)의 속격의 용법은 고대 일
본어의 연체 조사 「の」와 형태·기능이 거의 일치하는 것으로 간주하고
있다. 저자는 전술한 기능 2)에서 「の」의 피접 체언이 후행하는 용언이
나 부사에 대해 보조적 관계를 나타내는 용례도 고대 한국어의 향가에
서 찾아내고 있다. 다음 향가의 용례들은 속격 조사 「矣」(이/의)에 후
행하는 것이 체언이 아닌 용언인 경우이다.

(11) a. 乾達婆矣游烏隱城叱朌良望良古(彗星歌)

　　　乾達婆이 노론 잣홀란 브라고(梁)/乾達波이 노론 자슬랑 브라고(金完)/乾達의 노온 잣올난 바라고(小倉)(乾達婆の遊びし勝地をば眺めて)

　　 b. 郞也持以支如賜烏隱(讚耆婆郞歌)

　　　郞이 디니다샤온(梁)/郞이여 디니더시온(金完)/郞이 디녀괴여샨(小倉)(郞の持し止まりませる)

　　 c. 三花矣岳音見賜烏尸聞古(彗星歌)

　　　三花의 오롬보샤올 듣고(梁)/三花이 오롬 보시올 듣고(金完)/三花의 오롬보샤올 듣고(小倉)(三花の山を見繪ふ由を聞き)

　　 d. 皆吾衣修孫(普皆廻向歌)

　　　한 내이 닷ᄀᆞᆯ손(梁)/모든 내이 닷ᄀᆞᆯ손(金完)/무릇 나의 닥손(小倉)(凡そ吾れの修むる)

　(11)은 「矣」(也)에 후행하는 어사가 체언이 아닌 용언으로, 이는 「이/의」가 통사 의미적으로 연체적 기능에서 연용적 기능으로 추이된 것을 보여준다. 이러한 추이 과정의 잔재는 현대 일본어에도 잔존하여 「の」가 주격 조사로도 사용되고 있다.

2. 「つ」(都, 津)와 「ㅅ」(叱)

　저자(1974:251)는 본서에서 고대 일본어 연체 조사 「つ」에 대한 山田孝雄의 해설을 인용하여 소개하고 있다. 이를 우리말로 옮겨 적으면 다음과 같다.

　　"「つ」는 체언을 받아 그것이 연체격에 세워지는 것을 나타낸다. 그러나 이 조사는 상당히 上代의 것으로, 그 시기에는 활발하게 사용되었는데 일정한 습관이 있는 단어에 한정된 것으로 보인다. (중략) 혹은 이것을 조선 고어의 オコシタリ(上哆利), アルシタリ(下哆利) 등의 「シ」이거나, 또는 현대어의 「사와ㅅ대」(竿), 「고기ㅅ덩이」(肉塊)(史學雜誌・宮崎氏論文) 등의 「ㅅ」과 어원을 같이 하는 것이 아닌가 싶다. 이것이 조선어로부터 나왔다고 말하는 사람도 있으나, 증거가 없어서 단언할 수가 없다. 동원이 아닌가 생각하는 것은 근거가 없는 것이다. 혹은 생각하기에 조선 고어의 「シ」도 일본인의 귀와 입에 의해 읽혀진 것으로 「チ」였을지도 모른다".

고대 일본어에 사용된 「つ」의 차자 표기는 「都」, 「津」, 「豆」 등으로 나타나는데, 그 용례는 다음과 같다.

    (12) 予母**都**志許売 (記·上)
        阿麻**豆**可未 (続記:5)
        国**都**美神 (万葉 巻一:33)
        底**津**石根 (久度古開棍詞)

이 밖에 음을 가차하여 표기한 한자로 「追」도 나타난다(等保**追**可牟於夜(万葉 巻十八:4096)). 그러나 『万葉集』의 자료에서는 대체로 「都」의 차자가 중심이 된다.

    (13) 於伎**都**奈美 (巻十五:3583)   於伎**都**之麻 (巻十八:4103)
         於伎**都**加是 (巻十五:3616)   和多**都**民 (巻十九:3907)
         可美**都**賴 (巻十七:3907)   安麻**都**美豆 (巻十四:3545)
         波奈**都**豆麻 (巻十四:3370)   之許**都**方法奈 (巻十七:4011)

「つ」의 분포는 무정물 체언에 붙는 것이 일반적이며, 이는 「な」와 함께 奈良 시대에 이미 고어화했다. 「つ」는 전술한 연체 조사 「の」나 후술할 「が」보다 더 오래된 것으로, 통시적인 변천 과정에서 「の」와 「が」가 주격을 나타내는 용법으로 발달한 것에 반해 「つ」는 연체 용법만으로 쓰임으로써, 上代에 이미 일정한 단어에 습관적으로 쓰이는 경향이 있었던 것 같다. 현대어에서는 「まつげ(目つ毛)」와 같은 단어에 그 화석화의 잔재를 보여줄 뿐이다. 특히 「醜しこつ翁」, 「遠つ神祖」처럼 어근을 받는 분포는 「の」가 「醜<u>の</u>ますらを」, 「遠<u>の</u>朝廷(みどう)」처럼 쓰이는 것과도 유사하다. 다만 「つ」는 순수한 명사에만 붙고 대명사나 수사에는 붙지 않는 분포상의 제약이 있고, 또한 그 피접어도 매우 한정적이었다는 점이 다르다. 「つ」는 平安朝 이후 구어에는 거의 쓰이지 않게 되었다. 「つ」의 어원은 알 수 없으나, 山田의 언급대로 『日本書紀』 朝鮮地名에서, オコシタリ(上哆利), アルシタリ(下哆利), アルヒシカラ(下韓)(上＝우, 下＝아래, 南＝앞)의 「シ」와 동원인지는 확실치 않다.

西田直敏(1977：196)는 「つ」의 기능을 네 가지로 분류했다.

① 주로 위치나 존재의 장소를 나타내는 단어를 받는 것으로, 對에 쓰이는 예가 현저하다.

    天つ神，　国つ神 (祝詞 六月晦大祓)

    海つみ，　山つみ (書記 神代上)

    山つ瀬，　中つ瀬，　下つ瀬 (古事記 神代)

    庭つ鳥，　さ野つ鳥 (古事記 神代)

    沖つ風 (万葉：3592)

    天つ風 (古今：872)

② 때를 나타내는 단어에 쓰이는 경우도 있다.

    をとつ日も昨日も今日も (万葉：3924)

    前年のさきつ年より今年まで (万葉：783)

    昼つ方 (源氏 明石)

    冬つ方 (源氏 行幸)

③ 성질을 나타내는 단어에도 쓰인다. 형용사 어간에 「つ」가 붙는 것은 이 경우뿐, 용례가 많지 않다.

    高つ神，　高つ鳥 (祝詞 六月晦大祓)

    遠つ国 (万葉：1804)

    禍つ日 (祝詞 御門祭)

    醜つ翁 (万葉：4011)

    ゆつ岩群 (万葉：22)

④ 이 외에도 「たなばたつめ」(万葉：2027, 伊勢：82)와 같은 용법이 있다.

金沢(1974:252)는, 「つ」는 한국어에 그 고형이 잔존하는 것으로 보았다. 이는 아래의 /t/로, 이른바 속격 촉음에 대응시킨 것이다.

> pata-**t**-mur(海ツ水)　　pai-**t**-saram(船ツ人)
> no-**t**-nara(魯ノ国)

이러한 속격 조사는 향가에서는 「叱」자로 표기되고 있다. 최남희(1996: 140-144)는 고대 한국어 자료에 사용된 「叱」의 음가에 대해 『集韻』, 『洪武正韻』 등의 운서와 『辭源』을 참고하여, 「嘯」와 같은 음가를 가진 성문 폐쇄음 「ㆆ」으로 추정했다. 그러나 일반적으로 성모인 心모/s-/를 약음차하여 「ㅅ」을 따온 것으로 생각된다. 아래의 향가에서 梁柱東과 小倉은 「叱」을 「ㅅ」으로 해독했다.

> (14) a. 千手觀音**叱**前良中(禱千手觀音歌)
> 　　　千手觀音ㅅ前아히(梁)/千手觀音ㅅ앎해(小倉)(千手觀音の前に)
> 　　b. 倭理**叱**軍置來叱多(彗星歌)
> 　　　예ㅅ軍두 옷다(梁)/예내ㅅ軍도 왔다(小倉)(日本の軍も來たれり)
> 　　c. 嫉妬**叱**心音至刀來去(隨喜功德歌)
> 　　　嫉妬ㅅᄆᆞᆷ 닐도올가(梁)/嫉妬ㅅᄆᆞᆷ 이닐도올가(小倉)(嫉妬の心の
> 　　　至り來るべきか)

향가에는 속격으로 해독되는 「叱」이 약 35개소에서 나타나는데, 「叱」이 때로는 대격으로도 읽히기 때문에 梁柱東과 小倉의 해독이 상이한 곳도 눈에 띈다.

> (15) a. 命**叱**使以惡只(兜率歌)
> 　　　命ㅅ 브리옵디(梁)/命을 바려(小倉)(命を使して)
> 　　b. 塵塵虛物**叱**邀呂白乎隱(稱讚如來歌)
> 　　　塵塵虛物ㅅ 뫼시리 술본(梁)/塵塵虛物을 마ᄌ리 숣온(小倉)(盡盡虛
> 　　　物に邀へまつる)

「つ」는 奈良 시대에 이미 고어화했지만 平安 시대에도 쓰였다. 「つ」와 「ㅅ」의 대응은 당시 「つ」가 조사 아닌 복합어 형성의 성분에 접근하고 있었다는 사실에서 그 대응의 개연성이 높다(西田直敏 1977:196). 국어의 사이시옷은 중세 국어에서는 엄연히 속격 조사로서의 기능어로 쓰였지만, 현대어에 와서 복합어 형성의 촉음으로 쓰이고 있다는 사실이 이를 뒷받침하고 있다.

국어의 '사이시옷'에 관해서는 지금까지 많은 논구 결과가 나왔다. 이는 기능상으로 음운론적 면과 문법적인 면으로 나뉜다(金哲雄1990:188-190). 지금까지 음운론상의 기능으로 논의된 것으로는, 된소리화, 유성음화 방지, 가중조음 현상, 보강, 동화 표지, 강세 등이 주류를 이루고, 문법상의 기능으로는 합성 명사의 표지, 속격 표지, 관형의 형태소 등으로 나타나 있다. 李基文(1985:209)은 「ㅅ」에 대해 현대어에서 합성 명사의 지격 촉음(사이시옷)으로 쓰이는 것도 중세 국어에서는 속격을 나타내는 표지였다고 했고, 안병희(1968)는 중세 국어의 '나랏 말쏨', '鴨江앳 將軍氣'에서 「ㅅ」이 붙은 단어의 연계가 합성어가 아닌 「체언+굴절 접사+체언」의 구성인 체언구로 다루어, 「ㅅ」을 속격 어미로 보았다.

이현규(1995:219-230)도 '사이시옷'은 체언의 복합어 형성 시에만 쓰이는 것이 아니라고 전제하고, 이것이 중세 국어에서는 속격 조사 「의/ᄋᆡ」와 음운론적으로 상보 분포를 보이고 있음을 밝혔다. 즉 음운적 환경에서 무성음 뒤에는 「의/ᄋᆡ」가 오고, 유성음 다음에는 「ㅅ」이 오는 예를 들었다.

(16) a. 우숪 소리, 말씀 소리, 부텻 소리(釋19:14)
b. 겨지븨 소리, 따히 소리, 갓ᄂᆞ히 소리(釋19:14)

이러한 논조는 「ㅅ」과 「의/ᄋᆡ」가 동일한 문법 기능 범주에 속한 것임을 실증해 주는 예이다. 특히 다음 15세기 중세 국어 예문에서 보면, 「ㅅ」은 복합 명사를 만들기 위한 촉음이 아님이 명백해진다. 이들은 통사상 목적어적 속격형으로 처리됨 직하다.

    (17) a. 巫山과 楚水ㅅ <u>보몰</u> 두 번 보리라(杜初7:13)
         b. 眞實ㅅ <u>닷고물</u> 欲 여희요무로 本 사모몰 爲ᄒ시니(楞6:88)

    (17)에서 「ㅅ」의 선행어는 후행하는 동명사와 통사 의미적으로 대격 관계를 형성한다. 이러한 현상은 해독이 명확하지는 않지만 향가의 표기 예에서도 발견된다.

    (18) a. 直等隱心音矣命叱使以惡只(兜率歌)
          고돈 ᄆᅀᆞ미 命ㅅ <u>브리욥디</u>(梁)/고돈 ᄆᅀᆞ미 命ㅅ <u>브리리악</u>(金完)
        b. 衆生叱邊衣干音毛(總結无盡歌)
          衆生ㅅ <u>ᄀᆞᇫ우미</u>(梁)/衆生 <u>가ᅀᅵ오모</u>(金完)
        c. 塵塵虛物叱邀呂白乎隱(稱讚如來歌)
          <u>塵塵虛物ㅅ</u> <u>뫼시리</u> 술본(梁)/塵塵虛物ㅅ <u>모리술본</u>(金完)
        d. 吾焉頓部叱逐好友伊音叱多(常隨佛學歌)
          나는 頓部ㅅ <u>조추리리잇다</u>(梁)/나는 ㅂㄹ붓 <u>조초</u> 벋뎜짜(金完)

    (18)의 예에서 속격 조사 「叱」의 후행어로는 체언이 아닌 용언이 왔고, 피접어와의 관계는 대격을 형성하고 있다.
    이상에서 '사이시옷'은 역사적으로 복합 명사 합성에 필요한 형태론적 기능어라기보다는 통사론적 의미 기능을 가진 속격 조사였고, 이러한 사실을 통해 고대 일본어 연체 조사 「つ」와의 상관적 개연성은 더욱 짙어진다고 할 수 있다.

3. 「が」(賀, 何, 餓)와 「이」(伊), 「하, 히」(下, 希)

고대 일본어 연체 조사 「が」는 「の」처럼 체언 또는 체언 상당어에 붙어 아래의 체언 또는 용언에 걸리는 격조사이다. 저자(1974: 254-255)는 「が」에 대해 다음 두 가지의 문법적 기능을 제시하고, 그에 따른 예문을 들었다.

① 체언에 대하여 연체어를 나타낸다.
　　多知賀(が)遠 (古事記・上)
　　皇我(が)朝 (七詔)
　　我が世古が (万葉 卷五:812)

② 체언에 속하여 그것이 다른 보조 성분을 나타낸다. 부사 또는 용언의 객어가 된다.
　　汝がまにまに (万葉 卷五:800)
　　吾が如く (万葉 卷十五:3750)

이를 더욱 구체적으로 설명한 『古語大辞典』(1994:316)의 기술은 다음과 같다.

① 소유, 소속, 동격, 방향, 유사 등의 관계를 나타내고, 아래 체언의 의미를 수식 한정한다(연체적 용법).
② 주격을 나타낸다. 中古 이전에는 그 술어가 종지형에서 종지하는 것이 적고, 대부분의 경우 연체형으로 종지한다. 사람을 나타내는 체언에 붙는 경우는 연체 용법의 경우처럼 친애나 敬卑의 의미를 포함하는 경향이 있다.
③ 희망이나 호악(好惡) 등 주관적인 의미의 대상을 나타낸다. 주격 용법의 일종으로도 간주된다.

고대 일본어에서 연체 조사 「が」는 「の」와 기능이나 분포가 비슷하여, 이들의 용법을 구별하기 위한 논고가 적지 않게 나왔다. 지금까지 밝혀진 양자의 일반적인 차이는, 「が」는 선행하는 피접체언에 중점을 두고 후행하는 체언에 대립적으로 이어가지만, 「の」는 후행하는 체언의 의미에 종속적으로 연결된다는 것이다. 또한 「が」의 피접 체언은 사람을 표시하는 단어가 일반적인데 비해 「の」는 보다 넓은 여러 종류의 체언에 붙고, 사람을 나타내는 체언에 붙는 경우에는 존경의 의미를 더한다는 것이다. 역사적으로 「が」가 연체 조사에서 주격 조사로 추이된 것은 상접어의 체언에 의미의 중점을 두고 아래에 연결되는 성질 때문이며, 반면 「の」가 독립문의 경우 주격 용법으로 발전하지 못한 것은 아래 체언의 의미에 종속적으로 연결되는 데 있다. 또한 「が」가 접속 조사로 발전한 것도 이와 상관된다. 더욱이 선행하는 피접 체언이 사람인 경우 친애나 존경의 의미를 나타내는 것도 「が」의 상접어에 대한 強示의 기능과 무관하지 않은 것으로 보고 있다.

그리하여 「が」는 중세 이후부터는 독립문의 주격으로도 자유로이 나타날 수 있게 되어, 현대 일본어에서는 연체법의 기능은 소멸되고 주격 조사 전용의 표지가 되었다.

「が」나 「の」가 주격 표지로서의 기능을 획득하게 된 것은 연체 관계에서 의미상 연용 관계로 바뀌는 해석상의 장치가 있기 때문이다(橋本 1976:90). 예컨대 「わが道」는 「わが行く道」, 「わが妻」는 「わがむづる妻」, 「すめろぎの大御世」는 「すめろぎの遠き大御世」처럼 피접 체언과 후행 체언과의 의미 관계에서 어떤 용언의 존립이 예상된다는 것이다. 따라서 본래 용언과 직접 관계가 없었던 것이 새로운 연용적 관계가 형성됨으로써 주격을 나타내는 조사로 발전한 것이라 추정하고 있다. 결국 「が」와 「の」의 연용적 용법은 이전까지의 연체적 용법으로부터 유도된 것이라 추론된다.

그러나 「の」는 위의 말을 아래에 이어주는 힘이 약하고 「が」는 강하다고 하는 주장이나 「の」는 아래의 말에 중점을 두고 「が」는 위의 말에 중점을 둔다는 설에 회의적인 태도를 보이고 있는 것은 橋本(1976: 94)이다. 그는 『万葉集』의 자료를 중심으로 「の」와 「が」의 분포를 대비

하여 양자의 용법 구별을 해명하려고 했다.

> ① 연체형의 용언에는 「が」가 오고, 「の」는 오지 못한다.
>   　見るがともしさ,　　母をはなれて行くがかなしさ,　　見えぬがごとく
> ② 대명사 중 「あ」,「わ」,「な」,「し」,「た」,「おの」에는 「が」가 붙고, 「こ」,「そ」,
>   「か」,「これ」,「なに」 등에는 「の」가 붙는다.
> ③ 君, 母, 子, をとめ, 妹, すめら 등에는 대체로 「が」가 붙고, 「の」가 붙는
>   예는 드물다. 또한 지명에는 「が」를 잘 쓰지 않는다.

여기에다 「いらこ{が, の}島」, 「うめ{が, の}花)」처럼 양쪽 다 쓰는
예도 들었다. 이러한 논점은 두 조사가 붙을 수 있는 피접어의 어휘적,
문법적 성질을 중심으로 설정된 상관적 변별 기제이다.

西田直敏(1977:203-205)도 다음과 같이, 당시 「の」와 「が」는 피접
체언의 선택에 명확한 구별이 있었음을 밝혔다.

> ① 대명사: 인칭 대명사 「あ」「わ」「汝」「誰」「己」 → 「が」
>   　　　　지시 대명사 「こ」「そ」「か」「なに」「いづれ」 → 「の」
> ② 신이나 사람: 신, 천황, 황족, 고위고관 → 「の」
>   　　　육친, 친밀한 사이 → 「が」
>   　　　君 → 「が」,　　大君 → 「の」

이는 平安 말기 내지 鎌倉 시대에 「の」와 「が」가 敬卑의 차이를 실현
하고 있었다는 사실을 말해 준다. 이에 관한 연구는 靑木伶子(1952)와
東鄕吉男(1968)에 의해 세밀하게 조사되었는데, 奈良, 平安 시대의 「
の」는 경의의 대상이나 심리적 거리가 먼 대상에, 「が」는 친애의 대상
이나 심리적 거리가 가까운 대상, 또는 그로부터 전이되어 경매, 혐오,
증오의 대상에 쓰인 것으로 밝혔다. 이는 전술한 주점의 소재로 파악한
다면, 「が」는 상접 체언에 의미상의 주점을 두어 特示 강조하는 성격을
띠기 때문에, 존경의 대상을 직접 지시하는 것을 피하려는 敬避的 일본
인의 관습에 기초한 것으로 해석된다. 그와는 반대로 상접 체언을 후행

체언에 넌지시 연결해 가는 「の」는 그 피접어가 경의의 대상으로 쓰이게 된 것으로 해석되기도 한다(西田直敏1977:205).

양자의 이러한 분포상의 차이에 대해 大野晋은, 「が」는 "内扱い"의 사람에 대해 쓰고, 「の」는 "外扱い"의 사람에 대해 쓰는 것으로 구별했다. 그러나 「が」와 「の」가 신이나 사람처럼 유정물이 아닌 물건(무정물)에도 붙어 쓰이므로 전체적인 분포를 총괄하는 설명으로는 불충분한 것이다. 이와 같이 물건에 붙는 「が」「の」와 인물에 붙는 「が」「の」의 용법상의 구분을 총괄적으로 파악하려고 모색한 것이 井手至(1979)이다. 그는 大野의 "内扱い"와 "外扱い"를 재해석했는데, "内扱い"란 화자의 의사가 자유롭게 통하는 균질의 대상으로 대등하게 다루는 것이고, "外扱い"란 마음대로 의사가 통하지 않는 이질적인 대상으로 다루는 것이라고 설명했다. 따라서 「の」가 물건이나 타인, 경외하는 신이나 大君에게 쓸 수 있는 것은 이들을 자기 마음대로 의사가 통하지 않는 이질적 계층으로 묶은 것이고, 이에 반해 「が」는 부모나 손아래의 사람, 경매의 증오 대상이 화자 자신과 연대 의식을 가진 친한 사람으로, 자신과 자유롭게 의사가 통하는 균질의 대상으로 생각한 것이다.

사적 관찰에 의하면, 奈良朝 이후 平安朝와 鎌倉 시대에 와서도 「が」와 「の」의 연체적 용법에는 별다른 변화가 없었던 것으로 보인다. 다만 「の」가 자유롭게 쓰인 반면, 「が」는 한정된 경우에만 쓰이는 분포상의 퇴화 현상을 보여주었다. 따라서 「が」는 鎌倉 시대에는 주로 사람 관계 체언에 붙어 쓰이다가 室町 시대에는 인명이나 인칭 명사, 대명사에만 붙는 한정성을 나타냈다. 그 후 江戸 시대에 와서는 그 분포상이 더욱 축소되어 연체적 용법에는 「の」만 쓰이게 되었다. 그 대신 「が」는 주격을 나타내는 것이 더욱 일반화되었고, 「の」의 주격은 방언 등 특별한 경우에만 나타나게 되었다. 「の」가 주격을 표시한 잔재는 지금도 九州 방언에서 볼 수 있다(橋本1976:81).

(19) 雨のふる。
　　　花ノサイテキル。(鹿兒島)
　　　ワイノ云ウタ　(佐賀)

　결국 「の」와 「が」는 오래 전에는 연체적 용법만이 있었고, 그 후 차차 연용적으로 쓰인 것인데, 양자 사이에는 변별적 용법이 생겨 「の」는 연체적으로, 「が」는 연용적으로 고착화한 것이다. 현대 일본어에서 「の」가 연용적 용법을 가지는 것은 당시의 잔재로 간취된다.
　橋本(1976:106)는 「の」와 「が」의 어원에 대해서도 언급하고 있는데, 「の」는 옛날 「な」였다는 설이 있고, 또한 「な」를 매개로 하여 「の」와 「が」가 동원이라는 설도 있으나, 이는 확실치 않은 것 같다.
　저자(1974:255)는 이와 같은 연체 조사 「が」에 대응하는 고대 한국어로 주격 조사 「伊」와 속격 조사 「하, 희」(下, 希)를 들었다. 이러한 견해는 上代의 일본어에서 「が」가 연체 조사였던 것이 연용 조사인 주격 조사로 바뀌었다는 사실에서 비롯된 것 같다. 그러나 이에 관해서는 어형 중심으로 본 것인지 기능 중심으로 대비시킨 것인지 명확하지 않다.
　그는 한국어의 처격(방위격)과 속격의 조사는 鄕歌나 吏讀文에서 「良中」(아희), 「亦中」(어희), 「也中」(여희)가 나타나는데, 첫음절의 「아」, 「어」, 「여」는 諧音素이고, 둘째 음절의 「희」가 처격과 속격 조사의 본체라고 했다. 이들의 변화를 아래와 같이 설명하고 있는데, 이는 梁柱東(1965:190, 396)의 처격 조사의 발달에 대한 소견을 그대로 가져온 것이다.

　　　아희 ― 아이 ― 애
　　　어희 ― 어이 ― 에
　　　여희 ― 여이 ― 예

　『讚耆婆郎歌』 중에 「良衣」의 형태가 나오는데, 이는 「良中, 阿希」(아희)에서 「ㅎ」이 탈락한 과정을 보여주는 「아이」라 여겨진다(梁柱東

1942:706, 南无佛也白孫舌**良衣**(南无佛여 술본손 혀아이)). 결과적으로「희」의「ㅎ」탈락과 함께 음절이 축약된 형태로 변천한 것이다. 따라서 중세 한국어에서 처격 및 속격 조사로는「애」,「에」,「예」,「의」,「이」의 다섯 형태가 쓰였고, 이들은 대체로 諧音法에 의해 어느 정도 양격이 용법상으로 구분된다고 했다. 즉「애」와「에」는 처격(방위격)이고,「의」와「이」는 속격이라고 했다. 그러나 향가나 이두문에 쓰인「也中」,「良中」,「亦中」이나 단독 형태인「中」의 해독은 梁柱東이나 小倉進平, 金完鎭에 있어서도 공통적으로 처소 또는 방위격(일본어의 に, ヘ)으로 다루고 있어 속격(持格)과의 관련성은 노정되지 않는다. 아래 (20)에 수록된 향가의 예문은 모두 처격으로 해독된 예이다.

      (20) a. 沙是八陵隱汀理**也中**(讚耆婆郎歌)
           새파론 나리여히(梁)/믈이 가론 믈서리여히(金完)/모래 파은 믈ㄹ
           애(小倉)(砂岸を穿てる汀に)

          b. 千手觀音叱前**良中**(禱千手觀音歌)
           千手觀音ㅅ 前아히(梁)/千手觀音 알파히(金完)/千手觀音ㅅ 앒해(小
           倉)(千手觀音の前に)

          c. 一念**惡中**涌出去良(稱讚如來歌)
           一念악히 솟나가라(梁)/一念악히 솟나거라(金完)/一念여해 솟ᄋ나
           과라(小倉)(一念の中に涌き出でぬ)

          d. 衆生叱海**惡中**(普皆廻向歌)
           衆生ㅅ 바돌악히(梁)/衆生ㅅ 바돌아기(金完)/衆生ㅅ 바롤여해(小
           倉)(衆生の海に)

          e. 世呂**中**止以友白乎等耶(請佛住世歌)
           누리히 머믈우슬보다라(梁)/누리히 머믈우슬보ᄃ야(金完)/누리예
           머믈게 ᄒ슯오더라(小倉)(世に止めまつるべき)

          f. 命乙施好尸歲史**中**置(常隨佛學歌)
           命을 施홀 슻히두(梁)/命을 施홀 싀히도(金完)/命을 줄 날애도
           (小倉)(命を捨つる日にも)

          g. 蓬次叱巷**中**宿尸夜音有叱下是(慕竹旨郎歌)
           다봊 굴허헤 잘 밤 이시리(梁)/다보짓 굴헝히 잘 밤 이샤리(金完)/

뿍질 굴형에 잘 밤이 잇이리(小倉)(蓬萊ゆる巷に眠る夜のあるべき
か)

「良中」, 「也中」은 이두문에도 「也中」, 「亦中」의 형태로 나타나는데,
그 의미 기능은 처격 표시이다.

(21) a. 六月日淨兜寺良中安置今是白於爲(淨兜寺造塔記)
   b. 父母蒙葬良中嫁聚爲齊(大明律)
   c. 本末溜肩筒一鍮合一重二兩亦中安邀爲白㫆(淨兜寺造塔記)
   d. 僧矢身乙時亦中火香爲臣人乎緣由並以施行(宣德六年監務官貼傳書)

이 밖에도 당시 처격(방위격)을 나타내던 향가의 용자례로는 「阿希」,
「衣希」, 「惡希」와 「希」가 있었는데, 이들의 경우도 마찬가지다.

(22) a. 法界惡之叱佛會阿希(請轉法輪歌)
   法界악잇 佛會아히(梁)/法界아깃 佛會아히(金完)/法界옛 佛會예(小
   倉)(法界の佛會に)
   b. 誓音深史隱尊衣希仰支(願往生歌)
   다딤 기프산 尊어히 울워러(梁)/誓願 기프신 부처님을 우러러 바라
   보며(金完)/셈 깁산 尊에 울워(小倉)(思慮深くます尊位を仰ぎ)
   c. 逸烏川理叱磧惡希(讚耆婆郞歌)
   일로 나릿 지벽히(梁)/逸烏나릿 지벼긔(金完)/일온 내 작벼리에(小
   倉)(速き流れるの石原に)
   d. 紫布巖乎辺希(獻花歌)
   딛배 바회 ㄹ히(梁)/지뵈 바회 ㄱ새(金完)/붉은 바회 ㄹ애(小倉)
   (赭き巖の邊に)

고대 일본어 「が」의 대응례로는 「處容歌」에 쓰인 「下」와의 상관성을
고려할 수 있지 않을까 한다.

(23) 二肹隱吾下於叱古 二肹隱誰支下焉古(處容歌)
둘흔 내해엇고 둘흔 뉘해언고(梁)/드ᄇ른 내해엇고 두ᄇ른 누기핸고
(金完)/둘은 나이엇고 둘은 누이언고(小倉)(二つは我れのにして、二つ
は誰のぞ)

梁柱東은 「下」를 통음차 「해」로 읽었는데, 소유물 「내해/네해/제해」
의 형성은 「나, 너, 저」에 「ㅎ」 조사를 취한 속격(지격)형 「나히, 너희,
저희」에 다시 지격 조사 「ㅣ」가 첨가하여 된 것으로, 「해」를 분석하여
'ㅎ(연음소)＋ㅐ/ㅣ(지격 조사 또는 추상 명사)'로 보기 때문이다.

이는 小倉(1929:186)가 「下」를 「이」로 해독하여 「吾下＝내」로 보는
것과도 무관하지 않을 것이다. 중세 한국어에서 속격 조사 「ㅣ」는 특수
한 음운 환경에서 「의/이」의 형태론적 조건의 이형태로 존재했다.

(24) a. 鴛鴦夫人이 長子 ㅣ 지븨 이셔(月釋8:97)
b. 空生은 本來이 獅子 ㅣ 삿길시(金三2:21)

이러한 속격 조사와 주격 조사의 형태상의 유사점은 양 조사의 사적
관련성을 예견케 해 준다. 이는 고대 일본어에서 연체 조사 「が」가 연
용(주격)조사로 변천한 사실과 현대 일본어에 있어서도 연체 조사 「の」
가 주격 조사로도 쓰이는 점 때문이다. 물론 고대 한국어의 향가 자료
에 주격 조사 「이」는 「伊」의 음차자 형태로 쓰였다(脚烏伊(處容歌), 塵
伊去米(常隨佛學歌), 佛伊衆生毛叱所只(隨喜功德歌). 또한 중세 한국어
의 문헌에서 주격 조사 「ㅣ」와 속격 조사 「ㅣ」는 성조 표시로 구별하기
도 했다(·내(주격), 내(속격)/:네(주격), 네(속격)/:제(주격), 제(속
격)). 그러나 전술한 橋本의 견해를 발전시킨다면, 연체 관계의 통사
의미적인 장치는 연용 관계로 설명이 가능하다. 연체 관계의 연용화를
현대 한국어로 해석한다면 다음과 같은 가정이 성립될 것이다.

나**의** 집   →   나의 <u>사는</u> 집   →   내가 <u>사는</u> 집
(속격)   (주어적 속격)   (주격)

속격 관계인 '나의 집'은 통사 의미적으로 '나'와 '집' 사이에 용언 '살다'가 예상됨으로써 이른바 주어적 속격인 '나의 사는 집'이 형성되고, 이는 다시 주격 표지 「가」로 대치되어 주격 관계인 '내가 사는 집'과 동치 관계를 이루는 것이다. 이와 같은 주어적 속격은 속격 조사의 기능이 주격 조사로 옮아온 과정을 보여주는 것이 아닌가도 간취된다. 그렇다면 고대 일본어에서 연체 조사 「な」로부터 두 개의 연체 조사 「の」와 「が」가 나왔다는 어원론도 어느 정도 타당성이 있는 것으로 여겨진다.

한편 고대 일본어에 있어 「の」와 「が」의 피접어에 대한 변별적 기제는 한국어에서는 오히려 「ㅅ」과 「의/이」의 관계에 대응되고 있다는 사실이 흥미롭다.

중세 한국어에서 「의」와 「ㅅ」의 유정 가설은 완벽한 것은 아니지만, 대체로 선행 명사구가 유정물인 경우에는 「의/이」가 쓰였고, 무정물이거나 존칭 체언이 오는 경우에는 「ㅅ」이 쓰였다. 이러한 변별적 기능 분담은 동작주의 관점으로도 설명되고 있는데(김영욱 1997:75-76), 속격 조사에 선행하는 명사구가 후행 서술어의 동작주가 될 때에는 「이/의」가 실현되는 것으로 설명된다.

(25) a. 諸佛ㅅ 스승이 두외시며(月釋11:23)
　　 b. 諸佛의 닷가 證ᄒ실쎠니(月釋11:12)

(25)a, b에서 선행 명사는 '諸佛'로 동일하지만, 「ㅅ」과 「의」의 실현이 다른 것은 통사적 기제에 의한 것으로 판단된다. b에서 '諸佛'은 동사 '닷가'의 동작주가 되므로 「의」를 선택한 것이다. 일반적으로 무정물에 「ㅅ」이 실현되는 것은 무정물이 동작주가 되기 어렵다는 사실에 기인하는 것으로 설명된다. 이러한 해석은 속격 조사가 붙는 선행 명사의 어휘적 의미보다는 문법적 의미를 중시한 것이다.

어쨌든 고대 일본어에서 선행 명사의 어휘적 자질에 따른 속격 조사의 실현 변별 양태를 한국어와 비교한다면, 「の」와 「が」의 기능적 차이가 「ㅅ」와 「의/이」에 결부됨으로써, 전시한 「の」와 「의/이」, 「つ」와 「ㅅ」 사이의 어원적, 어형적인 대응과는 상이한 결과를 낳는다.

Ⅳ. 결 론

金思燁 박사의 저서 『古代朝鮮語と日本語』(1974, 개정증보판 1981)는 한·일 양 언어의 계통적 친족 관계를 분야별로 개관한 것으로, 양 언어의 대응례에 대한 세밀한 검증보다는 양 언어가 동계임을 전제로 그 대응점을 제시하고 간략하게 설명한 책이다. 대체로 金沢庄三郎의 『日韓兩国語同系論』의 논지를 원용하여 고대 한국어를 중심으로 양 언어를 대비하는 한편, 한국어의 특징 전반을 다룬 입문서적 성격을 띤다.

당시 자국인의 양 언어 비교 논저가 전무했던 때에, 한국어의 언어적 구조, 조직, 역사적 변천 과정을 기술함으로써, 한국어를 일본에 소개하고 양자의 친족 관계를 구명하는 데 크게 기여한 것으로 평가된다.

본고는 본서의 제4장에서 다룬 형태(어법) 중 속격(연체) 조사의 대비를 중점적으로 발췌하여 검토한 것이다. 대응 형태에 대한 필자의 확정적 주장이나 논증보다는 김 박사의 논급에 대한 배경을 설명하고, 향가와 이두문을 중심으로 한 자료를 예시하여 구체화함으로써 저자의 논지를 지원하는 데 주력했다. 내용은 주로 고대 일본어의 연체 조사 「の」, 「つ」, 「が」의 어형과 기능을 분석하고, 이에 대응하는 고대 한국어의 속격 조사를 추구한 것이다. 이러한 논의는 양 언어의 동질성에 따른 대응 관계를 전제하여 문헌 자료를 설명함으로써, 귀납적으로 계통론에 접근하는 결과가 될 것이다.

먼저 양국의 고대어 조사 「の」와 「의/이」의 관계는 형태와 기능 면에서 대체로 일치하고 있으나, 고대 한국어 「의/이」의 고형이 「늬/니」였

었다는 가정 속에서만 음운적 대응이 성립하는 것이므로, 어두음「ㄴ」이 탈락하는 통시 음운론적 고증이 뒷받침되어야 할 것이다.

다음「ㄱ」와「ㅅ」의 관계는, 이른바 한국어 '사이시옷'이 고대・중세 한국어에서는 합성 명사를 형성하는 데 쓰이는 촉음이 아니라 속격 조사로 쓰였다는 사실과 더불어, 고대 일본어에서도「ㄱ」가 촉음으로 사용된 사례가 있었음을 추찰컨대, 그 대응의 개연성이 높다고 할 수 있다.

고대 일본어 조사「が」에 대한 고대 한국어의 대응어는 확실치 않으나, 본서에서는 주격 조사「이」와「하, 히」로 보고 있다. 고대 일본어에서「が」는 역사적으로 연체적 용법에서 연용적 용법으로 전화하여 현대어의 주격 조사가 된 사실을 감안하면, 같은 맥락으로 한국어의 주격 조사와 속격 조사와의 관련성도 고려해 볼 수 있다. 특히 양국의 현대어에서 속격(연체) 조사인「の」와「의」가 소위 주어적 속격의 기능을 가진 것은 이의 잔재로 해석됨 직하다. 왜냐 하면 속격 조사가 주격 조사로 변천한 것은 통사 의미적으로 전후 체언 사이에 용언의 삽입이 예상됨으로써, '속격→주어적 속격→주격'의 추이가 가능하기 때문이다. 그렇지 않다면 일본어「が」는 향가에 나타난「下」나「希」(하, 히)에 비견될 성격을 지니고 있는 것으로 보인다.

양 언어 속격(연체) 조사의 상호 비교에서, 고대 일본어의「の」와「が」의 대비적 분포와 변별성은 그 대응어로 여겨지는 고대 한국어의「의/이」와「ㅣ, 하/히」에서는 다르게 실현되었다. 일본어에서「が」는 선행 체언이 유정물이거나 평칭에 쓰인 반면,「の」는 무정물이거나 존칭의 유정물에 쓰였다. 그러나 한국어에서는「が」가 아닌「の」에 대응되는「의/이」가 선행 체언이 유정물을 지칭하거나 평칭에 쓰였고,「ㄱ」에 대응되는「ㅅ」이 무정물이거나 존칭 체언에 쓰이는 차이를 보여 주었다. 즉 양 언어에서「が」와「の」와의 기능 차이는「ㅣ, 하/히」와「의/이」와의 차이에 대응되는 것이 아니라,「의/이」와「ㅅ」에 상응한다는 점이다. 이러한 사실은 양 언어의 대비적 차원에서 형태적인 대응과 기능적인 대응이 서로 다른 교차의 양상을 보여 주는 것이다.

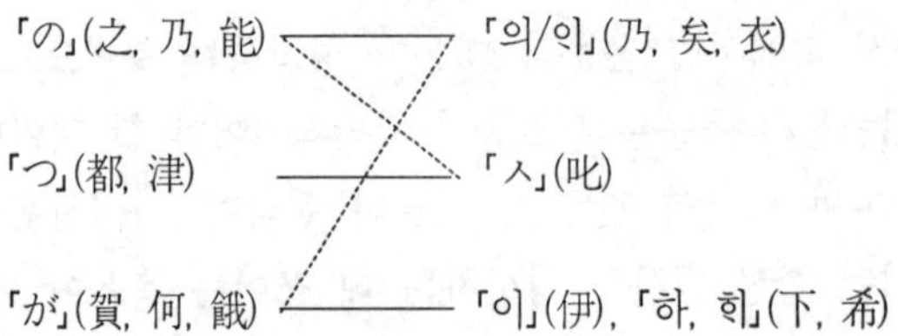

위에서 보듯이, 실선으로 연결된 형태상의 대응과 점선으로 연결된 기능상의 대응은 서로 일치하지 않는다. 고대·중세 한국어에서 선행 피접 체언의 어휘적 성격에 따른 「의/이」와 「ㅅ」의 기능적 대비성은 그것이 형태적으로 대응되는 「の」와 「つ」와의 관계가 아니라 「が」와 「の」와의 관계에 결부된다. 물론 「つ」와 「ㅅ」은 일반적으로 무정물 체언에 붙는 것으로 분포상의 유사성을 나타내기도 한다.

한·일 양 언어의 친족 관계를 밝힐 계통론은 향후 더 구체적인 자료 발굴과 더불어 양 언어가 알타이어의 한 분파로서 설명할 수 있는 제어와의 관계를 통해 간접적으로 추구되어야 할 과제를 남기고 있다. 양 언어의 계통 관계의 연구는 이 상태로 방치한다면 이에 대한 관심도 퇴색될 뿐 아니라, 고대어 연구자의 감소와 더불어 연구 역량의 부족으로 인해 이대로 정체될 상황에 처하고 말게 될지도 모른다. 필자는 지금까지 비록 현대어의 공시적인 논구이긴 하지만 한·일 양 언어의 대조 연구를 수행해 오면서, 이러한 연구가 진행될수록 양 언어에는 필연적인 동질성이 내재하고 있다는 인식을 떨칠 수 없는 것으로 받아들이고 있다.

참 고 문 헌

權在善(1994), "한·일어 수사의 비교연구", 「우리말의 연구」, 우골탑.

______(1996), "한·일어의 신체어 비교연구", 「대구어문론총」 14, 대구어문학회.

______(2000), "韓·日 方位語의 比較硏究", 「韓日言語文化硏究」 4, 韓·日言語文化
　　　　硏究所.

金公七(1978), 日本語學槪論, 平和出版社.

金東昭(1981), 韓國語와 TUNGUS語의 音韻 比較硏究, 효성여대출판부.

______(1998), 韓國語 變遷史, 螢雪出版社.

金芳漢(1980), "原始韓半島語, -日本語와 關聯하여-", 「韓國文化」 1.

______(1983), 韓國語의 系統, 民音社.

金思燁(1974), 古代朝鮮語と日本語, 講談社.

______(1981), 記紀萬葉の朝鮮語, 六興出版.

金善琪(1968), "韓日蒙單語比較-系統論의 긴돌-", 「한글」142.

김승곤(편)(1996a), 한국어 토씨와 씨끝의 연구사, 박이정.

________(1996b), 우리말 역사 연구, 한말연구학회, 박이정

________(1996c), "한국어 조사의 어원 연구(1)", 우리말 역사 연구, 한말연구학회,
　　　　박이정

김영욱(1997), 문법형태의 연구 방법, -중세국어를 중심으로-, 박이정.

金完鎭(1988), 鄕歌解讀法硏究, 서울大出版部.

김종택(1974), "鄕歌 解讀에 있어서의 語彙 再構", 「新羅時代의 言語와 文學」, 韓國
　　　　語文學會.

金哲雄(1990), "사이시옷", 「國語硏究 어디까지 왔나」, 東亞出版社.

金炯秀(1981), 韓國語와 蒙古語의 接尾辭 比較 硏究.

朴恩用(1974), "韓國語와 滿州語와의 比較硏究(上)", 「硏究論文集」 14·15, 曉星女大.

______(1975), "韓國語와 滿州語와의 比較硏究(中)", 「硏究論文集」 16·17, 曉星女大.

朴在陽(1986), "韓·日語音韻比較硏究(1), -子音消失 및 母音化를 中心으로-, 「徐廷
　　　　範 博士 華甲紀念論文集」, 集文堂.

宋　敏(1966), "韓日語 比較可能性에 관한 연구", 「國語硏究」 18.

______(1969), "韓日兩國語比較史", 「聖心女大論文集」.

______(1973), "古代 日本語에 미친 韓語의 영향", 「日本硏究」 1.

安秉禧(1968), "중세국어의 속격어미 '-ㅅ'에 대하여, 「이숭녕 박사 송수기념논총」

安秉禧·李珖鎬(1991), 中世國語文法論, 學研社.

梁柱東(1942), 朝鮮古歌研究(增補版), 博文出版社(증정판 1965, 일조각).

兪昌均(1994), 鄕歌批解, 형설출판사.

이근영(1996), "임자자리 토씨 연구사", 김승곤(편) 「한국어 토씨와 씨끝의 연구사」
        박이정.

李基文(1958), A Comparative Study of Manchu and Korean, Ural- Altaische
        Jahrbücher Band XXX, Heft 1-2.

______(1962), 國語史槪說, 民衆書館.

______(1967), "韓國語形成史", 「韓國文化史大系」 V 言語·文學史, 高麗大 民族文化
        研究所.

______(1972), 國語史槪說 改訂版, 塔出版社.

______(1973), 韓國語와 日本語의 語彙比較에 대한 再檢討", 「語學研究」 9-2, 서울大.

李南德(1973), Some Notes on Korean-Japanese Correspondence
        (Mimeographed).

______(1985), 韓國語의 語源研究, Ⅰ~Ⅳ, 梨花女大 出版部.

李崇寧(1954), 國語學槪說, 進文社.

______(1982), 新羅時代의 表記法 體系에 관한 試論, 塔出版社.

李鐘徹(1983), 鄕歌와 萬葉集歌의 表記法 比較 研究, 集文堂.

이현규(1995), 우리말 우리글의 이해, 문창사.

林敬淳(1968), "基礎語彙 統計上으로 본 韓日蒙語간의 親近性", 「光州敎大論文集」.

全在昊(1973), 杜詩諺解의 國語學的 研究, 通文館.

전철웅(1990), "사이시옷", 「國語研究 어디까지 왔나」, 東亞出版社.

鄭 光(1990), "比較研究: 國語와 日本語", 「國語研究 어디까지 왔나」, 東亞出版社

정영주(1995), "향가 자리토씨 연구", 김승곤(편) 「한국어의 토씨와 씨끝」, 박이정.

千素英(1990), 古代國語의 語彙研究, 고대민족문화연구소.

최남희(1996), "고대국어 자료 「叱」의 소리값과 기능", 김승곤(편) 「우리말 역사 연
        구」, 한말연구학회, 박이정.

최현배(1929), 우리말본, 正音社.

洪思滿(1993), 한·일어 대조어학/논고, 塔出版社.

青木伶子(1952), 奈良時代に於ける連体助詞「ガ」, 「ノ」の差異について, 「国語と国文学」 29-3.

池上禎造(1946), "「梅が花」と「梅の花」, 沢瀉久孝(編)「万葉雑記」.

石垣謙二(1970), 助詞の歴史的研究, 岩波書店.

井手至(1979), "日本語の語源, −古代語の語源研究をめぐって−, 阪倉篤義「日本語の歴史」,
　　　　　　大修館書店.

今泉忠義(1969), "格助詞", 松村明(編)「古典語・現代語助詞助動詞詳説」, 学灯社

大野晋(1974), 日本語をさかのぼる, 岩波新書, 岩波書店.

_____(1976), 日本語の起源, 岩波新書, 岩波書店.

_____(1952), "日本語と朝鮮語との語彙の比較について", 「国語国文学」29−5. 岩波講座
　　　　　　日本語7, 文法2, 岩波書店.

小倉進平(1929), 郷歌及び吏讀の研究, 「京城帝国大学法文学部紀要」1.

_______(1934), "朝鮮語と日本語", 「国語科学講座 3, 国語学」所収, 明治書院

_______(1935), 朝鮮語の系統, 「岩波講座東洋思潮」7.

_______(1964), 朝鮮語学史, 刀江書院

小沢重男(1968), 古代日本語と中世モンゴル語比較研究, 風間書房.

金沢庄三郎(1909), 日韓両国語同系論, 三省堂

________(1929), 日鮮同祖論,

________(1960), 日鮮両語の比較につきて, 「国学院雑誌」61−12.

河野六郎(1941), "国語と朝鮮語の関係", 「緑旗」6−10.

_______(1949), "古代の日本語と朝鮮語", 「ことばの宇宙」4.

阪倉篤義(1979), 日本語の歴史, 大修館書店.

白鳥庫吉(1898), 日本の古語と朝鮮語との比較, 「国学院雑誌」4−4 〜12.

新村出(1916), "国語及び朝鮮語の数詞について", 「芸文」7−2, 4.

_____(1935), 国語系統論, 「国語科学講座」Ⅵ

土井忠生(編)(1977), 改訂版 日本語の歴史, 至文堂

西田直敏(1977), "助詞(1)", 「岩波講座 日本語」7, 文法 Ⅱ, 岩波書店.

東郷吉男(1968), 平安時代の「の」, 「が」について −人物をうける場合−, 「国語学」75.

長田夏樹(1949), "原始日本語研究導論−比較言語学の前提として", 「神戸外国語大学開学
　　　　　　記念論文集」

中田祝夫外(編)(1994), 古語大辞典, 小学館.

村山七郎(1962a), "日本語及び高句麗語の数詞−日本語系統問題によせて−", 「国語学」48

_______(1962b), "日本語のツングース語的構成要素", 「民族学研究」26−3.

村山七郎·大林太郎(1973), 日本語の起源, 弘文堂.

橋本進吉(1976), 助詞·助動詞の研究, 岩波書店.

服部四郎(1948), "日本語と琉球語·朝鮮語· アルタイ語との親族関係", 「民族学研究」 13-2.

＿＿＿＿(1959), 日本語の系統, 岩波書店.

＿＿＿＿(1975), "母音調和と中期朝鮮語の母音体系", 「言語の科学」 6.

前間恭作(1909), 韓語通, 丸善株式会社.

馬淵和夫(1999), 古代日本語の姿, 武蔵野書院.

＿＿＿＿,洪思満外(1978), "『三国史記』記載の百済地名より見た古代百済語の考察", 「文
芸·言語研究」 言語篇 3, 筑波大学文芸·言語学系.

松村明(編)(1969), 古典語·現代語助詞助動詞詳説, 学灯社.

山田孝雄(1913), 奈良朝文法史, 宝文館.

Aston, W.G.(1879), *A Comparative Study of the Japanese and Korean
Languages*, J.R.A.S. New Series 11.

Lewin, B.(1981), Archaic Korean -A Component to Clarify the Origin of
Japanese, *The Bulletin of International Institute for
Linguistic Sciences* 2-4, Kyoto.

Ramstedt, G.J.(1924), *A Comparison of the Altaic language with
Japanese*. T.A.S.T. 2nd series Vol.1.

＿＿＿＿＿＿＿(1949), *Studies in Korean Etymology*, Helsinki.

Martin, S.E.(1966), Lexical Evidence relating Korean to Japanese,
Language 42-2.

Miller, R.A.(1967), Old Japanese Phonology and the Korean Japanes
relationship, *Language* 43-1.

＿＿＿＿＿＿(1971), *Japanese and the other Altaic Language*, Chicago.

찾아보기

【ㅊ】

■ 인명

【국내】

【국외】

▪홍 사 만

대구 출생, 경북대학교 문리대, 동 대학원 졸업
일본 쓰쿠바(筑波)대학 문예·언어학계 문학박사
일본 시마네(島根) 현립대학 교류교수, 일본 筑波대학 객원연구원 역임
언어과학회 회장 역임
현 경북대학교 인문대학 교수

저서 : 「國語特殊助詞論」(學文社, 1983)
　　　「國語語彙意味研究」(學文社, 1985)
　　　「言語學槪說」(共著, 學文社, 1985)
　　　「新言語學槪論」(共著, 學文社, 1987)
　　　「韓·日語比較文法論」(慶北大 出版部, 1988)
　　　「한·일어대조어학/논고」(탑출판사, 1993)
　　　「國語意味論研究」(螢雪出版社, 1994)
　　　「現代韓国語教本」(図書出版 映韓, 2000)
　　　「국어특수조사 신론」(도서출판 亦樂, 2002)
　　　「한·일어 대조분석」(도서출판 亦樂, 2002) 등 다수

번역 : 「變形生成文法槪論」(共譯, 螢雪出版社, 1975)
　　　「구조이론·생성이론·언어교육론」(공역, 昶學社, 1976)
　　　「生成變形文法入門」(共譯, 學文社, 1979)

논문 : "外延的 含意와 內包的 含意"(「한국어학과 알타이어학」, 효성여대 출판부, 1987) 등 83편

한 · 일어 대조분석

◉ 인쇄 2002년 08월 16일 ◉ 발행 2002년 08월 20일 ◉ 지은이 홍 사 만 ◉ 펴낸이 이 대 현
◉ 영업 전 성 호 ◉ 편집 이 은 희 · 안 영 하 · 조 유 미 ◉ 펴낸곳 도서출판 역락 / 서울 성동구
성수2가 3동 277-17 성수아카데미타워 422호 ◉ Tel 대표 3409-2058 ◉ 편집부 3409-2060
◉ FAX 3409-2059 ◉ E-mai yk3888@komet.net / youkrack@hanmail.net ◉ 등록 1999년 4월
19일 제2-2803호 ◉ 정가 18,000 ◉ ISBN 89-5556-164-4-93700 ◉ ⓒ역락출판사, 2002

*잘못된 책은 교환해 드립니다.